FRANZ V. E. GINNER

IM NAMEN DES GESETZES: „SEI STAD!“

Franz V. E. Ginner

Im Namen des Gesetzes:

„Sei stad!"

Erinnerungen eines Landgendarmen

V. F. SAMMLER

Abbildungsnachweis:
Umschlagfoto: Günther Pichler, Steyrling. – Die Fotos im Text wurden dem Verlag vom Autor freundlicherweise zur Verfügung gestellt.

Bibliografische Information Der Deutschen Bibliothek
Die Deutsche Bibliothek verzeichnet diese Publikation in der Deutschen Nationalbibliografie; detaillierte bibliografische Daten sind im Internet über http://dnb.ddb.de abrufbar.

Hinweis:
Dieses Buch wurde auf chlorfrei gebleichtem Papier gedruckt.
Die zum Schutz vor Verschmutzung verwendete Einschweißfolie ist aus Polyethylen chlor- und schwefelfrei hergestellt. Diese umweltfreundliche Folie verhält sich grundwasserneutral, ist voll recyclingfähig und verbrennt in Müllverbrennungsanlagen völlig ungiftig.

ISBN 3-85365-219-0
ISBN 978-3-85365-219-0

Layout: Klaudia Aschbacher, A-8111 Judendorf-Straßengel
Gesamtherstellung: Druckerei Theiss GmbH, 9431 St. Stefan
Printed in Austria

Inhalt

„Im Namen des Gesetzes: Sei stad!“

Der Gendarm hatte bei seinem dienstlichen Einschreiten die Formel: „Im Namen des Gesetzes“ auszusprechen. Damit diese Mahnung, daß er nicht aus eigenem Interesse, sondern eben im Namen oder Auftrag des Gesetzes handelt, nicht zur abgedroschenen Floskel wird, wurde im normalen Außendienst darauf verzichtet. Nur bei vorläufigen Festnahmen, im Dienstjargon „Verhaftung“ genannt, bei Hausdurchsuchungen und Beschlagnahmen mußte der Ernst der Situation durch das Aussprechen der Formel „Im Namen des Gesetzes“ unterstrichen werden.

Ein lieber Berufskollege und Bergkamerad von Tiroler Herkunft machte in Gosau am Dachstein Dienst. In einem Wirtshaus brach ein Streit aus, und der Wirt telefonierte den Rayonsinspektor Ernst um Hilfe. Dieser betrat in voller Rüstung die Gaststube und rief: „Ruhe!“ Die Streitenden ließen von ihrem lauten Wortgefecht nicht ab. Da trat Ernst zum Wortgewaltigsten der Streithähne, legte seine rechte Hand auf dessen Schulter und sagte in befehlendem Ton: „Stüger! Im Namen des Gesetzes: Sei stad!“ In der Gaststube wurde die Komik der Situation erfaßt. Lautes Lachen brach aus, in das die Streitenden ebenfalls einstimmten. So hatte sich das alte Volkslied bewahrheitet: „A richtiges Wörtl zur richtigen Zeit macht irwad an Menschen die allergrößte Freud“ und die nicht

Meine Bergkameraden Helmut Urstöger und Ernst Greger (Mitte) bei der Gipfelrast auf dem Totenkirchl im Wilden Kaiser, 20. Juli 1953. Von Gregor stammt der Ausspruch: „Stüger! Im Namen des Gesetzes: Sei stad!“

ganz instruktionsgemäße Verwendung des „Im Namen des Gesetzes“ zu einer raschen und guten Lösung eines bedrohlich werdenden Konflikts geführt.

In früheren Zeiten war der Landgendarm, der allgemein mit „Herr Inspektor“ angesprochen wurde, eine Respektsperson, die zu den Honoratioren des Ortes gezählt wurde. Der Postenkommandant war der „Herr Oberinspektor“, und die Ehefrauen der Gendarmen wurden zumeist mit „Frau Inspektor“ tituliert. Damals dachte keine Menschenseele daran, daß dereinst auch Frauen den Beruf eines Gendarmen ausüben würden. Allerdings ist zwischen „früher“ und „heute“ ein gewaltiger Unterschied.

Der Gendarmeriezentralkommandant der Nachkriegszeit hatte den eisernen Grundsatz: „Der Grundpfeiler des Gendarmeriedienstes ist die Fußpatrouille!“ Bereits eine Fahrradpatrouille war ihm suspekt, und ein Patrouillendienst mit Dienstmotorrad, Beiwagenmaschine oder gar Automobil war für ihn undenkbar. Wie sollten seine Gendarmen von einem dahinflitzenden Fahrzeug aus Gelegenheit haben, mit der Bevölkerung in Kontakt zu kommen?

Der besagte Außendienst, der von jedem „Eingeteilten Beamten“ monatlich geleistet werden mußte, bestand aus mindestens zweihundertachtundvierzig Stunden in Fußpatrouillen. Im östlichen Salzkammergut, wo ich Dienst verrichtete, gab es bei jeder Patrouille erkleckliche Höhenunterschiede zu überwinden. Es mußte der gesamte Überwachungsrayon von allen Beamten des Postens in regelmäßigen Abständen „abpatrouilliert“ werden. Dazu gehörten auch alle Almen und Schutzhütten. Für Frauen wäre dieser Patrouillendienst körperlich kaum zu ertragen gewesen. Außerdem gab es damals nur in Einzelfällen sportlich durchtrainierte Frauen oder Mädchen.

Der Gendarmeriedienst war somit bis in die achtziger Jahre des vorigen Jahrhunderts eine reine Männerdomäne. Nur die „Postenbedienerin“, wie die Aufräumfrau damals genannt wurde, hatte dienstlichen Kontakt und wurde sogar zur Leibesvisitation von Frauenspersonen herangezogen. Zu den Vertretern weiblichen Geschlechts, mit welchen Gendarmen in näheren Kontakt kamen, zählten die „Postfräuln“, die Telefonistinnen der Post- und Telegrafenverwaltung.

Im Gendarmeriegesetz aus dem Jahr 1894 wurde die Gendarmerie als ein „uniformierter, bewaffneter, nach militärischem Muster organisierter Zivilwachkörper zur Aufrechterhaltung der öffentlichen Ruhe, Ordnung und Sicherheit“ beschrieben. Das militärische Muster wirkte sich zuerst in der hierarchischen Struktur und dann in der geforderten „Subordination“, der Unterordnung unter den Willen eines Höheren, aus.

Die Gendarmerieoffiziere, die damals „nur leitende Beamte“ waren, gebärdeten sich wie die Götter und beherrschten die ihnen Untergebenen mit größter Strenge. Dies führte dazu, daß der Kommandant unserer Gendarmerieabteilung den Spitznamen „Gott“ bekam.

Mein Berufswechsel

Mein innigster Berufswunsch seit meinem Volksschulalter war, Förster zu werden. Dem Wald, seinen Tieren und dem Holz galt mein Interesse, ja ich kann ruhig sagen, meine ganze Liebe. Um im „tausendjährigen Reich“, wie die Zeit zwischen 1938 und 1945 bei uns genannt wurde, Förster zu werden, mußte man vorerst eine zwölfjährige Militärdienstzeit bei bestimmten Wehrmachtsteilen ableisten. In den letzten zwei Jahren wurde eine Forstschule besucht. Das „Merkblatt für den gehobenen Forstdienst“ hatte ich lange Jahre aufbewahrt.

Mit dem Kriegsende traten wieder die alten österreichischen Bestimmungen in Kraft. Die erste Voraussetzung, die Ablegung des „Kleinen Abiturs“, hatte ich nach Kriegsende geschafft. Ja ich bekam sogar von der Landesforstdirektion Niederösterreich eine Stelle als Praktikant zugewiesen.

Als ich mich beim Forstmeister Hohenwarter im Forstamt Lunz am See zum Antritt der forstlichen Vorpraxis meldete, sagte der Herr Forstmeister: „Ja sand denn die in Wean ganz deppat? Pro tausendfünfhundert Hektar darf ich nur einen Praktikanten haben, und i hab eh schon einen zu viel. Kommen S’ im Frühjahr wieder, vielleicht ist dann einer in die Forstschule gekommen!“

Im Frühjahr hatte der Forstmeister zwar einen Praktikanten in die Forstschule schicken können, dafür jedoch einen Bauernsohn bekommen, der sich wegen seiner Specklieferungen zur Landesforstdirektion qualifiziert hatte. Mein Manko war neben dem Mangel an Landesprodukten mein Geburtsdatum. Alle aus der Gefangenschaft Entlassenen wurden mir jungem Hupfer vorgezogen.

Ich machte aus der Not eine Tugend und wurde im Bezirk Amstetten in der sowjetischen Besatzungszone Bauernknecht. Nach zwei Jahren erhielt ich in meinem Heimatort Bad Ischl zuerst eine Anstellung als Holzknecht und dann eine Lehrstelle als Drechslerlehrling.

Auf diese Weise war ich mit dem Holz verbunden und hoffte noch immer auf einen Praktikantenplatz. Ende 1950 ging meine Lehrzeit zu Ende, und die erste Arbeitslosenkrise brach aus. Meinen Quartier- und Kostplatz bei einer fünfundsiebzigjährigen Großtante mußte ich aufgeben, und so stand ich mittellos vor einer drohenden Obdachlosigkeit.

In der Drechslerwerkstätte in Pfandl hatten wir neben dem Wasserrad ein Holzhäuschen mit Herzöffnung und direkter Wasserspülung durch den Wehrbach. Auf dem als Häuslpapier zugeschnittenen Zeitungsausschnitt der Parteizeitung meines Lehrmeisters las ich bei den Stellenangeboten, daß das Landesgendarmeriekommando für Oberösterreich junge Beamte einstellte und daß Bewerber, die bestimmte Voraussetzungen erfüllt und eine Aufnahmsprüfung bestanden hätten, aufgenommen würden.

Die ledigen Gendarmen waren damals auf den Dienststellen kaserniert. Der Hungerlohn dieser Staatsdiener war aber gegenüber meinem bisherigen Einkommen als Bauernknecht, Holzknecht und Drechslerlehrling immerhin eine ganz gewaltige finanzielle Besserstellung. Auf meinen Bergtouren hatte ich auf Schutzhütten und im alpinen Gelände immer wieder Gendarmen angetroffen. Aber auch in der Stadt meiner mütterlichen Ahnen, in Bad Ischl, waren die Herren Inspektoren lauter angesehene Persönlichkeiten. Auf dem Land und bei der bäuerlichen Bevölkerung hingegen traten die „Inschpektan“ als rechtskundige Bewaffnete nahezu wie kleine Götter auf. Würde ich bei der Gendarmerie aufgenommen werden, so hätte ich damit mehrere Ziele erreicht. Zuerst wäre ich die Unterkunftssorgen los, weiters hätte ich Aussicht, im Alpindienst viel in meinen geliebten Bergen zu sein, und schließlich wäre damit ein bedeutender sozialer Aufstieg verbunden.

Also schrieb ich meinem Vater meine Absicht und ersuchte ihn, die mir fehlenden Dokumente zu schicken. Diese Papiere kamen mit einem Brief und dem väterlichen Kommentar: „Was? Zu dem Dodelhaufen willst du gehen?“

Ungeachtet der väterlichen Warnung verfaßte ich das Bewerbungsschreiben und harrte der kommenden Dinge.

Nach einiger Zeit kam der Herr Postenkommandant persönlich in die Werkstätte und verlangte mich unter vier Augen zu sprechen. Er hatte vom Landesgendarmeriekommando die Mitteilung erhalten, daß ich mich um die Aufnahme beworben habe, und wolle mich als zukünftigen Kollegen kennenlernen. Vor lauter freudiger Erwartung merkte ich gar nicht, daß dies die erste Lüge war, die ich aus eines Gendarmen Mund vernommen hatte. In Wahrheit hatte er nämlich nachzuforschen, ob ich für die angestrebte Stellung würdig und geeignet sei. Mein Lehrmeister war ganz aufgeregt, weil er meinte, daß ich etwas angestellt hätte. Als ich aber mit der Wahrheit, die ich bisher vor allen geheimgehalten hatte, herausrückte, steigerte sich die Aufregung nahezu bis zu einem Kreislaufkollaps des Altmeisters.

Obwohl seit diesem Ereignis viele Jahrzehnte vergangen sind, steht es noch ganz lebendig vor meinem geistigen Auge. Es war im wahrsten Sinn des Wortes eine „Scheißhausidee“, die mich in die Reihen des nach militärischem Muster organisierten Zivilwachkörpers führte, der sich seit dem Jahre 1848 „Gendarmerie“ nannte. Einhundertsiebenundfünfzig Jahre hatte diese von Napoleon in Frankreich erstmals gegründete Institution in unserem Land Bestand. Über achtunddreißig Jahre gehörte ich als aktiver Beamter diesem Wachkörper an, und auch als Ruhestandsbeamter gelten für mich die dienstrechtlichen Bestimmungen.

Das Standesansehen

Damit komme ich zu einem Schlagwort, das während meiner aktiven Dienstzeit zu den wichtigsten Tugenden des Gendarmen gehörte: dem Standesansehen, welches der Gendarm in allen dienstlichen und privaten Lebenslagen zu wahren hatte. Ja, das Standesansehen zu wahren, zählte zu seinen wichtigsten Dienstobliegenheiten und wurde von allen Vorgesetzten und Zwischenvorgesetzten peinlich genau überwacht. Verstöße gegen das Gebot des Standesansehens gehörten zu den unverzeihlichen Todsünden. Dieses Standesansehen habe ich auch als Pensionist zu wahren, und damit stehe ich an einer Hemmschwelle, die zu überschreiten ist.

Nach meiner Pensionierung versuchte ich, einen Schlußstrich zu ziehen. Bis auf meine dienstrechtlichen Dokumente wanderte alles, was an den aktiven Beruf erinnern konnte, in den Dauerbrandofen eines Tiroler Bauernhauses. Aber die Erinnerung bleibt, und Fragen nach dem, wie es früher war, tauchen auf. Es kam die Zeit, autobiografische Texte zu verfassen. Bei meinen Erinnerungen an die Dienstzeit bestand jedoch die erwähnte Hemmschwelle.

Es gibt im Beruf eines Exekutivbeamten zum Großteil destruktive Erlebnisse, die sich auch auf Geschehnisse des inneren Dienstbetriebes erstrecken. Dieses zerstörerische Gedankengut sollte nicht durch dessen schriftliche Aufzeichnung verstärkt und konserviert werden. Dafür scheint mir die Tagespresse zuständig zu sein.

Aber es gibt im Leben eines Landgendarmen auch viele heitere Momente, die es wert erscheinen lassen, sie der Nachwelt zu erhalten. Deshalb will ich meine Exekutivdienstzeit als Alpingendarm, Landgendarm und Motorradstreife anekdotenhaft Revue passieren lassen.

Mit dem Amtsgeheimnis habe ich bei diesen Erzählungen keine Schwierigkeiten, weil alle Geschehnisse aus strafrechtlicher Sicht verjährt sind. Die meisten der darin vorkommenden Personen sind bereits im Jenseits gelandet. Auf welcher Seite, wage ich nicht zu beurteilen.

Urteilen und Verurteilen

Das „Nicht-Urteilen“ wurde uns bereits in der Grundschule in Linz zur Pflicht bei unseren Handlungen gemacht. Unsere Aufgabe bestand darin, nur zu ermitteln, Sachverhalte festzustellen, alles zur Be- und Entlastung eines Verdächtigen Dienliche zusammenzutragen, aber es war uns strengstens untersagt, uns selbst ein Urteil zu bilden. Zu urteilen war Aufgabe des Gerichtes. Später habe ich mir die biblisch-christliche Lehre: „Richtet nicht, auf daß auch ihr nicht gerichtet werdet!“ zum Grundsatz gemacht, den ich auch bei meinen Erinnerungen beibehalten will.

In meinen Berichten soll niemand verunglimpft werden. Alle geschilderten Handlungen entsprechen genau dem, was ich erlebt und empfunden habe. Nichts soll dabei beschönigt, aber auch nichts verdammt oder verhöhnt werden

Alle Taten richten sich von selbst, und so manche, die an mir Übles getan haben, wurden bereits von einer „höheren Macht" durch Schmerz und Leid darauf aufmerksam gemacht, daß sich alle Übeltaten von selbst bestrafen.

Das Jubiläumsjahr 1999

Viel Propaganda für die Gendarmerie wurde im Jahre 1999 betrieben. Im Juni wurde der Tag gefeiert, an dem vor einhundertfünfzig Jahren die Gendarmerie gegründet worden war. 1848 gab es die berühmt-berüchtigte Revolution, die von der k. k. Armee blutig niedergeschlagen wurde. Dies war für den Kaiser der Grund, daß er nach napoleonischem Vorbild vom damaligen Innenminister Dr. Alexander Freiherr v. Bach und dem Feldmarschalleutnant Johann Kempen von Fichtenstamm eine „Gens d'armerie" aufstellen ließ.

Bei meinem Eintritt in die Gendarmerie gab es ähnliche Zustände wie zur Gründungszeit dieses Wachkörpers. Hundertein Jahre nach Gründung der Gendarmerie, im Jahre 1950, gab es in Österreich größere Unruhen. Daraufhin wurde der Personalstand der Gendarmerie aufgestockt. Einen weiteren Grund lieferten die Besatzungsmächte. Die US-Streitkräfte verlangten, daß sich die österreichische Regierung um die innere Sicherheit im Land selbst kümmern sollte. Dazu war auch eine starke Exekutive nötig. Ein Jahr nach meinem Eintritt wurde die B-Gendarmerie geschaffen. Sie sollte der Grundkader für ein späteres Militär werden.

Im Jubiläumsjahr 1999 war noch nicht vorherzusehen, daß bereits sieben Jahre später das Totenglöckchen für die Gendarmerie schlagen würde.

Das nahende Ende

Mit dem Amtsantritt des Innenministers Strasser hatte die Götterdämmerung der österreichischen Bundesgendarmerie begonnen. Die Medienberichte über die geplante Zusammenlegung von Gendarmerie und Polizei mehrten sich. Der erste Dämmerschein fiel, als die seit 75 Jahren bestehende zentrale Bildungsstätte, die Gendarmeriezentralschule, kurz nach ihrem Jubiläum zuerst örtlich verlegt und dann in ihrer bisherigen Struktur zerschlagen wurde. Viele Ratten begannen das sinkende Schiff zu verlassen und wechselten in andere Sparten des Ressorts.

Alljährlich wurde im Juni der Gründung der Gendarmerie und der im Dienste ums Leben gekommenen Gendarmeriebeamten gedacht. Zu diesem Gedenktag fanden sich fast immer hohe Regierungsmitglieder ein. Im Juni 2003 beschränkte sich dieses Gedenken auf kleine interne Gedenkminuten in den

Dienststellen. Anscheinend begann man damit den Mantel des Vergessens über diese Institution auszubreiten. Nunmehr war es beschlossene Sache, daß Mitte 2005 die Institution Bundesgendarmerie zu bestehen aufhört und zur Polizei nach europäischem Vorbild wird.

Das bevorstehende Ende der Gendarmerie war mit ein Grund, meine Aufzeichnungen der Öffentlichkeit zugänglich zu machen und der Gendarmerie wenigstens in Buchform ein kleines Denkmal zu setzen. Es sollte kein heroisches Werk werden. Solche Schriftstücke gibt es in Form von zwei Jubiläumsbüchern[1]. Vielmehr ist der Schreiber bemüht, die menschliche Seite von nahezu vierzig Jahren Gendarmeriedienst in möglichst humorvoller Form darzustellen. Aus vielen, tatsächlich geschehenen Geschichten sollte ein buntes Mosaik des früheren Gendarmeriedienstes – mit den Augen eines Gendarmen gesehen – entstehen.

Die Aufnahmsprüfung

Zur Ablegung der Aufnahmsprüfung in die österreichische Bundesgendarmerie mußte ich in die Landeshauptstadt Linz reisen. In einem Gesundheitsbüro im Finanzgebäude Ost wartete ich mit einer Unmenge weiterer Bewerber auf die amtsärztliche Untersuchung. Jeder wurde peinlich genau auf seine völlige Gesundheit untersucht. Die meisten kamen mit einem verdrossenen Gesicht aus dem Untersuchungszimmer. Sie hatten zumindest die Gewißheit, daß sie nicht völlig gesund waren. Am späten Mittag blieben nur wenige übrig. Am Nachmittag mußten wir in die Schloßkaserne gehen. Dort hatten wir die schriftliche und mündliche Aufnahmsprüfung abzulegen.

In einem Lehrsaal mit langen Schreibtischen warteten wir auf das Kommende. Es erschien ein älterer „Oberinspektor" mit viel Silberlametta am Kragen und teilte Papierbögen aus. Zuerst wurden uns einige Rechenaufgaben gestellt. Es waren für mich kinderleichte Aufgaben aus den vier Grundrechnungsarten. Dann erhielten wir neues Papier für ein Diktat, und nachher schrieben wir noch einen Aufsatz über irgendein Thema. Nach der „Schriftlichen" stellte uns der Herr Kontrollinspektor verschiedene einfache Fragen, die als „Allgemeinbildung" bezeichnet wurden. Zum Schluß der Prüfung wurden unsere Arbeiten eingesammelt, und mit dem Hinweis, daß wir vom Ergebnis verständigt würden, entließ man uns. Ich hatte ein gutes Gefühl, alles bestanden zu haben.

---

1 „Die Gendarmerie in Österreich 1849–1924", Steiermärkische Landesdruckerei Graz; „Die Gendarmerie in Österreich 1849–1974", Leykam Verlag, Graz – Wien 1974.

Das Ende des Zivilistendaseins

Gendarmeriebeamter zu werden, war damals keine Jobsuche; Gendarmeriebeamter zu sein, war eine Berufung. Ohne eine große Portion an Idealismus hätten die Gendarmen damals keinen Gendarmeriedienst verrichten können. Freilich waren das Ansehen, die Uniform, die Bewaffnung und die Hoffnung auf Sicherheit durch Pragmatisierung und Pension Lockmittel. Aber die geringe Freizeit, die kärgliche Entlohnung, die ständig drohenden Gefahren, der von den Vorgesetzten ausgeübte Druck, das Verbot, nebenberuflich etwas dazuzuverdienen, waren Umstände, die von den damaligen Gendarmen auch viel Opfermut verlangten. Das Gefühl, für andere da zu sein, anderen Menschen Sicherheit zu geben, sie aus Gefahren zu retten, ihnen in Rechtsangelegenheiten beratend zur Seite zu stehen – das Gefühl, den Menschen nützlich zu sein, war ein Teil unseres Lohnes. Für viele war die Uniform der Anreiz, diesen Beruf zu ergreifen. Die Uniform des Gendarmen sollte den Staat repräsentieren; sie wurde deshalb von den meisten Vorgesetzten als eine fast sakrale Kleidung, als ein Fetisch angesehen. Der Uniformträger war der dem Volk am nächsten stehende Repräsentant des Staates. Als solcher sollte er sich vom „Zivilisten" sowohl durch seine auffallende Uniform als auch durch sein untadeliges Auftreten und vorbildhaftes Benehmen unterscheiden. Der Berufsstand des Gendarmen sollte bei der Bevölkerung in hohem Ansehen stehen.

Nach der Aufnahmsprüfung verging nur kurze Zeit, bis ich das erste amtliche Schreiben in der Hand hatte. Darin wurde ich als „Herr Gendarmeriebewerber" tituliert. Ich sollte mich am 2. Jänner 1951 um 8 Uhr in der Gendarmeriekaserne der Landeshauptstadt Linz an der Donau zum Dienstantritt melden.

Als mein Meister davon erfuhr, drehte er nervlich durch. Den ganzen Tag wurde von ihm nur Ausschuß produziert. Am letzten Arbeitstag veranstaltete er nachmittags eine Abschiedsfeier. Es war eine große Auszeichnung für mich, daß sogar Wein ausgeschenkt wurde, denn mein Meister war sonst sehr knausrig. In der Weihnachtszeit konsumierte ich meinen Resturlaub, um meine Unterkunft aufzulösen. Meine Habseligkeiten brachte ich in einem Koffer unter. Die Bergsteigerausrüstung hatte im Tauernrucksack Platz, und in einer Aktentasche verwahrte ich meine Dokumente und meine Schreib- und Zeichenutensilien. Meine Kleidung bestand aus einem Anorak und einer Kletterhose aus US-Zeltplanenstoff, einer Windjacke aus Segelleinen, einem Gamsfrackerl, das aus einer alten Postuniform geschneidert worden war, einem Wetterfleck aus einer Kamelhaardecke, zwei Keilhosen, die aus alten Uniformhosen angefertigt worden waren, zwei Wollpullovern, einigen Hemden, einer kurzen Lederhose, einem schneidigen Hütel mit Gamsbart, genagelten Haferlschuhen, einem Paar Berg-Schischuhen, Kletterpatschen und einigen Klothhosen, Taschentüchern und Amihandtüchern sowie dem elektrischen Rasierapparat und einer

Seifenschale. Weiters besaß ich ein Eßzeug, ein Halbliter-Kaffeehäferl und einen Touristenkocher. Meine Schiausrüstung deponierte ich einstweilen bei meiner Großtante und Zimmerfrau in Bad Ischl.

Meine für die Jagdausrüstung bestimmten Ersparnisse waren während der kargen Lehrjahre aufgebraucht worden. Mein Geld reichte gerade noch zur Fahrt nach Linz und zu einigen Mahlzeiten.

In der Gendarmerieschule Linz

Das Einrücken in die Schloßkaserne

Am Linzer Hauptbahnhof stieg mit mir eine Menge Gleichaltriger aus. Mit Koffer und Tasche, manche so wie ich mit einem Rucksack, strebten wir unsicher dem Ausgang zu. In der Nähe des Tummelplatzes konnte man erkennen, daß alle diese jungen Menschen ein gemeinsames Ziel, die Schloßkaserne, suchten.

Wir meldeten uns beim Torposten und wurden in das dritte Stockwerk des altehrwürdigen Festungsbaues verwiesen. In einem großen Saal nahmen wir auf den Barras[2]-Bänken Platz. Ein gegenseitiges Beschnuppern begann. Die Gebirgler, zu denen auch ich gehörte, fanden sich bald in einer eigenen Gruppe zusammen. Plötzlich rief einer: „Heerts, Leidln! I geh telefounieearn!" Sofort brandete ihm eine Welle der Antisympathie entgegen: „Oi je! A Weana is a dabei!" war der nahezu einstimmige Kommentar.

Nun begann die zweite militärische Hauptbeschäftigung: das Warten. Die erste dieser Tätigkeiten sollten wir bald kennenlernen: das Beeilen oder, wie wir sagten: das Tummeln. Tummeln und Warten waren seit eh und je die militärischen Hauptbeschäftigungen. Eigenartig war, daß die Linzer Gendarmerieschule am Tummelplatz lag. Im Unterricht erfuhren wir, daß die „österreichische Bundesgendarmerie ein uniformierter, nach militärischem Muster organisierter Zivilwachkörper zur Aufrechterhaltung der öffentlichen Ruhe, Ordnung und Sicherheit" sei. Jetzt wurde uns die Ursache des stundenlangen Wartens offenkundig. Wir waren keine Zivilisten mehr, sondern Uniformträger einer militärischen Organisation. Für uns bedeutete dies keine fremde Welt, denn wir alle hatten entweder bei der HJ eine vormilitärische Ausbildung gemacht, und die Älteren hatten bei der Heimatflak, dem Reichsarbeitsdienst oder der Deutschen Wehrmacht gedient. Einer von uns war bereits vor dem Krieg österreichischer Probegendarm und später Leutnant der Deutschen Wehrmacht gewesen.

Die Begrüßung

Nach langer Wartezeit kam der Befehl, daß wir uns alle im Lehrsaal 1 zu versammeln hätten. Er war mir bereits von der schriftlichen Aufnahmsprüfung

---

2 „Barras" war eine Bezeichnung der Deutschen Wehrmacht; im Österreichischen war der Ausdruck „Kommiß" üblich.

her bekannt. Wir nahmen, soweit es ging, auf den Stühlen Platz. Dann kam ein Gendarm und kommandierte „Habt acht!“ Wir kapierten sofort, daß dies der neue österreichische Befehl für das uns von HJ, RAD und Barras bekannte reichsdeutsche „Stillgestanden!“ war.

Nach kurzer Zeit kamen der uns schon bekannte Kontrollinspektor und ein kleiner, dicker Mann mit schütterem Haar und großen goldenen Kragenspiegeln. Es war dies der Herr Oberst Sch., der zweite Stellvertreter des Herrn Landesgendarmeriekommandanten. Unvergeßlich blieben mir einige seiner Begrüßungsworte: „…und da beschloß das Landesschondarmeriekommando, junge Herren einzuberufen. Und diese Herrn, meine Herrn, sind Sie, meine Herrn.“

Nach der hochoffiziellen Begrüßung mußten wir auf dem Gang antreten und wurden der Körpergröße nach sortiert. Die Größten, von 1,90 m abwärts, bildeten den 1. Zug. Die Kleinsten, bis 1,59 m, waren der 3. Zug oder, wie wir sagten, der Hasenstall. Ich gehörte zur 3. Gruppe des 1. Zuges und kam mit 22 Kameraden in den Schlafsaal 2. Die 1. Gruppe wurde in einem kleinen Saal Nr. 1 „bequartiert“.

Das Kasernenleben

Wir bekamen ein Bett, einen Hocker und die Hälfte eines Spindes der ehemaligen Deutschen Wehrmacht zugewiesen. Dann faßten wir in der „Fetzenkammer“, dem Bettenmagazin, zwei Wolldecken, zwei Leintücher und einen Kopfpolster samt Überzug aus und wurden im vorschriftsmäßigen Bettenbau unterwiesen. Auch die Wehrmachtsdiener mußten umlernen, denn auch beim Bettenbau unterschied sich das alte österreichische Bundesheer vom preußischen Kommiß.

Zwischendurch gab es im Speisesaal ein Mittagessen von guter Qualität und ausreichender Menge. Dann ging es entweder hektisch zu, weil irgendwelche Sachen ausgegeben wurden oder zu „fassen“ waren, und dazwischen hieß es wieder warten. Es war ein derart turbulenter Tag, daß mir Einzelheiten entfallen sind. Trotz der vielen Zimmergenossen hatten wir eine herrliche Nachtruhe. Das Stahlrohrbett mit den Roßhaarmatratzen war nach den vielen Jahren, als ich einen Strohsack als Schlafunterlage hatte, direkt luxuriös.

Die sanitären Verhältnisse und die Verköstigung

Am nächsten Morgen weckte uns die Trillerpfeife des Lehrers vom Dienst: „Tagwache! Alles aufstehen“. Der Waschraum war ein großes Zimmer mit Steinboden. An zwei Wänden war eine Blechrinne befestigt. Oberhalb dieser breiten Rinne befanden sich eine Anzahl Kaltwasserhähne und einige Spiegel. Zum Glück hatte ich einen elektrischen Rasierapparat und brauchte nicht um einen Platz zum Rasieren zu kämpfen.

Nach der Morgenwäsche kam ein zweites Signal mit der Trillerpfeife: „Kaffeeholer raustreten!“ Zwei Mann vom Stubendienst mußten mit großen Blechkannen in die Dienstküche marschieren und von dort schwarzen, gezuckerten Kaffee und für jeden Schüler zwei Semmeln holen. Jeder von uns hatte seine eigene Kaffeetasse, und den „Negerschweiß“ gab es in ausreichender Menge. Auch tagsüber konnten wir uns den kalt gewordenen Kaffee aus der Kanne ausschenken. Butter, Marmelade oder sonstige Zugaben mußten wir uns aber dann selbst besorgen. Wegen der fehlenden Kühlmöglichkeit gab es keine Milch.

Auch vieles andere, was uns heute als selbstverständlich erscheint, gab es damals nicht. Keiner von uns Schülern hatte einen Rundfunkempfänger. Eines Tages brachte einer meiner Schlafsaalgenossen ein Grammophon mit. Dazu einige Schallplatten, von denen mir der Schlager „Gitarren, spielt auf!“ in Erinnerung geblieben ist. Der Stubendienst erhielt die Aufgabe, in der Früh nach dem Wecken unser „Russenradio“, wie wir das Grammophon nannten, anzukurbeln. Ließ das Federwerk nach und begann die Musik zu leiern, so gab der Nächstbeste durch einige Kurbelumdrehungen unserer Musikanlage neue Kraft. Bis zum Kursende blieb das „Russenradio“ unsere einzige Musikquelle.

Abends veranstalteten einige Kameraden öfters ein Budenkonzert. Einer hatte eine Gitarre und eine schöne Singstimme. Er brachte eine Menge mir unbekannter Melodien und Parodien auf bekannte Schlager zum besten. Seit dem Kriegsende hatte ich kaum Möglichkeit gehabt, Radio zu hören. Ich kannte von meiner Mutter her sowie von den Schutzhütten und Almen die Volkslieder des Salzkammerguts und etliche Gstanzln. Deshalb klang die Musik des Kameraden in meinen Ohren sehr fremdländisch und blieb vielleicht deshalb stark in meiner Erinnerung verankert.

Die militärische Ausbildung

In den nächsten drei Monaten erhielten wir vorwiegend eine militärische Ausbildung. Bundesheer gab es damals keines, und die US-Besatzungsmacht griff in innerösterreichische Angelegenheiten nicht mehr ein. So fand es die Regierung nötig, eine Einsatztruppe für besondere Ruhestörungen zu schaffen. Laut Dienstinstruktion gab es zwar die Möglichkeit, in Form einer „Konzentrierung“ Postengendarmen zu einer militärischen Einheit zusammenzufassen. Diese Vorgangsweise war angesichts der damaligen Nachrichtenmittel und Transportmöglichkeiten aber sehr zeitaufwendig. Deshalb schuf man in den Bundesländern Schulabteilungen in der Stärke einer Kompanie. Erst 1952 errichtete man die B-Gendarmerie als eine Art „Bereitschaftspolizei" und als Basis für ein späteres Bundesheer.

Für uns Gendarmerie-Aspiranten wirkte sich dies auf die Freizeit nachteilig aus. An Wochenenden hatte immer die Hälfte unserer Kompanie unbezahlten Bereitschaftsdienst.

Auf dem Burghof der Schloßkaserne wurde zuerst gruppenweise, später im Zugsverband und dann als Kompanie exerziert. Wir wurden auf die alten österreichischen Kommandos umgeschult, klopften Gewehrgriffe, lernten Bajonettfechten und übten den alten österreichischen Parademarsch im Stechschritt. Nach jedem Exerziertag mußten wir die Waffen reinigen. Bewaffnet wurden wir mit dem alten Karabiner 98 K der Deutschen Wehrmacht, dessen Riemen auf österreichisch umgebaut worden war. Zum Karabiner gehörte ein Bajonett mit Portepee, einer silberfarbigen Quaste. Das Bajonett mußten wir als Bewaffnung tragen, wenn wir in Uniform ausgingen.

Mit der Uniformierung gab es Anfangsschwierigkeiten. Ich bekam erst nach einigen Tagen eine passende Uniform. Die damaligen Uniformen waren aus grobem gendgrauem Tuch angefertigt. Die Uniformbluse hatte einen Stehkragen, auf dem die roten Kragenspiegel aufgenäht waren. Als Hilfsgendarmen oder, wie es amtlich hieß: „Vertragsbedienstete des Gendarmeriedienstes", kurz „VBfdGD" genannt, hatten wir auf dem roten Kragenspiegel einen silbernen Stern und die goldene Granate als Korpsabzeichen. An der Innenseite des Kragens mußten wir einen weißen Plastikstreifen annähen, der ihn vor Verschmutzung schützen sollte. Der Kragen wurde ganz oben mit einem Haftel zugehakt. Einige unserer Lehrer und Ausbildner machten aus dem zugehakten Haftel einen wahren Kult. Wehe dem, der mit einer nicht zugehakten Uniformbluse angetroffen wurde! Nur bei dem Befehl „Marscherleichterung" durfte das Haftel aufgemacht werden. Beim Exerzieren mußten wir sehr oft einen gendgrau lackierten Stahlhelm der ehemaligen Deutschen Wehrmacht aufsetzen. Ansonst trugen wir im Kasernenbereich die kleidsame österreichische Bergmütze. Mit der Tellerkappe, die wir beim Dienst als Tagcharge, bei Meldungen und Rapporten sowie beim Ausgang tragen mußten, kam ich mir etwas kasperlmäßig vor. Insgeheim nannte ich die uns als Ehrenkleid eingeredete Uniform das „Kasperlgewand". Diese Meinung hütete ich aber als mein Privatgeheimnis. Nur die Alpinkleidung, bestehend aus Keilhose, Bergmütze und Anorak, schätzte ich sehr, denn mein Berufsziel war ja der Alpindienst. An Uniformstücken bekamen wir zwei Uniformblusen und zwei lange Hosen aus Tuch, ein Paar Stoffgamaschen, eine Achselrolle aus Tuch, zwei Wintermäntel, zwei Leibriemen, ein Paar Stadtschuhe und ein Paar genagelte hohe Schuhe, ein Paar Wollhandschuhe, eine Tellerkappe, eine Bergmütze und einen deutschen Wehrmachtsstahlhelm. An sonstiger Ausrüstung erhielten wir, wie bereits erwähnt, einen Karabiner 98 K, ein Bajonett mit Portepee, einen Stoffrucksack, eine Patrouillierungstasche aus Leder, eine Trillerpfeife, Schließketten, eine Taschenlampe, zwei Verbandpäckchen und eine Schreibmappe. Später konnten wir auf Kosten unseres Massaguthabens eine Schihose und Schischuhe eingeben. Die Uniformen bestanden aus einer neuen und einer gebrauchten Garnitur. Alle Uniformstücke wurden in ein „Massabuch" eingetragen, und unser Massaguthaben wurde damit belastet. Dieses Massaguthaben, aus dem unsere Uniformierung bestritten wurde, war ein Teil unserer Entlohnung. Nur die Waffen und anderen Ausrüstungsstücke galten als Rüstungs- und Sonderbekleidungssorten; sie blieben wie die Gesetzesbücher Staatseigentum.

Unsere Arbeitskleidung

Durch den militärischen Drill sollten wir uns als Uniformträger und damit als Repräsentanten der Staatsgewalt standesgemäß verhalten lernen. Die in unseren Augen fetzigen Uniformen wurden uns immer wieder als Ehrenkleid hingestellt. Uns waren die schneidigen und paßgenauen Uniformen der reichsdeutschen Gendarmerie und Wehrmacht noch zu gut in Erinnerung. Einige Uniformfanatiker, die dafür Geld übrig hatten, kauften sich für Ausgehzwekke hellbraune, aus US-Armeebeständen stammende Gabardinehosen, und ganz besonders eitle Kollegen ließen sich von einem weithin bekannten volksdeutschen Schuhmachermeister in Pfarrkirchen elegante Offiziersstiefel machen und dazu passende Breeches schneidern. Manche Kameraden gaben sogar für gestickte Silbersterne Geld aus. Ich aber hielt die Uniform für eine Arbeitskleidung, für ein mit dem Beruf verbundenes notwendiges Übel und sparte mein Geld lieber für eine Schnürlsamt-Kletterhose sowie eine Rollfilmkamera.

Die Instruktoren

Unser Tapferkeitsleutnant

Der militärische Ausbildner meiner Gruppe war ein ehemaliger „Tapferkeitsleutnant", ein Bauernsohn aus dem wegen der Rauflust der Burschen berüchtigten Innviertel. Im Krieg hatte er das Ritterkreuz zum Eisernen Kreuz, die Silberne Nahkampfspange und das Deutsche Kreuz in Gold für seine Tapferkeit an der Front erhalten. Er war ein ganz patenter Bursche und am Exerzierplatz zu Hause, ging jedoch mit Papier und Feder ungern um. Deshalb ernannte er einen Maturanten aus unserer Gruppe heimlich zu seinem Privatsekretär, der für ihn den Schriftverkehr erledigen mußte. Wenn eine Exerzierübung präzise geklappt hatte, gab es eine Rauchpause. Deshalb nahmen wir uns alle sehr zusammen, damit wir wieder zu einer Belohnungspause kamen.

Der „Sturminspektor Rayonsberger"

Der Kommandant der 1. Gruppe war ein älterer Herr Rayonsinspektor namens Sturmberger und bereits in der Zwischenkriegszeit Gendarm gewesen – ein altösterreichischer Kommißknopf, der durch seine devote Strammheit auffiel. Bei den Schuhabsätzen ließ er sich extra große Absatzeisen, die über den Absatz hinausragten, anbringen. Damit konnte er es beim Hakenzusammenschlagen ordentlich knallen lassen. Wenn er aus dem Bett stieg, zog er sofort die Uniformhose und die Schuhe an sowie – als für ihn wichtigsten Uniformbestandteil – die Gamaschen. Letztere, von uns abwertend „Flohdackerln" genannt, waren Stoffbänder aus Uniformtuch, die mittels zweier Knöpfe geschlossen wurden. Durch die Gamaschen wurden die Hosenröhren unten zusammengehalten; dadurch sollte das Eindringen von Schmutz und Feuchtigkeit in die Schuhe verhindert werden. Mit den Flohdackerln hatten wir ständigen Ärger, weil die Hose nie richtig hielt und der Herr Rayonsinspektor ständig einen Grund zu Beanstandungen hatte. Was den Lehrern das Kragenhaftel war, das waren dem Rayonsinspektor die Gamaschen.

Im Laufe meiner Dienstzeit lernte ich noch einen anderen Uniformfetischisten kennen. Seine Hauptaufgabe als Schulkommandant bestand darin, die Untergebenen ständig darauf zu überwachen, daß sie die Handschuhe in der linken Hand, mit den Fingern nach vorne, trugen, damit die rechte Hand zum Salutieren bereit war. Weiters achtete er darauf, daß bei keinem Beamten ein Kugelschreiberklips an der Brusttasche zu sehen war. Er bezeichnete den Füllhalterklips als „Schreiberorden". Der damals modern gewordene Kugelschreiber war jedoch die stärkste Waffe des Gendarmen, denn jeder Zivilist hatte Angst, „aufgeschrieben zu werden".

Im Salutieren war der Herr Rayonsinspektor sozusagen Weltmeister. Zu Beginn der Exerzierausbildung hatten wir den Eindruck, daß das vorschriftsmäßige Salutieren und Erstatten von Meldungen die Hauptaufgaben eines Gendarmen seien. Der Drill hatte die Auswirkung, daß der militärische Formalismus einigen von uns in Fleisch und Blut überging.

Ein weiterer Fetisch unserer Instruktoren war die „Achselwurst". Dieser Uniformbestandteil war ein Relikt der k. u. k. Armee. Die Achselrolle, wie sie richtig hieß, wurde mittels eines Knopfes und einer Schlaufe an der rechten Schulter befestigt und sollte das Abrutschen des Gewehrriemens verhindern. Wehe, wenn man beim Exerzieren oder beim Wachdienst auf dieses Utensil vergessen hatte! Von Erzählungen meines Vaters her war mir die Achselwurst vertraut. Bei einem Rapport, so berichtete er, wurde an einem böhmischen Rekruten das Fehlen des Uniformmantels bemerkt. Der Rekrut machte folgende Meldung: „Melde gehursamst: Ochselwurscht hams mir gstohlen. Montel wor a dabei."

Die kleinen Manöver

Im Rahmen der Militärausbildung wurden in der näheren Umgebung Einsatzübungen im freien Gelände abgehalten. Vorschriftsmäßig adjustiert und vollkommen bewaffnet, marschierten wir ins Gelände, um Verbrechernester auszuheben, Banden zu bekämpfen und entsprungene Häftlinge zu suchen. Wir faßten Platzpatronen aus, um das Gefecht richtig zu simulieren. Die Knallerei bereitete uns große Freude.

Einmal mußte ich mit einigen Kameraden in einem Bauernhaus zwischen Linz und Leonding eine schwerbewaffnete Verbrecherbande spielen. Als Versteck wählten wir den Heuboden. Während der Wartezeit entdeckten wir unter dem Bretterboden Munitionskisten mit Patronen für unseren 98 K. Wir füllten einige Magazinstreifen mit dieser scharfen Munition. Als wir die Einsatzkräfte bemerkten, begannen wir mit der scharfen Munition in Richtung Mühlviertel zu ballern. Es war damals sowjetische Besatzungszone, und erst später wurde uns bewußt, welche Gefahr durch unser unüberlegtes Herumballern hätte entstehen können. Erst als die Gendarmerieeinheit in unsere Nähe kam, benützten wir unsere ausgefaßten Platzpatronen. Unsere „Gegner" waren über unsere starke Feuerkraft verblüfft, weil sie von unserem Fund ja nichts wußten. Für uns fiel der unerwartete Munitionsfund unter „unser Amtsgeheimnis". Nach solchen Nahkämpfen steckten unsere Uniformmäntel manchmal voll rötlicher Holzsplitter von den Platzpatronen.

Beim Marsch zum Übungsgelände und beim Einrücken wurden altösterreichische Soldatenlieder gesungen. Besonders beliebt waren „Steig ich den Berg hinan, das macht mir Freu-eu-de" und das Lied vom „Kleinen Landgendarm". Mit unseren genagelten Schuhen machten wir einen gewaltigen Lärm. Beim Kommando „Kompanieee!" mußten wir die drei Schritte besonders kräftig auf den Boden klopfen, und bei „halt!" standen wir wie ein Block.

Diese kleinen Manöver fanden meist an Samstagvormittagen statt. Sie waren für mich eine sehr angenehme Abwechslung des Kasernenalltages und Schulbetriebes. Zum Glück lag die Schloßkaserne in Stadtrandnähe, und auf dem Land fühlte ich mich wieder wohl. Zwar gibt es um Linz keine hohen Berge, aber es gab Felder, Wälder, Gestrüpp, und so riß meine Naturverbundenheit nicht ab. Heute stehen dort riesige Wohnanlagen.

Auch nach der militärischen Grundausbildung gab es diese Einsatzübungen, und auch die Exerzierstunden wurden während der gesamten eineinhalbjährigen Schulzeit beibehalten. Als die B-Gendarmerie in Ebelsberg eingerichtet wurde, mußten wir gemeinsam mit diesen Gendarmeriesoldaten exerzieren.

Die Dienstzeit in der Gendarmerieschule

Freizeit gab es während der Schulzeit wenig. Nach dem Wecken wurde im Kasernenhof Frühsport abgehalten. Meist liefen wir einige Runden. Hatte ein älterer Herr die Funktion „Lehrer vom Dienst", dann machten wir Rumpfbeugen, Armkreisen, Kniebeugen und dergleichen. Beim Laufen nutzten wir öfters die Gelegenheit, durch ein kleines Seitentor zu entwischen und in die Kantine zu eilen, um schnell etwas für die Jause zu besorgen.

Nach dem Frühstück auf unserer Bude gab es Unterricht laut Stundenplan. Die Unterrichtsfächer waren Dienstsprache, Gendarmeriegesetze und Gendarmeriedienstinstruktion, Allgemeines Strafgesetz und strafrechtliche Nebengesetze, Reichs-, Staats- und Bundesgesetze, Landesgesetze, Ausforschungsdienst (Gerichtsmedizin), Strafprozeßordnung, Kanzleivorschrift, Bürgerliches Recht als Hauptfächer und als Nebenfächer Disziplinarrecht, Gebührenwesen, Terrainlehre, Vaterlandskunde, Gendarmeriegeschichte, Gesundheitslehre, Waffen- und Schießinstruktion, Praktische Waffenhandhabung und Anstandslehre. Im ersten Ausbildungshalbjahr hatten wir einen vierzehn Tage dauernden Jiu Jitsu-Kurs. Einmal in der Woche erhielten die Nichtschwimmer im Linzer Parkbad Schwimmunterricht. Bei dieser Gelegenheit kamen wir in den Genuß, uns ausgiebig zu duschen.

Unsere Mittagspause dauerte von 12 bis 14 Uhr. In dieser Zeit konnten wir zugsweise im Speisesaal unser Mittagsmahl einnehmen und dann einem kleinen Mittagsschläfchen frönen. Bei Schönwetter lustwandelten wir im Schloßpark innerhalb des Kasernengeländes. Am Nachmittag war bis 17 Uhr Unterricht und anschließend Abendessen. Wenn es keine Anwesenheitspflicht oder Bereitschaftsdienst gab, durften wir bis 22 Uhr und – mit Sondererlaubnis – bis 24 Uhr das Kasernengelände verlassen.

Als einzige österreichische militärisch organisierte Sicherheitstruppe hatte immer die Hälfte von uns 74 Hilfsgendarmen, kurz „Hige" genannt, wie schon erwähnt Anwesenheitspflicht. Entstand irgendeine sicherheitsdienstliche Krisensituation, wurde für alle Bereitschaft angeordnet. Für diese Dienste bekamen wir aber keine Gebühren bezahlt. Jede Mehrdienstleistung wurde durch den Pauschalbetrag von 80 bis 100 Schilling abgegolten. In jener Zeit, als die Arbeitslosigkeit erstmals nach dem Krieg größeres Ausmaß angenommen hatte, nahmen wir alles still und schweigend hin. Zwar gab es einen Gewerkschaftsvertreter, aber der hatte nicht aufzumucken. Da hieß es dann immer: „Wenn Ihnen etwas nicht paßt, dann können Sie gehen. Hundert andere warten auf einen Posten. Zwei Finger – ein Strich – und Sie sind nimmer da!“ Später kam noch die Drohung mit der Versetzung zur B-Gendarmerie nach Ebelsberg hinzu. Bei mangelnden Lernerfolgen sagten unsere Lehrer: „Wenn Sie so weitermachen, versetzen wir Sie zur B-Gendarmerie.“

Den Großteil unserer kargen Freizeit verbrachten wir mit Paragraphenlernen. Fast alle Paragraphen des Strafgesetzbuches und der Dienstinstruktion sowie sehr viele Paragraphen aus dem Verwaltungsrecht, den Landesgesetzen und viele Definitionen aus dem Ausforschungsdienst mußten wir auswendig lernen. So saßen wir bei Schönwetter mit unseren „Bibeln“ auf den Parkbänken, der Schloßmauer und allen erdenklichen Plätzen, um in Ruhe unsere Litaneien auswendig zu lernen.

Unsere Lehrer

Von den Instruktoren, die uns militärisch ausbildeten und die in unseren Schlafsälen als Zimmerkommandanten untergebracht waren, habe ich bereits einiges berichtet. Neben den „alten Dienern“ aus der Vorkriegszeit waren einige junge definitive Gendarmen in den Schlafsälen als Hilfsinstruktoren bei uns. Sie alle waren Maturanten und bereiteten sich auf eine Offiziersprüfung vor. Die eigentlichen Lehrer waren dienstführende Revier- und Bezirksinspektoren aus der Vorkriegszeit. Wie beim Bevölkerungsquerschnitt gab es einige ganz ausgezeichnete Lehrer und einige totale Blindgänger sowie dazwischen durchschnittlich Begabte. Im Zusammenspiel aller Lehrkräfte und Instruktoren kann ich rückblickend sagen, daß wir eine ausgezeichnete Berufsausbildung erhielten.

Der Vater der Kompanie

Der Stellvertreter des Schulkommandanten war ein älterer Bezirksinspektor. Er und einige andere Lehrer waren wunderbare Menschen. Sie hatten großes Fachwissen und sehr gute pädagogische Fähigkeiten. Der Bezirksinspektor M. war unser Lehrer für Strafrecht, strafrechtliche Nebengesetze und Strafprozeßrecht. Unser Kamerad Bertl war mit dem Sohn dieses Lehrers an der Front gewesen. Der Bertl war der Zweitälteste unseres Kurses und wurde vom Bezirksinspektor M. besonders unter seine Fittiche genommen.

Bertl glänzte durch seine Aussprüche. Auf die Frage, wie die Staatsanwaltschaft organisiert sei, stotterte er: „Der staatsanwaltschaftliche, der Dings der staatsanwaltschaftliche Dings, also der Funktionär." Nach einigen eingesagten Stichworten brachte er den Staatsanwalt und Oberstaatsanwalt heraus; endlich schnappte er einen Brocken auf und schmetterte: „Der Generalkooperator!" Bertl stammte aus einer recht katholischen Gegend und hatte deshalb den „Generalprokurator" nach seinem Verständnis auf „Kooperator" umgetauft. Bei einer Dienstinstruktions-Prüfung hatte er mit dem Wort „Individuum" Probleme: „Der Gendarm hat auf alle unter Polizeiaufsicht gestellte Invi-di-dien ein wachsames Auge zu halten!" zitierte er den Paragraphen. Als der Lehrer fragte: „Wie heißt das?" schmetterte Bertl in den Lehrsaal: „Invi-didi-um, Herr Revierinspektor!"

Bei einem Spaziergang in der Schloßkaserne entdeckten wir einen weitläufigen Irrgarten an unterirdischen Gängen. Nach einem solchen Erkundungsgang in die Katakomben des Schloßberges verkündete Bertl stolz: „Stöllts enk vor, unter dera Schloßkaserne ist ein ganzes Labrinett von Gängen!"

Zwei andere positive Lehrertypen

Unser Strafrechtslehrer, der später einige Zeit Schulkommandant war, wurde von uns allen sehr verehrt, ja man könnte sagen, wie ein gütiger Vater geliebt. Ein ebenfalls älterer Bezirksinspektor unterrichtete Bundes- und Verwaltungsgesetze. Er erhielt den Spitznamen der „Meinmon", weil er die Angewohnheit hatte, bei schlechten Antworten auszurufen: „Jo, han mein Mon, ausgrechnet der schönste Mon von da Kompanie weiß das nicht!"

Der „Meinmon" würzte seinen Unterricht durch eine Reihe unvergeßlicher Anekdoten. Er war sozusagen eine exekutive Ausgabe des oberösterreichischen Eisenbahnerhumoristen und späteren Buchhändlers Franz Resl. Zu jedem Gesetz und zu jeder Rechtsmaterie hatte er ein „Beispiel aus der Praxis". Wir paßten natürlich alle wie die Haftelmacher auf, um nur ja keine Pointe zu überhören. Es gab keine Unterrichtsstunde beim Bezirksinspektor St., in der nicht mehrmals gelacht wurde. Als ich später selbst Gendarmerielehrer wurde, habe ich mir den „Meinmon" als Vorbild genommen und seine bewährte Methode erfolgreich verwendet.

Unser Dienstinstruktionslehrer hingegen war der Übergang zu den miesen Lehrertypen, die es auch gab. Der „Tschoo", wie wir ihn nannten, war mehr ein Kumpeltyp. Er wurde von einer reichen Farbenhändlerstochter geheiratet und übte den Gendarmerieberuf nur mehr als Liebhaberei aus. Erst bei seiner Hochzeitsreise kam er drauf, welch einen fetten Fang er mit seiner Braut gemacht hatte. Die Häuser im Salzkammergut, wo sie in den Flitterwochen wohnten, gehörten seiner Frau. Sie war sehr stolz auf ihren feschen Mann und seine Uniform. Revierinspektor A. war finanziell unabhängig und deshalb sehr selbstbewußt. Er hatte es nicht nötig, vor Vorgesetzten zu katzbuckeln und sagte deshalb offen und ungeschminkt, was er meinte. In der Kantine spendierte er immer wieder eine „Runde für alle“. Als Gesellschaftsmensch war der „Tschoo“ für Humor sehr aufgeschlossen, als Zugskommandant aber ein richtiger Landsknechtführer, für den wir durchs Feuer gegangen wären. Trotz seiner dürftigen pädagogischen Fähigkeiten war er eine wahre Respektsperson, vor der wir alle Achtung hatten. Er zeigte für alles Verständnis und war immer bereit, uns unsere Fehler zu vergeben.

Die drei negativen Lehrertypen

Eine absolute „menschliche Null“ ist mir nur schwach in Erinnerung geblieben. Der schmalbrüstige, hagere Asketentyp, der selbst als Vogelscheuche den Vögeln keinen Respekt, sondern höchstens Mitleid abgerungen hätte, unterrichtete ein Nebenfach. Seine Haltung drückte eine ständige Entschuldigung dafür aus, daß er auf der Welt war. Den Lehrstoff las er aus einem Skriptum derart farblos und ohne jegliche Betonung vor, daß wir bei seinem eintönigen Geleier binnen zehn Minuten einschliefen. Er las seinen Text bis zum Klingelzeichen herunter, klappte sein Skriptum zu und verschwand. Bei der Prüfung gab es für alle ein Gut und die Maturanten und Mittelschüler bekamen ein Sehr gut. Er war so farblos, daß er nicht einmal eines Spitznamens für würdig erachtet wurde und ich vergessen habe, was dieser arme Mann eigentlich unterrichtet hatte.

Der böhmische Deutschlehrer

„Dienstsprache“, wie der Deutschunterricht damals genannt wurde, war ein Hauptgegenstand. Es war wichtig, daß der Gendarm seine dienstlichen Ermittlungen auf solche Art beschrieb, daß sich Gericht und Bezirksverwaltungsbehörde ein klares und möglichst objektives Bild vom Sachverhalt machen konnten. Deshalb wäre dazu ein Lehrer nötig gewesen, der die „Dienstsprache Deutsch“ von Grund auf beherrscht hätte. Unser „Deutschlehrer“ hatte einen böhmischen Familiennamen und einen ordinären Jargon nach Art des „Mundl“. Durch seinen miesen Charakter wurde er zu einem unvergeßlichen Typ und von uns respektlos nur der „Ferdl“ genannt. Zwar war er mit dem „Gschupftn Ferdl“ weder verwandt noch verschwägert, aber er war ein echt negativer Wiener Typ. Neben Dienstsprache unterrichtete er auch Kanzleivorschrift.

Revierinspektor Ferdl Sch. war zudem das Musterbeispiel für einen Schnorrer, wie es in der Gendarmerie sehr viele gab. Vor dem Krieg hatte er im nun von der sowjetischen Besatzungsmacht besetzten Niederösterreich Dienst gemacht. Kurze Zeit war er im Hausruckviertel Postenkommandant. Wegen seines etwas unmoralischen Lebenswandels wurde er für den exekutiven Außendienst als untragbar angesehen und zur Gendarmerieschule als Lehrer versetzt – eine in meinen Augen sehr sonderbare Personalpolitik. Ferdl war für uns das Beispiel eines Gendarmeriebeamten, wie er keinesfalls sein sollte.

In der ersten Deutschstunde bestimmte er unsere beiden Maturanten und mich als Abgänger der 6. Klasse Hauptschule mit der sog. „kleinen Matura“ zu Hilfsinstruktoren. Wir drei wurden von der Mitarbeit bei schriftlichen Arbeiten, wie Diktaten, Aufsätzen, Anzeigen und Berichten, befreit. Dafür mußten wir die Arbeiten unserer Mitschüler korrigieren. „Wehe, wenn Sie einen Fehler übersehen. Denn ich werde die Korrekturen überprüfen und jeden übersehenen Fehler dem anrechnen, der ihn bei der Korrektur übersehen hat. Die Noten werde ich anhand der gemachten Fehler selbst eintragen!“

Wir hatten sofort gemerkt, daß sich der neue Lehrer nicht in der Lage sah, seine Aufgabe und schon gar nicht seine Drohung zu erfüllen. Fanden wir gröbere Fehler, so ließen wir sie von den Kameraden selbst ausbessern, und deshalb gab es keine schlechteren Noten als Gut. Der Ferdl aber war stolz auf die sehr guten Leistungen seiner Schüler. In Wirklichkeit wollte er sich alle Arbeit und etwaige Beschwerden ersparen.

Er gab uns auch Ratschläge für den praktischen Dienst: „Leiiidln, i sog enk, mochts in Dienst nach Vurschrift und loßts enk nicht derwischn!“ oder „Schauts draußn auf'n Postn, daß ihr enk mit ana blaadn Fleischhackerin guat steht's. Do kinnts bei da Frühpatrouille zu ihr auf Kesslhaaße gehen.“ Später erfuhren wir, daß er wegen seines intimen Verhältnisses mit einer Fleischhauersgattin zur Schule strafversetzt worden war.

Ferdl war auch ein leidenschaftlicher Kartenspieler, ein Preferanzer[3]. Standen uns Prüfungen bevor, luden wir ihn in unsere Bude zu einer Kartenpartie ein. Einige Profispieler sorgten dafür, daß er meistens gewann. Einmal sah er auf dem Fensterstock ein großes Stück Speck. Dieser war bereits verdorben und sollte an die Vögel verfüttert werden. Als wir die begehrlichen Blicke und anzüglichen Worte unseres Ferdls merkten, verfütterten wir den Speck statt an die Vögel an den Revierler, dem anscheinend vor nichts grauste. „Hauptsache, es kostet nix“, war sein Hauptmotiv.

Seine Drohung bei irgendwelchen Unzukömmlichkeiten wurde mit den Worten „Drei mal sechs is ochtzehn!“ umschrieben. Im Klartext drohte er uns damit drei Strafwachdienste zu je sechs Stunden an. Und diese Drohungen waren immer sehr ernst zu nehmen.

---

3 Preference: ein franz. Kartenspiel

„Die schwarze Hand“

Die Begriffe „Kriminalistik“, „Kriminologie“ gab es damals nur in Lehrbüchern. Kriminalpolizeiliche Aufgaben für den überörtlichen Bereich erledigte die „Erhebungsabteilung“, die unter dem Kommando eines Kontrollinspektors stand. Die Beamten der Erhebungsabteilung versahen ihren Dienst in Zivil und genossen eine Sonderstellung. Das Lehrfach für Kriminologie und Kriminalistik hieß Ausforschungsdienst. Der Unterricht beschränkte sich auf die Demonstration von Werkzeugen und Tatwaffen sowie auf kriminaltechnische Arbeitsmethoden. Das Wichtigste aber war das Auswendiglernen der kriminalistischen Grundsätze unseres Lehrers.

Unser Ausforschungsdienstlehrer wurde nur der „Hummerl“ oder „die schwarze Hand“ genannt. Bei einem Vortrag über Daktyloskopie demonstrierte er einen Handflächenabdruck. Dann hob er im Eifer seines Vortrags beschwörend seine linke, mit Druckerschwärze eingefärbte Hand in die Höhe und rief pathetisch: „Das oberste Gebot bei der Daktyloskopie lautet: Die Hand des Gendarmen muß weiß sein wie Schnee!“

Der Bezirksinspektor H., genannt „Die schwarze Hand“, war ein alter Vorkriegsgendarm und stand kurz vor seiner Pensionierung. Er war klein, rundlich, hatte eine Vollglatze und buschige Augenbrauen, die ihm samt seiner Hakennase das Aussehen eines Uhus verliehen. Er könnte für den „Mostdipf“ in den „Oberösterreichischen Nachrichten“ Modell gestanden haben. Seine Herkunft aus Vorarlberg ließ sich hingegen nicht verleugnen. Deshalb reizte uns schon seine Ausdrucksweise zum Schmunzeln.

Zum Ausforschungsdienst gehörte auch das kriminalistische Zeichnen. Hummerls Methode bestand darin, daß er uns Musterzeichnungen gab, die wir abzeichnen mußten. Die Vorlagen waren in einem – durch ein kleines Vorhängeschloß gesicherten – Glasrahmen. Bei unserer ersten Absentierung nahmen wir von daheim kleine Schlüssel mit. Bald hatten wir einige Schlüssel, die zu Hummerls Schlössern paßten. Nun konnten wir die Zeichnung herausnehmen und auf einem ausgehängten Fensterflügel abpausen.

Hummerl war nicht nur sehr eitel, sondern auch sehr nachtragend. Wer bei ihm „ausgeschissen“ hatte, war für ihn eine Null. Ein Kamerad machte im Unterricht eine Bemerkung. Da brüllte Hummerl: „Singen können hundert, reden tut aber nur einer – und das bin ich! Gehen Sie hinaus, ich will Sie nicht mehr sehen!“ Der Beanstandete ging aus der Klasse und legte sich im Schlafraum auf sein Bett.

Nach einiger Zeit ließ es Hummerl keine Ruhe, und er ging auf den Gang, um nach dem Delinquenten zu sehen. Als er ihn im Zimmer auf dem Bett entdeckte, war es endgültig aus. Der Kamerad konnte machen, was er wollte, er bekam nur schlechte Noten.

Die absolute Koryphäe beim Zeichnen war unser Kamerad Max H. Er kopierte für Hummerls Feind eine mustergültige Zeichnung, die millimetergenau mit dem Muster übereinstimmte. Seine eigene Zeichnung machte er nahezu freihändig. Max bekam für seine nur annähernd genaue Zeichnung ein „Sehr gut“, die paßgenaue Kopie des Kameraden, der bei ihm ausgeschissen hatte, erhielt ein „Nicht genügend“ und den Vermerk „Völlig falsche Lage“. Ja, so waren die alten Gendarmerielehrer aus der k. u. k. Zeit!

Der Ausforschungsdienstlehrer wurde zum Ziel von allerlei Streichen. Einmal demonstrierte Hummerl Abtreibungswerkzeuge: „Und mit diesem Dings fährt die Engelmacherin also hinein. Also, ihr wißt schon, bei der Dingsda fahrt sie hinein...“ Ein Mitschüler hatte einen langen Papierstreifen mit Uhu-Kleber bestrichen und drückte ihn dem Hummerl auf die Stiefelhose. Dieser drehte sich um. „Entschuldigen, Herr Bezirksinspektor“, sagte der Übeltäter. „Macht nix“, entgegnete nichtsahnend der Hummerl und setzte seine Demonstration fort. Bezirksinspektor H. hatte ein sehr ausgeprägtes, fast feminines Gesäß, das in seiner Stiefelhose besonders zur Geltung kam. Nach dem Unterricht verschwand Hummerl hüftschwingend im Lehrerzimmer. Zum Gaudium des Kurses wehten an seinen Hinterbacken zwei lange Papierstreifen. Aus dem Lehrerzimmer hörten wir nach Hummerls Abgang lautes Gelächter. An den nächsten beiden Tagen fehlte der Herr Bezirksinspektor krankheitshalber.

Am nächsten Streich war ich beteiligt. Auf dem Exerzierplatz machten wir den Gipsabguß einer Schuheindruckspur im Sand. Hummerl hatte sein Hinterteil herausgereckt und beide Hände auf die Knie abgestützt, um den Vorgang genau zu beobachten. Um die Spur wurde eine Kartonröhre aufgestellt und durch eine Öffnung abwechselnd Wasser und Gipsstaub gesprüht bzw. gestaubt. Ein Kamerad und ich hatten diese Arbeit übertragen bekommen. Was wir aber mit dem Schuheindruck machten, wiederholten wir an Hummerls Hosenboden. Dann kamen Holzstäbchen in die gefestigte Spur, und daraufhin wurde von anderen Schülern Gipsbrei in die Spur gegossen. Hummerl blieb wie ein Denkmal mit auf den Knien abgestützten Händen gebückt stehen. Als es zur Mittagspause läutete, ließ er uns abtreten. Nur zwei Schüler sollten bei ihm bleiben und den fertigen Abguß abnehmen. Ohne seine Stellung zu verändern, verharrte unser Lehrer, bis der Gipsabguß trocken war. Als er sich aufrichtete, so berichteten uns die bei ihm zurückgebliebenen Kameraden, war auch der Hosenboden trocken. Er betastete seine Sitzfläche: „Bringen Sie den Abdruck und das Werkzeug in meine Kanzlei!“ befahl er noch. Dann verschwand er auf einem Schleichweg in die Kaserne und ließ sich wiederum zwei Tage wegen Unpäßlichkeit nicht blicken.

Eine Geburtstagsfeier

Beim dritten, mir in Erinnerung gebliebenen Streich war neben „Hummerl" auch der „Ferdl" ein Opfer. An einem Samstag wurde allgemeine Anwesenheitspflicht verhängt. Ausgerechnet an diesem Samstag hatte eine große Anzahl meiner Schulkameraden einen Ballbesuch im nahe gelegenen „Jägermaierhof" verabredet. Die Tänzerinnen konnten nicht mehr verständigt werden, daß die Partner nicht ausgehen durften.

Bei einem „Kriegsrat" wurde einer von uns dazu bestimmt, Geburtstag zu haben. Alle Tanzwilligen lieferten ein paar Schilling zur Finanzierung der Geburtstagsfeier ab. Wir Nichttänzer aber organisierten in der Kantine eine feuchtfröhliche Geburtstagsfeier, zu der wir als Hauptpersonen die diensthabenden Lehrer einluden.

„Hummerl" und „Ferdl" waren wegen ihres Schnorrertums bekannt und daher die idealen Opfer. Eifrig wurde ihnen zugeprostet und ihr Bier von uns heimlich mit Schnaps aufgespritzt. Gegen Mitternacht hielten sich die beiden Lehrer umschlungen und schluchzten ganz bier- und schnapsselig: „Ihr lieeben Kaa-a-meraden. Die Ka- die Ka-a-meradschaft ist das Schööönste!" Dann sanken sie nieder und fielen in Tiefschlaf. „Ferdl" trugen wir in das Lehrerzimmer. „Hummerl" aber legten wir in einen Jeep, der fahrbereit im Hof stand und von einem unserer Mitschüler bewacht wurde. Wir fuhren mit ihm zu seinem Einfamilienhaus, luden ihn ab, klingelten an der Türglocke, und als sich seine Frau meldete, fuhren wir in die Kaserne zurück.

Nach diesem Abenteuer trat „Hummerl" einen längeren Krankenstand an. Unsere Kameraden konnten hingegen einen ungestörten Tanzabend im „Jägermaierhof" verbringen.

Der Gerichtsmediziner

Zum Unterricht „Ausforschungsdienst" gehörten auch Vorlesungen über Gerichtsmedizin, Gesundheitslehre und Erste Hilfe. Dieser Unterricht wurde vom Herrn Landessanitätsdirektor Dr. B. vorgetragen und praktisch demonstriert. Wir besuchten im Landeskrankenhaus eine Reihe von Obduktionen. Für mich war seit dem Bombenkrieg der Anblick von Leichen nichts Ungewöhnliches, aber einige Kameraden scheuten diese Unterrichtsdarbietungen. Lediglich der oft penetrante Leichengeruch war mir unangenehm.

In unseren Augen war der Landessanitätsdirektor eine rechte Sau, der in der Art eines Schweinemetzgers obduzierte. Wenn er die Kopfhaut einschnitt und sie dann mit einem kräftigen Ruck nach hinten zog, glich er einem Indianerhäuptling beim Skalpieren. Setzte er dann die Knochensäge an, um den Schädelknochen aufzusägen, bekamen einige von uns bleiche Gesichter, hielten sich das Taschentuch vor den Mund und verließen den Raum. Bei einem an Krebs gestorbenen Mann, der einen bestialischen Geruch ausströmte, nahm der Doktor das Herz heraus, hielt es direkt an seine Nase und sagte: „Der stinkt schon etwas.“ Wir alle hatten aber schon lange Respektabstand genommen und die Taschentücher als Atemschutz vor die Nase gehalten. Als er die Bauchhöhle offen hatte, fragte er rhetorisch: „Soll ich ihn noch einmal brunzen lassen?“ und drückte die volle Harnblase so zusammen, daß die Umstehenden vor dem scharfen Harnstrahl zurückwichen.

In meiner späteren Laufbahn lernte ich den großartigen Gerichtsmediziner Prof. Dr. Leopold Breitenecker und seine Mitarbeiter kennen, die mit großer Ehrfurcht vor dem menschlichen Körper die Leichen untersuchten. Ich glaube, daß der Linzer Sanitätsdirektor eine unrühmliche Ausnahme geblieben ist.

Die grauen Götter und ihr Olymp

An dieser Stelle scheint es mir notwendig zu sein, etwas über den hierarchischen Aufbau der damaligen Gendarmerie zu erzählen. Die Institution hieß zwar „Bundesgendarmerie“, war aber infolge der Besatzungszonen auf ein Bundesland beschränkt. Das Mühlviertel gehörte zur sowjetischen Besatzungszone, und deshalb hatte es ein eigenes Landesgendarmeriekommando mit der Bezeichnung „Oberösterreich Nord“. Das Landesgendarmeriekommando für Salzburg gehörte wie Oberösterreich-Süd zur US-Besatzungszone, und deshalb hatten wir zu den Salzburger Gendarmen eine gute Beziehung. Zwischen den fremden Besatzungszonen gab es für die Gendarmerie eine Art von „Eisernem Vorhang“. So wußten wir zwar, daß es in Wien im Innenministerium ein Gendarmeriezentralkommando gab und daß dort der Herr General Dr. K. über die gesamte Bundesgendarmerie herrschte, daß von dort „Amtliche Verlautbarungen des Gendarmeriezentralkommandos“ herablangten, aber ansonst war dies ein für uns unerreichbarer Olymp. In meiner Exekutivdienstzeit in Oberösterreich bekam ich den Herrn General nur einmal zu sehen. Er war auch der Verfasser unseres Strafgesetzbuches und Doktor der Rechtswissenschaften.

Aber auch das Landesgendarmeriekommando für das südlich der Donau gelegene Oberösterreich war für die Landgendarmen ein Himmel für lauter „Götter“, die ihre Macht mittels „Amtlicher Verlautbarungen“ und „Normalienbefehlen“ kundtaten.

Der nach militärischem Muster organisierte Zivilwachkörper kannte drei Kategorien von Beamten. Das „gemeine Fußvolk“ waren die „eingeteilten Beamten“, die „Eingeteilten“. Nach den in Schulausbildung stehenden Gendarmerieaspiranten, Vertragsbediensteten des Gend. Dienstes (VBfdGD), den provisorischen Gendarmen (Prov. Gend., kurz „Proverl genannt) gab es den nach vier Dienstjahren definitiv gewordenen Gendarmen (Gend.), der nach weiteren vier Jahren zum Patrouillenleiter (Patrl., scherzhaft „Petroleumleuchter" genannt) und weiteren vier Jahren zum Rayonsinspektor (RayInsp., dem „Rayonler") ernannt wurde.

Um „dienstführender Beamter", also „Dienstführender" zu werden, mußte der Eingeteilte von den visitierenden Zwischenvorgesetzten, dem Bezirks- und Abteilungskommandanten, als „zur Chargenschule geeignet" beschrieben werden. Nur wenn die alljährliche Dienstbeschreibung diesen Vermerk hatte, konnte der Eingeteilte um Aufnahme in einen Chargenschulkurs ansuchen. Damit waren der Freunderlwirtschaft und dem Protektionismus Tür und Tor geöffnet. Nicht die Tüchtigsten kamen in die Chargenschule beim Landesgendarmeriekommando (LGK), sondern jene, die sich bei den Vorgesetzten beliebt gemacht hatten. Nach Absolvierung der Chargenschule wurde der Beamte zum „Rayonsinspektor-Absolvent der Chargenschule". Wenn er nach einem halben oder oft nach mehreren Jahren einen Dienstposten als Postenkommandant oder -Stellvertreter bekam, konnte er zum Revierinspektor (Rev. Insp. oder R. I., auch „Revierler" genannt) ernannt werden. Erst dann zählte er mit seinen zwei Sternen und dem Silberspiegel wirklich zu den „Dienstführenden". Der Absolvent bekam zur Silberplatte einen Stern und war als „Einmotoriger" ein Zwitter zwischen Fußvolk und Anschaffern. Kommandanten von Gendarmerieposten am Sitz eines Bezirksgerichtes oder einer Bezirkshauptmannschaft wurden zum Bezirksinspektor (Bez. Insp. oder B. I.) ernannt. Ältere Bezirksgendarmeriekommandanten wurden Kontrollinspektoren. Solche gab es aber in jedem Bundesland (LGK-Bereich) nur ganz wenige. Derart hohe Herren wurden von uns bereits mit Blumenstrauß und Schaufel zum Eingraben gesehen. Heute würde man dazu den Ausdruck „Grufti" verwenden. Die Dienstführenden waren somit die unmittelbaren Vorgesetzten der Eingeteilten und übten je nach ihrem Charakter ihre Macht aus.

Mehrere Bezirksgendarmeriekommanden unterstanden einem Gendarmerieabteilungskommando, über das später berichtet werden wird.

Bezirks- und Kontrollinspektoren als visitierende Vorgesetzte waren hingegen bereits ganz „hohe Tiere". Die Postenkommandanten waren Herren über die Dienst- und Freizeit ihrer Eingeteilten, und manche von ihnen herrschten wie griechische Tyrannen.

Der eingeteilte Beamte war dazu verpflichtet, den Vorgesetzten und Höheren des Korps den absoluten Gehorsam und die bedingungslose Subordination zu erweisen. Von seinem Gehorsam, der geleisteten Ehrerbietung und seiner absoluten Unterordnung hingen sein berufliches, aber auch privates Beamtendasein ab. Der Postenkommandant machte die Dienstbeschreibung, und gegen diese gab es keinen Einspruch. Von einer gewerkschaftlichen Vertretung war damals nichts zu bemerken.

Die Hundebewachung beim LGK

Das Landesgendarmeriekommando für Oberösterreich war in einem Gebäude auf dem Tummelplatz, direkt neben der Schloßkaserne, untergebracht. Ein Deutscher Schäferhund sollte während der Nachtstunden das Kommandogebäude bewachen. Einmal war der Schäferhund auf unerklärliche Weise verschwunden. Im Offizierskreis wurde gemunkelt, daß er von Verbrechern wegen eines geplanten Einbruchs gestohlen oder umgebracht worden sei. Er tauchte aber nach einigen Tagen wieder auf. Sicherlich ist er auf Liebespfaden gewandelt. Das LGK beschloß trotzdem, eine „Kommandowache" einzurichten und in der Einlaufstelle den Diensthund zu bewachen. Wir Gendarmerieschüler mußten nach Dienstschluß des LKGs bis zum nächsten Morgen um 7 Uhr mit voller Bewaffnung den Wachhund bewachen. Von 23–5 Uhr durften wir in kompletter Uniform schlafen. Alle 70 Tage wurden wir zu einem solchen Dienst eingeteilt. Auf diese Weise lernten wir das oberste Kommando etwas besser kennen und kamen auch mit den Stabsoffizieren in Kontakt.

Unser Gottsoberster

Unser Landesgendarmeriekommandant war ein Doktor der Rechtswissenschaft, von Statur klein, aber groß in seinen Worten und Werken. Es wurde uns erzählt, daß er im Jahre 1950 beim Arbeiteraufstand vor der Arbeiterkammer mit seiner Pistole umhergeschossen haben soll. Für die eingeteilten Beamten war er nahezu unzugänglich, denn ein Rapport bei ihm wurde in der Regel von den Zwischenvorgesetzten abgeblockt. Daher war für uns der Herr Landesgendarmeriekommandant eine von den Wolken des Himmels verhüllte, allmächtige Gottheit. Seine Stellvertreter auf Erden machten fallweise angesagte und unangesagte Besichtigungen bei den Dienststellen. Sie wurden auch zu verschiedenen Repräsentationszwecken berufen, wie beispielsweise zu unserer Begrüßung und zu kleineren Festakten.

Die „Abteilinger"

Die Gendarmerieabteilungskommanden wurden von Offizieren (Leitenden Gendarmeriebeamten) befehligt. Nach dem Krieg gab es, wie vor 1938, die Stabsrittmeister. Sie waren zumeist Dienstführende aus der Vorkriegszeit, die, weil sie nie Mitglieder der NSDAP gewesen waren, im Jahre 1945 zu Offizieren mit dem Amtstitel „Stabsrittmeister" ernannt wurden. Der Großteil von ihnen hatte keine Matura, jedoch eine lange Berufserfahrung. Sie wurden fast alle Abteilungskommandanten. Während meiner Schulzeit wurden in Steyr definitive Gendarmen, die ein Maturazeugnis oder eine B-Maturabescheinigung vorweisen konnten, in einem Offizierskurs zu Leitenden Beamten ausgebildet. Einige dieser Offiziersanwärter waren bei uns als Zimmerkommandanten eingeteilt. Sie kamen nach ihrer kurzen Ausbildung auf die Abteilungen als „zweite Leitende".

Einer dieser Zimmerkommandanten war ein Wiener Sängerknabe. Mit seiner schönen Stimme sang er uns öfters Lieder vor. Später, als Kommandant der Erhebungsabteilung, wurde er bei einem Sprengstoffdelikt schwer verletzt.

Die „zweiten Leitenden Beamten" wurden nach einigen Jahren zum Rittmeister und dann zum Major ernannt. Oberstleutnants gab es damals nur beim Landesgendarmeriekommando und beim Zentralkommando in Wien. Wegen ihrer goldenen Kragenspiegel wurden die Stabsoffiziere ab dem Major als „Goldfasane" bezeichnet. Es war dies eine Reminiszenz an die „Politischen Leiter der NSDAP", die ähnliche Machtbefugnisse hatten und auch ausübten

Dem Abteilungskommando mußten alle Anzeigen über Verhaftungen, sogenannte „Spezies facti-Anzeigen", alle Urlaubsgesuche, Gesuche um Reisen in andere Besatzungszonen oder ins Ausland vorgelegt werden.

Während der Schulausbildung kamen wir selbstverständlich mit verschiedenen Offizieren in näheren Kontakt.. Die Kluft zwischen uns Proverln und ihnen war allerdings unüberbrückbar. Heutzutage kann man sich gar keine Vorstellung davon machen, welche Standesunterschiede zwischen diesen drei Beamtenkategorien herrschten. Die Eingeteilten beendeten ihre Laufbahn als alte Rayonsinspektoren, die zwar die Funktion von Postenkommandant-Stellvertretern ausüben durften, aber gehaltsmäßig in ihrer Dienstklasse blieben. Alte Rayonsinspektoren wurden per Sie angesprochen. Untereinander herrschte bei den einzelnen Kategorien das Duwort.

Der „Schmäh-Hans"

Der Nachfolger des von uns hochverehrten Herrn Bezirksinspektors M. als Schulkommandant wurde ein erst kurz zuvor zum Gendarmerieoffizier ernannter Oberleutnant. Vom Aussehen her war er eine etwas abgespeckte jugendliche Version unseres Ausforschungsdienstlehrers Hummerl. Er hatte ebenfalls eine sich ausbreitende Glatze, jedoch fehlten ihm die eulenartigen Augenbrauenbüschel. Wegen seiner Wortgewaltigkeit bekam der Oberleutnant bald den

Spitznamen „Schmäh-Hans“. Er war unser Kompanieführer bei Ordnungsdiensteinsätzen, beaufsichtigte die Waffenhandhabung und leitete als Alpinist unsere Schikurse.

Im Unterricht verwendete er am meisten das Wort „newanet“ zur Bekräftigung seiner Aussagen. Bald führten wir Strichlisten und stellten als Rekord fest, daß er innerhalb einer Viertelstunde sechzigmal „newanet“ gesagt hatte. Anfangs gebärdete er sich wie ein Condottiere und geriet deswegen mit unserem Gewerkschaftsvertreter in Streit. Beide mußten zum Landesgendarmeriekommandanten zum Rapport. Man hörte den „Schmäh-Hans“ bis auf die Straße brüllen: „Für einen von uns beiden ist kein Platz in dieser Schule. Entweder gehen Sie oder ich!“ Einige Tage später hatten wir wieder unseren Strafrechtslehrer als Schulkommandanten. Unser Gewerkschaftsvertreter aber blieb weiterhin bei uns. Nach einigen Monaten übernahm der „Schmäh-Hans“ wieder das Schulkommando.

Bei einem abendlichen Kontrollgang in den Parkanlagen des Schlosses erwischte er einmal einen unserer Kameraden in einer eindeutigen Situation mit einer Dame üblen Leumunds. Am nächsten Tag hielt der Schulkommandant bei weitgeöffnetem Fenster eine Moralpredigt, die man bis in die Altstadt deutlich hören konnte und deshalb zum Stadtgespräch wurde: „Als Schulkommandant dulde ich es nicht, wenn einer meiner Probegendarmen eine stadtbekannte Hure im Burggraben vögelt!“ Auf der einen Seite predigte er immer, daß das Standesansehen hochzuhalten sei, dann aber verriet er auf plumpe Art intimste Geheimnisse, wie das abendliche Sexualleben eines seiner Schüler.

Bis auf diese an sich harmlosen Eigenheiten war unser Kommandant ein ganz prima Vorgesetzter, der trotz seines barschen Tones ein seelengutes Herz hatte und in der Beliebtheit gleich nach unserem Strafrechtslehrer rangierte. Bei späteren Kursjubiläen und Kameradschaftstreffen war er bis ins hohe Alter mit seiner lieben Gemahlin dabei. Zu den Schikursen nahm er öfters seine Ehefrau mit. Er sprach sie zärtlich mit dem Kosenamen „Schatzi“ an. Auch für uns war die Frau des Schulkommandanten und späteren Alpinreferenten nur mehr „die Schatzi“.

Schülerstreiche

Ein späterer Gendarmeriegeneral sagte bei einer Dienstbesprechung: „Auf der Schulbank werden selbst erwachsene Männer zu Kindern. Die größten Kindsköpfe, die ich erlebt habe, waren bei einem Lehrgang von Generalstabsoffizieren der Deutschen Wehrmacht in Potsdam!“ – So gäbe es auch über meine Zeit als Gendarmerieschüler eine Menge an Anekdoten zu berichten, bei denen das Kind im Manne ausgebrochen war und dabei Regie geführt hatte. In der Regel sind solche Streiche vor allem für die daran beteiligt gewesenen Personen interessant, weshalb ich Einzelheiten dem Leser ersparen möchte. Aber ein richtiges Wiener Original will ich an dieser Stelle skizzieren.

Der „Schülling-Hans"

Der „Weana", der uns am ersten Tag durch seinen breiten Mundl-Dialekt aufgefallen war, hatte sich inzwischen als ganz patenter Bursch erwiesen. Hilfsgendarm Hans H. bekam Probleme mit dem Nachwuchs seines Haares. „Wann mir a jeder von euch an Schülling zahlt, laß i mir a Glatzn rasiern, und jeder, der zahlt hat, derfs anmal angreifen." Ein Kollege, vom Zivilberuf Friseur, stellte an einem Samstag im Gang ein Stockerl auf. Hans nahm darauf Platz, ein Leintuch wurde ihm umgebunden, und auf einem Stockerl daneben lag die Bergmütze des Delinquenten. Wir warfen unsere Schillinge hinein; der Friseur schnitt die Haare ab, seifte den Kopf ein und rasierte die Kopfhaut spiegelblank. Dann paradierten wir vorbei, strichen einmal über die Glatze, und damit war die Prozedur erledigt.

Hans ersparte eine Menge Geld, da er wochenlang nicht ausging und statt dessen fleißig lernte. Zwei kostenlose Nachbehandlungen durch den Friseur sparten ihm auch noch weitere Friseurkosten. Nur eine spätere Glatzenbildung konnte dadurch nicht verhindert werden. Der Spitzname „Schülling-Hans" ist ihm geblieben und wurde zu seinem Markenzeichen.

Die Freizeit in der Schloßkaserne

In meiner Ausbildungszeit gab es in der Privatindustrie die 48-Stunden-Woche. Das Wort „Fünftagewoche" kannte man damals nicht. Allgemein beschränkte sich die Freizeit auf die Abendstunden, den Samstagnachmittag und die Sonn- und Feiertage.

In der Gendarmerieschule begann der Dienst mit dem Frühsport um ungefähr 5-6 Uhr früh, dann folgten Bettenbau und Stubenordnung, Frühstück, und um 8 Uhr begann der Unterricht, der bis 12 Uhr dauerte. Bis 14 Uhr hatten wir Mittagspause, und dann endete der Unterricht um 17 Uhr. Am Samstag dauerte er bis 13 Uhr. Die Hälfte unseres Lehrganges hatte jedoch immer Anwesenheitspflicht. Das heißt, wir konnten uns zwar innerhalb des Kasernengeländes frei bewegen, mußten aber bei der Tagcharge angeben, wo wir erreichbar waren. Diese Anwesenheit galt auch für die Wochenenden. Des öfteren kam es vor, daß für den gesamten Kurs eine ebenfalls unbezahlte Bereitschaft angeordnet wurde.

Wenn es für uns keine Anwesenheitspflicht gab, konnten wir mehrmals pro Woche in die Stadt gehen. Wir machten entweder einen Schaufensterbummel oder besuchten Kinos. Besonders beliebt waren die Nonstop- oder Ohne-Pause-Kinos. Nach dem Kinobesuch bildete sich eine kleine Gruppe, die im Klosterhof auf eine Halbe Bier ging. Unser knapper Geldbeutel erlaubte keine großen Sprünge. Als billigstes Essen bestellten wir uns Knödel und baten um etwas Saft dazu. Bald gab es in diesem Lokal auf der Speisekarte das Gericht „Knödel mit Saft". Mit diesem billigen Essen konnten wir unsere eher eintönige Kasernenverpflegung etwas verbessern.

Um den Stationsort, also das Stadtgebiet von Linz, zu verlassen, mußten wir um „Absentierung" ansuchen. Für uns Gendarmerieschüler wurde dieser eine Absentierungstag pro Monat generell erteilt. Nur bei Todesfällen und anderen schwerwiegenden Familienereignissen durften wir um einen „Urlaub aus besonderem Anlaß" vorstellig werden.

Unsere geringe Finanzkraft erlaubte nur selten Bahnfahrten und Reisen. Sogar Straßenbahnfahrten in Linz vermied ich, soweit es ging. Nur bei den Absentierungen fuhr ich mit der Bahn ins Salzkammergut und ins Prielgebiet, um Berg- oder Schitouren zu unternehmen.

In der warmen Jahreszeit konnte ich mit meinem uralten Waffenrad Ausflüge in die Umgebung machen. Im Laufe mehrerer Monate hatte ich mir soviel Geld zusammengespart, daß ich die blanken Metallteile des Fahrrads verchromen, den Rahmen lackieren und die Ausstattung verbessern lassen konnte. Mit einem neuen Sportlenker, Felgenbremsen und verchromten Kotflügeln bekam mein Erbstück ein luxuriöses Aussehen.

Eine Abenteuerfahrt in die Sowjetzone

An Absentierungen, die mittlerweile auf zwei Tage erhöht worden waren, durften wir uns innerhalb des Bundeslandes bzw. der Besatzungszone frei bewegen, hatten allerdings den Aufenthaltsort bekanntzugeben. Bei Fahrten in eine andere Besatzungszone mußten wir um besondere Erlaubnis ansuchen.

Einmal wollten ein Kamerad und ich Verwandte in der Bundeshauptstadt Wien besuchen. Eine Eisenbahnfahrkarte war für uns zu teuer, deshalb versuchten wir es mit Autostop. Weil wir bei unserer Fahrt durch die Sowjetzone reisen mußten, beschlossen wir, daß einer von uns in Uniform fahren sollte. Wir losten aus, und das Uniformtragen fiel mir zu. Bis nach Ebelsberg fuhren wir mit der Straßenbahn. An der Ausfahrtsstraße Richtung Wien stellte ich mich dann auf und hielt vorschriftsmäßig, wie zuvor gelernt, Fahrzeuge an. Den Lenkern erzählte ich, daß ich und mein Kamerad in Zivil eine wichtige Kurierfahrt nach Wien machten und unser Dienstfahrzeug defekt geworden sei.

Der Kraftfahrer habe das Fahrzeug zur technischen Abteilung gebracht, und weil die Fahrt so dringend sei, seien wir auf die Mitnahme durch Zivilfahrzeuge angewiesen.

Nach einigen vollbesetzten Pkws blieb ein nobler Austin stehen. Der Fahrer lud uns freundlich ein und sagte: „Ich komme gerade von der Automobilausstellung in Paris und bin froh, daß ich bei der Fahrt durch die Russenzone eine Gendarmeriebegleitung habe.“ Er erzählte uns während der Fahrt viel über Paris. Aber dann wurde es für uns brenzlig. Er war der Wiener Generalimporteur der englischen Autofirma Austin und belieferte auch das Gendarmeriezentralkommando. Deshalb kannte er sich dort besser aus als wir. Durch Fragen nach der Automobiltechnik lenkten wir ihn ab. Er erklärte sich in Wien bereit, uns direkt bis zum Zentralkommando zu führen. Wir baten ihn aber, uns auf der Mariahilferstraße aussteigen zu lassen, weil wir vorher kurz einen Verwandtenbesuch machen wollten.

Für die Heimreise verabredeten mein Kamerad und ich uns beim Checkpoint West in Hütteldorf, wo die Amerikaner eine Grenzkontrollstelle hatten. Nach längerer Zeit erklärte sich ein Mann bereit, uns mit seinem uralten Wanderer Cabriolet bis Melk zu fahren. Dort nahm uns ein Geflügelhändler auf der Lastwagenladefläche inmitten einer Ladung lebender Hühner mit. In Amstetten machte er Rast. Dort gelang es uns, auf einen Ferntransporter umzusteigen. Der Lenker war heilfroh, daß er unter dem Schutz eines Gendarmen bei Nacht über die Strengberge fahren konnte. In Kleinmünchen stiegen wir in die Straßenbahn ein, und so kamen wir heil wieder in der Kaserne an. Auf die Wiederholung einer solchen Wien-Fahrt haben wir jedoch verzichtet.

Von den Probegendarmen

In unseren Schlafsälen war ein Normalienbefehl angeschlagen. Darin waren alle Lokale aufgelistet, deren Besuch in Uniform streng verboten war und vor deren Besuch in Zivilkleidung ebenfalls gewarnt wurde. Ohne diesen Befehl wären wie nie auf den Gedanken gekommen, auch nur eines dieser Lokale zu besuchen. Nur über das in der Nähe der Kaserne auf dem Römerberg gelegene Bordell wurden wir durch unsere Hilfsinstruktoren und Beamte der Technischen Abteilung sowie des Detachements informiert. Die auffallend zurechtgerichteten Damen dieses Etablissements mußten bei ihren Gängen in die Stadt durch unsere Kasernentore gehen und gaben einigen Kameraden Anstoß zu anzüglichen Reden.

Um das Milieu der Linzer Unterwelt kennenzulernen, besuchte eine Gruppe von uns eine Hafenschenke, genannt „Die bluatige Haxn“. Im Gastzimmer des Lokals saßen und lungerten äußerst bedenklich aussehende Gestalten umher. Wir nahmen im Extrazimmer Platz und bestellten Flaschenbier. Weil die Gläser sehr unappetitlich waren, tranken wir wie die Matrosen und Maurer aus der Flasche. Mittlerweile erschienen in der Türöffnung Gestalten wie aus einem Seeräuberfilm. Uns schien die Lage brenzlig zu werden. Um möglichst ungeschoren aus der „Bluatigen Haxn“ hinauszukommen, ging Friedl als der Größte und Kräftigste als Stoßtruppführer voran. Als wir die Gaststube betraten, war das Lokal leer. Die Stammgäste hatten Lunte gerochen und uns sofort als „Kiberer“ durchschaut.

Bald machten wir die Erfahrung, daß wir fast überall als Gendarmerieschüler erkannt wurden. Die meisten Leute und ganz besonders die Kriminellen hatten ein gutes Gespür für unseren Berufsstand. Unser Berufsstolz und Standesdünkel begannen gewaltig anzusteigen. Wir teilten die Menschheit in „Uniformierte“ und in „Zivilisten“ ein. In dieser Ansicht wurden wir von unseren Lehrern immer wieder bestärkt, und das Standesansehen zu wahren schärfte man uns immer wieder als die oberste Tugend des Staatsdieners ein.

Die Wei(h)nnachtsfeier 1951

Schon im Herbst wurde verlautbart, daß während der Weihnachtsferien ein Drittel der Mannschaft Dienst verrichten mußte. Ich hatte keine Familie und deshalb auch kein Bedürfnis nach einem privaten Weihnachtsfest. Einigen Kameraden aus dem Salzkammergut erging es ähnlich, und darum meldeten wir uns bereits sehr bald freiwillig, Weihnachtsdienste zu übernehmen.

Die Dienste bestanden im Wachestehen und in der Funktion als Tagcharge. Beim Wachdienst mußten die innerhalb des Burggeländes offen abgestellten und nicht versperrbaren US-Kraftfahrzeuge, die Objekte der Technischen Abteilung und das sonstige Areal bewacht werden. Wir waren mit dem Karabiner 98 K und aufgepflanztem Bajonett bewaffnet und trugen als Dienstabzeichen den deutschen Wehrmachtsstahlhelm. Bei großer Kälte durften wir dicke Filzstiefel und Lammfellmäntel als Wachpelze anziehen. Der Wachdienst dauerte vom Einbruch der Dämmerung bis 7 Uhr früh. Drei Beamte wechselten einander im Rhythmus von 1 ½ Stunden ab. Während der Wache zogen wir unregelmäßige Runden innerhalb des Kasernengeländes. Der Wachdienst war notwendig, weil eine öffentliche Straße durch die Burghöfe verlief. In der Nacht waren außer einigen Betrunkenen und Prostituierten fast keine Menschen in dieser Gegend unterwegs.

Die Tagcharge war ein Ordonnanz- und innerer Wachdienst. Als Dienstraum gab es eine Art hölzerner Portierhütte auf dem Flur in unserem Stockwerk. Die Tagcharge mußte zum Wecken und zum Heraustreten bei Alarm oder anderen

Anlässen auf der Trillerpfeife pfeifen, um die Wachposten zur Ablöse zu wekken, Telefongespräche aufnehmen und weitermelden und für die Schulkanzlei Botengänge verrichten. Bis 22 Uhr versahen zwei Kursteilnehmer diesen Dienst. Von 22 bis 5 Uhr durfte abwechselnd einer von uns in voller Montur ruhen. Zu diesem Dienst hatten wir die Tellerkappe auf; unsere Bewaffnung war das Bajonett. Den US-Colt durften wir erst nach einer Probezeit von einem Monat im Außendienst tragen.

Am Heiligen Abend hatte ich mit einem Innviertler Tagchargdienst. Jene Kameraden, die heimfahren durften, spendeten reichlich Fressalien und Saufereien, wie kalten Schweinsbraten, Speck, Geselchtes, Hartwürste, Landbrot, Gugelhupf, Torten, Kleingebäck, Kekse, kistenweise Bier, Rot- und Weißwein. Dies alles wurde auf den Tischen aufgelegt, und jeder griff bei diesem Büfett zu. Ich bekam eine Flasche voll Schnaps, um damit die Wachposten im Burghof in Intervallen aufzuwärmen. Anläßlich eines Treffens mit dem Wachposten, bei dem ich ihm die Schnapsflasche anbot, sagte der Kamerad: „Laß guat sein. Ich hab was Besseres!“ – Mit diesen Worten zog er eine Flasche Eierlikör, die ihm ein Straßenpassant geschenkt hatte, aus seinem Wachpelz. Nach einigen Schlucken ging die Flasche zur Neige. Bis zum Ende meines Dienstes um Mitternacht war ich in jeder Beziehung bummvoll. Ich fiel in mein Bett und bekam bis zum Wecken in der Früh nichts von den denkwürdigen Ereignissen dieser Wei(h)n-Nacht mit.

Nach einem Kontrollgang meldete die zweite Tagcharge: „Im dritten GMC (Tschi-em-si) liegt a Hur; wer kostnlos pempern wüll, kann abigehn.“ Infolge des Alkoholkonsums fielen bei etlichen die Hemmungen, und sie machten von dem günstigen Angebot Gebrauch. Auch ein Wachposten geriet während seiner Tour auf diesen Abweg. Der Lehrer vom Dienst machte einen Kontrollgang und traf den Wachposten nirgends an. Da bemerkte er, daß sich der dritte GMC rhythmisch bewegte und verräterisches Knarren zu hören war. Er ertappte den Wachposten sozusagen in flagranti, und die Folgen waren für die gesamte Partie folgenschwer. Jeder Wachposten und die diensthabende Tagcharge bekamen drei Strafwachen aufgebrummt und waren während der Feiertage voll mit Diensten versorgt. Der Urheber der Affäre berichtete darüber: „I mach mei Wachrunde, da kimmt a Dirndl daher und fragt nachn Kollegen Egon. Der hätt sie eingladen. Wia i ihr sag, daß der Egon koan Dienst hat, sondern dahoam is, fangts zum Woana an und fragt mi, wo sie übernachtn soll. Da hat's mir derbarmt, und i hab ihr a paar Deckn gebm, daß in an Tschi-em-si schlafn kann. Aus Dankbarkeit han i mi zu ihr legn derfn, und sie hat mi glei drüberlassn. Da han i mir denkt, wann dös so leicht geht, solln andere a was davon habm und hab's der Tagscharsch gsagt!“

Der folgenträchtige Gendarmerieball

Mit diesen denkwürdigen Weihnachten 1951 ging unser erstes Dienstjahr zu Ende. Zu Jahresbeginn wurden alle Schüler mit besseren Noten zu provisorischen Gendarmen ernannt. Wir waren es nun gewohnt, als Uniformträger aufzutreten, und so begannen für uns auch verschiedene Repräsentationspflichten. Beim Gendarmerieball sollten wir Schüler als wichtige Staffage dienen. Es wurde uns empfohlen, schwarze lange Uniformhosen und eine Gabardinebluse beim Massafonds einzugeben. Ich war zeitlebens ein Feind des Tanzens und sah aus dieser grundsätzlichen Einstellung heraus keine Veranlassung, da mitzumachen. Deshalb sparte ich mein Massakonto für mir wichtiger erscheinende Uniformsorten, wie z. B. Schischuhe und Keilhose.

Obwohl es ein dienstfreier Samstag war, wurde am Tag des Balles ein Ausgehverbot verhängt. Nach Unterrichtsende zog ich meine private Schibekleidung, Keilhose und Anorak an, packte Rucksack und Schier und postierte mich beim Tagchargehütterl des Ausgangs. Der Lehrer vom Dienst fragte, was ich in diesem Aufzug hier mache. „Ich nehme nicht am Ball teil und möchte heute und morgen an meinen freien Tagen nach Ischl zum Schifahren", erklärte ich in bestimmtem Ton. – „Wissen Sie nicht, daß wegen des Balls Ausgangssperre ist?" schnauzte er mich an – „Von mir aus können Sie machen, was Sie wollen, aber damit bringen Sie mich auch nicht auf den Gendarmerieball", entgegnete ich. Als der Lehrer meine Sturheit ernst nahm, ließ er mich um 14 Uhr endlich auf den Bahnhof gehen. Ich verlebte ein wunderschönes Schiwochenende in meiner Heimat und kam gut erholt wieder in die Kaserne. Daß diese Szene für meine weitere Laufbahn entscheidend war, konnte ich damals noch nicht ahnen.

Meine Kameraden, die am Ball teilgenommen hatten, jammerten über dumpfe Schädel. Einige bekamen „Ausstellige Bemerkungen" und sogar „Verweise", weil sie auf dem Ball in einigen Fällen das Standesansehen geschädigt hatten.

Als Waffenmeister für Ami-Waffen

Einige Monate nach Kursbeginn kamen von der Gendarmerieschule des Bundesministeriums für Inneres Wien-Rennwegkaserne Hilfsgendarmen zu uns, um die Kompanie zu verstärken. Von der US-Besatzungsmacht erhielten wir amerikanische Waffen und Stahlhelme. Für den normalen Wachdienst und bei Exekutiveinsätzen waren wir mit dem wohlvertrauten deutschen Karabiner 98 K und dem Bajonett sowie einem Gummiknüppel bewaffnet. Im geheimen bekamen aber wir den amerikanischen Karabiner M 1, die Rifle, Colt-Revolver und Granatwerferaufsätze von der US-Besatzungsmacht. Diese

Waffen wurden in der ehemaligen Burgkapelle gelagert. Es gab auch einige leichte Maschinengewehre (LMG).

Zur Einschulung kam in jeden Schlafsaal solch ein LMG. Im Verlauf einer sonntäglichen Anwesenheit zerlegten mein Zimmergenosse Hermann und ich ein derartiges Maschinengewehr in sämtliche Einzelteile. Da kam der Lehrer vom Dienst, es war der „Ferdl", und brüllte uns an: „Wie können Sie sich unterstehen, das MG zu zerlegen, wo Sie noch keine Ausbildung erhalten haben! Setzen Sie das MG zusammen, und melden Sie sich in zwei Stunden in der Schulkanzlei!"

Wir setzten das LMG wieder zusammen und meldeten uns nach einer halben Stunde. „Ferdl" konnte es nicht glauben, daß wir so schnell fertig waren. Mißtrauisch ging er mit uns in alle Schlafsäle und kontrollierte, ob wirklich alle LMG vorhanden und in Ordnung waren.

Einige Tage später wurden wir in die Schulkanzlei befohlen und befragt, ob wir die Waffenmeisterfunktion für die US-Waffen übernehmen wollten. Ich war gern dazu bereit. Mit einem gelernten Feinmechaniker übernahm ich die Pflege und Instandhaltung unseres Arsenals.

Hatten wir einen uninteressanten Unterricht, so meldeten wir, daß die Läufe der US-Karabiner angelaufen seien und unbedingt und sofort eingefettet werden müßten. Als Gehilfen forderten wir einen oder zwei unserer Zugskameraden an. Der oder die Helfer hatten vorerst die Aufgabe, aus der Kantine Bier und Leberkässemmeln zu holen. Dann zerlegten wir einige Karabiner und Rifles, legten sie auf die Tische auf und begannen ausgiebig zu jausnen. Kam ein Lehrer nachschauen, meldeten wir uns bei der Frühstückspause, weil wir bisher ohne Unterbrechung durchgearbeitet hätten. Kurz vor der Mittagspause setzten wir die gefetteten Waffen zusammen und entfetteten bei einigen anderen die Läufe, damit wir bald wieder einen Grund zur Waffenpflege hatten. Angesichts des feuchten Schloßgemäuers waren eben eine gründliche Pflege und Überwachung nötig.

Später mußten wir bei der Rifle Granatwerferaufsätze montieren. Zu dieser Arbeit benützten wir die Waffenwerkstätte der Technischen Abteilung. Der alte Waffenmeister war sehr freundlich zu uns und erlaubte uns, eigene Faustfeuerwaffen zu entrosten und zu brünieren. Kameraden brachten uns alte Wehrmachtsrelikte, und wir konnten uns eine kleine Nebeneinnahme – zumeist in Naturalien, wie Bier und Leberkäs – verschaffen.

Die Jüdin von Asten

Wir waren nicht nur „Vertragsbedienstete des Gendarmeriedienstes in Schulausbildung", sondern auch eine „konzentrierte Exekutiveinheit". Nach einem strengen Bereitschaftsdienst mußten wir am frühesten Morgen vollständig bewaffnet antreten und scharfe Munition ausfassen. Nach dem Laden und Sichern unserer Karabiner bestiegen wir die Ami-Fahrzeuge. Die Fahrt ging vorerst im Zickzack durch die Umgebung von Linz. In der Nähe gab es mehrere Ausländerlager, in denen es manchmal zu Unruhen kam.

Nach längerer Fahrt gelangten wir zum Judenlager in Asten. Nach Kriegsende war von den Siegermächten verlautbart worden, daß die Deutschen fast alle Juden umgebracht hätten. Um so mehr erstaunte es uns, daß es in diesem Lager eine große Anzahl von überlebenden Juden aller Altersgruppen gab. Sogar eine richtige Judenschule war für die Kinder der Lagerinsassen dort eingerichtet.

Nach dem Absitzen wurden wir zugsweise in Suchtrupps und zur äußeren Absperrung des Lagers eingeteilt. Kein Lagerinsasse durfte die Baracken verlassen oder von einem Raum zum anderen gehen. Die Suchtrupps hatten die Aufgabe, nach Schwarzmarktartikeln, wie Zigaretten, Nylonstrümpfen, Alkoholika, vor allem aber nach Schmuck zu suchen.

Zu Beginn der Suche hatte ich mit einem Kollegen zwei Barackenausgänge zu bewachen. Da wollte eine kleine, modisch gekleidete und sehr redegewandte Jüdin das Lager verlassen. „Ich muß unbedingt auf den Flugplatz, sonst versäume ich das Flugzeug!“ Sie ließ sich aber unter keinen Umständen von meinem Kameraden in die Baracke zurückbringen, sondern machte uns eine hysterische Szene. Da eskortierte sie mein Kamerad mit gefälltem Bajonett zum Zugskommandanten, unserem „Ferdl“. Der ließ sich von der attraktiven, kleinen und wortgewaltigen Jüdin überreden und genehmigte, daß sie unter Begleitung eines Wachpostens das Lager verlassen durfte.

Dieser Vorfall ist anscheinend nie bekannt geworden. Erst nach der Razzia erfuhren wir, daß in England sehr wertvoller Schmuck gestohlen worden war. Man vermutete, daß er im Judenlager Asten zwischengelagert sei. Nachdem die Razzia bis auf einige Lastwagen voll Schwarzmarktware ergebnislos verlaufen war, nehme ich an, daß diese Jüdin den Schmuck in ihrer Handtasche aus dem Lager gebracht hatte. Hätten wir zu Beginn der Durchsuchung gewußt, was in Wirklichkeit gesucht wurde, wäre die Handtasche dieser Frau gewiß genau untersucht worden.

Der öffentliche Verweis

An einem Festakt auf dem Linzer Hauptplatz mußten wir alle in Uniform teilnehmen. Unter den Festgästen war auch der Herr Gendarmeriezentralkommandant. Mein Kamerad Wolfgang N. hatte seiner Tellerkappe durch Entfernen des Spanndrahtes einen schneidigen Schmiß, wie er bei den Fliegerkappen der Deutschen Wehrmacht üblich gewesen war, gegeben. Der Herr Gendarmeriezentralkommandant General Dr. K. bemerkte mit Argusaugen diesen Adjustierungsfehler und schiß den Kameraden in aller Öffentlichkeit wie auf dem Kasernenhof zusammen. Aus der Gendarmerie-Dienstinstruktion hatten wir den Paragraphen gelernt: „Der Gendarm ist mit ‚Herr‘ anzusprechen und darf nicht öffentlich verwiesen werden.“ Da fragte ich mich erstmals, welchen Wert solche Dienstinstruktionsparagraphen hatten, wenn sich selbst der oberste Chef nicht daran hielt? Meine Achtung vor Vorgesetzten fiel sofort auf einen Nullpunkt. Von da ab sah ich sie und Höhere des eigenen Korps mit kritischen Augen an.

Unsere Vereidigung

Im ersten Drittel unserer Ausbildungszeit wurden wir feierlich auf die Republik Österreich vereidigt. Vor der Feier mußten wir einige Tage den Parade-schritt und „Helm ab zum Gebet“ üben.

In der besten Uniform, mit eichenlaubgeschmücktem Stahlhelm und Karabinerbewaffnung traten wir auf dem Burghof an. Von irgendwoher kam eine Fahnengruppe. Die Linzer Polizeimusikkapelle spielte den Hessenmarsch und die Bundeshymne. Einer unserer Kameraden blies auf der Trompete verschiedene Signale und vor der Meldung an die Höchstanwesenden den Generalmarsch. Die hohen Herren hielten Reden, schritten die Front ab und ließen sich fotografieren. Wir frisch Vereidigten waren alle froh, als der Zauber vorbei war. Der einzige Nutzen für uns bestand darin, daß wir alle Offiziere unseres Kommandos gemeinsam zu Gesicht bekommen hatten und daß der Nachmittag dienstfrei war.

Der Gendarmeriegedenktag

Zu unseren Repräsentationspflichten gehörte auch die Parade zum Gendarmeriegedenktag. Einen Nationalfeiertag gab es damals noch nicht. In jene Zeit fiel aber die Gründung der Bereitschafts-Gendarmerie, der „B-Gendarmerie“, in der ehemaligen SS-Kaserne in Ebelsberg. Die Vereidigung dieser Gendarmeriesoldaten fand am Gendarmeriegedenktag statt. Unsere Schuleinheit mußte als Ehrenkompanie daran teilnehmen.

Bei den Proben zu diesem Festakt wurde der Parademarsch ohne Musikkapelle geübt. Angehörige der Technischen Abteilung kamen auf den Gedanken, über einen Lautsprecherwagen den Hessenmarsch von einer Schallplatte abzuspielen. Die für das Marschieren wichtigen Instrumente, wie Trommeln und Tschinellen, waren bei der Schallplattenübertragung kaum zu hören. Da holten einige Musiker ihre privaten Schlaginstrumente und stellten sich mit großer Trommel, kleiner Trommel und Tschinelle neben dem Lautsprecherwagen auf, um zur Schallplattenmusik den Marschtakt zu schlagen. Bei der Generalprobe funktionierte alles bestens. Zur Feier spielte dann die Linzer Polizeimusikkapelle.

Zum Großteil sind wir in das provisorische Beamtenverhältnis aufgenommen worden, als „provisorische Gendarmen“ aus dem Vertragsverhältnis ausgeschieden und zu Bundesbeamten geworden. Bei der B-Gendarmerie waren aber auch alle Leitenden Beamten nur Vertragsbedienstete mit einem Offizierstitel. Das Kommando über die B-Gendarmerie in Ebelsberg hatte der zuständige Gendarmerie-Abteilungskommandant Major Robert H., ein untersetzter jovialer Herr.

Neben unserer Ehrenkompanie hatte ein vertragsbediensteter Oberleutnant Aufstellung genommen. Als der Herr Major brüllte: „Alle Offiziere zu mir!“ hörten wir den jungen Oberleutnant laut rufen: „Jawohl, Herr Major“, und etwas leiser setzte er hinzu: „Leck mi am Arsch, blöder Hund!“

Der Gedenktag hatte aber ein positives Nachspiel. Die Musiker aus den Reihen der Gendarmerie dachten, es sei eine Schande, daß das Landesgendarmeriekommando zu Festakten die Polizeimusik ausleihen mußte. Es gab einen internen Aufruf, und bald fanden sich einige Musikbegeisterte zusammen, um eine kleine Blaskapelle zu gründen.

Nicht lange danach hatte der Landesgendarmeriekommandant Geburtstag. Ganz geheim übte die Kapelle einige Musikstücke ein. Am Geburtstag unseres obersten Chefs nahm die kleine Gruppe in Uniform vor dem Landesgendarmeriekommando Aufstellung und brachte ein Ständchen. Der Herr Oberst war überrascht, daß da eine kleine Gendarmeriekapelle spielte. Er unterstützte die Privatinitiative dieser Beamten und genehmigte die Gründung der „Oberösterreichischen Gendarmeriemusik“. Der Anblick der Schlagzeuger neben dem Lautsprecherwagen in der Ebelsberger Kaserne ist mir unvergeßlich geblieben.

Bundespräsidentenbesuche in Linz und Salzburg

Während unser Ausbildungszeit kam der Bundespräsident in den Westen. Um ihn mit militärischen Ehren zu empfangen, mußten wir gemeinsam mit Polizeikompanien in den Bahnhöfen Linz und Salzburg eine Ehrenkompanie stellen. Gemeinsam mit den Linzer Polizisten übten wir den Parademarsch und den Präsentiergriff mit dem Karabiner.

In den frühen Morgenstunden, als der Zug mit dem Präsidenten in Wien losfuhr, waren wir bereits auf dem Linzer Hauptbahnhof angetreten. Wir standen uns die Füße in den Leib, bis endlich der „Präserl“ mit dem Sonderzug ankam und die Front abschritt. Die Polizisten marschierten in ihre Kaserne und bekamen dort Würstl und ein Bier als Belohnung. Wir aber wurden stehenden Fußes in unsere US-Fahrzeuge verfrachtet und fuhren nach Salzburg. Nach einigen Irrfahrten kamen wir zum Hauptbahnhof und mußten sofort als Ehrenformation Aufstellung nehmen. Die Polizeikompanie der Salzburger Polizeidirektion und ihre Musikkapelle nahmen vor dem Bahnhofsgebäude gleichfalls Aufstellung.

Dann begann ein typischer Salzburger Schnürlregen. Erst als unsere Uniformmäntel durchnäßt waren, durften wir in der Bahnhofshalle Aufstellung nehmen. Nach langem Warten fuhr der Präsidentenzug ein, der Herr Präsident wurde mit einem Regenschirm empfangen und eilte im Eilzugstempo an uns vorbei. Die Polizei marschierte in ihre Unterkunft ab zu Würstln und Bier, wir aber mußten sofort auf unseren Fahrzeugen aufsitzen und Richtung Linz zurückfahren. Seit dem Frühstück hatten wir keinen Bissen zu essen und keinen Schluck zu trinken bekommen. Mit Ausnahme der Fahrt nach Salzburg hatten wir keine Möglichkeit zum Sitzen.

In Straßwalchen bekam unser Kommandant anscheinend selbst Hunger und Durst. Bei einem Wirtshaus kehrten wir ein, und dort durften wir uns auf eigene Kosten ein Gulasch kaufen. Was anderes gab es um diese Zeit, es war gegen 21 Uhr, nicht. Bei der Heimfahrt waren wir voller Wut über diesen Präsidentenbesuch. Die Ungerechtigkeit, daß die Polizisten zumindest eine kleine Jause auf Staatskosten bekommen hatten und wir nicht einmal eine Reisegebühr, weil wir ja noch in schulischer Ausbildung standen und mit Dienstfahrzeugen befördert wurden, hat uns zutiefst empört.

Der Unterschied zwischen Gendarmerie und Polizei

An dieser Stelle möchte ich erklären, welche Unterschiede zwischen der Polizei und unserem Korps bestanden haben. Die Gendarmerie, war wie bereits erwähnt, ein „uniformierter, bewaffneter, nach militärischem Muster organisierter Zivilwachkörper zur Aufrechterhaltung der öffentlichen Ordnung, Ruhe und Sicherheit“. Als Wachkörper hatte sie keinen Behördencharakter, war den örtlichen Bezirkshauptmannschaften unterstellt und vollzog die Gesetze im Auftrag ihrer Dienstbehörde. Die Polizei hingegen hatte Behördencharakter, und die Polizeikommissariate entsprachen in Sicherheitsbelangen der Bezirkshauptmannschaft, kurz BH genannt. Dieser in der Bundesverfassung festgelegte Unterschied machte es bis 2005 unmöglich, beide Wachkörper zusammenzulegen.

Der weitere Unterschied bestand im Aufgabenbereich und demgemäß in der Ausbildung. Bei der Polizei gab es eine eigene Kriminalpolizei für die Bearbeitung von Gerichtsdelikten und eine eigene Verkehrspolizei. Für die Polizisten, die eigentlich Sicherheitswachebeamte hießen, blieb der normale Sicherheitsdienst übrig. Bei der Gendarmerie auf dem Land mußten die Beamten auf dem Gendarmerieposten hingegen alle Tätigkeiten, sowohl den Kriminaldienst für die Bezirksgerichte und Staatsanwaltschaften, den Verkehrsdienst und den Sicherheitsdienst für die BH, durchführen. Gerichtsanzeigen wurden bei der Polizei von Konzeptsbeamten verfaßt, bei der Gendarmerie aber machte dies der rangniedrigste Probegendarm. Dementsprechend war die Ausbildung der Gendarmen weitaus umfassender als jene der von uns abwertend als „Spinatwachter" bezeichneten Polizisten.

Es dauerte sehr lange, bis die Zwistigkeiten zwischen den Wachkörpern aufhörten. Schuld daran war auch der Neid der Gendarmen auf die angenehmeren Dienstbedingungen. Bei der Polizei gab es einen dreiteiligen Dienst, das „Dreierradl". Die Polizei hatte 24 Stunden Dienst, 24 Stunden Bereitschaft und 24 Stunden frei. In der Praxis hatten die Polizisten zwei Tage frei und einen Tag Dienst. So konnten sie illegal Nebenberufe ausüben. Zum Beispiel schufen sich viele Steyrer Polizisten als Lastwagenlenker für einen Obstgroßhandel zusätzliche Einkommen. Die Postengendarmen hingegen hatten monatlich 248 Stunden im Außendienst zu verbringen und nur Anspruch auf eine zusammenhängende Nachtruhe von 8 Stunden täglich und 2 Tage Absentierung pro Monat. Für an Samstagnachmittagen und Sonntagen geleistete Dienste konnte nach Zulässigkeit des Dienstes Ersatzruhe gewährt werden. Wir kamen demnach auf eine Wochenarbeitszeit von 80 bis 95 Stunden.

Diese Ungerechtigkeiten, die noch aus der Kaiserzeit stammten, führten natürlich zu Eifersüchteleien, und dies wirkte sich auch auf die dienstliche Zusammenarbeit nachteilig aus.

Die Gendarmerieschikurse

Daß die Rechnung, die ich mit meiner Berufswahl gemacht hatte, aufgehen würde, zeigte sich bereits nach wenigen Wochen. Mitte Februar 1951 durften wir an einem Gendarmerieschikurs auf dem Linzerhaus bei Spital am Pyhrn teilnehmen. Die Schiausbildung wurde damit begründet, daß manche von uns Hilfsgendarmen auf Alpinposten kommen würden und bei einer Versetzung auch die Flachlandgendarmen Schifahren können sollten. Für uns Salzkammerguter war der Schikurs sozusagen eine Rückkehr in unsere Heimat. Wer keine privaten Schier hatte, bekam weißgrün gestrichene Langlaufschier aus den Beständen der Deutschen Wehrmacht. Unsere persönlichen Sachen verstauten wir in unserem „bundeseigenen Gendarmerierucksack“. Die Schilehrer waren Postengendarmen aus Goisern, Kirchdorf, Spital am Pyhrn. Unser Schulkommandant, der Oberleutnant vulgo „Schmäh-Hans“, leitete den Kurs.

Auf den amerikanischen Militärfahrzeugen GMC und Dodge, bei denen uns nur die Plachen vor dem Wetter schützten, fuhren wir bis zum Fuß des Pyhrnpasses. Beim Aufstieg vom Traxlanger auf die Wurzeralm wechselten wir Salzkammerguter einander beim Anlegen der Aufstiegsspur ab. Je höher wir kamen, um so ärger wurden der Sturm und das Schneetreiben.

An den Vormittagen war Kursbetrieb auf den Übungshängen rund ums Linzerhaus. Wir unternahmen auch kleine Schitouren. Schönwetter herrschte nur an einem Tag. Einmal habe ich mir bei Nebel und Sturm einen Schi abgebrochen. Mit den Ersatzschi verstauchte ich mir bei der Abfahrt über die Gameringalm den Knöchel.

Ein Jahr später fand der zweite Schikurs der Gendarmerieschule auf der Gjaidalm im Dachsteingebiet statt. Die Fahrt mit unseren amerikanischen Militärfahrzeugen von Linz nach Obertraun war ein Überlebenstraining für Polarregionen. In Krippenbrunn konnten wir unsere Rucksäcke der Materialseilbahn anvertrauen. Auf herrlichem Schnee und bei strahlender Sonne stiegen wir mit den Steigfellen auf die Gjaidalm. Die Dachsteinseilbahn befand sich damals erst im Planungsstadium.

Bei einer Abfahrt vom Zwölferkogel fuhr ich meinem Zimmerkameraden Max über die Schier drüber. Beim Kursbetrieb am Hüttenhang zeigten uns Kurskommandant und Lehrer eine Übung vor, die wir nachfahren und uns dann in einer Vertikalreihe aufstellen mußten. Der Oberleutnant stand vor der Gruppe. Da sagte Max zu mir: „Traust du dich, dem Oberleutnant über die Brettln zu fahren?“ Als ich zum Abfahren drankam, stellte ich mich ungeschickter an, als ich war, und fuhr, ehe der Chef sich fassen konnte, direkt vor seiner Nase über seine Schier. Es gab ein großes Hallo über meine Ungeschicklichkeit, aber nur Max wußte, daß dies volle Absicht gewesen war.

Am letzten Tag des Kurses wurde ein allgemeiner Hüttenzauber angeordnet. Ein Linzer Kamerad versuchte, auf der Gitarre einige Schlager zu spielen. Aber kaum jemand wußte die Texte. Es begann, fad zu werden. Da lud der Hüttenwirt uns Salzkammerguter zu sich in die Küche ein. „Laßt's dö Zusserer[4] alloa. Mir machen an husign Salzkammerguatabend!“ Die Wirtin stellte in einem Dämpfer ungefähr 15 Liter Teewasser auf, und dann wurde ein echter Lupitscher gebraut. Das Rezept dieses Ausseer Nationalgetränks lautet: Tee heiß machen, gleiche Menge Rum oder Schnaps heiß machen, zusammengießen und zuckern. In kleinen Schlucken einnehmen. Auf unerwünschte Neben-

[4] Verächtliche Bezeichnung für die Bewohner des oberösterreichischen Flachlandes

wirkungen wurde nicht hingewiesen, weil solche im Salzkammergut allgemein bekannt waren.

Es wurden Gstanzln gesungen, dazu gepascht und Bergsteigeranekdoten erzählt. Bald sahen die Flachländer bei der Küchentür herein. Der Oberleutnant und die sonstigen Schilehrer setzten sich zu uns an den großen Küchentisch, und nun ging der echte Hüttenabend erst so richtig los. Der Wasserdämpferinhalt wurde zu Lupitscher umgearbeitet, und im Morgengrauen legten wir uns kurz auf die Pritschen. Es trat jener Zustand ein, der am Abend besungen worden war:

„Bleibts liegn, Berggefährten, vor'm Morgen uns graut,
Was tuat's denn da drom auf der Höh?
Bleibts herunten im Tal, bei Wurscht und bei Kraut,
haut's euch nieder auf a woachs Kanapee!"

Das richtige Morgengrauen aber kam erst bei der Abfahrt. Wir waren zwar schneidig, aber sehr wackelig in den Knien, und die Orientierung im Gelände war wegen unserer brummenden Köpfe schwierig. Mit vielen Stürzen in den frischen Pulverschnee und mit etlichen zerbrochenen Schiern kamen wir ins Tal.

Das Jamboree in Bad Ischl

Im Sommer 1951 fand in Bad Ischl ein großes internationales Pfadfindertreffen, ein Jamboree, statt. Unsere Schulkompanie wurde als Verstärkung zu verschiedensten Dienstleistungen herangezogen. Unser Quartier nahmen wir in der Volksschule Bad Ischl. Zum Schlafen bekamen wir Klappbetten der US-Armee, Bettzeug mußten wir selbst mitbringen. Wegen des Platzmangels durfte ich als Einheimischer in dieser Zeit bei meiner alten Tante schlafen, nur zum Dienst mußte ich mich in der Schule melden. Der Großteil meiner Kameraden wurde zur Regelung des Verkehrs und zur Lagerbewachung eingeteilt. Mit einigen Kameraden aus dem Salzkammergut wurde ich als „Z.b.V"[5] eingeteilt. Erst nach einigen Tagen bekamen wir die Aufgabe, eine Quelle im Gebiet der Ziemnitz zu bewachen.

Das Pfadfinderlager bei Pfandl wurde von der Ziemnitz aus mit Trinkwasser versorgt. Bei einem Wasserfall oberhalb der Ortschaft Radau wurde eine Quellenfassung gebaut und das Trinkwasser durch eine Güllerohrleitung zum Lager geleitet. Auf der Gegenseite des Berges, am Ufer des Attersees, war zur gleichen Zeit ein Lager der Roten Falken. Man befürchtete Sabotageakte, und deshalb wurden wir ZbVer eingeteilt, diese Quellenfassung zu bewachen und

5 Abkürzung für „Zur besonderen Verwendung".

zu warten. Wir hatten Turnusdienst. Zwei Beamte machten Dienst, einer hatte 24 Stunden frei. Zur Unterstützung wurden uns zwei Pfadfinder zugeteilt.

Unser Gruppenkommandant, der Revierinspektor „Ferdl", wies uns ein. Mit US-Feldbetten, Decken und Kaltverpflegung für zwei Tage bepackt und mit dem US-Karabiner bewaffnet, stiegen wir zum Wasserfall auf. Dort war ein Indianerzelt der Pfadfinder aufgestellt. Unter dem Wasserfall befand sich eine Hütte mit der Quellenfassung und einer Chlorierungsanlage. Der Revierinspektor sagte: „Ihr müßt die Quelle Tag und Nacht bewachen. Zur Assistenzdienstleistung sind euch zwei Pfadfinder beigestellt. Ablösung ist um 11 Uhr in der Radau. Macht euren Dienst nach Vurschrift, und laßt euch bei nichts erwischen. Ein zweites Mal in meinem Leben geh ich da nicht mehr rauf." Nach diesen belehrenden und für uns aussagekräftigen Worten wischte er sich den Schweiß von der Stirn und entschwand talwärts unseren Blicken.

Beim Aufstieg durch den steilen Holzweg sahen wir den Verlauf der Leitung und kamen zur Schlußfolgerung, daß deren pausen- und lückenlose Überwachung unmöglich sei. Es genügte, wenn bei der Chlorierungsanlage kein Unfug geschehen würde. Deshalb teilten wir die Pfadfinder ein, tagsüber entlang der Leitung zu patrouillieren. Wir hingegen bewachten die Quellenfassung und übernahmen wegen der Gefährlichkeit des Geländes nachtsüber den Patrouillendienst.

In halber Höhe der Ziemnitz verbrachten wir herrliche Tage. War es heiß, setzten wir uns in der Badehose unter den Wasserfall und ließen uns abkühlen. Tagsüber sammelten wir dürres Holz für das Lagerfeuer und pirschten nach Rehen und Gams. Nachdem wir das Nachtmahl gekocht hatten, zogen wir unsere Uniform an und begannen den Patrouillendienst. Beim Pfadfinderlager nahmen wir mit den Nachbarposten Verbindung auf. Bei dieser Gelegenheit konnten wir das Lagerleben und manche Veranstaltungen der Pfadfinder beobachten. Waren wir müde, stiegen wir zu unserem Zelt auf und legten uns zur Ruhe. Die „Pfaderer" waren so müde, daß sie uns gar nicht bemerkten. Der Dienstfreie schrieb auf einen Zettel eine Liste benötigter Lebensmittel und begab sich ins Tal zur Ablöse. Ich hatte von meiner Tante Geschirr ausgeborgt; so konnten wir auf dem Lagerfeuer kochen und uns tadellos selbst verpflegen.

Bei einer Nachtpatrouille wanderten wir auf der Straße vom Jamboree-Gelände zu unserem Zeltlager. Da bemerkten wir eine Menge Radfahrer, die ohne Beleuchtung daherkamen. Diensteifrig sperrten wir mit unseren roten Signaltaschenlampen die Straße ab. Bei den Angehaltenen handelte es sich um eine Schar junger Mädchen. Wir waren eben dabei, eine ordentliche Abmahnung loszulassen, als wir inmitten der Mädchenschar einen Gendarmen des Postens St. Wolfgang entdeckten. Den Kollegen kannten wir, weil er bei unserem Jiu-Jitsu-Kurs einer der Ausbildner gewesen war. Auch er erkannte uns sofort. Er wußte, daß wir keine Berechtigung hatten, in diesem – seinem – Rayon Amtshandlungen auf der Straße durchzuführen. Wir machten aus der ganzen Sache einen Scherz und bedauerten die Mädchen, daß sie sich in so schlechter Gesellschaft befänden, denn auch der Herr Inspektor war ohne Beleuchtung gefahren.

Wie ich auf den Hochalpinposten kam

Nach eineinhalb Jahren ging unsere Ausbildungszeit zu Ende. Wer nicht spurte und schlechten Lernerfolg hatte, dem wurde eine Versetzung nach Ebelsberg zur B-Gendarmerie angedroht. Nach Kursende wurde die negative Auswahl von uns aus disziplinären Gründen zur B-Gendarmerie als Ausbilder versetzt.

Die dreißig Besten aber wurden als provisorische Gendarmen ausgemustert und kamen auf verschiedene Gendarmerieposten. Ich hatte drei Wunschposten im Auge: Gosau, Spital am Pyhrn und Hinterstoder. Die anderen Posten, wie Hallstatt und Obertraun, waren mir zu sonnenarm, und nach Bad Ischl wollte ich deshalb nicht, „weil der Groschen dort, wo er geprägt wurde, wenig gilt". Meine Ischler Zeit war für mich endgültig vorbei. Ich hatte Angst, ins Flachland versetzt zu werden. Nach der Schlußprüfung und feierlichen Dekretübergabe wurde bekanntgegeben, auf welche Dienststellen die dreißig Besten versetzt würden. Als ich mit dem Rang 11 verlesen wurde, sagte der Stellvertretende Schulkommandant: „Und der, der beim Gendarmerieball als einziger schifahren gegangen ist, der kommt zur Strafe auf den Gendarmerieposten Spital am Pyhrn!"

Innerlich jubelte ich auf: Der Hochalpindienst war der Beweggrund gewesen, bei der Gendarmerie einzutreten, und nun hatte sich mein Berufsziel erfüllt!

Der alpine Exekutivdienst im Pyhrn-Gebiet

Anläßlich einer Bergtour auf den Großen Priel lernte ich die gesamte Mannschaft des Bergrettungsdienstes Spital am Pyhrn und zwei Gendarmen dieses Postens kennen. Der Ortsstellenleiter meinte damals, ich müßte unbedingt dem Bergrettungsdienst beitreten, sollte ich zum Gendarmerieposten Spital versetzt werden. Nun hatte sich mein Wunschtraum erfüllt. Meine Grundausbildung war mit der Ausmusterungsfeier zu Ende gegangen, und mit dem dienstlichen Reiseauftrag fuhr ich mit der Pyhrnbahn zu meinem neuen Wirkungsbereich.

Die Fahrt zum Dienstantritt mußte in voller Uniform erfolgen. Mein Reisegepäck war etwas umfangreicher geworden als vor eineinhalb Jahren bei meiner Fahrt von Bad Ischl nach Linz. Dazu kam, daß ich vollständig bewaffnet, das heißt mit Karabiner und umgeschnalltem Bajonett reisen mußte. Den Dienstrevolver, einen amerikanischen Colt mit Segelleinenhalfter, hatte ich im Koffer verpackt. Vom Bahnhof Spital am Pyhrn mußte ich mein Gepäck noch einen Kilometer weit bis zur Postenkanzlei in der Ortsmitte schleppen.

Über den Postenkommandanten hatte ich erfahren, daß er ein Niederösterreicher war. Wegen seiner Zugehörigkeit zur NSDAP durfte er in seinem heimatlichen Bundesland, das jetzt die Sowjetzone war, keinen Exekutivdienst ausüben. In der US-Zone wurde er „entnazifiziert" und als „unbelastet" eingestuft. Deshalb durfte er weiterhin Gendarmeriedienst verrichten.

Nach meiner „zackigen Meldung" wurde ich vom Herrn Revierinspektor wohlwollend begrüßt. In der Nebenkanzlei wies man mir ein Bett einen Wehrmachtsspind und einen Schreibtisch zu. Für die nächsten fünfeinhalb Jahre war diese Nebenkanzlei mein Wohn- und Arbeitsraum. Anfangs übernachtete in meiner Kanzlei gelegentlich auch mein Bergkamerad und Schilehrer Karl M., der im Nachbarort Windischgarsten seine Wohnung hatte. Er war der einzige Verheiratete unter uns. Normalerweise fuhr er nach Dienst die sieben Kilometer mit dem Fahrrad heim zu seiner Familie.

Wohn- und Arbeitsverhältnisse auf dem Gendarmerieposten

In meiner neuen Kanzlei waren ein zweites Bett, ein zweiter Spind sowie ein emaillierter Waschtisch. Kaltes Fließwasser mußte man in einem Krug vom Stiegenhaus holen. Auf einer Art von Veranda befand sich das – für alle Bewohner des Erdgeschoßes zugängliche – „Häusl". Dieses Plumpsklo bestand aus einem Holzkasten mit kreisrunder Öffnung und einem Eisentrichter. Die

Mittagsrast in meiner Kanzlei auf dem Gendarmerieposten Spital am Pyhrn.
Links der „Tscho“, in der Mitte der Autor, rechts Hermann.

Fallhöhe bis zur Senkgrube betrug mindestens vier Meter. In meiner Wohnkanzlei gab es auch einen Kachelofen, der während meines Aufenthalts fast nie verwendet wurde. Ich hatte keine Möglichkeit, auf eigene Kosten beschafftes Brennmaterial einzulagern, weshalb der Kanzleiofen zur Klimatisierung meiner Kanzlei ausreichen mußte. Heutzutage wird vom Sparen im Bundesdienst lediglich gesprochen; damals wurde tatsächlich an allen Ecken und Enden – und vor allem auf Kosten der Beamten! – eisern gespart.

Mein Bett stand mit dem Kopfteil zur Fensterseite. Die Fenster waren ziemlich klapprig. Im Winter trieb feiner Pulverschnee durch die Ritzen. Des öfteren lag eine dünne Schneedecke auf meinen Militärkotzen[6]. Solche Decken hatte ich zwar genügend, sie waren jedoch sehr löcherig, so daß ich sie beim Bettenbau dergestalt übereinanderlegen mußte, daß die Löcher abgedeckt wurden.

Im Wehrmachtsspind konnte ich all meine Habseligkeiten unterbringen. Weil es kein Warmwasser gab, besorgte ich mir sofort eine elektrische Kochplatte. Für die Benützungsbewilligung mußte ich ein Gesuch stellen und eine monatliche Gebühr von S 5,– bezahlen. Mein Vater schenkte mir seinen alten Radioapparat. Auch für ihn mußte ich um Genehmigung ansuchen und eine monatliche Gebühr entrichten.

---

6 Kotzen waren dicke graue Wolldecken, mit denen die Zugpferde abgedeckt wurden. Aus gleichem grobem Material waren die Decken der Deutschen Wehrmacht. Gend.graue Decken bekamen wir erst nach einigen Jahren zugewiesen.

Daß ich vom Bett bis zum Schreibtisch nur drei Schritte zu gehen hatte und keine Miete zahlen mußte, war der Vorteil der für ledige Beamte zwingend vorgeschriebenen „amtlichen Unterbringung“. Von Nachteil war, daß ich erst nach Kanzleischluß, also ab 17 Uhr, darin wohnen konnte und ich in meiner Freizeit nahezu Tag und Nacht erreichbar war. Der dritte Nachteil war der Telefonterror.

Auf dem Schreibtisch des Postenkommandanten stand ein Feldtelefon der Deutschen Wehrmacht. Der braune, längliche Bakelitkasten wurde mittels einer Drehkurbel bedient. Der Hörer lag im aufgeklappten Deckel des Feldtelefons. Drehte man einigemal die Kurbel, so meldeten sich die „Postfräuln“ des Postamtes. Man gab den Gesprächsteilnehmer bekannt und wurde verbunden. Ab 17 Uhr gab es keine Handvermittlung durch das zuständige Postamt. Alle Gespräche wurden dann bis 7 Uhr früh über das Fernamt in Kirchdorf vermittelt.

Ankommende Gespräche wurden durch Klingelzeichen signalisiert: Einmal Läuten bedeutete Postamt, zweimal Gendarmerie, dreimal E-Werk, viermal Straßenverwaltung Pflegerturm, fünfmal Straßenverwaltung Paßhöhe. Diese fünf Teilnehmer waren sozusagen auf einer Leitung, und man mußte daher auf die Anzahl der Klingelzeichen achten.

In den Winternächten gab es, besonders bei starken Schneefällen, ein Dauergeklingel. Das E-Werk wurde von Stromstörungen und von durch Schneedruck verursachten Leitungsstörungen verständigt. Die Straßenverwaltung telefonierte von Berg zu Tal und umgekehrt wegen des Straßenzustandes und der Schneeräumung. Der Gendarmerieposten wurde aber oft von weither angerufen, ob der Pyhrnpaß ohne Schneeketten befahrbar sei.

Dank meines guten und tiefen Schlafes und wegen der Gewöhnung an das Gebimmel kam es mehrmals vor, daß unsere Postenbedienerin, die nebenan wohnte, mich aus dem Schlaf rüttelte: „Herr Ginner, jetzt läutet schon fast eine halbe Stunde immer zweimal das Telefon. Ich glaub’, daß die Gendarmerie angerufen wird.“ Es kostete mich viel Zurückhaltung, wenn aus dem Flachland ein Firmenchef anrief, ob der Paß ohne Ketten befahrbar sei. Weil ich aber schon aus dem Schlaf gerissen war, verpaßte ich den nächtlichen Anrufern eine längere Ansprache, in der ich auf die Unsicherheit der alpinen Wetterverhältnisse im allgemeinen und jener auf dem Pyhrnpaß im besonderen hinwies und für die Zukunft gute Ratschläge für die Winterausrüstung von Kraftfahrzeugen sowie für die damals im Rundfunk zu Mittag durchgegebenen Berichte über den Straßenzustand gab.

Damals war das Telefonieren eine sehr teure Angelegenheit. Die eingeteilten Beamten wurden immer wieder ermahnt, Kosten zu sparen und das Telefon wirklich nur in begründeten Notfällen zu benützen. Infolge der ständigen Ermahnungen wegen der hohen Telefonrechnung sowie wegen der Umständlichkeit des Telefonierens bereitete mir das Fernsprechen keine Freude. Jedes

Dienstgespräch mußte vorerst schriftlich auf dem Formblatt „Telefonische Meldung" aufgeschrieben und vom Postenkommandanten vidiert, das heißt genehmigt werden.

Die sehr, sehr dringende Fahndung

Im Zusammenhang mit dem Telefonieren fällt mir ein abendlicher Anruf ein. Ich meldete mich gewohnheitsmäßig mit „Gendarmerieposten Spital – Ginner" und hörte die mir bekannte Stimme des Schreibers von unserem Bezirksgendarmeriekommando. Der Herr Rayonsinspektor Engel, genannt „der Engel des Herrn", schnauzte mich anschließend sofort an: „Warum melden Sie sich nicht vorschriftsmäßig mit Ihrem Amtstitel, Herr Patrouillenleiter?" Dann setzte er, ohne auf eine Antwort zu warten, fort: „Können Sie stenographieren, Herr Patrouillenleiter?" – „Ich habe es zwar in der Mittelschule gelernt, aber ich schreibe ohne Stenographie schneller, Herr Rayonsinspektor!" Da bohrte er weiter, ob jemand auf der Dienststelle sei, der gut stenographieren oder noch schneller schreiben könne als ich. Als ich verneinte, setzte er langsam und gemessen fort: „Nehmen Sie also Papier und Bleistift zur Hand." Ich wartete auf das Diktat. Aber „der Engel des Herrn" fragte: „Warum melden Sie mir nicht, daß Sie Papier und Bleistift zur Hand haben? Also schreiben Sie: S - S - D!" Ich wiederholte: „SSD!" Engel setzte fort: „Wissen Sie, Herr Patrouillenleiter, SSD ist eine Abkürzung und bedeutet ‚sehr, sehr dringend'. Sie müssen also jetzt sehr schnell schreiben!" Als ich ihm versicherte, daß ich ihn verstanden habe und mich bemühen werde, so schnell als möglich zu schreiben, gab er mir langsam und gemessen wie bei einem Diktat in der Schule den Wortlaut der Fahndung durch. Das Gespräch dauerte genau 18 Minuten. Der Bezirksschreiber mußte den Fahndungstext an alle 15 Gendarmerieposten des Bezirkes weiterleiten.

Die dienstlichen Meldungen

Eine der wichtigsten Zeremonien des damaligen Gendarmeriedienstes waren die mündlichen Meldungen – militärisches Erbe der k. u. k. und der NS-Zeit. Einfach zu sagen: „Herr Chef, ich möchte Ihnen etwas melden", war damals unmöglich. Man mußte sich in Habtachtstellung vor dem Vorgesetzten aufbauen, die Absätze zusammenschlagen und das Gespräch mit der Formel: „Herr Revierinspektor, ich melde…" beginnen. Das Leben als Gendarm war damals nicht so einfach, aber man hatte ja genügend Zeit. Und so wurde viel Dienstzeit mit dem Erstatten von Meldungen verbracht.

Kurz nach meinem Dienstantritt kam ein Dienstzettel des BGKs[7]: „Prov. Gend. Franz Ginner hat am Soundsovielten beim BGK seinen Dienstantritt zu melden." Ich mußte lediglich deshalb mit der Eisenbahn in den Bezirkshauptort Kirchdorf fahren, um mich dort beim Herrn Bezirksgendarmeriekommandanten, mit bester Uniformgarnitur adjustiert, zu melden. Der „Bezirkler"[8] war ein weißhaariger hünenhafter Mann, der meine Meldung wohlwollend entgegennahm und mich über meine Berufswünsche befragte. Ich erzählte ihm kurz von meiner Bergbegeisterung, und dann durfte ich mit einem Paket Dienstpost wieder zurückfahren.

Einige Zeit darauf kamen am späten Abend zwei ältere Gendarmen in triefnassen Gummimänteln auf den Posten. Ich dachte, daß sie Kollegen aus der Steiermark seien. Der Ältere aber sagte: „Warum machen Sie keine Meldung?" Ganz verdattert erwiderte ich: „I kenn Ihna do nit!" Da fuhr er mich an: „Was, Sie kennen Ihren eigenen Bezirkskommandanten nicht?" Da ging mir ein Licht auf, und ich stammelte verlegen: „Jo mei, mit'n Huat hab i Ihna nit kennt!" Daraufhin begann er zu lachen, weil ich seine Tellerkappe als „Huat" bezeichnet hatte. Bei späteren „Bereisungen" sagte er immer wieder zu mir: „Mit'n Huat?"

Melden gehörte, wie gesagt, zu den wichtigsten Dienstverrichtungen. Verließ man die Kanzlei, mußte man sich zackig abmelden, und kam man zurück, desgleichen. Bei einem Besuch des Nachbarpostens lernte ich eine neue Art des Meldens kennen. Wir befanden uns in der Kanzlei des trinkfreudigen Postenkommandanten. Da kam ein Rayonsinspektor, legte lässig zwei Finger an den Kappenschirm und sagte leger: „Herr Schef, i meld mi ab auf dö Post!" – „Is guat", meinte der Kommandant. Dann kam der nächste und meldete sich ab in die Drogerie. „In was für a Drogerie gehst denn?" fragte der Chef zurück. „In dö Drogerie zum Albrechtskeller!" lautete die Antwort. Dann kam einer, der sich in die Apotheke zum Albrechtskeller abmeldete, und der letzte Eingeteilte, der noch auf dem Posten war, meldete sich ab in den Dienst. „Wohin gehst denn in den Dienst?" fragte der Kommandant. „In ‚Albrechtskeller'", meldete der Kollege. Da sagte der Chef zu ihm: „Guat, geh in Albrechtskeller in Dienst." Zu uns gewendet, meinte er: „Kommt's mit, jetzt mach'n mir a Kontrollpatrouille in den Albrechtskeller."

Im Gasthaus „Zum Albrechtskeller" trafen wir den Postholer, den Drogerie- und den Apothekengeher, den Dienstmachenden und einen weiteren Beamten, der dienstfrei hatte. Angesichts dieser Ansammlung von trinkgewaltigen Landgendarmen schwante uns nichts Gutes, und wir meldeten uns zum Fortsetzen der Patrouille ab.

---

7 Abkürzung für Bezirksgendarmeriekommando.

8 Dienstjargon für Bezirksgendarmeriekommandant und später auch für den Amtstitel „Bezirksinspektor".

Für den Schriftverkehr, der im Schreiben von Gerichts- und Verwaltungsanzeigen und im Verfassen von Meldungen unterschiedlichster Art bestand, hatten wir eine Langwagenschreibmaschine Olivetti und eine uralte Underwood zur Verfügung. Nach etlichen Monaten hatte ich mir das Geld für eine Olivetti Lettera-Reiseschreibmaschine zusammengespart. Anläßlich einer Absentierung fuhr ich nach Wels, um das begehrte Stück zu erwerben. So war ich beim Schreiben von Konzepten nicht mehr auf eine der dienstlichen Schreibmaschinen angewiesen. Bürolocher und Heftmaschine gab es je ein Stück; Bleistifte, Kugelschreiber und Radiergummi wurden nach einem besonderen Verteilungsschlüssel persönlich zugewiesen.

Der Ort Spital am Pyhrn

Soweit ich mich erinnern kann, hatte der Überwachungsrayon des Gendarmeriepostenkommandos Spital am Pyhrn eine Ausdehnung von 105 km² und ungefähr 2.000 Einwohner. Es gab Kletterberge von über 2.000 m Seehöhe und herrliche unerschlossene Schigebiete für Tourenfahrer. Für mich waren 51 Almen zu überwachen. Gegen Ende meiner Zeit in Spital kamen auf dem Wuhrkogel und auf der Arlingalm Schlepplifte auf. Im Überwachungsrayon lagen folgende Schutzhütten: das Linzerhaus und die Dümlerhütte im Warscheneck-Gebiet, die Bosruckhütte, die Gowielalm und später das Rohrauerhaus im Bereich der Haller Mauern.

Die Häuser des Ortszentrums scharen sich um das aufgelassene Stift und die mächtige Stiftskirche. An Geschäften gab es eine große Konsumfiliale, eine Gemischtwarenhandlung, eine kleine Greißlerei, einen Fleischhauer und zwei Bäcker, eine Tabak-Trafik, zwei Schuhmacher sowie drei Gasthäuser; im Stift war ein Berufsfotograf, im Gemeindehaus auch der Gemeindearzt und im Nebengebäude der Gemeindearrest. Neben dem Gemeindehaus befand sich die Huf- und Wagenschmiede.

Entlang des Trattenbaches zieht sich ein besiedeltes Tal in den Ortsteil Grünau. Dort waren die Tischlerei Großauer, das Sägewerk Holzinger, der Rädler-Bäck sowie die Kanzlei und Werkstätte des E-Werkes. Weiter im Tal lag der Gasthof „Alpenhof“ und am Talschluß der Grünau gab es ein kleines Ausflugswirtshaus, ein aufgelassenes Sensenwerk und das E-Werk.

Entlang der Bundesstraße 138 in Richtung Pyhrnpaß standen einzelne Häuser bis zum Leonhardiviertel. Dort war der Gasthof „Alpenrose“, daneben der Wagnermeister und Schi- und Rodelerzeuger Milichowsky, eine Installationsfirma, und gegen das Ortsende standen ein weiteres Gasthaus, die Leonhardikirche mit dem Totengräberhäusl sowie das Sägewerk Häupl.

Im Norden des Ortes befand sich auf einer Anhöhe ein Lager des ehemaligen Reichsarbeitsdienstes. Es wurde von den US-Besatzungstruppen als Straflager für „displaced persons" eingerichtet. Entlang des Teichlbaches gab es das Sensenwerk Schröckenfuchs sowie etliche Bauern- und Wohnhäuser. Der Gendarmerieposten lag im Ortskern direkt an der Bundesstraße in einem Haus der Ösenfabrik.

Am Talschluß, beim Bosrucktunnel der Bundesbahn, waren die Haltestelle „Linzerhaus" und in deren Nähe der Pflegerturm, ein Relikt aus dem Mittelalter, daneben ein kleiner Teich. Dort begann die Paßstraße steil anzusteigen.

Zum Überwachungsrayon gehörte auch die Gleinkerau, die sich fast bis Windischgarsten, den Ortsteil Roßleiten und den Gleinkersee ausdehnte. Das Bergbauerngebiet Oberweng grenzte an die Ortschaft Rosenau und den Hengstpaß. Auch beim Pyhrnpaß gab es einige Bauernhöfe.

Die Hauptverkehrsader, die Bundesstraße 138, war wenig befahren, weil jenseits des Pyhrnpasses die englische Besatzungszone begann. Die geschotterten Nebenstraßen in die Grünau, nach Oberweng und in die Gleinkerau wurden zumeist von Pferdefuhrwerken und Radfahrern benützt. Man könnte sagen, daß Spital am Pyhrn ein ruhiger Ort gewesen ist. Dem war aber keineswegs so. Zur hohen Kriminalität trug zum einen Teil die Armut der Bergbauern, zum andern die Zonengrenze und zum Großteil das Wohnlager 306 der Amerikaner bei. Ein Beamter des Postens Spital hatte pro Jahr mehr Verhaftungen als der gesamte Bezirksposten Kirchdorf an der Krems.

Oberweng war damals ein sogenanntes „Inzuchtgebiet". Es gab nahezu nur den Familiennamen Gössweiner. Man mußte deshalb den Haus- oder Spitznamen wissen, um dort jemanden zu finden. Die armen Leute suchten auf jede mögliche, legale und auch illegale Art, ihr Leben zu fristen. Eigentumsdelikte und Wilderei gingen auf deren Konto. Ein zweites Gebiet der Kriminalität waren die Sittlichkeitsdelikte. Radio gab es nur auf wenigen Höfen, das Fernsehen war noch nicht bekannt, und so war besonders im Winter die Unzucht die beliebteste Freizeitbeschäftigung. Dazu kamen die zahlreichen Debilen und Halbdebilen, die auf dem Gebiet der Sodomie[9] tätig waren. Sogenannte „Bürgerliche" gab es nur wenige: Gewerbeinhaber, Sensenschmiedherren und die Honoratioren. Von der Liedertafel wurde gesagt: „Die Liedertafel besteht aus wohlhabenden und wohlbeleibten älteren Herren, die sich einmal in der Woche im Gasthof ‚Zur Post' treffen, um dort Bier zu trinken und auf dem Heimweg laut unflätige Lieder zu singen." Die Arbeiterklasse zählte zu den Wohlhabenden des Ortes. Meist waren es Pendler, die in den Steyr-Werken und in der VOEST ihrer Tätigkeit nachgingen. Viele Spitaler arbeiteten auch im Holzwerk Danubius in Rosenau. Finanziell waren diese Arbeiter besser gestellt als wir Gendarmen. Deshalb hatten wir mit dieser Bevölkerungsschicht kaum dienstliche Probleme.

---

9 Unzucht mit Tieren (§ 128a StGB).

Der Gendarmerieposten

Die Postenmannschaft bestand aus einem Revierinspektor und vier eingeteilten Beamten: einem Rayonsinspektor, zwei Patrouillenleitern und mir Probegendarmen. Durch die Definitivstellung wurde ich im Lauf der Jahre zum Gendarmen und Patrouillenleiter, meine Kollegen zu Rayonsinspektoren. Der Postenkommandant war geschieden, wir anderen alle ledig. Vielleicht führte dieser Umstand dazu, daß ich auf keiner anderen Dienststelle, ja auf keinem anderen Arbeitsplatz eine derart gute Kameradschaft erlebt habe wie damals in Spital. Einer stand für den anderen ein; es gab nie das geringste Zerwürfnis. Wir teilten Freud und Leid und hielten gegenüber anderen Höheren eisern zusammen. Gemeinsam waren wir gleichsam eine unschlagbare Weltmacht. Neben den herrlichen Bergen war dies vielleicht der Hauptgrund, daß es sich für mich um den schönsten Zeitraum meiner gesamten Dienstzeit handelte.

Monatlich mußte jeder Beamte 250 Außendienststunden verrichten. Der Postenkommandant erhielt eine Außendienststundenverminderung, weil er mehr Kanzleiarbeit zu verrichten hatte. Waren wir nicht im Außendienst, hatten wir von 8 bis 12 und von 14 bis 17 Uhr Kanzleidienst. Der Anspruch auf eine Nachtruhe von zusammenhängenden 8 Stunden hing von der „Zulässigkeit des Dienstes" ab. Echte Freizeit gab es im Monat einen, später zwei Tage Absentierung. Sie mußte vom Postenkommandanten erbeten werden und berechtigte zum Verlassen des Dienstortes. Ein Zusammenlegen der Absentierungstage von zwei Monaten war grundsätzlich untersagt. Nur in begründeten Ausnahmefällen durfte der Postenkommandant dies bewilligen. Unser damaliger Chef bekam die Zusammenlegung generell vom Abteilungskommando genehmigt, da sein Heimatort in einer anderen Besatzungszone lag.

Kollegen erzählten, daß der Chef des Bezirkspostens einmal von einem seiner Beamten für den nächsten Tag um Absentierung gebeten wurde. Er bewilligte dies, schickte ihn aber sofort bis 24 Uhr auf eine Patrouille. Als der Beamte einwendete, daß er ja am nächsten Tag frei haben wolle, entgegnete der Herr Revierinspektor: „Ihre Absentierung beginnt morgen um null Uhr. Daher gehen Sie heute bis 24 Uhr auf Patrouille." Daß der Beamte ab 24 Uhr Anspruch auf eine achtstündige Nachtruhe gehabt hätte, wurde vom Postenkommandanten negiert.

Meine erste Patrouille in den Hinterwinkel

Bei meiner ersten Fußpatrouille mit dem Postenkommandanten auf den Pyhrnpaß, wo ich mit der Pyhrnerwirtin und der Wirtin vom „Kaliofen"[10] bekannt

10 Kalkofen.

gemacht wurde, lernte ich, daß die vierstündige Wirtshausrast einen wichtigen Bestandteil einer zwölfstündigen Patrouille darstellte.

Mit dem dienstzugeteilten Kollegen Johann Sch. des Nachbarpostens machte ich die erste Patrouille in das damalige Inzuchtgebiet Oberweng und dann in den Hinterwinkel. Es war eine armselige Gegend. Die Bauern lebten vom Holzschlägern und vom Holztransport mit ihren Pferden für die Bundesforste.

Der Hinterwinkler war der letzte Bergbauer vor den Abstürzen des Scheiblingsteins. Er lud uns ein, an der Jause teilzunehmen. Mein Patrouillenkommandant erklärte, daß man eine solche Einladung keinesfalls ausschlagen dürfe, da dies sonst als Beleidigung angesehen würde. Die Bäuerin brachte eine Schüssel mit Erdäpfeln sowie ein Salzfaß und meinte: „So, hiatzt langt's zua!" Als der Bauer den ersten Erdapfel zu schälen begann, dämmerte uns, welch armseliges Mahl diese Leute hatten. Hans griff in seine Patrouillierungstasche und teilte von seinem Jausenspeck an jeden eine Scheibe aus. „Mei, is dōs aber a schöner Speck", meinten die Bauersleute, „so an schön Speck habm mir schon lang nit g'essn!"

Nach dem Essen fragte der Hinterwinkler, was es Neues in Spital gäbe. Da meinte Hans ganz unverfroren: „Ja, da alte Schmied is g'storbn." Da war der Bauer ganz erschüttert: „Ja so was? Da alte Schmied ist g'storbn? Der is ja mit mir auf der gleichen Schulbank g'sessn. Ja wann wird er denn eingrabn?" Da meinte Hans: „Heint vormittag war dö Leich." Der Bauer aber lamentierte: „Mei, daß i dös nit g'wußt han. Da war i ja do mit der Leich ganga."

Später stellte ich Hans zur Rede: „Du bist ja a ganz ausgschamter Lugenschüppel. In Spital is do seit drei Monat koa oanzige Leich g'wen." Da erwiderte mein Kollege: „Schau, der Hinterwinkler hat a Freud g'habt, daß er was Neuchs erfahrn hat, und bis der wieder oamal nach Spital kimmt, hat er den altn Schmied schon lang vergessn!"

Hier möchte ich noch den Begriff des „Jausenbauern" erläutern. Im Voralpen- und im Flachland gab es wohlhabende Bauern, die zu den Landgendarmen freundlich eingestellt waren. Sie rechneten es sich als Ehre an, patrouillierende Gendarmen zu einer Jause einzuladen und erhielten deshalb die Bezeichnung „Jausenbauer".

Eine Kontrollpatrouille

Bei einer der ersten Patrouillen auf meiner zweiten Dienststelle in Kirchdorf an der Krems machte ich eine Parallelpatrouille mit dem Chef. Wir gingen sozusagen als getrennte Patrouillen, aber doch gemeinsam. Der Chef wollte mich in den Rayon einführen und gleichzeitig eine Kontrollpatrouille nach mir machen. Nach kurzem Marsch kehrten wir unter dem Vorwand, etwas zu erfragen, bei einem „Jausenbauern“ ein. Wegen meiner Hepatitis, unter Hinweis auf meine strenge alkohol- und fettlose Diät, lehnte ich die vorgelegten Speisen und Getränke höflich, aber entschieden ab. Der Postenkommandant flüsterte mir ins Ohr: „Das können Sie doch nicht machen! Die Leute sind beleidigt, wenn Sie nichts annehmen, und das nächste Mal bekommen wir überhaupt nichts mehr.“ Ich aber entgegnete, ob es ihm lieber sei, wenn ich wegen eines Diätfehlers wieder wochenlang in den Krankenstand gehen müsse.

Beim nächsten „Jausenbauern“ beugte der Chef gleich vor, indem er den Leuten meine Diät erklärte. Dann aber sagte er: „So, und jetzt setzen Sie die Patrouille alleine fort. In der Ortschaft Sautern treffen wir uns dann wieder beim Wirt. Ich habe hier in der Nachbarschaft noch zu tun!“ – Es war dies die erste und letzte Fußpatrouille, die ich mit dem Postenkommandanten gemeinsam gemacht habe.

Chef-Fahrer und Landesproduktenhändler

Der dickliche und gemütliche alte Herr Oberst Sch. überraschte uns bei einer angesagten Bereisung insofern, als er den Namen und einige Personaldaten eines jeden von uns kannte, obwohl ich ihn nur einmal – und zwar bei der Begrüßung in der Gendarmerieschule – persönlich gesehen hatte. Daß in unseren Personalakten auch die Duplikatfotos des Dienstausweises waren, bedachten wir damals nicht. Noch bevor er mit seiner Arbeit begann, bat er den Postenkommandanten: „Herr Revierinspektor W., bitte stellen Sie einen Beamten ab, der meinen Fahrer zu einem Landwirt begleiten möge, der Eier und andere Landesprodukte günstig abzugeben hat!“ Das war für uns ein etwas eigenartiger Auftrag, der darauf schließen ließ, daß der gute alte Herr keine Ahnung von den Verhältnissen in unserer Gegend hatte.

Das Verhältnis zwischen Exekutive und Bauern war sehr gespannt. Letztere stellten den Großteil der Kriminellen in der Bevölkerung dar. Die Arbeiter in den Sensenwerken und die Pendler, die in der Holzplattenfabrik in Rosenau am Hengstpaß, bei den Steyr-Werken und in der VÖEST arbeiteten, waren, wie erwähnt, finanziell besser gestellt als wir kleinen und armen Landgendarmen. Die Bauern aber lebten vom Holzeinschlag und vom Holztransport mit ihren Pferden. So kam es bei dieser Bevölkerungsgruppe zu zahlreichen Betrügereien und Diebstählen von Futter, Weidevieh, Wildbret und beim Holzhandel. Außerdem war unsere kleine Landwirtschaftsgegend ein Inzuchtgebiet, und nahezu in jedem Haus gab es einen sogenannten „Hausdeppen“. So etwas wie einen „Jausenbauern“ kannten wir nicht. Die einzige Bäuerin, die mit der Exekutive auf gutem Fuß stand, war die Helmlin in Oberweng. Ihr verstorbener Mann war früher Bürgermeister, und deshalb waren bei ihr Gendarmen gern gesehen. Dort wurden wir einmal zu einer Almabtriebs-Jause eingeladen.

Also setzte ich mich in den Wagen des Herrn Oberst und lotste den Fahrer auf dem Karrenweg zu besagter Bäuerin. Sie hätte zwar einige Eier zu verkaufen gehabt, als aber der Kollege den Preis erfuhr, lehnte er sofort ab. Ich kam dahinter, daß der Fahrer des Herrn Oberst ein überaus gewiefter Landesproduktenhändler war und alle üblichen Preise auswendig wußte. Als ich ihm die hiesigen Verhältnisse erklärte, winkte er ab. „Jetzt weiß ich, warum der Chef so selten in diese Gegend auf Bereisung fährt!“ war sein einziger Kommentar zur erfolglosen Einkaufsfahrt.

Nach einer kleinen Stärkung in einem Wirtshaus meldeten wir uns zurück. Der Großteil der Bereisung war vorüber, und als der Herr Oberst den Bericht des Fahrers vernommen hatte, beschloß er sofort, zum nächsten größeren Posten zu fahren, um dort das Mittagessen einzunehmen. Seither sahen wir weder einen LGKler oder dessen Vertreter auf unserer Dienststelle. Die Visitierungen beschränkten sich auf jene durch den Bezirks- und Abteilungskommandanten.

Meine Einstandsfeier

Wichtige Zeremonien bei einem Wechsel der Lebensverhältnisse sind die Einstandsfeier und die Verabschiedung. Meine Einstandsfeier – kurz gesagt „meinen Einstand“ – in Spital am Pyhrn machte ich an einem dienstfreien Abend beim Bahnhofswirt, damals „Regnerhof“. Weil es eine sozusagen „gendarmerieinterne“ Feier war, blieben wir in der normalen Dienstuniform. Nach dem Konsum von einigen Krügeln Bier verabschiedete sich der Chef. Wir drei Eingeteilten becherten bis zur Sperrstunde. Die Kollegen sprachen dem Bier fleißig zu, und die Wirkung zeigte sich dann beim Aufbruch. Ich hielt mich beim Trinken wegen meiner schwachen Finanzkraft sehr zurück.

Entlang der Bundesstraße standen hölzerne Lichtmasten, an denen die Straßenbeleuchtung angebracht war. „Schalten wir s' Liacht aus?“ fragte ein Kollege. „Ja, schalten wir's aus!“ lallte der andere ganz bierselig und begann wie ein Maibaumkraxler den Mast hochzuklettern und die Lampe loszuschrauben. Beim nächsten Mast hieß es: „So, und jetzt bist du dran!“ Hans, Karl und Poldl bestiegen abwechselnd alle Masten entlang der einen Kilometer langen Strekke und schalteten so die gesamte Straßenbeleuchtung aus.

In den nächsten Tagen suchten die Monteure des E-Werkes fieberhaft nach der Fehlerquelle. Keiner kam auf die Idee, daß auf einer solch langen Strecke alle Lampen lockergedreht sein könnten. Erst als alle anderen Möglichkeiten ausgeschlossen waren, wurden die Lampen kontrolliert, und da war bald klar, daß das nur eine „besoffene Gschicht“ sein konnte. Aber daß ein Rauschiger imstande ist, so viele Masten hochzuklettern und die Lampen zu lockern, schien unwahrscheinlich.

Aber es ist nichts zu fein gesponnen, es kommt dennoch an die Sonnen. Hans hatte sich bei der Mastkletterei einen großen Schiefer in die Hand ein- und jemanden Falschen ins Vertrauen gezogen. So wurde bald darauf an den Wirtshaustischen erzählt, welch trinkfeste Mastenkletterer die Gendarmen waren. Der E-Werksleiter wäre ohne dieses Ortsgespräch nie auf die wahre Ursache des Stromausfalls in der Bahnhofsstraße gekommen.

Mein erster Postenkommandant

Unser Postenkommandant war ein großer, kräftiger Mann und daher eine wahre Respektsperson. Er hatte bei einer Witwe in der Nachbarschaft ein kleines Privatzimmer. Auf der Dienststelle erschien er pünktlich kurz vor 8 Uhr. Zuerst hängte er seine Pelerine und Bergmütze an den Kleiderhaken, dann legte er die „Weltpresse", ein Sackerl saure Drops und eine Schachtel Zigaretten der Marke „Austria 2" auf den Schreibtisch und nahm gemütlich Platz. Schließlich griff er zum Stationsdienstbuch und kontrollierte die Einlagezettel. Wir selbst durften in die Dienstbücher keine Eintragungen machen, sondern mußten alle Begebenheiten auf Zettel schreiben und diese in das Stationsdienstbuch einlegen. Der Chef hatte eine außergewöhnlich schöne Handschrift, und die von ihm persönlich geschriebenen Dienstbücher waren sein größter Stolz. Lediglich das

Mein erster Postenkommandant beim Aufstieg zum Arlingsattel, 22. August 1952. Im Hintergrund der Große Pyhrgas.

Invigilierungsfaszikel[11] durfte vom Proverl, also von mir, geschrieben werden. Aber dank meiner fürchterlichen Handschrift erhielt diese Aufgabe bald ein anderer Kollege.

Nach der Kontrolle der Dienstbücher steckte er ein Zuckerl in den Mund und begann die „Weltpresse" zu überfliegen. Inzwischen ging einer von uns auf das Postamt, um die Dienstpost zu holen und sie dem Chef vorzulegen. Er begann die Kuverts sorgfältig zu öffnen und die Dienststücke ins Eingangsbuch einzutragen. Dann kam die erste Zigarette an die Reihe, und die Zeitung wurde eingehender gelesen. Je nach Laune schrieb er dann einem von uns eine Patrouille vor.

In den ersten drei Monaten mußte ich in der Regel mit einem zweiten Beamten in den Außendienst gehen. Dann bekam ich einen eigenen Organmandatsblock, einen Block mit Beschlagnahmebestätigungen, und statt des bisher vorgeschriebenen Karabiners durfte ich mit dem Revolver in den Außendienst gehen. Von diesem Zeitpunkt an machte ich immer häufiger Einzelpatrouillen.

Der Postenkommandant war in bezug auf Absentierungen sehr verständnisvoll. Als gleichsam emigrierter Niederösterreicher bekam er die Bewilligung des Abteilungskommandanten, seine Absentierung für zwei Monate zusammenzuziehen. Jede Fahrt in die Sowjetzone war besonders zu melden. Hatte unser Chef seine vier Tage Absentierung, so kam immer ein Brief mit einem ärztlichen Attest. Darin wurde irgendeine Erkrankung, meist ein Abszeß an der rechten Hand, bescheinigt. Der Posten wurde dann von unserem dienstältesten Kollegen geführt. In dieser Zeit hatten wir Mäuse für einige Zeit Kirchtag.

Damals gab es die sogenannten „Horst Wessel-Patrouillen". Die zweite Staatshymne des tausendjährigen Reiches war das „Horst Wessel-Lied" gewesen. Eine Textpassage hatte gelautet: „Kam'raden, von Rotfront und Reaktion erschossen, marschier'n im Geist in uns'ren Reihen mit!" Eine „Horst Wessel-Patrouille" war somit ein Außendienst, der „im Geist marschiert" wurde.

Jeder Außendienst mußte sowohl ins Stations- als auch ins Personaldienstbuch eingetragen werden. Eine solche Dienstvorschreibung lautete beispielsweise:

„Patrouille zur Überwachung des Weideverkehrs über Hasenberg, Grünau, Moltersberg, Schmiedalm, Mausmayralm, Pyhrgasgatterl, Brandneralm, Hiaslalm, Hofalm, Trattenbach, Spital am Pyhrn von 8 Uhr des … samt 4 Stunden Rast blfg. 12 Stunden. Patrl. E. als Kommandant mit Gend. Revolver."

Bei der „Horst Wessel-Patrouille" wurde ein solcher Außendienst vorerst ohne Uhrzeit eingetragen. Ein Kollege schaute aus dem Fenster der Kanzlei, ob nicht der „Bezirkler" oder der „Abteilinger" unangesagt zu einer Visitierung kämen. War die Luft rein, wurde das Datum rückwirkend eingesetzt und das

---

11 Ein handgeschriebenes Fahndungsbuch, in das alle Fahndungen eingetragen werden mußten. Es hatte kaum einen praktischen Wert, sondern war mehr Beschäftigungstherapie für Probegendarmen.

Ende der Patrouille ausgetragen. Zum „Austragen“ etwaiger Diensterfolge hatten wir immer irgendeine Anzeige oder ein Organmandat in Reserve. Durch diese Vorgangsweise konnten wir unsere Beine etwas schonen, denn 250 Außendienststunden pro Monat und immer zu Fuß waren ein hartes Leben.

War der Postenkommandant anwesend, gab es kaum eine solche Diensterleichterung. Er predigte lediglich einen Grundsatz: „Ein anständiger Mensch gehört bei der Nacht ins Bett. Der Gendarm ist ein anständiger Mensch. Also gehört er ab 22 Uhr ins Bett.“ Zwar gab es immer wieder Patrouillenvorschreibungen bis Mitternacht und später, aber der Chef wollte, daß alle Beamten pünktlich um 8 Uhr in der Kanzlei waren. Daher drückte er die Augen zu, wenn wir bei Nachtpatrouillen frühzeitig einrückten. Das waren dann, wie man heute sagen würde, „Teilzeit-Horst Wessel-Patrouillen“.

Spital am Pyhrn lag damals am Ende der Welt oder – richtiger – am Ende der Besatzungszone. Abends war kaum etwas los, und wenn es etwas gab, dann waren wir ohnedies erreichbar. Bei Nachtdiensten hätten wir zwar Anspruch darauf gehabt, länger zu schlafen, aber wir akzeptierten den Wunsch des Chefs und waren immer pünktlich zum Dienstbeginn da.

Wenig Freude hatte unser Chef mit dem Verfassen von Anzeigen, Meldungen und Berichten. Viel lieber stolzierte er im Ort herum und zog die Leute in Gespräche.

Sein Anzeigeschreiben erfolgte nach folgendem Ritual. Zunächst fragte er einen von uns Eingeteilten: „Herr Patrouillenleiter, was haben Sie gerade zu tun?“ Hatte ein Beamter nichts Wichtiges in Arbeit, so sagte er: „Herr Sowieso, nehmen Sie ein Formular Verwaltungsanzeige und spannen Sie es in die Maschine!“ Dann gab er dem Auserkorenen sein Notizbuch und sagte: „Schreiben Sie einstweilen das Nationale.“ Das Nationale waren die Personaldaten des Angezeigten, die in den Vordruck des Anzeigeformulars einzutragen waren. Dann begann sein Diktat: „Also, schreiben Sie... Am Soundsovielten hat auf der Bundesstraße...“ Nach einer Nachdenkpause setzte er fort: „Nein, schreiben Sie: Auf der Bundesstraße im Ortsgebiet hat am...“ Es folgte die zweite Pause. „Schreiben Sie: X.Y. hat am Soundsovielten auf der Bundesstraße...“ Nach einer kurzen Pause schaute er auf seine Armbanduhr und rief scheinbar überrascht aus: „Jetzt hätte ich beinahe vergessen, daß ich einen Termin dort und dort habe. Da haben Sie die Unterlagen, und schreiben Sie weiter, bis ich zurückkomme.“

Bis zur Rückkehr des Chefs von der wichtigen Besprechung hatten wir in der Regel nicht nur diese, sondern auch die anderen Anzeigen oder Meldungen geschrieben. „Wie weit sind Sie mit der Anzeige gekommen?“ fragte er bei seiner Wiederkehr. Befriedigt nahm er die fertigen Anzeigen entgegen, blätterte kurz darin und setzte seine Unterschrift darunter. Ich glaube kaum, daß dieser Postenkommandant in der Dienstzeit auf unserem Posten jemals eine ganze Anzeige allein geschrieben hat.

Innerhalb weniger Monate beherrschte ich fast alle Arbeiten, welche eigentlich jene des Postenkommandanten waren: Telefonabrechnung, Postabrechnung, Organmandatsabrechnung, Heizkostenmeldung und alle möglichen statistischen Meldungen, der sogenannte „Monatsabschluß", waren für mich bald Routinearbeiten.

Die Bequemlichkeit meines Chefs hatte für mich den Vorteil, daß ich mehr lernte als die Kollegen, die auf großen Dienststellen waren. Dort teilte der Chef diese Arbeiten auf seine Stellvertreter auf, und ein Eingeteilter hatte kaum eine Ahnung davon.

Die mangelnden Fähigkeiten unseres Chefs blieben den Höheren des Korps nicht verborgen, und so bekam er als Qualifikationsnote[12] nur ein „Gut". Dies färbte allerdings auch auf unsere Dienstbeschreibung, die „Qual.", negativ ab. Der Abteilungskommandant war der Ansicht: „Wenn der Postenkommandant nur gut ist, dann können seine Eingeteilten nicht sehr gut sein." Ohne eine sehr gute Qualifikationsbeschreibung war es aber auch unmöglich, als zur Chargenschule geeignet beschrieben zu werden, und das wirkte sich auf unsere Laufbahn nachteilig aus.

Zu den in meinen Augen üblen Eigenschaften des Österreichers zählt die Titelsucht. Der Amtstitel beschränkte sich nicht nur auf den Konzessionsinhaber des Titels, auch seine Ehegattin wurde damit tituliert. Bei manchen Berufsgenossen wirkte sich die dienstrechtliche Stellung des Vaters sogar auf die Kinder aus. Bei einer Rauferei zwischen Beamtenkindern rief der erboste ranghöhere Vater: „Ja, wie gibt es denn sowas, daß der Sohn eines Rayonsinspektors den Sohn eines Revierinspektors haut?"

Auf dem Land wurde die Frau oder jenes weibliche Wesen, das für die Frau eines Gendarmen gehalten wurde, allgemein als die „Frau Inspektor" tituliert, und beim Postenkommandanten war es dann die „Frau Oberinspektor". Daß es vierzig Jahre später tatsächlich Gendarminnen mit dem Amtstitel „Frau Inspektor" geben sollte, wagte damals niemand auch nur zu denken. Die Gendarmerie war eine Männerdomäne, in der eine weibliche Postenbedienerin als notwendiges Übel betrachtet wurde.

Unser Chef, der aktenkundig geschiedenen Familienstandes war, wurde ab und zu von einer Wienerin besucht. Die Dame war um die Vierzig oder drüber – „ein Weib, rothaarig und geil", wie mein Kollege Hans zu sagen pflegte. Durch ihr Imponiergehabe, ihre Leibesfülle und ihren Weana Dialekt fiel sie im Ort auf.

Gewöhnlich nahm der Chef sein Mittagessen gemeinsam mit uns am Abonnententisch im Gasthof „Zur Post" ein. Mit der „Weanarin" dinierte er immer

12 Jeder Beamte mußte einmal jährlich von den Vorgesetzten dienstlich qualifiziert werden. Diese Qualifikations- oder Dienstbeschreibung hatte auf die weitere Laufbahn entscheidenden Einfluß.

in einem feineren Lokal, dem „Botenwirt". Öfters nahm er sie zu Patrouillen nach Oberweng mit. Sie hatte immer eine geräumige Handtasche mit Unmengen an Kleidern und Schuhen bei sich. Bei den Bauern sagte sie: „Reserl, genau wie Sie habe ich vor zwei Jahren noch ausgesehen. Aber durch meine Krankheit bin ich so auseinandergegangen. Ich hätt' ein paar wunderschöne Kleider, die Ihnen wie angegossen passen würden. Wenn ich das nächste Mal komme, nehm' ich sie Ihnen mit. Sollten sie Ihnen passen kann, ich sie Ihnen ganz, ganz günstig verkaufen." Bei der nächsten Bäuerin hatte sie Kleider, die ihr zu weit geworden waren. Die Frau besaß eine große Begabung für den Handel mit gebrauchten Textilien. Beim nächsten Besuch hatte sie für die schlanke Resi und die dicke Bäuerin wunderbare und preisgünstige Kleider mit. Vermutlich hatte sie diese bei einem Altwarenhändler erworben und mit dem Verkauf der Altkleider und -schuhe finanzierte sie ihre Urlaube.

Einmal allerdings bekamen wir sie mit einem geschwollenen Gesicht und einem violetten Brillenhämatom am Auge zu sehen. Sie reiste überstürzt ab, und der Postenkommandant sprach von einem üblen Sturz. Die Hausfrau des Chefs aber erzählte von einem lauten Streit und einer Prügelei zwischen der Weanarin, die der Chef immer als seine Frau vorgestellt hatte, und dem Oberinspektor. Von da ab kam sie nie wieder in unseren Ort.

Die neue Kanzleieinrichtung

Unsere Kanzleieinrichtung bestand aus morschen und wackeligen Möbeln aus dem „Dritten Reich". Brandstempel zeugten von der NS-Vergangenheit des Mobiliars. Unser Chef war aber durch nichts zu bewegen, beim LGK, dem Landesgendarmeriekommando, einen Antrag auf eine neue Büroeinrichtung zu stellen. Deshalb nützten wir seine länger dauernde Abwesenheit, um zu einer neuen Einrichtung zu kommen.

Wir rissen die Kastentüren derart schnell auf, daß die ganzen Seitenwände wegfielen und alle Aktenordner herauskugelten. Auch die Schreibtische gerieten durch die natürliche Abnutzung aus dem Gefüge. Wir machten eine schriftliche Meldung an das Bezirkskommando, daß der Kanzleibetrieb wegen Zusammenbruchs der Kanzleimöbel stark beeinträchtigt sei. Bereits am nächsten Tag kam der Bezirkler angefahren, um den Schaden zu besichtigen. Wir hatten mittlerweile die Ordner aufeinandergestapelt und die Einzelteile der Kästen in eine Kanzleiecke gelehnt.

Dabei achteten wir sorgsam darauf, daß die Hakenkreuzstempel und Hoheitszeichen der NS-Zeit ins Auge fielen. Der Bezirkskommandant machte sich einige Notizen, und nach einigen Tagen stand ein großer Lastkraftwagen der Technischen Abteilung vor dem Gebäude. Wir bekamen eine komplette Büroeinrichtung aus hellem Buchenholz. Auch unsere alten Wehrmachtsspinde wurden ausgetauscht, und sogar neue Betten und neues Bettzeug erhielten wir geliefert.

Als der Postenkommandant vom Krankenstand einrückte, erkannte er die Kanzleien nicht mehr. Er wunderte sich, wie wir das Kunststück zuwege gebracht hatten, um zu solch einer schönen und modernen Einrichtung zu kommen.

Ein ähnliches Verfahren wendeten wir bei der Alpinausrüstung an. Wir hatten eine Menge alter weißer Wehrmachtsschier, die für den alpinen Dienst ungeeignet waren. Als wir neue Abfahrtsschier anforderten, wurde dies mit der Begründung abgelehnt, daß laut Inventar ohnehin genügend Schier auf der Dienststelle wären. Nach jeder Schipatrouille legten wir einen alten Schi auf eine Unterlage, sprangen darauf und meldeten, daß bei der Patrouille wiederum ein Schi abgebrochen sei. Bald war der Wehrmachtsbestand aufgebraucht, und wir kamen zu neuen Eschenschiern.

Mein zweiter Postenkommandant

Am 15. Mai 1955 rief Außenminister Leopold Figl in einer Radioansprache: „Österreich ist frei!“ Im Lauf der folgenden Monate zogen alle Besatzungstruppen aus dem gesamten Land ab. Nun konnte auch unser Chef als sogenannter „Beute-Niederösterreicher“ in sein Bundesland zurück. Als Nachfolger wurde ein jüngerer Chargenschulabsolvent, ein „Zusserer“, nach Spital am Pyhrn versetzt. Er mußte mit „Herr Rayonsinspektor, Absolvent des Fachkurses“ tituliert werden. Weil er nur einen Stern an der Kragendistinktion tragen durfte, bezeichnete man ihn als „einmotorigen Revierler“. Sprach man ihn mit seinem zukünftigen Titel als „Herr Revierinspektor“ an, dann besserte sich seine meist miese Laune ganz gewaltig. Damit hatten wir ein Instrument in der Hand, ihm unsere Einstellung zu zeigen.

Am ersten Tag kam er stiefelbehost in strammster militärischer Haltung auf den Posten, stellte sich im Schlafraum wie ein Reiterstandbild in Positur und begann eine sichtlich einstudierte Rede: „Kameraden! Ich bin Ihr neuer Postenkommandant!“ Und dann leierte er Sprüche über Pflichterfüllung und Disziplin und dergleichen herunter. Wir sahen einander an: Also der derf bei uns nit alt werdn! war unser einhelliger Gedanke. Wir machten ab nun Dienst nach Vorschrift und führten ihn in Versuchung.

Die erste Sorge des „Einmotorigen“ war die Suche nach einem geeigneten Quartier. Unser Kollege Tscho hatte sofort eine zündende Idee. Neben dem Stift lag das kleine Haus der Witwe D. Sie vermietete Zimmer vorwiegend an junge Postbeamtinnen, die als Vertretung oder für längere Zeit ans hiesige Postamt versetzt worden waren. Gegenwärtig wohnte eine Postbeamtin dort, die zufällig den gleichen Familiennamen wie der neue Chef trug. Kollege Tscho beeilte sich sogleich, dem Neuen das Quartier bei Frau D. schmackhaft zu machen. Der Chef willigte ein und wurde ahnungslos der Zimmernachbar seiner Namensvetterin. Die Bevölkerung kannte den Namen der Postfräuln. Bald wurde auch der gleichlautende Name des neuen Postenkommandanten bekannt. Die Leute kamen zur Schlußfolgerung, daß sich der Inspektor an den Dienstort seiner Ehegattin versetzen hatte lassen, und insgeheim wurde das Postfräuln zur neuen Frau Oberinspektor.

Der neue Chef kam aus dem Innviertel, war verheiratet und nur deshalb zu uns versetzt worden, weil kein anderer Posten für ihn frei gewesen war. Die Verkehrsverbindung mit seinem Hauptwohnsitz war sehr kompliziert, und so konnte der Neue nur einmal im Monat seine Gattin besuchen.

Bekanntlich macht die Gelegenheit Diebe, und das menschliche Fleisch ist schwach. So blieb es nicht unbemerkt, daß der Herr Oberinspektor am Abend mit „seiner Frau" eingehängt beim Stift spazierenging.

Der neue Kommandant war voller Diensteifer. Er konnte es sich „aus dienstlichen Gründen" nicht leisten, jeden Monat zu seiner rechtmäßigen Ehefrau heimzufahren. Jetzt lebte er mit einer unrechtmäßigen Frau in zwei nebeneinanderliegenden Einzelzimmern und nahm die Mahlzeiten gemeinsam mit der Konkubine bei der Zimmerfrau ein. Die Vermieterin war sehr diskret. Sie wußte gar wohl, daß die gleichnamige Postbeamtin ledigen Familienstandes war, aber durch Tscho instruiert, schwieg sie eisern.

Durch seinen blinden Diensteifer machte sich unser Einmotoriger bei der Ortsbevölkerung bald unbeliebt.

Der Sägewerksbesitzer vom südlichen Ortsende hatte eine uralte Zugmaschine der Deutschen Wehrmacht für den Holztransport. Auch die Anhänger waren sehr desolat. Mit diesem Gefährt pendelte er ständig zwischen seinem Sägewerk und dem am Nordende des Ortes gelegenen Bahnhof hin und her. Fritz H., der Sägewerksbesitzer, hatte schon vor langer Zeit einen neuen Hanomag-Schlepper und Anhängergarnituren bestellt. Aber die Lieferzeiten waren damals endlos lange, und so wollte er in die ständig kaputte Beleuchtung der alten Anhänger und der Zugmaschine nichts investieren. Verkehr gab es damals ganz wenig, und bei Dunkelheit führte die Säge keine Transporte durch. Bei Verkehrskontrollen machten wir deshalb vom „Instrument der Abmahnung" Gebrauch. Auch die Bezirkshauptmannschaft kannte den Sachverhalt und tolerierte ihn, soweit es ging.

Diese Praxis wurde vom „neuen Besen", der zeigen wollte, wie gut er kehren konnte, nicht gebilligt: „Was Recht und Gesetz ist, muß Recht und Gesetz bleiben. Ausnahmen dulde ich nicht!" Als der Postenkommandant den Sägewerkstraktor heranrattern hörte, sagte er zu einem Kollegen: „Gehen Sie sofort auf die Straße, und kontrollieren Sie das Fahrzeug!" Mein Kollege aber sagte ruhig: „Herr Absolvent des Fachkurses, da müssen Sie mir vorerst eine Patrouille in das Stationsdienstbuch eintragen!" Bis mein Kollege die Patrouille eingetragen bekam und vorschriftsmäßig adjustiert sowie vollständig bewaffnet in den Dienst ausrücken konnte, war der Traktor schon wieder vom Bahnhof zurück. Nun versuchte es der Chef mit uns anderen, aber wir reagierten auf die gleiche Weise. Da wurde es ihm zu dumm, und jedes Mal, wenn er den Traktor hörte, schnappte er Revolver, Patrouillierungstasche und Anhaltestab, sprang in Windeseile auf die Straße und hielt den Traktor an. Wegen Wiederholung der Tat machte er bei jeder Kontrolle eine separate Anzeige.

Durch einen im Nachbarort wohnenden Beamten, der das Ortsgerede über den Krieg des Postenkommandanten gegen den Sägewerker gehört hatte, wurde die Bezirkshauptmannschaft auf die Anzeigenflut gegen den Sägewerksbesitzer aufmerksam.

Der neue Besen, der da die Straßen sauberfegen wollte, wurde auch vom Bürgermeister ungern gesehen. Da brauchte dann nur noch das Gerücht ausgestreut und dem Bezirkskommando zugänglich gemacht zu werden, daß der verheiratete Postenkommandant mit einer ledigen Postbeamtin ein intimes Verhältnis habe und sie als seine Ehegattin ausgäbe – und schon wurde er ins Flachland versetzt. Sein Nachfolger stammte aus dem Hausruckviertel und war ziemlich farblos.

Die eingeteilten Beamten

Der Hans vulgo „Tscho"

Der am Posten die längste Zeit Dienst versehende Beamte war der „Tscho" genannte Hans E. Er stammte aus dem Flachland, wuchs an der Donau auf, war ein sehr sportlicher Typ und ging gerne in die Berge. Er war ein ganz ausgezeichneter Kamerad und ein tüchtiger Beamter. Sein Privatleben hatte allerdings einen kleinen Makel. Einer Liebschaft mit einem volksdeutschen Flüchtlingsmädchen, das im Barackenlager als „displaced person" (DP) lebte, war ein kleiner Hansi entsprossen. Tscho liebte seinen Sohn über alles. Die Kindesmutter, wie er seine Paula nannte, gehörte zu den von den Einheimischen diskriminierten Lagerleuten. Ein Großteil der Lagerinsassen zählte zu den mehr oder weniger kriminellen Kreisen, denn das Lager 305, ein ehemaliges Lager des deutschen Reichsarbeitsdienstes, war ein Straflager, das unter amerikanischer Verwaltung stand.

Mein Kollege und Bergkamerad „Tscho" während des Aufstiegs zur Suche nach dem von einer Lawine verschütteten Johann Katzlinger beim Wurzerkampf im Linzerhausgebiet, 12. Jänner 1954.

Hans war kein Kostverächter und pflückte die Mädchen- und Frauenblüten, wann sich Gelegenheit dazu bot. Er selbst bewohnte im Stift ein kleines Untermietezimmer. Den Gemeindesekretär beschimpfte er öfters spaßeshalber, daß er schuld daran sei, daß er seinen Sohn nicht legitimieren könne, weil die Gemeinde keine Wohnungen baue. In Wahrheit war es Tscho ums Heiraten gar nicht so eilig.

Bei einer der monatlichen vierzigstündigen Almpatrouillen ins Warscheneckgebiet kontrollierten wir das Linzerhaus auf der Wurzeralm. In der Gaststube saß eine sehr attraktive Dame bei Buchhaltungsarbeiten. Der Hüttenwirt stellte sie als seine Steuerprüferin vor und meinte: „Fräulein Luise hat eine ganze Woche fleißig gearbeitet und hätte sich eine Bergtour verdient. Könnten die Herrn Inspektoren diese Dame vielleicht auf einen Gipfel mitnehmen?" Hans war sogleich Feuer und Flamme, und so bestiegen wir zu dritt die Rote Wand. Ich merkte, daß sich zwischen meinen beiden Berggefährten etwas anbahnte.

In der folgenden Woche machte Luise die Steuerprüfung im Gasthof Grundner oder „Zur Post", wo wir als Abonnenten verpflegt wurden. Wir saßen mit dem ledigen Sägewerksbesitzer Fritz H. und ihr am Abonnententisch. Der Sägewerker entflammte für die Städterin und begann auffällig zu balzen. In seiner Blindheit merkte er gar nicht, daß die von ihm Angehimmelte bereits anderweitig vergeben war.

Um seinem Ziel näher zu kommen, lud er uns Gendarmen zu einem feuchtfröhlichen Abend in seine Villa ein. Wir wußten um die Beziehung zwischen

Hans und Luise und waren bereit, dem balzenden Gockel einen Streich zu spielen. Insgeheim halfen wir Hans fleißig beim Trinken, und dieser täuschte einen Schwips vor. Fritz, der Sägewerksbesitzer, bekam natürlich – wie wir alle – ebenfalls einiges ab. Als es an der Zeit war, erbot er sich, uns mit seiner Borgward-Isabella heimzuführen. Auf dem Hauptplatz stiegen wir aus; Luise sauste wie der Blitz über den Platz und verschwand im Nebengebäude des Gasthofes. Wir machten noch eine bei Betrunkenen übliche Abschiedsszene der überschwenglichen Danksagung, und Hans konnte inzwischen unbemerkt ins Nebengebäude des Gasthofes zu seiner Luise hineinhuschen.

Der Sägewerker machte eine Umkehrschleife und blieb im Hof des Gasthofes stehen. Mittels einer Leiter wollte er zum ihm wohlbekannten Kammerfenster hinaufsteigen. Eine seiner früheren Bräute war die Wirtstochter Liesl gewesen, in deren Zimmer nun Luise untergebracht war.

Hans erzählte uns später: „Als der Fritz auftauchte, nahm Luise das Porträt von Fritz, das auf dem Nachtkästchen stand, und las dem Fensterlbuam die Widmung vor: ‚Geh doch zu deiner Liesl, du allerliebstes Fritzilein!‘ Da erst ging dem Sägewerker das Licht auf, daß er von uns allen ordentlich hineingelegt worden war.“

An dieser Stelle wäre etwas über Alkohol am Steuer zu berichten. Selbstverständlich war das Lenken eines Fahrzeugs im Zustand der Alkoholisierung verboten. Der Verkehr war sehr schwach, es gab wenig Autobesitzer, und eine Alkoholkontrolle war nur dem Amts- oder Gemeindearzt möglich. Erst wenn tatsächlich ein Unfall passiert war und die Alkoholisierung bereits meterweit aus dem Mund des Lenkers stank, wurde eine Blutprobe durchgeführt. Doch zurück zu unserem Kollegen Hans.

In der folgenden Zeit benützte Hans seine Absentierungstage, um seine Luise in Linz zu besuchen. Bald hatte er einen eleganten taubengrauen Anzug, einen Raglanmantel und einen dazu passenden Homburg[13]. Er nahm auch weltmännische Manieren an, um sich Luises Kreisen anzupassen.

Ungefähr fünf Jahre nach meiner Versetzung nach Spital klingelte unser Telefon. Der Gemeindesekretär verlangte den Herrn Inspektor E. Hans übernahm den Hörer, nickte, wurde im Gesicht bleich, nickte wieder, wurde noch blasser, legte den Hörer auf und stöhnte: „Dö verstehngan wirklich koan Gspaß!“ Als wir Hans nach der Ursache seines Schreckens fragten, brachte er nur mühsam heraus: „Dö gebm mir jetzt a Wohnung!“ Als wir ihm gratulieren wollten, daß er nun seinen neun Jahre alten Sohn endlich legitimieren könne, meinte Hans ganz erschüttert: „Ja, aber dann muaß i ja heiratn!“

Jetzt steckte unser Kamerad wirklich in der Klemme. Jahrelang hatte er unseren Gemeindesekretär angestänkert, daß nur die Gemeinde schuld daran sei,

13 Eleganter Hut mit aufgebogener Krempe, der von Politikern gerne getragen wurde.

wenn er seinen unehelichen Sohn nicht legitimieren könne, da sie keine Wohnungen errichte. Und jetzt verstand die Gemeinde keinen Spaß mehr und gab ihm eine Wohnung. Als wir Hans trösteten und sagten: „Dann heirate halt!“ meinte er: „Ja, aber was für eine? Die Lu hat a Geld, aber die geht sicher nicht von Linz weg. Die Grünburgerin hat a a Geld und die gang sicher her, aber die hat koan Hansi. Und die Paula hat zwar den Hansi, aber die hat koa Geld. Und i hab a koa Geld!“

Als ihm der Postenkommandant versprach, dafür zu sorgen, daß er ihm umgehend einen zinsenfreien Gehaltsvorschuß verschaffen werde, wurde Hans etwas leichter, und er beschloß, dennoch die Paula zu nehmen, weil die zwar kein Geld, dafür aber den Buam hatte.

Am 31. Jänner sagte Hans am Vormittag zu unserem Chef: „Herr Revierinspektor, mir fehlen acht Außendienststunden. Bitte schreiben Sie mir ab 12 Uhr eine Lokopatrouille vor.“ Erstaunt fragte der Chef zurück: „Soviel ich weiß, wollen Sie doch heute heiraten?“ Hans erwiderte: „Ursprünglich wollte ich um 24 Uhr heiraten. Aber der Standesbeamte sagte, daß ich dann einen Nachtzuschlag bezahlen müsse.

So haben wir die standesamtliche Trauung für den letztmöglichen Termin, also um 19 Uhr, angesetzt. Wenn ich jetzt auf Patrouille gehe, kann ich während der Patrouillenrast schnell heiraten.“

Der Postenkommandant war zu überrascht, um in unser Lachen einzustimmen. „Also, die Außendienststunden schenke ich Ihnen. Nachmittags gebe ich Ihnen frei. Was ziehen Sie zur Trauung an?“ Hans meinte, daß er in seiner normalen Patrouillenadjustierung mit Bluse, Keilhose, Pelerine und Bergmütze aufs Standesamt gehen werde. Auch der Briefträger, der Trauzeuge seiner Kindesmutter, gehe in seiner Postlerkluft. Da wurde der Chef wild: „Also, wenn ich Ihnen den Trauzeugen machen soll, dann ziehen Sie Ihren taubengrauen Anzug an, denn auch ich gehe nur in Zivil, und der Briefträger soll sich ebenfalls ordentlich anziehen.“

Um 18 Uhr kam Hans auf den Posten. Unter der Pelerine trug er ein Kleiderbündel: den taubengrauen Stadtanzug, den Raglanmantel und den Homburg. Seine Paula ging auf der Bundesstraße vor dem Posten auf und ab. Hans meinte fragend: „Also, wenn ich dieses Gewand anziehen soll, dann muß ich auch frische Socken anziehen und mir vorher die Füße waschen.“

Als der Postenkommandant kam, um nachzusehen, wie es um das Brautpaar stünde, stand Hans in der Postenkanzlei im Emailwaschbecken und reinigte seine Füße. Die Braut ging währenddessen vor dem Postengebäude nervös auf und ab. Nach der kurzen Trauung im Gemeindeamt ging der Briefträger zum Stammtisch, der Herr Postenkommandant zu seiner Frau und der Bräutigam mit seiner Kindesmutter und nunmehrigen Ehefrau in die Wohnung zu seinem – nunmehr legitimen – Sohn Hansi.

Tscho hatte eine etwas eigenartige Trinkgewohnheit. Normalerweise nahm er im Gasthaus zum Essen oder beim Stammtisch einige große oder kleine Bier zu sich und unterschied sich darin in nichts von den übrigen Gasthausgehern. Aber zu bestimmten Zeiten – vielleicht hatte der Mond darauf Einfluß oder war es irgendein seelisches Problem – kam Tscho ins Gasthaus „Zur Post“, legte S 27,50 auf den Tisch und sagte: „Fräulein Liesl! Zehn Halbe Bier bitte!“ Die Kellnerin brachte eine Halbe nach der anderen und machte auf dem Bierdeckel für jedes Getränk einen Strich. Nach der achten Halben spreizte Hans beim Trinken die Finger auseinander, hob das Krügel mit waagrecht abgewinkeltem Arm in Lippenhöhe, schielte auf die Schaumkrone und sprach in stockendem Hochdeutsch: „Sör – Tscho – Eicking! Mit dir – trink ich am liebsten!“ Nun wußten Kellnerin und Stammgäste: „Jetzt hat es ihn!“ Er trank dann noch stumm die restlichen beiden Krügel aus, erhob sich, und leicht schwankend verließ er mit einer angedeuteten eleganten Verbeugung gegen die Gäste das Gastzimmer.

Man hätte diese Trinkgewohnheit ein Quartalssaufen nennen können, aber es schien eine eingefleischte Zeremonie, die unser Kollege da abspielte. Leider führte diese Gewohnheit zur Trunksucht und diese dann zu Disziplinarstrafen und letztendlich zu seiner vorzeitigen Pensionierung. Trotz dieser Tatsachen war er ein ausgezeichneter, überaus tüchtiger Beamter und ein lieber BRD[14]-Kamerad und Berggefährte, auf den man sich immer verlassen konnte. Leider zog er sich später von aller Geselligkeit zurück, und so habe ich ihn aus den Augen, aber keineswegs aus dem Gedächtnis verloren.

Der Leopold, genannt „Der Jo-Jo“

Nur kurze Zeit war ein etwas älterer Kollege, bereits Rayonsinspektor, auf unserem Posten. Er war etwas beleibt, hatte gewelltes schwarzes Haar und trug, was damals selten vorkam, einen leicht angezwirbelten Schnurrbart. Bei Amtshandlungen pflegte er links und rechts über die Bartspitzen zu streicheln, und dabei sagte er immer wieder „Jo, jo“. Diese Angewohnheit trug ihm den Spitznamen „Der Jo-Jo“ ein.

Leopold war ein äußerst korrekter Beamter. Obwohl er beim BRD nur als Rucksackträger mitarbeitete und qualifizierter Gendarmeriealpinist war, zog es ihn in die Voralpen. Gewiß hatte er irgendwelche Beziehungen, weil er ziemlich bald in das Steyrtal versetzt wurde. Poldl wohnte ebenso wie unser Tscho bei Frau D. im Beamtenzimmer im Stift. Nach seiner Versetzung wurde sein Zimmer aufgelassen, Tscho durfte aber sein Zimmerchen weiter benützen.

14 Abkürzung für „Bergrettungsdienst“.

Der Doppelliter-Karl

Der Nächstältere, der Lehrer für den hochalpinen Dienst war und von dem ich schon berichtet habe, hieß Karl, war verheiratet und hatte im sieben Kilometer entfernten Windischgarsten eine Wohnung. Zum Dienst fuhr er immer mit dem Fahrrad. Er hatte einen kleinen Sohn, der zu jener Zeit noch nicht reden konnte. Dem kleinen Karli wurden Scherze eingelernt. Wenn man ihn fragte: „Wo ist denn der Karli dumm?" zeigte er mit dem Finger auf seine Stirn; fragte man ihn: „Wo fehlt's denn deinem Vati?" dann machte der Knirps mit den Fingern die Gebärde des Geldzählens.

Zwischen Karls Dienst- und Wohnort lagen einige Wirtshäuser, die er gelegentlich während der Heimreise zur Familie aufsuchte. Einmal kam er nach einer derartigen Rast mit dem Fahrrad zu Sturz und blieb bewußtlos auf der Straße nahe seiner Wohnung liegen. Er trug eine Schnittwunde auf der Stirn davon.

Als man nach dem Unfall den kleinen Karli im Milchgeschäft wieder einmal fragte, wo es seinem Vater fehle, verwechselte er die Gebärden und zeigte mit dem Finger auf seine Stirn. Da entstand das Ortsgespräch: „Jetzt weiß der kleine Karli schon, wo es seinem Vater wirklich fehlt!"

Karl war der uneheliche Sohn einer Sennerin und auf einer Alm geboren worden. Dies wurde aktenkundig gemacht, und böse Zungen behaupteten, daß diese seine Herkunft der Grund war, weshalb er vom Alpinreferenten taxfrei zum „Lehrer für den hochalpinen Dienst" ernannt worden war. Die Bezeichnung „Gendarmeriebergführer" kam erst etliche Jahre später auf.

Karl M. war ein ausgezeichneter Schifahrer. Über seine Eignung als Bergführer erzählte später ein guter Kamerad: „Wir machten im Rahmen der alpinen Ausbildung eine Alpinpatrouille, die vom Kleinen auf den Großen Pyhrgas führte. Am Gipfel verlangte Karl, daß wir das Seil anlegen sollten. Meinen Einwand, wegen der Leichtigkeit der Tour könnten wir seilfrei gehen, lehnte er mit dem Hinweis auf seine Verantwortung ab. Bis zum Pyhrgaseck führte er. Als beim Pyhrgaseck einige leichte Kletterstellen kamen, meinte er: ‚Xandl, geh du voran. Ich hab Frau und Kind dahoam!' Nachdem ich die Seillänge ausgegangen war, sah ich Karl angeseilt auf dem Grat sitzen. Als ich meinte, er könne doch nachkommen, meinte er: ‚Aber tu mich ordentlich sichern!'" Zusammenfassend sagte mein Kamerad, daß der Doppelliter-Karl die einfachsten Kletterstellen unter den größten Schwierigkeiten bezwungen habe.

Auf einer Fahrt zu einem „Hochalpinen Winterführerkurs" in den Radstädter Tauern warteten wir mit Karl in der Bahnhofsrestauration Selzthal auf den Anschlußzug. Da betrat ein Eisenbahner das Lokal und rief aus: „Schaut's, da is ja der Doppelliter-Karl!" und kam auf unseren Tisch zu. Es erhob sich Gelächter, und der Eisenbahner erklärte, daß unser Kollege deshalb so genannt werde, weil er einen Doppelliter Bier in einem Zug austrinken könne. Sogleich begann eine Wette, und der Doppelliterkrug stand schon auf dem Tisch. Nun zeigte Karl sein Können auf diesem Gebiet, und unter dem Beifall aller Gäste leerte er den Krug, ohne abzusetzen.

Aber die Gäste waren mit dieser Leistung nicht zufrieden. Die zweite Wette ging darum, ob er einen zweiten Doppler ex trinken könne. Karl aß eine Wurstsemmel als Zwischenlage und stemmte den zweiten Doppelliter mühelos. Nun begann sich die Sensationsgier zu steigern, und es wurde gewettet, ob der Herr Inspekta noch einen dritten Doppler hinunterbrächte. Auch die dritte Prüfung schaffte Karl ohne Probleme und machte damit seinem Spitznamen alle Ehre. Die weiteren Rekordversuche wurden durch die Ankunft unseres Zuges abgebrochen.

Hermann, das „Gizzihaferl"

Der Doppelliter-Karl strebte eine Versetzung nach Windischgarsten, seinem Wohnort, an. Dort versah ein lediger Beamter aus dem Flachland Dienst. Er war im Zivilberuf Fleischhacker gewesen. Als der einzige Unverheiratete mußte er mit Karl den Dienstort tauschen. Durch einen Versetzungsbefehl erfuhren wir, daß Karl scheiden und Hermann kommen werde.

Am Vormittag erschien ein nicht ganz vorschriftsmäßig adjustierter und vollständig bewaffneter Patrouillenleiter in der Kanzlei. Er hatte die Tellerkappe im Genick, der Stehkragen stand offen, der Leibriemen war verrutscht, und seine Haltung konnte man mit zwischen leicht schwankend bis ums Gleichgewicht kämpfend bezeichnen.

Hermann haspelte eine Art Meldung herunter und schloß mit den Worten: „Freiwillig komm' ich nicht her. Entschuldigen Sie, Herr Revierinspektor, aber vor Wut über die Versetzung hab ich mir einen angedudelt." Er war die sieben Kilometer lange Wegstrecke zu Fuß gegangen und hatte bei jedem Gasthaus eine Pause eingelegt, um seine Wut auszulassen und seine Zorneswogen mit Bierwogen zu glätten.

„Na, der erste Eindruck ist nicht gerade der beste", kommentierte unser alter Postenkommandant Hermanns Meldung. Dann durfte er sich in meiner Postenkanzlei häuslich niederlassen und bekam anschließend dienstfrei.

Mein neuer Zimmergenosse war zwar acht oder neun Jahre älter als ich, aber ein ganz feiner Kamerad. Er war auch ein sehr tüchtiger Beamter, der sich zusehr an seinen alten Dienstort gewöhnt hatte. Mit dem Alpindienst hatte er wenig Freude und ließ verlauten, daß er jede Gelegenheit nützen werde, um von hier wegzukommen.

Hermann war von kleiner Statur und weil „kleine Häferln leicht übergehen", war auch er leicht in Zorn zu bringen. Seine ungewollte Versetzung hatte ihn im wahrsten Sinn des Wortes in einen Zornesrausch versetzt. Wegen seiner leich-

Rast während einer Almpatrouille auf die Wurzeralm im Warscheneckgebiet mit meinem Kollegen Hermann (rechts).

ten Erregbarkeit war Hermann die Zielscheibe unzähliger kleiner Bosheiten, die er aber, sobald sein Zorn verraucht war, verzieh und vergaß. Er war von überaus heiterer und freundlicher Natur, und ich blieb sehr lange mit ihm in freundschaftlicher Verbindung. Sein Wunschtraum, aufs Flachland zu kommen, sollte erst einige Jahre später durch besondere Umstände in Erfüllung gehen.

Wenn unser Chef eine Kontrollpatrouille nach einem von uns im Sinn hatte, spielte sich bei der Dienstvorschreibung ein besonderes Ritual ab. Einmal merkten wir, daß der Chef Hermann auf den Pyhrnpaß schickte, um dann eine Kontrollpatrouille nach ihm zu machen. Während Hermann vor dem Antreten seiner Patrouille den Lokus aufsuchte, nützten wir seine Abwesenheit, um in seine Patrouillierungstasche den Bürolocher, die Löschwiege und eine Heftmaschine einzupacken.

Beim Abendessen im Gasthof „Zur Post" erzählte ein Holzknecht, was er am Nachmittag bei der Pyhrnerwirtin erlebt hatte: „Wir sitzen mit dem Herrn Oberinspektor in der Gaststube der Pyhrnerwirtin. Da kommt der kleine Inspektor herein. Wie er den Oberinspektor sieht, baut er sich vor ihm auf, salutiert und macht eine Meldung. Der Oberinspektor sagt dann zu ihm: ‚Geben Sie mir gleich Ihr Personaldienstbuch, damit ich den Kontrollvermerk eintragen kann!' Der Inspektor greift in seine Diensttasche, schüttelt den Kopf und stellt eine Büroheftmaschine auf den Wirtshaustisch. Dann greift er wieder hinein. Aber statt des Dienstbuches zieht er nach und nach eine Löschwiege und einen Bürolocher heraus und baut alles vor dem Chef auf. Der Kommandant beginnt zu lachen und fragt: ‚Haben S' leicht die Schreibmaschine auch noch mit?'"

Einen ähnlichen Streich spielten wir Hermann bei seinem Sommerurlaub. Sein Elternhaus lag etwa fünf Kilometer von der Eisenbahnstation Nußbach-Diepersdorf entfernt. Seine Urlaubssachen hatte er gepackt, und bevor er auf den von unserem Posten einen Kilometer entfernten Bahnhof marschierte, besorgte er sich in der Trafik Zigaretten. Inzwischen holten wir seine schweren Schischuhe und packten sie in seinen Rucksack. Ahnungslos trug er sein Gepäck insgesamt sechs Kilometer weit. Als seine Mutter den Rucksack auspackte, fand sie auch die Schischuhe: „Ja Hermann, du Depp, was willst denn mitten im Sommer mit den Schischuhen machen?"

Hermanns Vertrauensseligkeit war anscheinend grenzenlos. Bei seinem Weihnachtsurlaub wiederholten wir die Bosheit mit seinem US-Dienstkarabiner. Wir zerlegten ihn heimlich und packten ihn in seinen Urlaubskoffer, den er wiederum sechs Kilometer weit tragen mußte. Und wieder sprach seine Mutter ihre Verwunderung aus: ob er den Karabiner unter den Weihnachtsbaum legen wolle?

Unser Kanzleimobiliar stammte, wie erwähnt, aus der NS-Zeit und war sehr desolat. Hermann hatte auf seinem Schreibtisch eine Federtasse aus Porzellan, und darauf lag ein sogenannter Tastenreinigungsgummi. Mit diesem plastischen Material spielten wir während der Postenschulung und formten daraus verschiedene Gebilde, darunter einmal eine winzige Flasche, in die wir Stempelfarbe füllten und sie sorgfältig zukneteten. Wie gewohnt, nahm Hermann während einer Besprechung den Tastengummi und begann daran herumzukneten. Plötzlich spürte er die Flüssigkeit zwischen den Fingern. Es dauerte Wochen, bis er seine Hände wieder rein bekam.

Ein wichtiges Utensil war der in Packpapier eingebundene Rechtschreib-Duden. Einmal heftete ich den Pappumschlag an die Schreibtischplatte. Als Hermann den Duden nicht gleich in die Hände bekam, folgte ein Tobsuchtsanfall. Nur mit Mühe konnten wir ihn davon abhalten, das Buch zu zerreißen.

Hermann hatte die üble Angewohnheit, sich mit Bleistift oder Kugelschreiber an der Stirn zu kratzen. Einmal malten wir mit Tinte in das Schweißleder seiner Tellerkappe einen kleinen Fleck. Während des Ganges zum Mittagessen färbte die Tinte auf seine Glatze ab. „Ja, Herr Inspektor, was haben Sie für einen Tintenfleck auf der Glatze?" bemerkte die Kellnerin. Hermann sah sich in einen Spiegel und schüttelte verwundert den Kopf. Wir aber kommentierten: „Das kommt davon, weil du dich immer mit dem Kugelschreiber kratzt!"

In jener Zeit kam die „Kanarivogelpatrouille" auf. Weil der Straßenverkehr allmählich zunahm, dachte sich ein Offizier des Gendarmeriezentralkommandos in Wien einen bürokratischen Schildbürgerstreich aus. Jedem an einer Bundesstraße gelegenen Gendarmerieposten wurde ein kanarienvogelgelb gestrichenes Dienstfahrrad zugewiesen. Damit sollte ein besonders dazu bestimmter

Beamter Verkehrsüberwachungspatrouillen fahren. Während dieser Dienstleistung mußte er weiße Zwirnhandschuhe, einen weißen Tellerkappenüberzug und weiße Plastikgamaschen oder, wie wir sagten, weiße Flohdackerl tragen, um im Straßenverkehr besonders aufzufallen. Dies hatte aber eine total verfehlte Wirkung zur Folge: Der solcherart kostümierte Gendarm wurde von der Bevölkerung öffentlich ausgelacht, und die Fahrrad-Verkehrsüberwachungs-Patrouille bekam wegen ihrer lächerlichen Aufmachung bald den Spitznamen „Kanarivogelpatrouille".

Hans und ich als Alpingendarmen lehnten es auf das entschiedenste ab, solchen Verkehrsdienst zu machen. Dafür sei unser Flachlandgendarm zuständig; und so blieb dieses undankbare Geschäft an unserem Hermann hängen. Er nahm es auf die leichte Schulter. Aber es blieben bei diesem Dienst die erhofften Erfolge aus. Vom Postenkommandanten zur Rede gestellt, meinte er: „Bei diesem Aufzug wird man schon auf weite Entfernung gesehen, und da verhalten sich die Leute dann auch so vorschriftsmäßig, daß es keine Beanstandungen gibt."

Später erleichterte sich Hermann diesen Dienst. Er fuhr, nach Vorschrift adjustiert, bis zum Wirt in Edelbach, versteckte den Kanarienvogel hinter dem Haus, legte die weißen Handschuhe, die weiße Tellerkappe und Gamaschen ab und setzte sich so in die Gaststube, daß er auf die Bundesstraße sah. Sollte der Bezirkler vorbeikommen, hätte er genügend Zeit, sich zu adjustieren und auf die Straße zu fahren. Aufgrund der mangelnden Diensterfolge wurde dann nur mehr einmal monatlich eine „Kanarivogelpatrouille" vorgeschrieben, und schließlich schlief diese unselige Idee eines Stabsoffiziers endgültig ein.

Rudolf, der Stauseefahrer

Im Bezirk Steyr, am Ufer der Enns, machte ein Kollege Dienst, der während des Krieges Maat auf einem Unterseeboot gewesen war. Nach 1945 tauschte Rudl F. die blaue Marineuniform gegen die graue Uniform der Gendarmerie. Seinen schaukelnden Seemannsgang hatte er ebenso beibehalten wie den sprichwörtlichen Durst der Matrosen.

Nach einem Saufgelage fuhr er in voller Uniform auf der Ladefläche eines von einem Betrunkenen gelenkten Lastkraftwagens mit. Der Wagen kam von der Fahrbahn ab und stürzte in einen Stausee der Enns. Geistesgegenwärtig rettete Rudl vier Menschen vor dem Ertrinken. Weil er aber in Uniform und angeheitert mit einem betrunkenen Lenker gefahren war, hatte er das Standesansehen gröblich verletzt und wurde deshalb strafversetzt. Aufgrund dieses Disziplinarfalles erhielt er den Spitznamen „Der Stauseefahrer".

Rudl kam auf einen Flachlandposten am Rand der Voralpen und sprach auch dort fleißig dem Bier zu. Ferner hatte er eine Schwäche für das weibliche Geschlecht, und diese starke Zuneigung zeitigte Folgen. Aber nicht eine einzige, vielmehr kamen annähernd zur gleichen Zeit drei Mägde bzw. Frauen aus seinem Postenrayon in gesegnete Umstände. Bei allen dreien stammte der Segen vom Rayonsinspektor Rudl. Als dies offenkundig wurde, kam es zwischen den werdenden Kindesmüttern zu öffentlichen Zerwürfnissen und Handgreiflichkeiten, und diese wiederum bildeten sogleich das Ortsgespräch.

Um es zum Verstummen zu bringen und das geschädigte Standesansehen wiederherzustellen, wurde Rudl stehenden Fußes zu uns versetzt. Nun war für Hermann die Gelegenheit da, aufs flache Land zu kommen. Der dreifache Kindesvater in spe wurde zu uns ins Gebirge und der ebenfalls unbeweibte, jedoch kinderlose Hermann in sein gelobtes Flachland versetzt.

Die Sache nahm im Verlauf der Schwangerschaften unerwartete Wendungen. Unser neuer Kamerad, der U-Bootmann und „Stauseefahrer" Rudl, begann sich auszurechnen, wieviel Halbe Bier ihm nach Abzug der Alimente für drei uneheliche Kinder übrigbleiben würden. Er berechnete sein Einkommen nach der Formel: „Monatsgehalt minus Gasthausrechnung minus Trafikrechnung, dividiert durch den Bierpreis". Auf einmal kam die Nachricht, daß eine der präsumtiven Kindesmütter, vielleicht vor Ärger und Aufregung, eine Totgeburt gehabt hätte. Rudolf begann seine Finanzen neu zu berechnen

Aber die Stunde der Wahrheit rückte näher, und Rudolf wurde Kindesvater. Gelassen trug er sein Geschick und wartete, was es ihm in der Folge noch bringen würde. Nach einigen Tagen jedoch erhielt er die Freudenbotschaft, daß das Kind plötzlich verstorben sei. Und wiederum begann Rudolf seine Finanzlage neu zu berechnen.

Da kam die Nachricht von der dritten Geburt. Gleichmütig ertrug er sie, denn vor einiger Zeit hatte es für ihn finanziell weitaus schlimmer ausgesehen. Doch nach einigen Wochen kam wieder eine Nachricht aus dem früheren Dienstort. Die Neuberechnung der Nettobezüge war eine nutzlose Arbeit gewesen, denn auch das letzte Kind hatte das Zeitliche gesegnet. Wenn es dem Dieb bestimmt ist, aufgehängt zu werden, so braucht er vor dem Ertrinken keine Angst zu haben. Der Stauseefahrer hat später geheiratet, aber auch seine Ehe blieb kinderlos.

Hermann der Flachländler hatte mit dem Stauseefahrer einen amtlichen Diensttausch gemacht. Niemand hätte damals gedacht, wie sich der gleichsam erzwungene Tausch auswirken würde. An seinem neuen Dienstort knüpfte Hermann gar bald zarte Bande mit einer der Kindesmütter des Stauseefahrers, und es dauerte nicht lange, bis Hermann des ledigen Familienstandes überdrüssig wurde und die Kellnerin und Exkindesmutter Rudls heiratete. Dieser Ehe entsprossen zwei Mädchen. Rasch wuchs über die früheren Vorgänge das Gras, denn in einem Dorf gibt es immer wieder Neuigkeiten, über die man spricht. Diese bringen dann die alten Neuigkeiten zum Vergessen. Die strafweise Versetzung des Stauseefahrers schien mehr ein Racheakt der Vorgesetzten gewesen zu sein als ein Akt zur Beruhigung des aufgewühlten Volksgemurmels.

Beim Warten auf unser Abonnentenessen im Gasthof „Zur Post" nahm am Nebentisch ein Bergsteiger mit zwei Begleiterinnen Platz. Wir sahen ihm den Kiberer in Zivil an. Der Mann wandte sich an unseren Chef: „Herr Revierinspektor! Wenn ich nicht irre, so gibt es in Ihrer Dienstinstruktion einen Paragraphen, nach dem es zur Aufgabe der Gendarmerie gehört, Reisende auf ihr Ansuchen durch unsichere Wegstrecken zu begleiten. Ich habe diese beiden Damen auf den Arlingsattel zu führen. Nachdem dies eine sehr unsichere Wegstrecke ist, ersuche ich höflichst, mir einen Ihrer Beamten mitzugeben, um uns zu begleiten!"

Wir verstanden sofort den Sinn der Rede und sahen einander an, wer wohl als Damenbegleiter in Frage käme. Tscho war mit seiner Kindesmutter, der Grünburgerin und der Luise bereits überversorgt; für mich waren die Damen etwas zu alt, aber der Stauseefahrer sei der geeignete Begleiter. Als unser Chef fragte, wer dazu bereit wäre, meldete sich Rudl sofort. Nach dem Essen zog er seine Alpinuniform an und machte sich mit den drei Linzern auf den Weg zum Arlingsatttel.

Am nächsten Tag erzählte er begeistert, wie schön die Patrouille gewesen sei und daß sie bereits auf der Ochsenwaldalm „in den Latschen gelegen seien". Später bestritt er dies jedoch und beharrte darauf, daß es ganz sittsam zugegangen wäre. Aber für das nächste Wochenende erbat er sich die Genehmigung zum Stationsverlaß nach Linz, um seine neue Bekanntschaft besuchen zu können.

Nun benützte unser Rudl jedes freie Wochenende und jede Absentierung, um zu seiner neuen Braut zu fahren. Aber auch das wurde ihm bald zu wenig, und so besorgte er beim Bahnhofswirt für seine Bierversilbererstochter ein Zimmer. Ab nun spielte sich jeden Samstagnachmittag auf dem Bahnhof Spital am Pyhrn ein Ritual ab, das von der Bevölkerung die „Bahnhofsparade" genannt wurde.

Rudolf erkundigte sich im Bahnhofsgasthaus, ob das Zimmer in Ordnung sei. In der Gaststube bereitete er sich mit seinen Zechkumpanen auf die Ankunft der Braut vor. Es wurde fleißig dem zumeist in Doppelliterkrügen ausgeschenkten Bier zugesprochen. Kurz vor Ankunft des Zuges kommandierte der Stauseefahrer: „Zum Einholen der Braut: Habt acht! – Rechts um! In Reihe mir folgen – Marrrsch!" Mit Rudl an der Spitze, marschierten die Kumpel – alte, meist unflätige Soldatenlieder singend – auf den Bahnsteig. Dort kommandierte der Anführer: „Habt acht! Links um! – Parade ruht!" War der Zug eingefahren, befahl er: „Die Augen rechts!" ging seiner Braut entgegen, reckte den rechten Arm hoch und brüllte: „Hipp hipp!", und seine Ehrenkompanie antwortete schallend: „Hurra!" Nach einem dreimaligen „Hipp hipp hurra!" schritt er mit seiner Linzerin die Front ab. Dabei mußte sie jedem der Ehrenkompanie einen

Kuß geben. Nach dem Kommando „Rechts um! Uns folgen – Marsch!“ zog das sonderbare Häufchen in den Bahnhofsgasthof ab, um dort weiter dem Bier und anderen Genüssen zu frönen.

Dieser Brauch wurde bald ortsbekannt, und so spazierten immer etliche Neugierige an Samstagnachmittagen zum Bahnhof, um die „Bahnhofsparade“ so mitzuerleben wie die Wachablösung im Buckingham-Palast.

Die Postenbedienerin

Die Postenbedienerin war auf den Gendarmerieposten jener Zeit eine wichtige Person. Diese aus der Monarchie stammende Berufsbezeichnung wurde später durch die Titel „Aufräumefrau“ und „Vertragsbedienstete“ ersetzt. Für das Amt einer Postenbedienerin wurden ältere Frauen von zumeist unansehnlichem Äußeren auserwählt. Sie sollten bei jüngeren Beamten keine fleischlichen Gelüste aufkommen lassen. Vor allem sollten sie verschwiegen und zuverlässig sein. Bei Amtshandlungen gegen Frauenspersonen durften sie zur Durchsuchung ihrer Geschlechtsgenossinnen herangezogen werden.

Unsere Postenbedienerin, Frau M., war die kleinwüchsige Gattin des noch kleinerwüchsigen Schuhmachermeisters. Das Ehepaar hatte im gleichen Haus wie der Gendarmerieposten Wohnung und Werkstätte. Der Schuster und der normal gewachsene Sohn spielten bei der örtlichen Trachtenmusikkapelle mit, die Tochter war auswärts beschäftigt. Frau M. war die Meisterköchin der örtlichen Gerüchteküche. Es dauerte einige Zeit, bis wir ihr auf die Schliche kamen.

Der im Nebenhaus wohnende Fabriksbesitzer O. lud uns einmal ein, von seiner Kanzlei aus zuzusehen, wie die Postenbedienerin die Kanzlei säuberte. Bei einer Frühpatrouille machten wir von diesem Angebot Gebrauch. Die Postenbedienerin wischte mit dem Staubtuch in der Linken die Schreibtische und Schreibutensilien ab, mit der Rechten blätterte sie in den offen aufgelegten Dienstbüchern auf dem Chefschreibtisch.

Dem Stationsdienstbuch konnte sie entnehmen, wann, wohin und wie lange die Beamten im Außendienst waren und welche Diensterfolge sie zu verzeichnen hatten. Solcherart wußte Frau M. genau darüber Bescheid, gegen wen im Ort von der Gendarmerie Erhebungen und Anzeigen gemacht wurden und was es sonst an Kriminalität gab.

Wir hegten damals den Verdacht, daß unser trinkfreudiger Stauseefahrer in bierseligem Zustand Amtssachen ausplauderte. Nun wurde uns klar, wer die wahre Köchin der Gerüchteküche war. In den nächsten Tagen stellten wir unsere Bedienerin auf die Probe. Frau M. war schon zeitig in der Früh in der Postenkanzlei. Während wir uns im Schlafraum der morgendlichen Reinigung widmeten, hielten wir ein zuvor abgesprochenes Stegreifgespräch: „Hat der Krempl-Fritz aber ein Pech! Jetzt ist ihm der Vater gestorben, und gestern führt er in Koller-Rudl z'samm", begann mein Zimmergenosse. – „Ja, das kummt davon, weil der Koller-Rudl allweil über die Straßn rennt, ohne daß er links und rechts schaut!" erwiderte ich. „Im Kranknhaus kann er jetzt drüber nachdenkn, wie man richtig über die Straßn geht", ging der Dialog weiter.

Bereits nach dem täglichen Postgang wurde mein Kollege von einem Nachbarn gefragt, wie es dem Koller-Rudl gehe, der gestern vom Auto des Sägewerksbesitzers niedergefahren worden sei. Am Abend erfuhr ein anderer Kollege im Ortsteil Grünau, daß der Koller-Rudl im Kirchdorfer Krankenhaus mit dem Tod ringe und daß das Auto des Sägewerksbesitzers total kaputt sei.

Bei einem weiteren Test führten wir ein Gespräch, aus dem hervorgehen sollte, daß ein Grundbesitzer in der Gleinkerau große Sumpfflächen günstig an die US-Besatzungsmacht verkauft hätte, die dort einen Militärflugplatz errichten wolle. Noch lange Jahre später geisterte im gesamten Bezirk das Gerücht, daß das Bundesheer in der Gleinkerau einen Fliegerhorst bauen werde.

Von da an wurden die Dienstbücher versperrt aufbewahrt, und in Anwesenheit unserer Putzfrau waren „Schindln am Dach", wie man zu sagen pflegte, wenn anwesende Kinder etwas nicht hören sollten.

Der Sohn der Postenbedienerin und Schuhmachersgattin stand in der Pubertät, die Mieterin der Kellerwohnung in einem anderen Notstand. Ihr Mann hatte sich ein Motorrad gekauft und brauste in seiner Freizeit über die Lande. Seine Frau ließ er allein in der kleinen Kellerwohnung zurück. Zur Überbrückung dieses unbefriedigenden Zustandes lud die junge Frau den im Haus wohnenden Schuastabuam zu sich ein. An einem Abend kam der Ehegatte früher als sonst üblich heim. Durchs Fenster sah er, daß seine Frau männlichen Besuch hatte. Tobend stürzte er in seine Wohnung. Zitternd flüchtete der unerwünschte Besucher. Die Ehefrau trug noch nach Tagen Spuren einer handfesten Aussprache im Gesicht.

In den frühesten Morgenstunden kamen der Schuhmacher und seine Frau in die Kanzlei. Sie flennten Rotz und Wasser und hielten uns einen tränenverschmierten Abschiedsbrief ihres Sohnes hin: „Holt's uns in Karli! Da Karli is in die Klamm. Alles gabertn mir her, wann mir nur in Karli wieder lebendig ham!"

Karli bat in diesem Brief alle um Verzeihung, vermachte sein Radio seiner Schwester und gab bekannt, daß er in der Vogelgesangklamm seinem Leben ein Ende setzen werde.

Wir organisierten sofort unsere BRD-Mannschaft. Zwei Gruppen sollten an jeder Bergseite der Klamm nach dem Abgängigen suchen. Um bei einem tatsächlichen Unglück schnellstens Hilfe leisten zu können, ging ich mit meinem bewährten Kameraden Wiggerl, mit Steigeisen und Eispickel ausgerüstet, in die tief verschneite und vereiste Klamm hinein. Auf diese Weise machten wir die erste Winterbegehung der Vogelgesangklamm. Als wir beim Ende der Klamm über eine ca. 50 Meter hohe Eiswand hochkletterten, trafen wir oben unsere anderen BRD-Kameraden.

Zur gleichen Zeit kam der „kleine Schuster" daher: „Suachts leicht unsern Karli?" fragte er scheinheilig. „Da Karli is eh schon bei uns dahoam in da Kuchl!" Rasend vor Wut hätten wir am liebsten den Vater in die Klamm hinuntergeworfen, damit wenigstens einer von der Familie drinnen läge. Da hatten diese Leute seelenruhig die ganze Bergrettungsmannschaft in die gefährliche Klamm einsteigen lassen, obwohl der Vermißte inzwischen reumütig umgekehrt war.

Aber die Sache hatte ein Nachspiel. Ich war Schriftführer und Kassier der BRD-Ortsstelle Spital am Pyhrn. Nachdem es nicht zu den Aufgaben des Bergrettungsdienstes gehörte, Lebensmüde aus einer winterlichen Klamm zu bergen, stellte ich der Familie eine saftige Bergungskostenrechnung aus. Die Postenbedienerin beschwerte sich sofort beim Bürgermeister, fand aber kein Gehör. Auch der Pfarrer sagte, daß die Rechnung zu Recht bestehe und daß sie und ihr Mann froh sein sollten, daß ihrem Kind nichts zugestoßen sei, denn die Begräbniskosten wären bedeutend höher.

Dann kamen die Schustersleute zu mir in die Kanzlei. Aber da gerieten sie erst recht an die falsche Adresse: „Hier seid ihr beide weinend auf den Knien gelegen und habt gesagt, daß ihr alles geben würdet, wenn ihr nur euren Karli wieder lebendig da hättet. Jetzt habt ihr euren Buam, und da ist euch um das Geld leid. Daß Familienväter ihr eigenes Leben aufs Spiel gesetzt haben, das hat euer Sohn nicht bedacht. Wenn ihr eine Schuld nicht begleichen wollt, dann steht uns eine gerichtliche Klage zu." – Am letzten Tag des gegebenen Termins wurde der Betrag dann doch eingezahlt.

Mit dem Sohn der Postenbedienerin gab es noch eine andere Geschichte. „Mei, bin i froh, daß unser Karli so a braver Bua is!" erzählte sie einmal. „Er ist nur für die Natur und sonst für nix. Wann er frei hat, geht er nur auf die Hofalm." Einige Tage später kam sie mit einer anderen Nachricht zu unserem Chef. „Stelln S' Ihnen vor, Herr Revierinspekta! Von der Stelln in der Veranda fehln uns a Paar funklnagelneuche Damensandaln. Mir können uns nit denken, wer die gstohln hat. Es kommt dort ja niemand hin als mir und die Schandarm." Der Postenkommandant verwahrte sich vorerst gegen die Verdächtigung der Beamten, sagte aber zu, daß er die Sache untersuchen werde.

Bei der nächsten Hofalmkontrolle kamen wir mit der Pächterin Maria O., die wegen ihrer überdimensionalen Brustweite die „Duttenmiarz" genannt wurde, ins Gespräch. Sie stellte uns ihre neue Kellnerin vor. Es war ein geistig etwas beschränktes Mädchen aus der Steiermark, das einer depperten Magd aus der Löwingerbühne ähnlich sah. „Die Reserl hat sogar schon einen Bräutigam", erzählte die Wirtin. Und sie berichtete, daß der Sohn der Postenbedienerin, der Karli, jedes Wochenende auf die Hofalm käme und unlängst mit der Reserl Verlobung gefeiert hätte. „Geh, Reserl", sagte die Wirtin, „zeig doch den Herrn Inspektoren dein Verlobungsgeschenk!"

Die Reserl kam gleich darauf mit einem Paar weißer Damensandalen und sagte: „Das ist das Verlobungsgeschenk, das ich von meinem Karli kriegt hab!"

Nach diesem aufschlußreichen Gespräch nahmen wir den Karli ins Gebet: „Wenn du nicht sofort deinen Eltern beichtest, was mit den Sandalen geschehen ist, dann müssen wir die Sache amtlich machen, denn den Vorwurf des Diebstahls können wir nicht auf uns sitzen lassen!" Von jenem Zeitpunkt an begann Karlis Interesse für die Natur stark nachzulassen...

Meine Selbstdarstellung

Ich wurde nicht aus Berufung Gendarmeriebeamter, sondern infolge der damaligen Zeitumstände. Es war eine Kompromißlösung zwischen meinem Traumberuf Förster und dem erlernten Beruf Drechsler. Nach vielen Jahren der Unsicherheit und absoluten Armut bekam ich als Gendarm ein bescheidenes, aber sicheres Einkommen, eine unkündbare Schlafstelle und ein gewisses Ansehen bei der Bevölkerung. Schon als junger Probegendarm spürte ich die Achtung, die die Staatsbürger dem Exekutivbeamten damals zollten.

Der Autor als provisorischer Gendarm.

Das im Vergleich zu Zivilberufen sehr bescheidene Einkommen ließ keinerlei Hochmut aufkommen. Ich trennte daher immer das Ansehen, das in erster Linie meiner Uniform galt, von meinem tatsächlichen finanziellen Wert. Es verletzte deshalb nie mein Selbstwertgefühl, wenn bei einer Patrouillenrast in einem Gasthaus der Ruf erscholl: „A paar Halbe für dö Herrn Inspektan!"

Dank der geringen Freizeit – bei 248 Außendienststunden wurde uns lediglich eine ununterbrochene Schlafzeit von täglich acht Stunden und eine Freizeit von zwei und später drei Tagen Absentierung zugestanden – benötigte ich außer meiner Bergsteigerausrüstung kaum eine Zivilkleidung. Unter der hochgeschlossenen Uniformbluse konnte ich alte Arbeitshemden, denen ich den Kragen abgeschnitten hatte, austragen. Die Kloth-Turnhosen, die ich als Unterwäsche trug, waren pflegeleicht, und handgestrickte Stutzen und Socken erhielt ich geschenkt. Die Bettwäsche wurde von Amts wegen beigestellt und alle 14 Tage gewechselt. Die Decken waren anfangs desolate Überreste aus der Kriegszeit. In Spind und Schreibtisch brachte ich meine wenigen Habseligkeiten leicht unter.

Mit der Bevölkerung kam ich gut aus. Durch meine früheren Berufe als Roßknecht, Holzknecht und Handwerker fand ich mit den Menschen immer einen passenden Gesprächsstoff und guten Kontakt. Dank meiner Mittelschulbildung hatte ich auch mit den gebildeteren Kreisen keine Schwierigkeiten. Die Körpergröße von einszweiundachtzig und meine Muskelkraft kamen mir bei Amtshandlungen mit Gewaltanwendung zugute.

Ein besonderer Pluspunkt bei der Bevölkerung war meine Mitgliedschaft beim Österreichischen Bergrettungsdienst. Kurz nach meiner Versetzung wurde ich von der Ortsstelle zum Schriftführer und Kassier gewählt. Dieses Nebenamt übte ich fast fünfeinhalb Jahre lang aus.

Meine Haupttätigkeit war der Alpindienst. Dazu zählten auch die Überwachung des Weidevieh-Auftriebes, die Kontrolle der Almen und Schutzhütten, das Abpatrouillieren der fünfzig Almen und die Mitwirkung bei alpinen Bergungen. Natürlich wurde ich auch im Tal zu normalen Exekutivdienstleistungen herangezogen.

Weil ich vorwiegend im alpinen und hochalpinen Gelände unterwegs war, hatte ich fast immer die Keilhose und Bergschuhe an. Aus diesem Grund bekam ich bald den Spitznamen der „Bergschuach-Franz". Von den Ehefrauen meiner BRD-Kameraden wurde ich öfters gebeten, Almröslein oder Latschen[15] mitzubringen. So kam ich von jeder Almpatrouille mit einem Büschel Latschen unter der Rucksackklappe ins Tal und teilte diesen Alpengruß an die Bestellerinnen aus. Auf diese Weise kam ich zu meinem zweiten Spitznamen: „Latschen-Franz". Als ich einmal von der Arlingalm herunterkam und beim Gasthof-

15 Krummholz oder Legföhre.

garten „Lindenhof" vorbeiging, sagte ein Mädchen zu seinen Eltern: „Schaut's, da kimmt der Latschen-Ginner!" Sie hatte meinen Spitznamen gekannt, aber sich nicht getraut, den Vornamen zu verwenden.

Die unverheirateten Gendarmen und anderen Beamten, die keinen Familienanschluß hatten, nahmen ihre Hauptmahlzeiten als „Abonnenten" in einem Gasthaus ein. Das Abonnentenessen bestand aus der Suppe und einem Hauptgericht. Getränke und Gebäck mußten separat bezahlt werden. Am Monatsende erfolgte für das konsumierte Essen eine Gesamtabrechnung. Den Speiseplan bestimmte der Wirt. War man in einem Gasthaus mit den Speisen nicht mehr zufrieden, wechselte man in ein anderes. Das Abonnentenessen war zwar preisgünstig, aber bei unserem geringen Monatsgehalt stellte es einen bedeutenden Budgetposten dar.

Um beweglicher zu sein, begann ich auf ein Motorrad zu sparen. Deshalb versuchte ich, meine Ausgaben zu drosseln, wie es nur ging. Vom Landesgendarmeriekommando hatte ich schon früher die Genehmigung zum Betrieb eines Elektrokochers bekommen. Nun kaufte ich mir zur Ergänzung meines Touristengeschirrs eine blecherne Schmarrnpfanne und einen emaillierten Topf. Vom Postenkommandanten bekam ich die Erlaubnis, in meiner Kanzlei selbst zu kochen. Als ich nach eineinhalb Jahren mein Motorrad, eine NSU-Fox, hatte, ging ich wieder ins Gasthaus essen.

Während meiner Sparzeit aufs Motorrad kochte ich, wie gesagt, außerhalb der Amtsstunden in meiner Kanzlei. Zumeist lebte ich von verschiedenen Schmarrnarten, wie Eierschmarrn, Kaiserschmarrn, Abbrennschmarrn, Semmelschmarrn, Grießschmarrn und Palatschinken. Zur Abwechslung machte ich mir Wurstschlieaferln[16], geröstete Erdäpfel mit gebratenen Augsburgern, der sogenannten „Beamtenforelle", Fleischloaberln[17], geröstete Leber und Mehlknödel. Fleisch war damals für mich zu teuer. Aber der Fleischhauermeister Landl hatte ein gutes Herz. Wenn ich um zwei Schilling eine dürre Wurst oder eine Beamtenforelle verlangte, so sah er nur selten auf die Waage. War er schlecht aufgelegt, so waren es genau zehn Deka, ansonsten kam ich manchmal mit der doppelten Menge nach Hause. Die Wurst diente vor allem zum Aromatisieren der Nudeln oder Erdäpfel.

Das Erdäpfelkochen war eine besondere Prozedur. Bereits in der Früh gab ich die gewaschenen Erdäpfel in einen kleinen Topf mit Wasser und stellte ihn auf dem Kocher unter meinem Schreibtisch auf. Um 11 Uhr schaltete ich den Kocher ein, und so konnte ich rechnen, daß die Erdäpfel gegen 12 Uhr weichgekocht waren. Dann brauchte ich sie nur mehr zu schälen und weiterzuverwenden. Wegen der Lagerung der Erdäpfel und der Prozedur beim Kochen machte ich aber meistens einen Schmarrn oder kochte mir Nudeln, vor allem

16 Teighörnchen mit kleingehackter Wurst.
17 Fleischlaibchen, Fleischpflanzerln.

die Schliaferln. Suppe machte ich mir kaum, denn die Suppenwürfel kamen mir ebenfalls zu teuer.

Den Schmarrnteig bereitete ich mit Wasser, denn Milch gab es damals nur bei einem Bauern zu kaufen, und es war mir unmöglich, in Uniform mit einer Milchkanne zu gehen. Solch ein Aufzug hätte das Standesansehen geschädigt. Außerdem gab es keine Kühlmöglichkeit. Zum Frühstück machte ich mir nur russischen Tee. Als Koch- und Speisefett verwendete ich Schweineschmalz.

Einmal schrieb mir der Postenkommandant eine Gleinkerau-Patrouille vor. „Die Ihnen zustehende Rast dürfen Sie in der Kanzlei verbringen, damit Sie sich Ihr Nachtmahl kochen können“, bemerkte er. Ich entnahm dem, daß er eine Kontrollpatrouille nach mir machen wollte. Zwischen der Gleinkerau und Edlbach verlief die Selzthalbahnstrecke. Als es Zeit zur Rast war, ging ich, einen Abschneider machend, auf den Schienenschwellen bis zum Bahnhof und dann auf den Gendarmerieposten, um mir ein Nachtmahl zu bereiten. Während meines Essens kam der Chef herein: „Ja, wo stecken Sie denn? Bis zum Bahnwächterhaus konnte ich Sie erfragen, aber von da an habe ich Ihre Spur verloren!“ Ich meldete stramm: „Herr Revierinspektor, ich melde mich in der Ortschaft Edlbach bei der Abhaltung meiner zweistündigen Patrouillenrast!“ Da begann der Chef zu lachen: „Also gut. Dann lassen Sie im Personaldienstbuch in der Ortschaft Edlbach Platz für meinen Kontrollvermerk.“

Doch nun zurück zum Abonnentenleben. Abonnenten waren die ledigen Gendarmen, die ledigen Postfräuln, Briefträger und der als Hagestolz lebende Sägewerksbesitzer. Nach dem Mittags- und besonders dem Abendessen bildeten sich öfters gesellige Runden, die sich manchmal bis zur Sperrstunde vergnügten.

Neben unserem Abonnententisch gab es auch den Stammtisch. Wurde ein Gendarm eingeladen, sich an diesen zu setzen, war dies eine hohe Auszeichnung und die offizielle Bestätigung dafür, daß er von der Bevölkerung akzeptiert worden war. An den Stammtischen kamen zu bestimmten Zeiten bestimmte Personen zusammen. Wollte man einen Stammtischgeher treffen, so brauchte man nur in den Wirtshäusern nachzufragen, ob und wann diese Person zum Stammtisch komme.

Meine Freizeitbeschäftigungen

Den größten Teil meiner spärlichen abendlichen Freizeit verbrachte ich mit Lesen. Ich wurde Mitglied einer Buchgemeinschaft und lieh mir auch im Bekanntenkreis Bücher aus. Zeitschriften hingegen waren für mich seit eh und je wenig interessant. Nur eine Bergsteigerzeitung hatte ich abonniert und die „Illustrierte Rundschau“ der Gendarmerie. Kurze Zeit bezog ich gemeinsam mit Hermann M. den „Lesezirkel“.

Meine Freizeitbeschäftigung in meiner Unterkunft auf dem Gendarmerieposten Spital am Pyhrn bestand meist aus Lesen und Radiohören.

Von meinem Vater bekam ich zu jener Zeit unseren alten Radioapparat. Mit diesem großen Gerät hatte ich während der Bombenangriffe den Flaksender und die Meldungen über Feindeinflüge gehört. Er gab aber bald seinen Geist auf, und ich kaufte mir ein UKW-Uhrenradio, das mir einen Wecker ersetzte. Am Abend hörte ich neben meiner Lektüre fast pausenlos Radiomusik.

Hier und da blieb ich nach dem Essen im Wirtshaus am Abonnententisch sitzen, oder ich besuchte die Familie unseres Bergrettungsdienst-Ortsstellenleiters. In der kalten Jahreszeit spielten wir dort öfters Preferanzen. Das dafür nötige Kleingeld wurde in einem Körberl gesammelt. Vor dem Spiel wurde es gleichmäßig auf die Mitspieler aufgeteilt und nach dem Spiel wieder eingesammelt.

An freien Tagen unternahm ich Bergtouren. So war es für mich ein Ausgleich, wenn ich am Sonntag einen Ballon auf der Bosruck-Nordseite geborgen hatte und am nächsten Ersatzruhetag auf den Großen Pyhrgas stieg. Mit dem Motorrad erweiterte sich mein Aktionsradius auf das Priel- und Dachsteingebiet sowie das Gesäuse. An Absentierungstagen, wenn kein Bergwetter war, fuhr ich auch zu meiner Großmutter nach Pettenbach oder ich besuchte meine Verwandtschaft in Niederösterreich. Trotz der bescheidenen Verhältnisse – das Wort „Freizeitangebot" gab es damals noch nicht – kannte ich nie so etwas wie Langeweile.

Der normale Gendarmeriedienst

Unser Abteilungskommandant

Vom unserem „Ersten leitenden Beamten“, dem Herrn Gendarmerieabteilungskommandanten M., kann ich leider nur wenig Vorteilhaftes berichten. Sein größter Stolz war, daß er in seiner Abteilung die meisten Disziplinaranzeigen des gesamten LGKs, des oberösterreichischen Landesgendarmeriekommandos, aufzuweisen hatte. Flachlandgendarmen kamen ganz gut mit dem Herrn Major aus, aber wir im Gebirge waren froh, wenn wir ihn nicht zu Gesicht bekamen. Er war kein „Freund und Helfer“, sondern die Geißel der ihm Untergebenen.

Von Zivilberuf war er Pferdeknecht. Seine Roßknechtnatur hatte er beibehalten. Seine Peitschenhiebe kamen nie direkt ins Gesicht, sondern, wie bei den Rössern, von hinten – in Form von Rügen, ausstelligen Bemerkungen, Verweisen und Disziplinarverfahren. Wer eine höhere Schulbildung als die Volksschule hatte, war ihm suspekt.

Anläßlich einer Bereisung wollte der Herr Major mit uns im Gasthof „Zur Post“ zu Mittag essen. Er sagte zu einem Kollegen: „Herr Patrouillenleiter, melden Sie mich zum Essen an!“ Hans rief beim Postwirt an und sagte: „Frau Wirtin, heute kommt ein Beamter mehr zum Essen.“ Da sprang der Herr Major auf und brüllte: „Ich bin nicht ein Beamter! Sie haben zu melden: ‚Der Herr Major M. wünscht bei Ihnen zu speisen!‘“ Als wir gemeinsam das Gasthaus betraten, boten wir dem Abteilungskommandanten den rückenfreien Ehrenplatz an. Er aber setzte sich mit dem Rücken gegen die übrigen Gäste. Anfangs waren wir verwundert. Als aufgetischt war, schnippelte der Herr Major das Essen klein zusammen. Dann lümmelte er sich auf den Tisch und schaufelte mit der Gabel das Essen in sich hinein. Nun erst merkten wir, daß unser Abteilinger nicht mit Messer und Gabel umgehen konnte und sich deshalb vor den Blicken der Gasthausgäste schützen wollte.

Der Kommandant des steirischen Nachbarpostens Liezen kannte unseren „Oberteufel“ aus der Vorkriegszeit. Auch von diesem Beamten erfuhren wir nur negative Begebnisse. Unser Major war bei der Bevölkerung seines damaligen Rayons Altenmarkt so unbeliebt, daß Burschen ihn bei Nacht öfters aus dem Bett klingelten. „Herr Inspekta! Herr Inspekta!“ riefen sie laut. Als er am Fenster erschien, brüllten sie: „Lecken S’ uns am Arsch, Herr Inspekta!“ und liefen unerkannt davon. Während der Systemzeit (1934–1938) soll er gegen politische Gegner sehr brutal vorgegangen sein. Im Dritten Reich war er deshalb parteiunwürdig. Dieser Umstand gab den Ausschlag, daß er nach 1945 wieder in die Gendarmerie eingestellt und zum Gendarmerie-Stabsrittmeister ernannt wurde.

Als unser Abteilungskommandant herrschte er mit unnachsichtiger Strenge. Seine Büttel- und Schergennatur kam immer wieder zum Durchbruch. Er wurde deshalb von uns mehr gefürchtet als Satan und alle Höllen.

Die Visitierungen

Die Zwischenvorgesetzten, also die Bezirksgendarmerie- und die Abteilungskommandanten, hatten die Verpflichtung, mehrmals im Jahr sämtliche Gendarmerieposten ihres Bereiches zu visitieren oder, auf Deutsch gesagt, zu bereisen. Es gab angesagte und unangesagte Bereisungen. Letztere erfolgten überfallsartig. Man war also nie sicher, daß nicht plötzlich einer der Großkopferten in der Kanzlei auftauchte.

Auf dem Gendarmerieposten Lambach, der an der Hauptverbindung zwischen Linz und Salzburg lag, waren solche unangesagten Bereisungen besonders gefürchtet. Es gab vom Postenfenster aus eine Art Verkehrsüberwachung. Mit dem Alarmruf „Da Gumpi kummt“[18] wurde der Postenkommandant zeitgerecht gewarnt, daß ein Zwischenvorgesetzter nahte.

Die angesagte Postenvisitierung hingegen war streng ritualisiert und hatte einen nahezu sakralen Anstrich. Bereits etliche Tage zuvor wurde die gesamte Kanzlei auf Hochglanz gebracht. Alles, was irgendeinen Anstoß hätte erregen können, wurde entweder ausgebessert oder mußte verschwinden. Uniformen wurden gebügelt, das Riemenzeug und die Diensttaschen auf Hochglanz gebracht, die Waffen überprüft, und die Postenbedienerin hatte Hochsaison.

Am Tag der Bereisung stellte sich die Postenmannschaft in der größten Kanzlei, vorschriftsmäßig adjustiert, militärisch auf. Ein Beamter sah aus dem Fenster, um das Herannahen des Dienstfahrzeuges – entweder der Beiwagenmaschine des Bezirklers oder des gelben Austins des Herrn Abteilungskommandanten – zu melden. Stand das Fahrzeug vor dem Haus, blickte der Postenkommandant durch das Schlüsselloch der Eingangstür. Wenn der Gewaltige kurz davor war, riß der Postenkommandant die Tür weit auf und brüllte: „Habt acht!“ Die Eingeteilten erstarrten zu Salzsäulen, und der Postenkommandant haspelte aufgeregt seine auswendig gelernte Meldung herunter. Darin kamen neben der Anzahl und Funktion der Beamten die Größe des Überwachungsrayons in Quadratkilometern sowie die Anzahl der Bevölkerung vor. Nach dem

---

18 „Der Kombi (des Bezirkskommandanten) kommt!“

gegenseitigen Absalutieren schritt der Bereisende die Front ab. Jeder Beamte mußte sich mit Dienstgrad und Namen melden. Nach jeder Meldung reichte ihm der Bereisende die Hand und setzte die Salutiererei beim nächsten Beamten fort. Dann nahm der Chef dem Bereisenden wie ein Kammerdiener Tellerkappe und Pelerine bzw. Wintermantel ab und versorgte sie auf dem Kleiderrechen. Meistens sagte der Bereisende in martialischem Ton: „Herr Revierinspektor, lassen Sie die Beamten in den Schlafraum abtreten. Sie bleiben bei mir!“

Gemeinsam mit dem Postenkommandanten vidierte der Bereisende die Dienstbücher. Nach der letzten Eintragung setzte er seinen Vidierungsvermerk ein. Auf solche Art gingen die beiden das Stationsdienstbuch und die Personaldienstbücher, das Eingangsbuch, den Index, den Invigilierungsfaszikel, die diversen ökonomischen Aufzeichnungen über Telefongespräche, die Beheizung, die Besoldung der Bedienerin sowie allen anderen Papierkram durch. Das Visitierungsprotokoll glich in bezug auf seine Wichtigkeit einer Altarbibel. Am Ende der Bereisung wurde darin der Visitierungsbefund eingetragen.

Nach Überprüfung der Kanzlei kamen wir eingeteilten Beamten in die Zwickmühle. Es folgte der sogenannte Postenunterricht. Wir nahmen rund um den Tisch des Postenkommandanten Platz. Dann sagte der Abteilungskommandant in barschem Ton: „Postenkommandant, halten Sie Unterricht. Strafgesetz vom Paragraph eins an!“ Daraufhin schlugen Chef und Abteilinger das Strafgesetzbuch von General Dr. Kimmel auf, und der Postenkommandant sagte zum ersten Beamten: „Herr Rayonsinspektor: Paragraph eins des Strafgesetzbuches!“ Der Betreffende mußte nun den genauen Wortlaut des Paragraphen auswendig aufsagen: „Der böse Vorsatz: Zu einem Verbrechen wird böser Vorsatz gefordert. Böser Vorsatz fällt aber nicht nur dann zur Schuld, wenn...“ Dann ging der Paragraphenreigen von Beamten zu Beamten so lange weiter, bis alle im Unterrichtsprogramm vorgeschriebenen Gesetzestexte auswendig aufgesagt waren. Nach einer Zigarettenpause kamen Dienstinstruktion und dann die Bundes- und Landesgesetze an die Reihe. War der Bereisende mit den Antworten zufrieden, schrieb er in das Visitierungsprotokoll: „Die Antworten der eingeteilten Beamten beim Postenunterricht haben mich befriedigt!“

In der Mittagszeit von 12 bis 14 Uhr wurde die „Unterricht“ genannte Abfragerei und Aufsagerei von Gesetzestexten unterbrochen und dann bis in die Abendstunden fortgesetzt. Vor der Abreise des hohen Herrn mußten wir nochmals antreten, und nach einer Abschlußbelehrung verabschiedete sich der Visitierende per Handschlag von jedem Beamten.

Bei jeder Bereisung mußte der Normalienbefehl Nr. 12 des oberösterreichischen Landesgendarmeriekommandos verlesen werden. Der Kuriosität wegen blieb mir der Inhalt in Erinnerung. In diesem Befehl wurden die Beamten aus gegebener Veranlassung davor gewarnt, in Ausübung des Dienstes das russische Roulette zu demonstrieren. Die „gegebene Veranlassung“ war folgendes Ereignis gewesen: Ein Kollege aus dem Nachbarbezirk war zu einem Bergbauernhof gekommen und zur Rast eingeladen worden. Bei der Mostjause kam das Gespräch auf die Bewaffnung. Wir waren damals mit dem deutschen Wehrmachtskarabiner 98 K und einem amerikanischen Colt-Trommelrevolver ausgestattet. Die Bauern hatten etwas von einem russischen Roulette gehört und den Herrn Inspektor gefragt, was dies sei. Der Gendarm nahm seinen Trommelrevolver, entlud ihn und steckte eine Patrone in die Trommel. Dann drehte er die Trommel und klappte sie ein. Daraufhin legte er die Waffe an seine Schläfe und drückte ab. Zu weiteren Erklärungen kam er nicht mehr. Der Schuß krachte, und der Kollege fiel maustot um. Nun wußten die Bauern ganz genau, was ein russisches Roulette sei und welche Folgen es haben könne.

Einige Jahre zuvor machte ein provisorischer Beamter des Nachbarpostens eine Almpatrouille. Im Krieg hatte er sich etliche Auszeichnungen für seine Tapferkeit vor dem Feind erworben. Er wollte seine Gendarmerielaufbahn durch eine Heldentat beschleunigen. Kurzerhand legte er seine Patrouillierungstasche auf die Wiese und gab eine Anzahl von Schüssen darauf ab. Nach dem Einrücken meldete er, daß er von einigen Verbrechern angeschossen worden sei, sie aber in die Flucht habe schlagen können. Zum Beweis für seine „Heldentat“ legte er seine durchschossene Patrouillierungstasche auf den Tisch des Kommandanten. „Haben Sie diese Tasche während des Feuergefechtes getragen?“ fragte der Kommandant. „Selbstverständlich“, sagte der Held. – „Dann setze ich Sie sofort außer Dienst und beantrage Ihre Entlassung!“ entgegnete der Postenkommandant. „Denn hätten Sie die Tasche getragen, wären Sie jetzt eine Leiche.“ Der Tragriemen wies auch in Brusthöhe einen Einschuß auf. Aber diese Begebenheit wurde in keinem Normalienbefehl erwähnt.

Eine Bereisung durch den Landesgendarmeriekommandanten selbst habe ich nie erlebt. Der Erste Stellvertreter kam einmal und nie wieder auf eine angesagte Visitierung. Ich bin bereits früher im Zusammenhang mit den „Jausenbauern“ auf die erfolglose Landesproduktenbeschaffung des Chef-Fahrers eingegangen.

Am Vortag einer angesagten Bereisung durch den Herrn Abteilungskommandanten waren wir noch mitten in den Vorbereitungen für das große Ereignis, als plötzlich und ohne anzuklopfen „Gott-Vater“[19] in der Kanzlei stand. „Machen Sie ruhig weiter, meine Herren. Ich habe beschlossen, heute in der Postenkanzlei zu nächtigen. Nehmen Sie Ihr Bettzeug, und schlafen Sie in der Ausweichunterkunft im Stiftsgebäude.“ In Eile packten wir das Nötigste zusammen und begaben uns ins Stift. Hermann vergaß dabei, seine Lektüre, einen 600 Seiten dicken weltpolitischen Wälzer von Bruno Brehm, mitzunehmen.

---

19 Spitzname für den Abteilungskommandanten Major M.

Pünktlich um 8 Uhr des Bereisungstages betraten wir die Kanzlei. Der Herr Major saß am Schreibtisch des Postenkommandanten und las eifrig in Hermanns Buch. „Nehmen Sie einstweilen in der zweiten Kanzlei Platz. Ein Beamter kann inzwischen die Dienstpost holen!"

Nach gut einer Stunde rief er den Chef zu sich. In aller Eile gingen sie die Dienstbücher durch, der Major machte seine Paraffen. Dann durften wir für eine Stunde ins Wirtshaus auf eine Jause gehen. Nach der Pause ließ er den Chef einige Paragraphen abfragen, und um 12 Uhr entließ er uns zur Mittagspause. Der Abteilinger ließ sich von der Bedienerin eine Brotzeit bringen. Am Nachmittag las der Herr Major einige Befehle vor. Dann fragte er Hermann, ob er ihm das Buch für den folgenden Tag borgen könne, und eilte auf den Bahnhof, um den nächsten Zug zum Gendarmerieposten Windischgarsten zu erreichen.

Bei der nächsten Bereisung legten wir wieder einige Bücher ähnlichen Inhalts auf. Aber diesmal zeitigten sie nicht die erhoffte Wirkung. Alle weiteren Bereisungen wurden beinhart nach der alten Methode zelebriert.

Von Kollegen aus dem Flachland erfuhr ich, daß auf ihren Posten der Visitierende nach der Bereisung in einem Gasthaus zechfrei gehalten wurde. Sie bekamen immer ausgezeichnete Visitierungsbefunde, wurden dafür aber öfters von Großkopferten „beglückt".

Unser zweiter Leitender

Wie ich bereits in einem vorigen Kapitel erwähnt habe, bekam unser Abteilungskommandant einen zweiten Leitenden als Vertreter zugeteilt. Rittmeister W. hatte in Schlierbach oder Kremsmünster studiert, war während des tausendjährigen Reiches HJ-Führer in Kirchdorf und dann Leutnant und Oberleutnant bei der Deutschen Wehrmacht gewesen – einer der korrektesten Vorgesetzten, die ich je hatte.

Auf dem Nachbarposten machte der Rittmeister eine kurze unangesagte Visitierung: „Herr Rayonsinspektor, warum wird das auf diese Weise gemacht?" fragte er einen altgedienten Vorkriegsgendarmen. Der Oberleutnant bekam die Antwort: „Das hat Gott-Vater so befohlen!" Verwundert fragte er: „Was soll das heißen?" Daraufhin sagte der alte Rayonler: ‚Wissen S', Herr Oberleutnant, so sag'n wir unter uns zum Herrn Major M.!" Schlagfertig konterte darauf der Neue: „Na, und welchen Spitznamen haben Sie für mich?" – „Gott-Sohn, Herr Oberleutnant!" erwiderte nicht minder schlagfertig der Rayonler, und dieser neue Spitzname verbreitete sich mit Windeseile.

Bis zu einem gewissen Zeitpunkt mußte jeder Außendienst neben dem Stationsdienstbuch auch in das Personaldienstbuch eingetragen werden. Dieses hatte bei jedem Außendienst in der Patrouillierungstasche mitgeführt zu werden. Im Personaldienstbuch gab es die Rubrik „Gesprochen mit:...", in die Personen, mit welchen gesprochen worden war, namentlich eingetragen werden mußten.

Bei einer Almpatrouille von 16 Stunden Dauer traf ich auf der gesamten Strecke außer Rehen und Almvieh kein einziges menschliches Lebewesen an, und deshalb vermerkte ich in allen Spalten: „abpatrouilliert". Am nächsten Tag sagte der Chef zu mir: „Sie werden doch auf dieser langen Patrouille mit irgend jemandem gesprochen haben. Tragen Sie in Hinkunft wenigstens in einige Stationen einen Namen ein!"

Auf der nächsten Patrouille durch menschenleeres Gebiet redete ich mit dem Vieh, den Vögeln und den Pflanzen und vermerkte unter „Gesprochen mit:..." Stier gesprochen, Hirsch gesprochen, Hahn gesprochen, Strauch gesprochen, Blumen gesprochen, und damit habe ich den Befehl des Postenkommandanten, ohne zu lügen ausgeführt. Der Chef war mit dieser Lösung zufrieden. Im Dienstjargon wurde das Personaldienstbuch allgemein als das „Lügenbuch" bezeichnet, und deshalb wurde es endlich abgeschafft.

Vierzehn Tage vor dessen endgültiger Abschaffung mußten Beamte vom Nachbarposten zu einem Verkehrsunfall ausrücken. Weil sie ja in vierzehn Tagen ohnehin nicht mehr geführt werden mußten und die Beamten in Eile waren, ließen sie ihre Personaldienstbücher auf der Dienststelle. Da kam der zweite Leitende, „Gott-Sohn", persönlich an der Unfallstelle vorbei und ließ sich die Personaldienstbücher zur Vidierung vorlegen. Alle Entschuldigungen und Hinweise auf deren baldige Eliminierung nützten nichts. „Gott-Sohn" erstattete Disziplinaranzeige und hatte damit einen Diensterfolg zu verbuchen.

Auf dem Nachbarposten machte ein Kollege Dienst, dessen Frau mit dem Herrn Rittmeister während des Krieges bei der HJ eine Funktion ausgeübt hatte und deshalb mit ihm befreundet war. Um nur ja nicht in ein falsches Licht zu geraten, wurde der arme Ehemann vom Rittmeister besonders streng behandelt. In einem Visitierungsbefund stand: „Der Patrl. S. wurde ermahnt, seine Dienstmunition besser mit Sidol zu putzen." Der Stellvertretende Abteilinger hatte bei dieser Überprüfung die Postenmannschaft belehrt, daß die Dienstmunition regelmäßig mit Sidol zu putzen sei, damit bei einem Waffengebrauch keine Blutvergiftung durch schmutzige Munition entstehen könne. Da kann man nur mit Karl Valentins Worten ausrufen: „Ja, so warn's, ja, so warn's, die alten Gendarmensleut'!"

Die Bezirkskommandanten

Unser erster Bezirkskommandant war das genaue Gegenteil des Abteilungskommandanten. Der Bezirks- und spätere Kontrollinspektor B. wurde zumeist als der „B-Vater" bezeichnet. Er war zu seinen Untergebenen wie ein fürsorglicher Vater, ein wahrer „Freund und Helfer", der bei Gendarmeriebeamten und Zivilbevölkerung hohes Ansehen genoß.

Sein Stellvertreter, der nach einer Interimszeit Bezirkskommandant wurde, war hingegen einer der übelsten Vorgesetzten, die wir hatten. Er trug einen tschechischen Familiennamen und wurde nur der „falsche Böhm" oder der „Bezirks-Heinerl"[20] genannt. Ins Gesicht war er freundlich, aber von hinten kamen die Hackenhiebe ins Kreuz. Er steckte voll Neid, und deshalb fiel ihm nie ein, jemanden zu loben. Er war sadistisch und boshaft wie kaum einer, und konnte er jemandem eins auswischen, so war dies sein größtes Vergnügen.

Der „Bezirks-Heinerl" gab einen Befehl heraus, demzufolge jeder Beamte, der in den Bezirksort kam, sich bei ihm zu melden hatte, um die Dienstpost mitzunehmen und damit Postporto einsparen zu helfen. Wenn ich mit dem Motorrad zu meiner Großmutter oder zum Einkauf nach Wels fuhr, mußte ich durch den Bezirksort fahren. Weil man nie sicher war, ob der „falsche Böhm" nicht gerade auf die Straße blickte, meldete ich mich befehlsgemäß. Er konnte sich die Bemerkung nicht verkneifen: „Der Herr Probegendarm fährt mit dem Motorrad, und der Herr Bezirkskommandant muß mit dem Fahrrad fahren!" Ich aber gab ihm zurück, daß ich mir das Geld für das Motorrad vom Mund abgespart und für keine putzsüchtige arrogante Frau zu sorgen hätte. Von da an hatte ich Ruhe. In der Folge vermied ich es, den Bezirksort zu besuchen, sondern nahm einen Umweg über den Ziehberg oder auf einer Bauernstraße über Lauterbach in Kauf.

Wenn wir uns beim BGK auf einen Alpinkurs abmeldeten, pflegte er zu sagen: „Na, dann einen schönen Urlaub und gute Erholung!" Seine abfälligen Bemerkungen über den Alpindienst kamen dem Alpinreferenten zu Ohren. Heinerl wurde deshalb ebenfalls auf einen Alpinkurs geschickt. Von da an hörten wir nie mehr eine abfällige Äußerung über diese Dienstsparte

Als ich später auf dem Bezirksposten Dienst versah, äußerte sich der Heinerl über einen Beamten sehr abfällig und meinte: „Der Sowieso ist absolut unfähig zum Leben." Der betreffende Kollege war zwar dienstlich wenig beschlagen und im schriftlichen Ausdruck und der Rechtschreibung sehr schwach, aber er hatte sich ein Haus gebaut und ein Auto zusammengespart. Unser Gewerkschaftsvertreter entgegnete deshalb: „Herr Kontrollinspektor, Sie haben kein Recht, solche Behauptungen gegen Kollegen M. aufzustellen. Immerhin hat er ein Haus und ein Auto, und Sie wohnen in einer armseligen Mietwohnung und fahren mit dem Fahrrad!" Trat dem Heinerl jemand mutig entgegen, so zog er sich wie ein feiger Hund zurück. Aber wehe, wenn sich einer etwas von ihm gefallen ließ! Der war dann für immer die Zielscheibe gehässiger und neidvoller Bemerkungen.

---

20 Der Spitzname sollte an den ebenfalls übel berüchtigten Reichsführer SS und Chef der deutschen Polizei Heinrich Himmler erinnern, der der „Reichs-Heini" genannt wurde.

Als unser lieber und guter alter Bezirkskommandant, der „B-Vater", in Pension gehen mußte, war sein unbeliebter Stellvertreter, der „Bezirks-Heini", für seine Nachfolge noch zu jung. Wir bekamen deshalb einen neuen Bezirkler aus dem Flachland. Seine erste Tätigkeit war, den Chef unseres Nachbarpostens, eine amtsbekannte „Bierkuh", zu veranlassen, einen Kameradschaftsabend für alle Posten des Bezirksgerichtssprengels zu organisieren. Für uns vom Posten Spital war so etwas neu, und deshalb verhielten wir uns vorsichtig. Wir erfanden glaubwürdige Ausreden, um an diesem Gelage nicht teilnehmen zu müssen.

Bei der Kameradschaftsfeier zeigte sich der Neue sehr spendierfreudig und trinkfest. Er spielte sogar Gitarre und stimmte Trinklieder an. Die Kollegen waren begeistert und sprachen dem kühlen Naß fleißig zu. So lockerten sich auch bald ihre Zungen, und es wurde, wie bei solchen Zusammenkünften üblich, fachgesimpelt. Der Bezirkler hatte, wie die Kameraden meinten, „eh schon einen sitzen", und so gab es einen schönen feuchtfröhlichen und in jeder Beziehung unvergeßlichen Kameradschaftsabend.

Vierzehn Tage später kam der neue Bezirkler in den Rayon und besuchte jene Wirtshäuser, von denen besondere Streiche erzählt wurden. Zu den Wirtsleuten sagte er ungefähr folgendes: „Ich bin der neue Bezirkskommandant, und ich möchte, daß die Beamten mit der Bevölkerung gut umgehen und daß ein freundschaftliches Verhältnis zu ihr besteht." Dann schnitt er das Thema an, ob sie auch gastlich einkehrten, und gab sich sehr jovial. So lockte er den Wirtsleuten heraus, was die Beamten während der Patrouillenrast getrieben hatten. Beim Kameradschaftsabend war er keineswegs so betrunken, wie es die lieben Kameraden angenommen hatten. Er hatte genau registriert, was die bierseligen Zungen von sich gaben. Der Bezirkskommandant fuhr die Örtlichkeiten ab, von denen ihm Schandtaten seiner Gendarmen bekannt geworden waren. Nach einigen Tagen bekamen die betroffenen Beamten Briefe mit folgender Eingangsfloskel: „Gemäß § soundso der Disziplinarvorschrift haben Sie sich zu folgenden Anschuldigungspunkten schriftlich zu rechtfertigen..."

Wir erfuhren, daß der Bezirkler auch beim zweiten Gerichtsposten eine derartige Feier veranstaltet hatte. Inzwischen wurde der „modus operandi"[21] bekannt, und ein dritter Kameradschaftsabend kam wegen zu geringer Beteiligung nicht mehr zustande.

---

21 Lat.: Arbeitsweise, Art des Vorgehens.

Aus dem Dienstbetrieb geplaudert

Obwohl uns in der Gendarmerieschule gelehrt worden war, daß es zur Beurteilung der Dienststellen nicht auf die Anzahl der Anzeigen ankomme, sondern darauf, daß im Überwachungsrayon Ruhe, Ordnung und Sicherheit herrschten, gab es manche Kommandanten, welche die Dienstleistung ihrer Beamten nach den eingehobenen Strafgeldern, den Organstrafverfügungen oder Organmandaten beurteilten. Mit dem ersten Postenkommandanten gab es auf diesem Gebiet keine Probleme. Hatten wir bei einer Patrouille mehrere Diensterfolge (Anzeigen oder Organmandate), so ließ er uns damit sparsam umgehen. Wir behielten somit immer einen oder mehrere Diensterfolge als eiserne Reserve zurück, denn es gab Patrouillen, bei denen absolut nichts zu holen war.

Der Straßenverkehr war sehr spärlich. Im Ort selbst gab es nur wenige Kraftfahrzeuge, und der Durchreiseverkehr war wegen der nahen Besatzungszonengrenze am Pyhrnpaß gering. Bei geringfügigen Verkehrsübertretungen mahnten wir ab, und so war es kein Wunder, daß unsere Organmandatsquote bei der Erfolgsstatistik des Bezirkes am untersten Ende aufschien.

Als Ausgleich hatten wir mehr Gerichtsanzeigen als der Bezirksposten Kirchdorf an der Krems, und in puncto Verhaftungen lagen wir an der Spitze. Wegen des Ausländerlagers war die Kriminalitätsrate bei uns sehr hoch. Die ärmliche Landbevölkerung neigte stark zur Wilderei[22], zum Holz- und Viehdiebstahl und zu kleineren Betrügereien. Die große Anzahl an Debilen in unserem alpinen Inzuchtgebiet führte auch dazu, daß diese armen Menschen oft Opfer von Gaunereien wurden. Die Unzucht aber war ein ganz besonderes Problem in unserem Rayon.

Das Landwirtschaftsgebiet Oberweng war damals verkehrsmäßig unerschlossen. Zum Wocheneinkauf fuhren die Bauern mit dem Fahrrad auf einem Karrenweg ins Tal. Sie lehnten es beim Stift an einen Zaun oder die Brunnenumrahmung. Nach dem Einkauf besuchten sie etliche Gasthäuser, denn ein Radio und Zeitungen konnten sich die Leute nicht leisten; Fernsehen gab es noch nicht. So war der Stammtisch die Kommunikationszentrale.

Sehr oft kam es vor, daß die Bauern nach den Stammtischbesuchen auf ihr Fahrrad vergaßen oder es absichtlich stehen ließen, weil sie es ohnehin die ganze Strecke bergauf schieben mußten. Wir sammelten daher regelmäßig die herrenlosen Fahrräder ein und deponierten sie im Keller unseres Postenkommandos. Oft erst nach Wochen kamen die Bauern, um anzuzeigen, daß ihr Fahrrad

22 Der Sohn unseres damaligen Gemeindearztes, Roland Girtler, war damals ein zehn Jahre alter Bub. Als Universitätsprofessor ist er heute Autor von Büchern über Wilderer und Gründer des Wilderermuseums in St. Pankraz.

verschwunden sei. Wir verlangten eine Beschreibung und legten das passende Fahrrad zur Identifizierung vor. Die Bauern waren heilfroh, daß sie ihr Fahrrad wieder hatten und waren gerne bereit, die „Einstellgebühr“ von S 10,– zu bezahlen. Als Quittung verwendeten wir den Organmandatsblock, auf den wir, ziemlich schwer lesbar, „Übtg. d. StvO.“, d.h. Übertretung der Straßenverkehrsordnung, kritzelten. So war beiden Teilen geholfen: Die Bauern kamen wieder zu ihren Rädern und wir zu Diensterfolgen in Form von Organmandaten.

Der neue Postenkommandant aus dem Innviertel war ein fanatischer Organmandatsjäger. Einmal sprach er zu mir: „Herr Patrouillenleiter, ich bin mit Ihrer Dienstleistung sehr unzufrieden!“ Als ich verwundert nach dem Grund fragte, meinte er: „Sie haben seit drei Monaten nur zwei Organmandate ausgestellt.“ Da wurde ich wütend und hielt ihm vor, daß ich in letzter Zeit etliche Einbrüche in Almhütten und verschiedene Diebstähle aufgeklärt sowie eine Menge an Gerichts- und Verwaltungsanzeigen erstattet hätte. Er meinte ungerührt: „Das zählt für mich nicht. Für mich ist nur die Anzahl der Organmandate maßgebend!“ – Von da an leisteten wir passive Resistenz und machten kein einziges Organmandat mehr. Wir mahnten entweder ab oder erstatteten Anzeige. So kann durch kleine Ursachen die Kriminalstatistik verändert werden.

Verkehrskontrollen und Unfälle

Die Motorisierung in meinem Dienstort ließe die Herzen von Oldtimerfreunden höher schlagen. Der Sägewerksbesitzer hatte neben der Hanomag-Zugmaschine, eine Borgward-Isabella, seine Tante einen VW 1600 Karmann-Ghia, der Installateur einen Lloyd-Alexander, das E-Werk einen US-Jeep, ein Kettenkrad und einen Lastwagen, dessen Leiter einen privaten BMW-Dixi, der Autounternehmer Fritz E. einen alten Linienbus und einen 220er-Steyr, der Gemeindearzt einen VW-Käfer und einen Puch-Roller, das Sensenwerk einen VW und ein Puch-Motorrad, und dann gab es etliche Bauern, die ein Motorrad und einen Traktor besaßen. Als Motorradbesitzer zählte ich ebenfalls zu den wenigen Motorisierten.

Einmal im Monat hatten wir eine „besondere Verkehrskontrolle“ zu machen. Diese wurde im gesamten Bezirk flächendeckend und zeitgleich durchgeführt. Es mußten alle Fahrzeuge angehalten und kontrolliert werden. Meist kam der Bezirkskommandant zu einer überraschenden Kontrolle.

Einmal war die besondere Verkehrskontrolle für 7 Uhr früh angesetzt. Gemeinsam mit meinem Kollegen Rudl, dem Stausee-Fahrer, sollte ich die Kontrolle durchführen. Wir schliefen beide auf dem Gendarmerieposten. Rudl hatte am Vorabend nach Matrosenart gezecht und war deshalb in der Früh nicht munter zu kriegen.

„Rudl, steh auf! Wir habn a Besondere, und garantiert kommt der Bezirkler auf Kontrolle!“ Ich adjustierte mich, schrieb die Patrouille ins Stationsdienstbuch und die Personaldienstbücher ein, legte auch Rudls Bewaffnung und Ausrüstung bereit, schüttete ihm Wasser ins Gesicht und sagte kategorisch: „So, und jetzt geh’ ich allein auf die Straße, denn der Bezirkler schläft nicht. Pack dich schnell zusammen, und komm nach!“

Punkt 7 Uhr stand ich mit dem Anhaltestab auf der Straße. Als erstes Fahrzeug kam die Beiwagenmaschine des Bezirklers. Ich meldete mich vorschriftsmäßig bei ihm. „Wo ist der zweite Beamte?“ fragte er zurück. – „Der ist noch auf der Dienststelle!“ Der Bezirkskommandant ging in das Gebäude. Man hörte erregte und laute Worte bis auf die Straße. Der Kraftfahrer verzog sein Gesicht zu einem breiten Grinsen: „Da gibt’s jetzt was!“ meinte er schadenfroh. Nach etwa einer Viertelstunde schoß der Bezirkskommandant mit krebsrotem Kopf aus dem Gebäude, nahm – ohne ein weiteres Wort zu sagen – im Beiwagen Platz und ließ den Fahrer umkehren.

Kurz darauf kam ruhig und gemütlich Rudl zu mir auf die Straße. „Na, was war jetzt los?“ fragte ich ihn. Mit lachendem Gesicht antwortete er: „Dem hab i gsagt, wann er no oanmal so frech zu mir is, nacher geh i nia wieder mit eahm fischn!“

Mein Bergkamerad Wiggerl, mit dem ich die Wintererstbegehung des Bosruck-Ostgrats gemacht hatte, suchte um einen Führerschein für ein Kleinmotorrad an. Kurze Zeit später fuhr Wiggerl mit einer Puch 125 lustig im Ort umher. Aha, dachten wir, der Wiggerl hat seinen Führerschein schon bekommen. Nach etlichen Wochen kam uns Wiggerl auf seiner neuen Maschine bei einer besonderen Verkehrskontrolle fröhlich entgegen. Er wurde wie alle anderen angehalten und der Führerschein kontrolliert. Da fiel mir das Ausstellungsdatum auf. Der Schein war erst am Vortag ausgestellt worden. Da war dieser Hallodri wochenlang seelenruhig ohne Führerschein umhergefahren – im Bewußtsein, daß er ihn ohnedies bald bekommen werde! Wir hatten blind darauf vertraut, daß der Bergrettungskamerad den Führerschein schon bekommen habe.

Bei einer Verkehrskontrolle im Ortsgebiet nahte ein Pkw. Plötzlich stoppte der Lenker, der sich als Lenkerin herausstellte, stieg aus und tauschte den Platz mit dem Beifahrer. Als das Fahrzeug in unserer Nähe war, hielten wir es an. Zur Beifahrerin gewandt, sagte ich: „Verkehrskontrolle. Bitte zeigen Sie mir Ihren Führerschein!“ Da nahm der Mann seinen Führerschein und hielt ihn mir entgegen. „Daß Sie einen Führerschein besitzen, vermute ich, ich will aber den Ihrer Beifahrerin sehen!“ – „Aber wieso? Ich bin doch gefahren“, entgegnete der Lenker. – „Ja, das letzte Stück. Aber weil die Dame bis kurz nach der Kurve das Fahrzeug gelenkt hat, möchte ich für diese Fahrtstrecke den Führerschein der Dame sehen!“ Nach Aufnahme der Personalien zur Anzeigeerstattung sagte ich abschließend: „Hätten Sie nicht so auffällig gebremst und dann die Sitzplätze getauscht, hätte ich keinen Anlaß gehabt, Sie anzuhalten, und Sie wären ungeschoren davongekommen!“

Bei einer Nachbarpostenpatrouille marschierten wir um 1 Uhr nachts auf der Bundesstraße von Windischgarsten nach Spital. Es war etwas kühl, und wir steckten unsere Hände unter der zugeknöpften Pelerine in die Hosentaschen. Die Taschenlampen hatten wir am Knopf der Brusttasche angehängt. Wir marschierten in der Straßenmitte dahin. Da hörten wir in der nächtlichen Stille das Reifenabrollgeräusch eines herannahenden Radfahrers. Wir versuchten, unsere Taschenlampen bereit zu machen und riefen: „Halt!“

Da sauste der Radfahrer schon um die Kurve und direkt auf uns zu. Mein Kamerad sprang zur Seite. Ich aber ergriff den Fahrradlenker und ließ mich nach hinten abrollen. Das Rad und der Radfahrer flogen in weitem Bogen über mich. Ich rappelte mich sofort auf, leuchtete dem erschrockenen Radfahrer ins Gesicht und stellte ihn zur Rede, weshalb er ohne Licht gefahren sei und nicht angehalten habe. Er war unverletzt, jedoch so erschrocken, daß er bereit war, ein Organmandat von S 5,– zu bezahlen. Wir sagten, daß wir deshalb ebenfalls bereit seien, von einer Anzeige abzusehen. Als der Radfahrer außer Sicht- und Hörweite war, konnten wir uns das Lachen nicht mehr verkneifen. Der Radfahrer aber hat über dieses nächtliche Erlebnis ebenfalls geschwiegen. Wenn wir einander später trafen, war er immer außergewöhnlich höflich zu uns. Ich aber mußte bei jeder Begegnung schmunzeln, weil ich daran dachte, wie er über mich einen Salto geschlagen hatte.

Ein anderes Mal wurden wir gegen 2 Uhr nachts geweckt. Passanten warfen Streusplitt gegen unsere Fensterscheibe. Unsere Postenklingel wurde von einer Taschenlampenbatterie gespeist, daher kam es öfters vor, daß sie nicht funktionierte. Die Einheimischen behalfen sich in Notfällen, indem sie den Streusplitt vor dem Haus gegen die Fensterscheiben warfen.

Auf der Straße schwankten einige Betrunkene und winkten uns zu. Ihrem Gestammel entnahmen wir die Satzfetzen: „Regnerhof. Auf der Straßn alles voll Bluat. Arzt holen!“ Wir telefonierten mit dem Arzt und eilten zur nahe gelegenen Unfallstelle. Zwei Männer lagen in Blutlachen auf der Fahrbahn, weiter hinten ein Motorrad. Rund um die Unfallstelle standen und wankten einige Betrunkene. Einer der am Boden Liegenden röchelte und bewegte seine Gliedmaßen. Dem zweiten, der völlig reglos war, fehlte der Großteil seiner Kopfhaut. Mittlerweile kam der Gemeindearzt und leistete Erste Hilfe.

An der Unfallsstelle entdeckten wir, daß das hohe Gras einen halben Meter breit wie abgemäht aussah und es im Straßengraben niedergetreten war. Es hatte den Anschein, als wäre eine dritte Person mit großer Wucht in den Straßengraben geschleudert worden, hätte sich aufgerichtet und sei davongegangen.

Noch während der Sachverhaltsaufnahme kam ein Rettungswagen und brachte die Verletzten ins Kirchdorfer Krankenhaus. Als der Gemeindearzt wieder in seine Ordination kam, wartete ein Betrunkener auf ihn. Er hatte eine Schürfwunde an der Stirn. Nachdem er verbunden worden war, ging er zu Fuß in seine einen Kilometer entfernte Wohnung. Am nächsten Tag klagte er über Schmerzen im Fuß. Der Arzt stellte einen Knöchelbruch fest.

Vor dem Unfall hatte im einen Kilometer vom Ortskern entfernten Bahnhofsgasthaus ein Saufgelage stattgefunden. Nach der Sperrstunde ging eine Gruppe Betrunkener heimwärts in den Ort. Kurz darauf fuhr der betrunkene Motorradfahrer mit einem ebenfalls Betrunkenen auf dem Sozius in die Gruppe der anderen Zechkumpane. Dabei wurde einer von ihnen in den Straßengraben geschleudert. Er rappelte sich dort auf, ging trotz des Knöchelbruchs zur Arztpraxis, ließ seine Stirnwunde verbinden und marschierte, ohne etwas zu bemerken, mit dem kaputten Knöchel einen weiteren Kilometer nach Hause.

Der Motorradfahrer war zu Sturz gekommen und zunächst mit dem Motorrad und dann ein Stück allein weitergeschlittert. Der Soziusfahrer lag auf dem Fahrer, und deshalb wurde sein Aufprall gemildert. Der Motorradfahrer schlug eine längere Strecke mit dem Hinterkopf auf der Straße auf, und dabei blieben Kopfhaut und Haare am Straßenbelag kleben. Keiner glaubte, daß er den Unfall überleben würde. Aber schon nach einem Monat fuhr er wieder lustig und munter auf seiner unbeschädigt gebliebenen Maschine umher. Die Bezirksverwaltungsbehörde hatte keinen Grund gefunden, ihm wegen des Unfalls den Führerschein abzunehmen.

Die Pyhrnpaß-Bundesstraße war damals eng, kurvenreich und hügelig. Ein Fleischhauermeister fuhr mit seiner Frau auf einem zweispännigen Steirerwagerl nach Windischgarsten. Nach einer Kurve ging es leicht bergab. Da donnerten kurz hintereinander zwei Motorradfahrer auf schweren BSA-Maschinen daher. Die Pferde erschraken und galoppierten beim ersten Motorrad davon. Der zweite Motorradfahrer kam beim Bremsen zu Sturz und blieb mit dem Fuß an den Blattfedern des Steirerwagerls hängen. Mit dem Kopf nach unten wurde er etwa fünfzig Meter weit mitgeschleift. In der Folge gerieten die Pferde mit dem Wagen in den Straßengraben. Der Fleischhauermeister und seine Frau wurden in die Wiese geschleudert, das Wagerl blieb an einem Baum hängen, die Deichsel riß ab, und die Pferde gingen durch. Sie konnten erst einen Kilometer entfernt eingefangen werden.

Wir machten die Unfallserhebung, und ich fertigte eine genaue Maßstabsskizze an. Nach längerer Zeit fand an der Unfallsstelle eine Gerichtsverhandlung statt. Wir wurden als Zeugen geladen und waren zur bestimmten Uhrzeit an Ort und Stelle.

Wenig später bemerkten wir, etwa 500 Meter entfernt, eine größere Menschenmenge, darunter den Bezirksrichter, auf der Straße. Wir dachten, daß sie ebenfalls dort zu tun hätten, und warteten, bis sie zur Unfallsstelle kämen. Statt dessen kam ein Gerichtsschreiber und sagte, wir sollten zur Unfallsstelle kommen. „Aber wir befinden uns doch genau an der Unfallsstelle!“ sagten wir. Aber es wurde darauf beharrt, daß wir zur Gruppe gehen sollten.

„So, meine Herren Inspektoren, nun erzählen Sie uns von Ihren Wahrnehmungen beim Unfall des Fleischhauermeisters!“ sagte der Richter. Wir aber entgegneten: „Dann müssen wir an die Unfallsstelle gehen!“ Richter und Zeugen beharrten darauf, daß wir ohnehin dort wären. Da sagte ich: „Herr Bezirksrichter! Ich habe eine genaue Unfallsskizze angefertigt. Sehen Sie doch die der Anzeige beigelegte Unfallsskizze an!“ Es begann ein eifriges Herumblättern in den Ordnern.

Der Vermerk, daß eine Skizze beigelegt worden war, wurde zwar gefunden, aber von der Skizze selbst fehlte jede Spur. Das Gericht war ratlos. Da schlug ich vor, vom Posten das Konzept der Anzeige mit dem Duplikat der Skizze zu holen. Erst als die Skizze herbeigeschafft war, ließen sich die Anwesenden davon überzeugen, daß sie auf einer ähnlichen, aber falschen Stelle den Unfall hatten abhandeln wollen.

Der E-Werks- und BRD-Ortsstellenleiter fuhr mit seinem BMW-Dixi samt Neufundländer und Frau in die Schweiz, um die Tochter zu besuchen. Zu mir sagte er vor der Abreise: „Bitte, schaun S' ein bißl nach, was der Kunibert macht. Für sein leibliches Wohl sorgt die Nachbarin, aber beim Dienst können Sie besser wahrnehmen, was er so treibt.“

Kunibert war damals ungefähr zwölf Jahre alt und ein überaus aufgewecktes Bürscherl. Einmal bat er seinen Vater, das Kettenkrad in die Garage fahren zu dürfen. Sein Vater sagte: „Von mir aus, aber wenn du damit auf die Dachbodentreppe fährst, bekommst du eine Watschen!“ Kunibert startete das Wehrmachtsrelikt gekonnt, fuhr los, rutschte von der Kupplung ab, fuhr auf die breite Treppe zum Kabellager – es gab einen Krach, und Holztreppe samt Kettenkrad lagen auf dem Garagenboden. Kuni stellte das Fahrzeug ab, ging zu seinem Vater und sagte: „So, jetzt gib mir die Watschen!“ Nachdem ihm sein Vater eine ordentliche Ohrfeige verabreicht hatte, rieb sich Kunibert die Backe und meinte: „Das war mir der Gspoaß wert!“

Ich traf Kuni während der Abwesenheit seiner Eltern. Da sagte er zu mir: „Sie sind doch gestern in der Nacht auf der Bundesstraße patrouilliert? Haben Sie mich da erkannt?“ Als ich verneinte, erzählte er weiter: „Der Motorradfahrer auf der 175er Puch mit dem weißen Sturzhelm und dem blauen Overall, das war ich! Aber bitte erzählen Sie den Eltern nichts davon!“ So viel Ehrlichkeit mußte belohnt werden, und deshalb schwieg ich.

Nach der Rückkehr vom Urlaub kam ich zum E-Werksleiter auf Besuch. Er erzählte eben seiner Familie: „Ich kann mir nicht vorstellen, was mit der 175er Puch geschehen ist. Bei der Abreise hab ich den Kilometerstand notiert, und jetzt sind um 350 km mehr auf dem Tacho. Aber laut Fahrtenbuch ist inzwischen niemand damit gefahren.“

Kunibert gestand mir später, daß die 350 km auf sein Konto gingen. Er hatte von einem alten Wehrmachtsstahlhelm den Rand abgeschnitten, ihn weiß lackiert und eine Puchvignette draufgeklebt. Mit diesem Helm, einer Schibrille und einem Overall machte er sich erwachsen und unkenntlich. So unternahm er in den Nächten Spritzfahrten bis in das steirische Ennstal.

Ein anderes Mal weckte uns der E-Werkleiter mitten in der Nacht. Aufgeregt sagte er: „Fahren Sie bitte mit mir sofort nach Edlbach. Dort liegt ein betrunkener Motorradfahrer im Straßengraben. Wenn Sie dem Kerl nicht den Führerschein abnehmen und eine Blutprobe machen lassen, gibt's eine saftige Beschwerde!"

So aufgeregt hatten wir unseren BRD-Obmann noch nie erlebt. Wir brachten mit Hilfe des Anzeigers den nahezu besinnungslos Betrunkenen zum Gemeindearzt nach Windischgarsten zur Blutabnahme. Dann sperrten wir ihn zu seiner und anderer Menschen Sicherheit „zur Ausnüchterung" in den Spitaler Gemeindearrest. Mit dem Motorrad, einer funkelnagelneuen Puch-Werksmaschine mit Megaphonauspuff, fuhr ich am nächsten Tag zum Gemeindeamt, um es zur Beweissicherung sicherzustellen. Die Blutprobe ergab den bis dahin höchsten im Verwaltungsbezirk gemessenen Blutalkoholgehalt von 2,94 Promille.

Allerlei Kriminelles

Ein falscher Mörder

In den Frühnachrichten kam die Durchsage, daß ein auffallend gekleideter Mörder flüchtig sei und Hinweise von Gendarmeriedienststellen entgegengenommen würden. Im Lauf des Vormittags kam eine Frau und erzählte uns, daß sie in den Frühnachrichten die Meldung über den Mörder gehört hätte. Der Mann, auf den die Personenbeschreibung passe, sei von ihr gesehen worden, wie er auf der Bundesstraße Richtung Pyhrnpaß marschierte.

Obwohl es nicht erlaubt war, bestieg ich mit einem Kollegen mein Privatmotorrad, und wir fuhren mit geschulterten Karabinern Richtung Pyhrnpaß. Bei einem kleinen Waldstück sahen wir die beschriebene Person. Ich fuhr noch bis zur nächsten Kurve und stellte meine Maschine ab. Mit schußbereit angeschlagenen Karabinern gingen wir zurück und auf den Mörder zu. Als er uns bemerkte, fing er lauthals zu lachen an:

„Ihr seid's schon die dritten, die mich heut angehalten und für den flüchtigen Mörder gehalten haben!" Trotz seiner Unschuldbeteuerung kontrollierten wir ihn. Es war ein harmloser Landarbeiter, der in die Steiermark wandern und dort einen neuen Arbeitsplatz suchen wollte.

Der „gottesfürchtige" Gemeindesakra

Unser Herr Gemeindesekretär N. war ein überaus frommer und gottesfürchtiger Mann, der bei den Gemeindegliedern in hohem Ansehen stand. Die Männer zogen vor ihm ehrfürchtig den Hut. Für uns aber war er ein Beamter wie wir auch. Unter uns nannten wir ihn den „Gemeindesakra".

Eines frühen Morgens kam der Bezirkskommandant, unser „Bezirks-Heinerl", in unsere Kanzlei. „Herr Revierinspektor, stellen Sie mir die Herren E. und G. zur Verfügung." Zu uns gewandt, fuhr er fort: „Wir haben eine sehr heikle Verhaftung vorzunehmen. Jedes Aufsehen soll vermieden werden. Sie haben die verhaftete Person genau im Auge zu behalten, damit sie nichts wegwirft, vernichtet oder zu sich steckt, keinen Flucht- oder Selbstmordversuch unternimmt!"

Wir rüsteten uns vorschriftsmäßig und begleiteten unseren Bezirkskommandanten. Er marschierte schnurstracks zum Gemeindeamt und zur Kanzlei des Sekretärs. Aha, dachten wir, jetzt holen wir den Gemeindesekretär als Assistenzperson und Behördenvertreter. Aber unser Bezirkler riß, ohne anzuklopfen, die Tür auf, stürzte mit gezogener Pistole auf den Gemeindesekretär zu und rief: „Treten Sie sofort vom Schreibtisch zurück! Hände hoch! Im Namen des Gesetzes: Sie sind verhaftet!" Zu uns sagte er: „Stellen Sie hier drei Sessel auf, und lassen Sie den Verhafteten auf dem mittleren Platz nehmen."

Wir nahmen den Sekretär in die Mitte, und der Bezirkskommandant sowie ein offensichtlich eingeweihter Gemeindebeamter räumten den Schreibtisch des Gemeindesekretärs und seinen Aktenschrank aus, verpackten die Akten und versiegelten sie. Dies dauerte bis gegen Mittag. Dann brachten wir den Verhafteten ohne Aufsehen auf unsere Dienststelle, wo er vom Bezirksgendarmeriekommandanten wegen Verdachts des Mißbrauchs der Amtsgewalt, Veruntreuung und Betrugs niederschriftlich verhört wurde. Nach Einbruch der Dunkelheit eskortierten wir unseren Gemeindesakra auf den Bahnhof und als Eisenbahneskorte zum Bezirksgericht Windischgarsten.

Es stellte sich heraus, daß der Sekretär als absolut vertrauenswürdiger Mann sämtliche Kassen der Gemeinde verwaltet hatte. Durch seine Beziehungen wußte er immer im voraus, wann Kontrollen zu erwarten waren, und so jonglierte er den notwendigen Geldbetrag auf die jeweils zu kontrollierende Kasse. Die übrigen Gelder in der Höhe von 130.000 Schilling zweigte er für sich und seinen Hausbau ab. Dazu kamen weitere Veruntreuungen, Unterschlagungen und Betrügereien zum Schaden der Gemeinde.

Bei der nächsten Einlieferung eines Verhafteten im Bezirksgericht sahen wir den Untersuchungshäftling N. am Schreibtisch des Grundbuchführers sitzen. Der Kerkermeister erklärte uns, daß der Grundbuchführer erkrankt sei und der verhaftete Gemeindesekretär ihn einstweilen vertrete. In Spital am Pyhrn kam das Gerücht in Umlauf: „Unser Herr Sekretär ist avanciert. Der ist jetzt sogar schon beim Gericht!"

Der Untersuchungshäftling erhielt durch seine Vertretung des Grundbuchführers die Möglichkeit, seine Finanzen telefonisch in Ordnung zu bringen. Er hatte damals, im Jahre 1953, sozusagen die Erfindung des Telebankings vorweggenommen. Im Verlauf der Gerichtsverhandlung konnte er nachweisen, daß er – bis auf eine geringe Summe – den Schaden gutgemacht hatte. Er kam mit einer geringfügigen unbedingten Kerkerstrafe davon. Sofort suchte er um Haftaufschub an, der ihm auch gewährt wurde.

Nach einigen Monaten meldete sich der mittlerweile entlassene Sekretär abends auf der Dienststelle: „Ich möchte Ihrer Dienststelle mitteilen, daß ich morgen früh meine Strafe beim Gefangenenhaus in Steyr antreten werde!" Wir sahen im Kalender nach und stellten fest, daß er den Strafantritt so gewählt hatte, daß er zur Weihnachtsamnestie freigelassen und keinen Tag mehr, als zur Gewährung der Amnestie nötig war, einsitzen würde.

Der Brand beim Feuerwehrhauptmann

Kurz bevor wir zum Mittagessen gingen, sahen wir aus einem Bauernhaus auf einem Berghügel, dem Moltersberg, eine starke schwarze Rauchfahne aufsteigen. Ich setzte mich auf mein Privatmotorrad und fuhr zur Brandstelle. Die Flammen schlugen hinter dem Kamin aus dem Dach. Der Bauer, der auch der Feuerwehrkommandant war, kam kurz nach mir zur Brandstelle. Anwesend waren auch seine Wirtschafterin und eine im Nebengebäude wohnende Kriegerwitwe mit ihren kleinen Kindern.

Die Feuerwehr mühte sich lange ab, Wasser aus dem einige hundert Meter tiefer gelegenen Trattenbach hochzupumpen. Später stellte sich heraus, daß die volle Jauchegrube ausgereicht hätte, den Anfangsbrand zu löschen. Wegen des herrschenden Föhnsturms griffen die Flammen bald auf das Wirtschaftsgebäude über, und der Hof brannte bis auf die Mauern nieder. Während des Brandes gab es zahlreiche Detonationen. Später stellte sich heraus, daß im Wirtschaftsgebäude beträchtliche Mengen an Waffen und Munition aus dem Zweiten Weltkrieg gelagert waren.

Inzwischen entdeckten wir den Jungknecht, der vom Waldrand her den Brand beobachtete. Ein Tischlermeister erzählte uns noch auf der Brandstelle, daß der Bursch bei ihm hinausgeworfen worden war, weil er in der Werkstätte mit Streichhölzern gezündelt hätte. Durch sein auffälliges Verhalten wurde er verdächtigt, ein Pyromane zu sein.

Die zweite interessante Entdeckung war, daß die Wirtschafterin bei zwei Bauernhausbränden in Hinterstoder und bei einem Almhüttenbrand auf unserer Arlingalm anwesend gewesen war. Die Leute sagten: „Der geht das Feuer nach!“ In gleichem Maße verdachterregend war, daß der Hausbesitzer und Feuerwehrhauptmann zehn Minuten vor Ausbruch des Brandes im Feuerwehrzeughaus gesehen worden war und kein Feuerwehrmann mit den Handfeuerlöschern umgehen konnte. Weiters war ein Verdachtsmoment darin zu sehen, daß niemand an die volle Jauchegrube gedacht hatte und der Löscheinsatz völlig vergebens gewesen war.

Die Feuerwehrleute machten sich einen Spaß, als endlich Wasser in die Schläuche kam. So zertrümmerte einer von ihnen mit dem Strahlrohr die Stubenfensterscheiben und spritzte Teller und Krüge vom Wandbord und aus dem Bauernkasten, obwohl es in diesem Raum nichts zu löschen gab. Sein Motto lautete: Hauptsache, daß gespritzt wird. Wohin, ist egal!

Bei solchen Einsätzen ist es dann kein Wunder, wenn die Feuerwehr als „Hochwasser auf Rädern“ bezeichnet wird. Das einzige, was unversehrt blieb, war eine Pfanne voll Buchteln im Backrohr. Aber das Feuer im Ofen hatte nicht ausgereicht, die Buchteln zu backen. Sie waren eine noch etwas angetrocknete Teigmasse.

Gemäß den Dienstvorschriften verständigten wir die Erhebungsabteilung des Landesgendarmeriekommandos. Am nächsten Tag kamen die Brandermittler und stolzierten auf der Brandruine umher wie der Hahn auf dem Misthaufen. Wir wurden links liegengelassen, und auch auf unsere Auskünfte waren die Herren nicht neugierig. Dann begannen sie im Kamin zu stochern und zu kratzen. Nach einiger Zeit verkündeten sie, daß sie die Brandursache gefunden hätten: Kaminbrand. Begeistert zeigten sie ein Loch im Kamin und schwarzen Ruß, der als Brandgasse bezeichnet wurde. Ich hielt den Brandermittlern entgegen: „Wieso kann es zu einem Kaminbrand kommen, wenn trotz des verheerenden Feuers die Buchteln im Backrohr des Küchenofens noch teigig waren? Während des Brandes ist das Feuer im Herd ausgegangen."

Mein Kollege Tscho war ein großer Kinderfreund. Er hatte inzwischen mit den Kindern jener Kriegerwitwe, die in einem unversehrt gebliebenen Nebengebäude wohnte, auf der Kinderschaukel gespielt und sich mit ihnen unterhalten. Das Mädchen erzählte: „Gestern, wie's brennt hat, habn der Hansi und i auf'm Dachbodn das weiße Auto gsuacht. Es war finster. Da hat der Hansi a Stroafhölzl anzundn. Wir habn was Weißes gsehn. Mir habn glaubt, es is a Maus, und da sand mir zur Mutti." Diese Geschichte erzählten die Kinder dann auch in Gegenwart ihrer Mutter und der Brandermittler. Der Bub zeigte auch noch einige Kunststücke mit Streichhölzern. Die Mutter, eine nikotinsüchtige Kettenraucherin, ließ sich immer wieder von ihren Kindern eine Zigarette anzünden. Sie konnten deshalb mit Streichhölzern umgehen und hatten auch immer eine Packung eingesteckt. Die Stelle, an der das Streichholz von den Kindern weggeworfen worden war, lag hinter dem Kamin. Dort hatte ich auch die Flammen des Anfangsfeuers bemerkt. Der Bauer bestätigte, daß an jener Stelle alte Putzlappen gelagert waren.

Die Brandermittler sagten kein weiteres Wort von einem Kaminbrand. Kleinlaut zogen sie ab, und wir schrieben einen Bericht an das Bezirksgericht und die Bezirkshauptmannschaft.

Der Feldstechertausch

Anläßlich einer Frühpatrouille erfuhr ich im Rastwirtshaus von einem Saufgelage auf der Bosruckhütte. Der amtsbekannte, vielfach vorbestrafte Dieb und Betrüger Karl M. spielte dabei eine auffallende Rolle.

Beim Einrücken in die Dienststelle sagte der Chef zu mir: „Es wurde soeben eine Anzeige wegen Diebstahls eines Feldstechers auf der Bachlalm erstattet. Sie können die Patrouille gleich fortsetzen und den Diebstahl erheben!" Ich erwiderte: „Jawohl, das werden wir gleich haben, denn ich weiß schon, wer der Täter ist!"

Ich begab mich schnurstracks zur Wohnung des Verdächtigen bei einem Bauern und fuhr ihn direkt an: „Herr M., wo haben Sie den Feldstecher?" Der Mann machte seine Nachtkastllade auf und zog einen zehnfach vergrößernden Wehrmachtsfeldstecher hervor. Nun nahm ich ihn samt Feldstecher auf die Dienststelle mit und verfaßte eine „Niederschrift als Verdächtigter". Er gab an, den Feldstecher auf dem Linzer Bahnhof von einem Unbekannten gekauft zu haben. Daß er auf der Bachlalm einen kleinen handlichen Feldstecher gestohlen habe, bestritt er. Ich beschlagnahmte den Feldstecher als Beweismittel, und auf Befehl des Postenkommandanten verwahrte ich den Verdächtigen bis zum Sammeln weiteren Beweismaterials und wegen Fluchtgefahr im Gemeindearrest.

Dort ließ sich die Arresttüre jedoch nicht versperren. Ich steckte einen Dorn in die Vorhängenabe, versperrte die Vortüre und meldete dem Postenkommandant den Sachverhalt. Der meinte: „Na, da wird er schon nicht auskommen. Erledigen Sie die weiteren Erhebungen!"

Ich marschierte auf die Bosruckhütte und erfuhr von Anwesenden, daß Karl M. mit einem kleinen Feldstecher, von der Bachlalm kommend, in der Bosruckhütte eingetroffen sei. Es habe eine Sauferei gegeben, und alle hätten sich gewundert, daß der Karl auf einmal Geld hatte. Da sei ein Bergbauer gekommen, dem der handsame Feldstecher gefallen habe. Gegen einen kleinen Aufpreis vertauschte er seinen großen Wehrmachtsfeldstecher gegen das kleine Glas ein. Als ich den beschlagnahmten Feldstecher vorzeigte, meinten die Zeugen: „Ja, das ist dem Bauern sein Feldstecher!"

Nun marschierte ich über die Almböden zum Hof des betreffenden Bauern. Als er mich bemerkte, sagte er laut: „Kemman S' leicht gar weg'n dem Feldstecher?" Als ich dies bejahte, meinte er: „Han i mir glei derkt, daß der Pülcher dös Glas gstohln hat!" Nun konnte ich auch eine weitere Anzeige wegen „Bedenklichen Ankaufes" erstatten.

Als ich ins Tal kam, traf ich einen Gemeindebeamten: „Haben S' schon ghört? Der M. Karl ist ausgebrochen!" Der Gemeindesekretär, der von der Verhaftung wußte, hatte den Inhaftierten vor der Waschküche, in der der Gemeindearrest war, angetroffen. Karl M. sagte zum Sekretär: „Grüaß Gott, Herr Sekretär! I geh' jetzt hoam!" Der Sekretär dachte aufgrund der Gemütsruhe des Karls, daß er von der Gendarmerie enthaftet worden sei. Als aber kurze Zeit später der Postenkommandant im Arrest nachschauen wollte, war er leer. Karl M. hatte in der Aschenlade des Arrestofens einen alten rostigen Nagel gefunden. Mit diesem gelang es ihm, den Dorn herauszuangeln. Dann fertigte er sich daraus einen Sperrhaken an, mit dem er die eiserne Waschküchentür aufsperren konnte, schwang sich über das Gartentürl, begrüßte den Gemeindesekretär und ging seelenruhig nach Hause. Dort zog er sich ordentliche Kleidung an, marschierte zu Fuß nach Windischgarsten und stellte sich beim Bezirksgericht mit der Begründung: „Ich hab mich geschämt, von den Gendarmen eskortiert zu werden!“ Diese Begründung erinnert an die Schlußstrophe eines alten Wildschützenliedes: „Bevor i mit an Jaga geh, laß i mein Leib und d'Seel!“

Mein einziger Waffengebrauch

Der dienstfreie Postenkommandant war zufällig in der Kanzlei, um etwas von seinem Schreibtisch zu holen. Da telefonierte die Zahnärztin verzweifelt an: „Bitte, Herr Inspektor, kommen Sie sofort in meine Ordination. Zwei Betrunkene wollen in meine Spülmuschel urinieren!“ Ich war damals erst drei Monate auf der Dienststelle und meldete deshalb dem Chef diesen Sachverhalt. „Gehen Sie einstweilen los, ich komme gleich nach!“

Vor der Ordination stand ein total Betrunkener auf der Straße, lehnte mit dem Rücken an der Hauswand und versuchte, seinen Hosenschlitz zu schließen. Ich ging in das Wartezimmer, und da saß ein zweiter Betrunkener leicht schnarchend in einem Korbsessel. Die Zahnärztin erzählte, daß die Betrunkenen über Zahnweh gejammert hätten. Bei der Untersuchung stellte sie fest, daß beide das „gesündeste Gebiß der Welt“ hätten. Inzwischen versuchte einer, in die Spülschüssel zu pinkeln, konnte aber von der Ärztin daran gehindert werden. „Bitte entfernen Sie den Mann aus meinem Wartezimmer. Die anderen Patienten getrauen sich nicht herein!“

Ich versuchte, ihn durch Zurufe und Rütteln an den Schultern aufzuwecken. Plötzlich wachte er auf, und als er mich erblickte, sprang er mit rasender Geschwindigkeit auf und packte mich beim Kragen der Uniformbluse. Blitzartig zog ich meinen Gummiknüppel und versetzte ihm einen kräftigen Schlag über die Schläfe. Er sackte kurz zusammen, und mit einem Jiu-Jitsu-Griff schleuderte ich ihn etwa vier Meter weit durch die Tür auf den Korridor. Dort blieb er liegen und schlief sofort weiter.

Inzwischen war auch der Chef gekommen. „Bringen Sie den Mann vor der Tür in den Gemeindearrest. Ich bewache inzwischen diesen hier!“ befahl mir der Revierler. Die Eskorte des an der Hauswand Lehnenden ging klaglos vor sich. Als ich zurückkam, hatte der Chef bereits einen Lehrling des Kaufgeschäftes beauftragt, ein Plateauwagerl herbeizubringen. Wir packten den Betrunkenen bei Armen und Beinen und schwangen ihn wie einen Sack auf das Fahrzeug. Der Lehrling zog den Wagen zum Gemeindearrest, und wir beiden Gendarmen flankierten mit gezogenen Gummiknüppeln das seltsame Gefährt.

Als ich am nächsten Morgen das Guckloch der Arresttür aufmachte, sah ich, daß der Boden der Zelle mit Erbrochenem bedeckt war. Inmitten der „Kotze“ lagen zwei große Haufen menschlicher Exkremente. Genau auf einem dieser Haufen thronte eine Scheibe Leberkäse, und im Erbrochenen lagen zwei Semmeln, die wir den Arrestanten nach der Leibesvisitation belassen hatten Nun eilte ich sofort auf den Posten, um meinen Kollegen die Neuigkeit zu berichten.

Durch das Guckloch sahen wir später, daß die Betrunkenen inzwischen munter geworden waren. Der eine biß soeben in den Leberkäs, und der zweite wischte sich mit dem Rockärmel eine Semmel ab.

Neben dem Gemeindearrest war ein kleiner Steg in den Trattenbach gebaut, der als Wäscheschwemme diente. Wir befahlen den beiden Trunkenbolden, den Boden der Arrestzelle mit den eigenen Taschentüchern zu säubern und das Zeug in den Bach zu entsorgen. Ohne zu mucksen, verrichteten sie die grausliche Arbeit. Sie wurden nach ihrer Ausnüchterung wegen „Öffentlicher Gewalttätigkeit gegen ein Wachorgan" nach § 81 des Strafgesetzbuches und wegen Ordnungsstörung angezeigt.

Der Tatbestand bildete ein Gerichtsdelikt, und deshalb mußte ich den Waffengebrauch dem Abteilungskommando melden. Der Abteilinger Major M. kam auf Erhebung. Wegen seiner barschen Art versuchte die Zahnärztin, den Sachverhalt zu mildern. „Der Herr Inspektor hat ja eh nur ein biss! mit der Gummiwurscht hingedeutet. Wenn ich der Herr Inspektor gewesen wäre, da hätt' ich den Kerl schon ordentlich gedroschen!" sagte sie zum Herrn Major. Aufgrund dieser Aussage bekam ich einen Verweis wegen zu wenig mannhaften Einschreitens. Als ich dies der Zahnärztin mitteilte, meinte sie zerknirscht: „Aber ich habe Ihnen doch nur helfen wollen!"

Die hysterische Zigeunerin

In der Wohnsiedlung 305 lebte eine aus Danzig stammende Zigeunerin als DP, als „displaced person". Die Bezeichnung „Roma" kannte man damals nicht. Diese Zigeunerin war wiederholt kriminell tätig geworden und wurde zur Schlüsselfigur einer Wirtshausrauferei.

Bei einer Tanzveranstaltung rief der Wirt telefonisch um Hilfe, weil in seinem Lokal eine Rauferei ausgebrochen sei. Wir kannten ihn als ängstlichen Mann, der uns schon wiederholt wegen Lappalien geholt hatte. Deshalb schrieben wir uns in aller Ruhe eine Locopatrouille vor, rüsteten uns vorschriftsmäßig, begaben uns zum Tatort und lauschten an den Fenstern des Tanzsaals. Zwar hörte man erregten Wortwechsel, aber nichts klang nach irgendeiner Gewalttätigkeit. Da sagte ich zu meinem Kollegen: „Hermann, geh du zur Eingangstür. Ich spring' beim Fenster in den Saal und treibe dir die Raufer zu."

Ich wartete, bis mein Kollege bei der Gasthaustür war, riß das angelehnte Fenster auf und sprang auf das Fensterbrett. Wie Batman mit wehender Pelerine, in der rechten Hand den Gummiknüppel schwingend, brüllte ich in den Saal: „Ruhe!" Sogleich drängte eine Menschengruppe zur Ausgangstür. Dort wartete schon mein Kollege auf die Streithähne. Aber unsere Mühe war umsonst. Die Leute riefen aufgeregt, daß der Ruhestörer, mit einer Pistole bewaffnet, zum Ausländerlager gelaufen sei.

Auf dem Weg dorthin wurden wir von der aufgeregten Zigeunerin aufgehalten. Den der Ruhestörung Bezichtigten trafen wir schließlich in seiner Unterkunft. Er war jedoch unbewaffnet. Ob er im Wirtshaus tatsächlich bewaffnet gewesen war und die Waffe auf der Flucht weggeworfen hatte, wurde nie geklärt. Beim unserem Rückweg machte die Zigeunerin wieder eine hysterische Szene und beschimpfte uns als SS-Buben, die mit KZ-Methoden arbeiteten. Sie hob vorne ihren Kittel hoch und schrie: „Ihr könnt mich alle ficken! Fickt mich doch!“ Als wir ihr Gekeife unbeachtet ließen, drehte sie sich um, hob den Kittel über ihr Hinterteil und rief das Götzzitat. Ein Ortsbewohner versetzte ihr aber einen Fußtritt in den Hintern, so daß sie kopfüber in den Schnee purzelte.

Beim Wirtshaus sahen wir dann eine Blutspur, die zum Gemeindearzt führte. Vor dessen Tür war im Schnee eine große Blutlache. Der Arzt verband soeben drei Männer, die lange Schnittwunden im Gesicht, am Rücken und Abwehrverletzungen an den Unterarmen und Händen hatten.

Später stellte sich folgender Sachverhalt heraus: Bereits vor unserem Eintreffen waren vor dem Gasthaus Einheimische mit Lagerinsassen in Streit geraten. Die Zigeunerin hatte aus ihrer Kitteltasche ein Rasiermesser gezogen war damit auf einige Einheimische losgegangen. Sie wurde wegen Körperverletzung angezeigt.

Der rabiate Montenegriner

Einige Wochen später rief mich eine Wirtin von ihrem Lokal aus an. Es bestünde die Gefahr, daß eine Tanzveranstaltung durch eine Rauferei gestört werde. Dieser Hilferuf war durchaus ernst zu nehmen, weshalb ich schnellstens das Lokal aufsuchte. Die Gäste erzählten mir, daß der große schwarzhaarige Ausländer auf dem Mitteltisch ein Messer in die Tischplatte gestoßen und wild mit den Armen gedroht habe.

Ich ging zu dem vermeintlichen Täter, wurde aber zurückgehalten. „Das ist ein Einheimischer, der nur am Wochenende hier ist. Der Täter sitzt zwei Tische weiter hinten“, wurde mir erklärt. Ich pflanzte mich vor dem „richtigen“ Täter auf und forderte ihn zur Ausweisleistung auf. Der Mann blieb ruhig sitzen und sagte nur: „Ich nix verstehn!“

Daraufhin versuchte ich, ihm deutlich zu machen, daß ich seine Papiere, seine „Dokumenta“, sehen wolle. Er aber sagte immer nur: „Ich nix verstehn. Ich nix gemacht!“ Da ließ ich ihn sitzen, um im Nebenzimmer weitere Auskünfte einzuholen.

Plötzlich gab es einen Krach, und man hörte Gläserklirren. Ich eilte mit gezogenem Gummiknüppel in den Saal. Der Ausländer – ein Montenegriner, wie sich später herausstellte – hatte einen Tisch umgeworfen und stützte sich auf dessen Kante. Er blickte wild und entschlossen um sich – wie eine Raubkatze in der Falle. Ein Kopf größer als ich, war er mir gewiß körperlich überlegen.

Nun versuchte ich, ihn durch Fuchteln mit dem Gummiknüppel zu provozieren. Da sah ich hinter dem Montenegriner einen Lagerinsassen, einen ehemaligen k. u. k ungarischen Gendarmen, den Mischko. Dieser Mischko zwinkerte mir zu, und ich nickte zurück. Beim zweiten Zwinkern warf ich mich auf die Seite, denn der Ungar sprang dem Montenegriner wie ein Leopard an den Hals. Sogleich stürzte sich eine Unmenge von Burschen und Männern auf den Ausländer, und die Menschentraube wälzte sich durch die Saaltür ins Freie.

Nach einiger Zeit löste sich die Menschentraube auf, und der Montenegriner ging auf mich zu. In tadellosem Deutsch sagte er: „Herr Inspektor! Was haben Ihre Landsleute gegen mich? Warum haben diese Menschen auf mich eingeschlagen?“ Ich erwiderte, daß ich wegen der dichtgedrängten Menschenmenge und der herrschenden Dunkelheit nicht ausnehmen hätte können, was eigentlich vorgefallen sei, und ersuchte ihn, mit mir auf die Dienststelle zu kommen, um dort die Sache aufzuklären.

Mischko war in meiner Nähe. Ich nickte ihm zu, und in angemessenem Abstand begleitete er uns. Ich ging aber nicht auf den Gendarmerieposten, sondern zum Gemeindearrest, sperrte die Tür auf und ließ den Montenegriner eintreten. Kaum war er drinnen, schloß ich ab und hatte ihn in Gewahrsam.

Am nächsten Morgen holte ich den vorläufig Festgenommenen auf den Posten. Der Postenkommandant und ein Kollege waren anwesend. Bei der Einvernahme blieb der Montenegriner bei seinem „Ich nix verstehn. Ich nix gemacht!“ Auch der Dolmetscher des Lagers richtete bei ihm nichts aus. Da kam mir ein Gedanke. Ich ersuchte den Chef und den Kollegen, mich mit dem Ausländer allein zu lassen. Dann sagte ich: „Sie haben gestern tadellos deutsch gesprochen. Sie scheinen ein intelligenter Mann zu sein. Bitte erzählen Sie mir, was gestern abend vorgefallen ist, damit ich die Sache abschließen kann.“

Nun berichtete er mir, daß er gestern ein einheimisches Mädchen zum Tanzen aufgefordert hatte, das ihm aber den Tanz verweigerte. Daraufhin erklärte er ihr, daß dies in seiner Heimat Montenegro eine Beleidigung sei und daß dort der Mann das Recht habe, die Frau zu ohrfeigen. Seine Gestik sei aber mißverstanden worden, denn plötzlich hätten ihn die Einheimischen bedroht. Ein Messer habe er weder mitgehabt noch in den Tisch gerammt.

Jetzt wurde die Sache klar. Durch das Messerattentat der Zigeunerin vor einigen Wochen war eine Spannung zwischen Einheimischen und Lagerinsassen entstanden. Der arme Bauingenieur aus Montenegro, dessen komplizierten Namen Halil Karamehmedowitsch ich zeitlebens nie vergessen werde, war unschuldigerweise zum Handkuß gekommen. Ich setzte ihm den Sachverhalt auseinander, entschuldigte meine Landsleute und erklärte die Schutzhaft für aufgehoben. Mit einem Bericht an die Verwaltungsbehörde war der Fall erledigt.

Die falsche Eisenbahnerbraut

In einem Bauernwirtshaus tauchte plötzlich eine ungefähr vierzig Jahre alte wohlbeleibte, stattliche Weibsperson auf. Ihre Trinkfestigkeit wurde bald zum Ortsgespräch. Kurz darauf hieß es, daß sie die Schwägerin eines in der Einschicht lebenden fünfundsiebzigjährigen Sensenschmiedes sei und ihm den Haushalt führe. Von diesem Zeitpunkt an gab es in den Wirtshäusern der Umgebung eine Reihe von tollen Saufgelagen, in deren Mittelpunkt immer diese „Schwägerin" stand.

Eines Tages kam der Leiter der Konsumfiliale auf den Posten und zeigte an, daß die Schwägerin des alten Sensenschmiedes aus der Grünau bei ihm einige Kleider zur Anprobe daheim entliehen, aber bisher nicht zurückgebracht habe. Ihm sei erzählt worden, daß diese Frau soeben mit dem Zug nach Selzthal gefahren sei.

Meine Kollegen zogen sofort Zivilkleidung an, gingen auf den Bahnhof und erzählten dem Stationsvorstand den Sachverhalt. Dieser sprach mit dem Zugschaffner, und so kamen die beiden ohne Fahrkarten nach Selzthal. Sie gingen von Wirtshaus zu Wirtshaus. Aus einem hörten sie lautes Gegröle von Männerstimmen und dazwischen das Lachen und Kirren einer Frau. Dort wurden sie fündig. Die „Sensenschmiedschwägerin" saß auf dem Schoß eines Eisenbahners und schloß mit ihm gerade Bruderschaft. Bei ihrer Perlustrierung wurden die aus dem Konsum entliehenen Kleider gefunden. Unter Mithilfe des Stationsvorstandes und des Zugschaffners gelangten meine Kollegen mit ihrer fetten Beute samt Beweisstücken wieder nach Spital am Pyhrn.

Nun begann das Problem der Identifizierung. Zuerst gab die „Dame" an, die Ehefrau des VOEST-Polizisten F. aus dem Zöhrendorferfeld in Linz zu sein. Die telefonische Auskunft der Bundespolizei Linz ergab, daß sich die Frau dieses Werkspolizisten zu Hause in der Küche beim Bügeln befände. Dann behauptete die Schwägerin, aus Scharnstein zu stammen und Tochter eines Sägewerksbesitzers zu sein. Aber Kollege Rudolf F. hatte dort genaue Personalkenntnisse, und so verstrickte sich die Frau immer mehr in Widersprüche. Sie gab noch eine Reihe anderer falscher Namen an.

Da kam ich auf den Gedanken, im Fahndungsschlüssel unter diesen Namen nachzublättern, und wurde fündig: Anna Steinbrunner[23], alias ... lautete der

23 Der Name wurde geändert.

richtige Name. Nun mischte ich mich in die Vernehmung: „Und wann sagen Sie uns Ihren richtigen Namen, Frau Anna Steinbrunner?“ Da meinte sie schnippisch: „Warum fragen Sie mich dann so lange, wenn Sie ohnehin wissen, wer ich bin?“

Sie war eine Betrügerin und vor zwei Jahren aus einer Strafanstalt entwichen. Sie hatte noch eine dreieinhalbjährige Kerkerstrafe abzusitzen. Diese raffinierte Frauensperson suchte bei verheirateten Eisenbahnern, Werkspolizisten und ähnlichen Männern Unterschlupf, führte ihnen an deren Dienstort den Zweithaushalt, und wenn es ihr zu fad wurde, stahl sie alles für sie Brauchbare und suchte nach einem neuen Opfer. Die Männer hüteten sich, eine Anzeige zu erstatten, denn wehe ihnen, wenn dies ihren Ehefrauen bekannt geworden wäre! Zwar hatten meine Kollegen durch ihr instruktionswidriges, aber zielführendes Einschreiten ein weiteres Opfer der Steinbrunnerin retten und die Betrügerin ihrer Strafe zuführen können. Der alte Sensenschmied aber trauerte seiner Pseudoschwägerin nach, denn sie war ihm gegenüber sehr offenherzig und freizügig gewesen und hatte sein altes Herz wieder jung gemacht. Der Konsumleiter aber freute sich, seine Ware wiederzubekommen.

Die kaputtreparierte Zentrifuge

Am Wirtshaustisch wurde voll Schadenfreude erzählt, daß ein Bauernehepaar zwei Betrügern aufgesessen war. Die Bäuerin hatte ihre tadellos funktionierende Milchzentrifuge reparieren lassen, zweihundert Schilling bezahlt, und nun war die Maschine kaputt.

Wir gingen pflichtgemäß dem Sachverhalt nach und erfuhren von der Bäuerin folgendes: „Ich hab, wie immer, meine Milch geschleudert. Da kommen zwei Männer im Schlossergwandl und mit Werkzeugtaschen zum Hof. Sagt der eine: ‚Du, Bäuerin, dei Zentrifug is ja kaputt. Wir sind von der Firma Alfa Laval und reparieren sie.‘ Ich hab gar nix mehr sagen können, haben s’ mich schon weggestoßen und sich über die Maschin drübergmacht. Sie haben irgendwas gelötet und zwoahundert Schilling verlangt. ‚Wann du die zwoahundert Schilling nit zahlst, so müssn wir auf die Gendarmerie gehn und dich anzoagn‘, haben s’ gsagt. So hab i mein Milchgeld hergnumma und zahlt. Wie ich die Gschicht mein Mann erzählt hab, weil ihm das Geld gfehlt hat, hat er mich a blede Urschl gnennt und gsagt, daß wir das niemand erzähln dürfen, ‚weil sonst lachen uns alle Leut aus, weil du fürs Kaputtmachn von ana guatn Maschin zwoahundert Schilling zahlt hast‘.“

Wir konnten die beiden Täter bald in der Nachbarortschaft ausforschen. Sie rechtfertigten sich folgendermaßen: „Wir sind von einer Montagearbeit einen Abschneider über Oberweng gegangen und haben die Bäuerin beim Milchabidrahn gehört. Wir wollten uns mit der einfältigen Frau einen Spaß machen und sagten, daß wir am Klang hören, daß die Maschine kaputt ist. Die Bäuerin sagte zu uns: ‚Ja so? Dös hab i ja gar nit gwußt!‘ Daraufhin haben wir den Spaß weitergetrieben und ein Röhrl zugelötet. Als uns die Bäuerin auf unsere scherzhaft gemeinte Forderung wirklich das Geld gab, dachten wir uns, daß soviel Blödheit bestraft gehört und haben das Geld genommen."

Ans Tageslicht war die Sache nur deshalb gekommen, weil der Bauer in leicht angeheitertem Zustand im Wirtshaus erzählt hatte, wie blöd seine Alte gewesen sei.

Die Eierhäferl-Eskorte

An einem frühen Sonntagmorgen kam ein Motorradfahrer auf die Dienststelle: „Ich hab gehört, daß von euch der Raimund wegen mehrerer Einbrüche gesucht wird. Ich hab ihn im Wuhrbauernholz gsehn, wie er sich ein Feuerl angmacht hat. Wenn einer der Herrn mitfahrn will, bring ich ihn hin!" Ich hatte an diesem Tag Anwesenheitsdienst, weshalb mein Kamerad Hermann sich eilends rüstete und mit dem Motorradfahrer mitfuhr.

Hermann entdeckte den gesuchten Einbrecher tatsächlich am Rand einer Waldlichtung. Dieser bemühte sich, ein Feuer zu entfachen, um sich in einem gestohlenen Emailtopf gestohlene Eier zu kochen. Das Eierhäferl hielt er in der Hand, über die er als Hitzeschutz einen ebenfalls gestohlenen weißen Wollsokken gezogen hatte.

Mein Kollege hielt den Revolver bereit und rief: „Halt, stehenbleiben. Hände hoch, oder ich schieße!" Der Einbrecher war derart erschrocken, daß er die rechte Hand mitsamt dem Kochgeschirr hochhielt. Hermann ließ ihn zurücktreten, machte das Feuerchen aus und trieb den Mann mit vorgehaltenem Revolver direkt in das ungefähr drei Kilometer entfernte Bezirksgericht.

Bei den Kirchgängern gab es ein großes Aufsehen, als der ortsbekannte Einbrecher mit erhobenem linkem Arm, in der Rechten sozusagen als Beweismaterial das Eierhäferl, vom Patrouillenleiter Hermann mit dem Revolver zum Bezirksgericht getrieben wurde.

Betrachtungen über Sexualdelikte

In meinem Berufsleben als Exekutivbeamter und später als Kriminalistiklehrer hatte ich in Theorie und Praxis viel mit den Auswüchsen des unbeherrschten Fortpflanzungs- oder Geschlechtstriebes zu tun. Es ist unbeschreiblich, wieviel Not, Elend, Krankheit und frühzeitiger Tod durch die mangelnde Beherrschung dieses Triebes über die Menschheit gekommen ist. Die strafrechtliche Beurteilung der Geschlechtlichkeit hat sich mittlerweile stark verändert. Zu meiner Dienstzeit im Pyhrngebiet aber bildeten Handlungen, welche heute in allen Details im Fernsehen gezeigt werden, einen Verbrechenstatbestand.

Die Geschlechtskraft ist eine Schöpfungskraft, und der Geschlechtstrieb ist allen Geschöpfen eigen, um diese Schöpfungskraft nutzbringend, das heißt zur Arterhaltung, anzuwenden.

Der Mensch ist aber das einzige Geschöpf, das über einen wahrhaft freien Willen, also über die absolute Freiheit des Denkens und Wollens verfügt. Er nimmt daher auch bei der Fortpflanzung eine Ausnahmestellung ein. Seine Geschlechtskraft (Sexualität) darf und kann der Mensch nach seinem eigenen Willen beziehungsweise Denken anwenden. Diese Freiheit geht so weit, daß er diese Kraft ebenso nutzbringend wie auch schädigend anzuwenden vermag.

Die Gefährlichkeit der Geschlechtskrankheiten hätte die Menschen aufmerksam machen sollen, welchen Irrweg sie mit dem hemmungslosen Ausleben der Sexualität, des Fortpflanzungstriebes, betreten haben. Gerade diese verderblichen Folgen eines mißbräuchlichen Geschlechtslebens sind Zeichen für die Fehleinschätzung und falsche Wertung dieses Triebes.

Der Homo sapiens, das „vernunftbegabten Wesen“, hat aus einer Schöpfungskraft ein „Genußmittel“ gemacht. Für die Fehleinschätzung der Geschlechtlichkeit scheint auch die verniedlichende Verwendung des Wortes „Sex“ verantwortlich zu sein. Dadurch wird der Hinweis vermieden, daß es sich bei der Geschlechtlichkeit um ein Fortpflanzungs-, somit um ein Arterhaltungsverhalten handelt.

Zu diesem Thema, das eine der dunkelsten Seiten des Menschen und des Exekutivdienstes beleuchtet, will ich hier einige der harmlosesten Fälle bringen.

Ein alpines Sodom

Im alten Strafgesetzparagraphen wurden als Verbrechen bestraft: a) die Unzucht mit Personen des gleichen Geschlechts und b) mit Tieren. Schon der Name „Unzucht“ bezeichnet, daß diese Tätigkeit nicht auf die Zucht, also auf die Fortpflanzung, gerichtet ist. Die Unzucht mit Tieren wird auch als Sodomie bezeichnet.

Das sogenannte „Inzuchtgebiet“ Oberweng war zu meiner Zeit ein richtiges Sodom. Eine Folge der vielleicht Jahrhunderte zurückliegenden Inzucht war, daß es dort in vielen Bauernhäusern einen sogenannten „Hausdeppen“ gab. Die Redensart „Neamd dahoam, und i bin deppert!“ dürfte aus dieser Gegend stammen. Die zahlreichen Imbezilen und Debilen hatten mit ihrem Triebleben Probleme. Wenn sich zwei gleichgeartete Menschen nicht zusammenfanden –

wie dies in Bauernkomödien oft dargestellt wird –, suchten diese armen Geschöpfe andere Auswege, um ihre Triebe auszuleben. Durch die Viehzucht (künstliche Befruchtung gab es damals noch nicht) waren sie zwar sexuell aufgeklärt, aber es fehlte am geeigneten bzw. willigen Objekt. So kam es, daß die Sodomie, die Unzucht wider die Natur mit Tieren, ein in unserer Diensterfolgsübersicht häufig aufscheinender Straftatbestand war. Bevorzugte Lustobjekte waren Ziegen, Schafe und Kühe. Aber es gab auch unter den Bevölkerungen anderer Ortsteile genügend Schweinereien, die die heutigen Fernsehanstalten mit genügend Drehbüchern für Pornoserien versorgen könnten.

„Mei, hab i g'lacht!"

Im ersten Jahr nach dem Zweiten Weltkrieg versahen ehemalige Angehörige der Deutschen Wehrmacht ohne entsprechende Ausbildung den Exekutivdienst. Erst nach und nach wurden sie in Kursen zu Gendarmen ausgebildet.

Ein solcher „frischg'fangter Gendarm" kam von einer Almpatrouille auf die Dienststelle. „Mei, hab i g'lacht!" berichtete er, sich vor Lachen schüttelnd. Den Kollegen erzählte er dann in allen Details, daß er auf einer Alm einen Mann beobachtet hatte, der an einer Ziege den Geschlechtsverkehr zu vollziehen versuchte. Der Postenkommandant wurde aufmerksam.

„Und wo ist dieser Mann? Haben Sie ihn verhaftet?" Da bekam er zur Antwort: „Wieso hätt' ich den verhaften sollen? I hab mir denkt, dös is a Gaudi!"

„Menschenskind, das ist ja das Verbrechen der Unzucht wider die Natur. Der Mann gehört sofort verhaftet!" sagte der Postenkommandant und schickte die gesamte Postenmannschaft auf die – allerdings erfolglose – Suche nach dem Unzüchtler.

Von der Zehn-Schilling-Lies

Die damals zwölffach vorbestrafte Ehefrau eines achtundzwanzigmal vorbestraften Gelegenheitsarbeiters hatte den Spitznamen die „Zehn-Schilling-Lies". Das Ehepaar lebte in einer baufälligen Keusche am Ortsrand. Es gab eine ganze Menge – teils sehr angesehener – Bürger, die nach Einbruch der Dunkelheit in der Nähe des besagten Hauses gesehen wurden, aber nicht gesehen werden wollten. Es wurde erzählt, daß gegen Entrichten einer Gebühr von S 10,– an den Ehemann dessen Ehefrau im Schlafzimmer zu Liebesdiensten verschiedenster Art bereit war. Wegen dieser Tätigkeit und des verlangten Tarifs hatte die etwa vierzig Jahre alte, kleine, rundliche und äußerst unappetitlich aussehende Weibsperson ihren Spitznamen erhalten.

Die Zehn-Schilling-Lies schickte ihre zehn- oder zwölfjährige Tochter zu Bauern als Kindsmagd zum „Kindsen“. Sie verlangte von ihr, daß sie Eier stehle, aus der Speisekammer Butter, Speck und Brot hole und an einer bestimmten Stelle außerhalb des Hofes, z.B. unter einem Holunderstrauch, verstecke. Dann ging die Lies mit einem Korb vom Schwammerlsuchen vorbei und holte die Sachen ab.

Es kam zu einer Anzeige. Wegen der vielen Vorstrafen kam so viel an Dieheswert zusammen, daß der Verbrechenstatbestand erfüllt und ein Haftgrund ohne richterlichen Befehl gegeben war. Wir verfaßten eine sogenannte „Stellungsanzeige“ und wollten die Frau per Eisenbahneskorte zum Bezirksgericht bringen. Sie weigerte sich, zu gehen, stellte sich plötzlich breitbeinig in der Kanzlei auf – und da zeigten sich auf dem Holzfußboden kleine rote Blutstropfen.

Mein Kollege packte die Verhaftete beim Arm und brüllte sie an: „Sie elende Kanaille, wenn Sie nicht sofort mitgehen, dann lege ich Ihnen die Schließkette an!“ Ihrer Tochter befahl er, die Blutspuren mit Zeitungspapier wegzuwischen, und dann brachten wir die Mutter zum Bahnhof.

Als wir in Windischgarsten den Zug verließen, war auf dem Sitz der Verhafteten eine kleine Blutlache zu sehen. In Windeseile übergaben wir die Lies dem Kerkermeister, wiesen darauf hin, daß wir schnellstens zum Retourzug müßten, und eilten davon. Beim nächsten Zusammentreffen mit ihm sagte er zu uns: „Mit der Zehnschilling-Lies habt ihr mir damals eine ganz schöne Schererei eingebrockt!“

Von Selbstmördern und anderen Toten

Die beliebteste Art im Salzkammergut, freiwillig aus dem Leben zu scheiden, war das Erhängen. Man nannte diese Art der Selbsttötung auch die „Goiserer Krawatte“. Ein Kollege und Bergkamerad aus Goisern hat einen Rekord im Abschneiden von Erhängten aufgestellt.

Während meiner Lehrzeit als Holzdrechsler mußte ich einmal wöchentlich von Bad Ischl nach Gmunden in die Berufsschule fahren. Damals kam eine bislang unbekannte Art des Selbstmords auf. Der Lebensmüde band sich einen langen Draht um den Leib. Am anderen Ende befestigte er einen Stein. Diesen warf er über den Fahrleitungsdraht der damals bereits elektrisch betriebenen Eisenbahn. Dadurch kam es nicht nur zum Tod des Steinschmeißers, sondern auch zu einer Fahrtunterbrechung der Züge.

Diese Art des Selbstmordes wurde in der „Salzkammergut-Zeitung“ eingehend geschildert und fand deshalb immer wieder Nachahmer. Wenn ein Zug auf offener Strecke anhielt, sagten die Leute: „Da hat wieder oanmal oana an Stoan gschmissn!“

Die bevorzugten Tatorte für die „klassische“ Art des Erhängens waren Dachböden, Heuböden und Waldbäume. Den seltsamsten Ort, um seinem verpfuschten Leben ein Ende zu bereiten, wählte der achtundzwanzig Jahre alte Berufsverbrecher Karl M. Er hatte zahlreiche Einbrüche begangen, die gesamte Wohnungseinrichtung seiner alten, im Krankenhaus liegenden Mutter verkauft und versoffen und war spurlos verschwunden. Immer wieder sahen wir durch die Fenster der mütterlichen Wohnung, ob er nicht doch einmal dort auftauche. Eines Abends fiel uns auf, daß in der Küche eine sonst immer verschlossen gewesene Blechtüre einer aufgelassenen Räucherkammer, einer Selche, ein wenig offen stand.

Wir holten einen Gemeindebeamten sowie den Schlossermeister und ließen die Wohnung öffnen. Als wir die Tür zur Selchkammer ganz öffneten, sahen wir Männerbeine baumeln. Mit der Taschenlampe konnten wir erkennen, daß sich unser gesuchter Übeltäter mit seinen Hosenträgern an einer Selchsprosse erhängt hatte. Ein Gemeindearbeiter schlüpfte in die rußige Selche, umfaßte mit einem Arm den Oberkörper des bereits erstarrten Toten, klinkte die Selchsprosse aus und ließ seine Last heruntergleiten.

Der Gemeindearbeiter war im Umgang mit Toten sehr geübt. Einmal erhielten wir die Nachricht, daß ein fünfundsiebzigjähriger Sensenschmied, der „Pseudoschwager“ der Betrügerin in einem der vorigen Kapitel, seit mehr als acht Tagen nicht mehr aus seiner Kammer gekommen sei. Die Fenster seiner Behausung in einem aufgelassenen Sensenwerk waren dick vereist. Nach Auskunft des Wirtes hatte der Mann nur von gezuckertem Rumtee und von Zigaretten gelebt. Einmal in der Woche holte er sich aus dem benachbarten Gasthaus Nachschub.

Wir ließen, wie üblich, im Beisein des Gemeindebeamten die Kammer öffnen. Der Abgängige lag in seinem Bett. Am Boden waren Haufen von Zigarettenasche, und auf einer als Nachtkästchen dienenden Zuckerkiste stand ein Häferl mit einer Schicht gefrorenen Tees.

Der Gemeindearzt stellte bei der Beschau eine Auszehrung fest. Infolge des Alkoholkonsums und der Entkräftung war der Mann nicht mehr in der Lage gewesen, einzuheizen. Er war steinhart gefroren. Das Thermometer im Zimmer zeigte minus 21° C. Der Arzt versuchte, mit einer Nadel in das Auge des Toten zu stechen, aber die Nadelspitze prallte wie von einer Glaskugel ab. Als der Totengräber und unser Gemeindearbeiter den Unglücklichen in den Sarg legen wollten, war dieser etwas zu kurz. Da kniete sich der Gemeindearbeiter auf die Brust des Toten, sagte: „Gell, du gspürst jetzt eh nix mehr!, knickte den Kopf mit einem Knacks zur Seite und meinte: „So, und jetzt hast Platz!“

Von der Bergung eines am Kleinen Pyhrgas angeblich beim Schafsuchen abgestürzten Bauernsohnes werde ich bei meinen alpinen Erlebnissen genauer berichten. Wir fanden ihn ohne Schädeldecke, seine Wirbelsäule lag bloß, und durch eine Rückenwunde konnte man die Nieren sehen. Im Totensack verpackt, seilten wir den Abgestürzten ab. Im Holzerkar kam der Gemeindearzt zu uns. Er machte den Totensack auf, sah den zertrümmerten Kopf und machte den Sack wieder zu. Wir brachten den Mann in die Totenkammer unseres Ortsfriedhofs.

Am nächsten Tag holte ich vom Gemeindearzt den Totenschein. Als Todesursache war „Tod durch Schädelbruch“ eingetragen. Unsere Erhebungen hatten mittlerweile ergeben, daß der Abgestürzte gemeinsam mit dem berüchtigten Wilderer Raimund Sch. unterwegs gewesen war. Es hätte also durchaus der Fall sein können, daß der Tote angeschossen worden und der Absturz nur eine Folge davon war. Deshalb fragte ich den Arzt: „Herr Doktor! Dieser Totenschein ist ein amtliches Dokument. Können Sie beeiden, daß der Schädelbruch eine mortale Verletzung ist? Könnte es nicht auch sein, daß die angeführte Verletzung postmortaler Natur ist?“ Der Arzt wurde bleich und fragte: „Was meinen Sie damit?“ Nun wurde ich deutlicher: „Haben Sie überhaupt eine Totenbeschau durchgeführt?“ Er antwortete kleinlaut: „Sie waren doch dabei, wie ich auf dem Holzerboden den Totensack aufgemacht habe.“ Nun wurde ich wild und legte los: „Das nennen Sie eine Totenbeschau? Haben Sie denn nicht bemerkt, daß der Tote eine Zertrümmerung der Wirbelsäule und eine offene, mehr als zwei Handflächen große Rückenwunde sowie Rippenbrüche und Verletzungen an den Gliedmaßen aufweist? Könnte es nicht sein, daß er noch dazu irgendwo eine Schußverletzung hat? Ich verlange, daß Sie sofort in die Totenkammer kommen und eine ordnungsgemäße Leichenbeschau durchführen. Diesen Totenschein können Sie in den Papierkorb werfen!“

Ich informierte den Totengräber, daß eine Leichenbeschau durchgeführt werden müsse. Als ich mit dem Arzt eintraf, lag der Leichnam bereits entkleidet auf der Bahre. Der Arzt kommandierte nun den Totengräber: „Drehen Sie den Toten um. Probieren Sie, ob der Oberarmknochen ganz ist“, und so machte er eine Totenbeschau, ohne die Leiche auch nur mit einem Finger zu berühren. Als er merkte, daß ich seine Vorgangsweise kopfschüttelnd verfolgte, meinte er: „Wissen Sie, ich muß anschließend noch einige Krankenbesuche machen, und da will ich den Toten nicht angreifen.“

In einer Winternacht wurde ein alkoholisierter, in der Nähe der Bahnstrecke wohnender Mann nach Überklettern eines geschlossenen Bahnschrankens von einer Lastzuglokomotive an der Stirn angefahren und auf die Bahnböschung geschleudert. Es gab anfänglich verschiedene andere Verdachtsmomente, weshalb der Bezirksrichter auf mein Ersuchen hin persönlich den gerichtlichen Augenschein vornahm. Er hörte sich meine Vermutungen über den Unfallshergang an und meinte: „Ja, man sieht, daß die Person einwandfrei tot ist. Übrigens kam mir der Fall sehr gelegen, denn ich wollte schon lange eine Winterwanderung über Oberweng machen. Können Sie mir ein gutes Speiselokal nennen? Die Leiche ist zur Beerdigung freigegeben.“

Als der Richter weg war, legte der Totengräber den Leichnam in den herbeigeschafften Sarg. Die Schädeldecke war handbreit gespalten, das Gehirn lag etliche Meter entfernt auf dem Bahndamm, ein Augapfel mit dem Sehnerv zwischen den Schienen. Der Totengräber nahm die Gehirnmasse mit bloßen Händen, legte sie in den Sarg, dann packte er den Augapfel am Sehnerv und ließ ihn ebenfalls in den Sarg fallen. Nach dem Einsargen wuzelte er sich eine Zigarette. Das Zigarettenpapier zeigte Blutspuren vom Toten. Ich deutete auf das Blut und meinte: „Herr H., macht Ihnen das nix aus?“

„Na“, erwiderte der Totengräber gemütlich, „dös macht mir nix aus. I hab ja den Karl guat kennt. Vor dem graust mir net!“

Der Hochalpindienst

Neben den gewöhnlichen Gendarmerieposten im Flachland gab es eine Qualifikation in Alpin- und Hochalpinposten. Für die Alpinausbildung fanden verschiedene Alpin- und Hochalpinkurse im Sommer und Winter statt. Ich war schon seit dem 14. Lebensjahr mit dem Klettern im Fels vertraut. Während meiner Ischler Lehrzeit hatte ich mit verschiedenen Berggefährten Klettertouren bis zum Schwierigkeitsgrad IV nach der Welzenbach-Skala unternommen. Schifahren lernte ich schon mit sechs Jahren von meinem Vater. Allerdings waren meine Fähigkeiten als Schifahrer bei der Lilienfelder Technik stehen geblieben.

Auf den Schikursen mit der Gendarmerieschule konnte ich meine Fahrtechnik ein wenig verbessern. Im „Schneeloch" Spital am Pyhrn war es möglich, von Mitte Oktober bis Mitte Mai schizufahren. Wir waren reine Tourengeher, denn Schilifte kamen erst gegen Ende meiner dortigen Dienstzeit auf. Zu Beginn des Winters machte ich auch öfters Almpatrouillen mit Schneereifen. Diese Geräte kommen in verbesserter Ausführung jetzt wieder in Mode. Die wichtigste Aufstiegshilfe waren die Seehundfelle.

Auf dem Posten gab es eine Anzahl alter Wehrmachtsschier. Den ernannten Alpinisten, Hochalpinisten und Lehrern für den hochalpinen Dienst wurde die Alpinausrüstung persönlich als „Sondersorte" zugewiesen. Wir hatten auch eine entsprechende Anzahl an Bergegerät, wie Lawinenschaufeln, -sonden und -schnüre, Kletterseile, Reepschnüre und „Schlosserei"[24].

Jeder Alpingendarm mußte ein dienstliches Tourenbuch führen. In dieses Heft waren alle alpinen und hochalpinen Touren dienstlicher und privater Natur einzutragen. Ich hatte schon lange Jahre zuvor ein privates Tourenbuch angelegt. Es ist die Grundlage für ein bisher nicht veröffentlichtes Manuskript mit dem Arbeitstitel „Geh in die Berge, wenn du müde bist". Darin wurden die alpinen Erlebnisse vom rein bergsteigerischen Gesichtspunkt aus berichtet.

Während meiner Hochalpindienstzeit habe ich die Funktionen des Bergsteigers, des Bergrettungsmannes und des Alpingendarmen gleichsam in einem Aufwaschen erledigt. Hier möchte ich einige markante Auszüge wiedergeben und durch den dienstlichen Aspekt beleuchten.

24 Im Bergsteigerjargon für Kletter- und Eishaken, Kletterhammer, Karabiner.

Bosruck-Geschichten

Als ich auf den Posten Spital am Pyhrn versetzt wurde, stand auf dem Hauptplatz ein von den BRD-Leuten gebautes Gipfelkreuz. Meine erste private Tätigkeit war, dem Bergrettungsdienst als aktives Mitglied beizutreten. Am 15. August 1952, dem Himmelfahrtstag, wurde dieses – in seine Teile zerlegte – Bosruck-Gipfelkreuz auf den Gipfel transportiert. Uns Bergrettungsdienstleuten halfen beim Transport zahlreiche Einwohner von Spital am Pyhrn. Es mußten nicht nur die Holzteile, die Verschraubungen und Verankerungen, sondern auch Zement, Sand und vor allem Wasser auf den Gipfel getragen werden. Das Fundament wurde erst beim Aufstellen des Kreuzes betoniert. Zum Zweck der Montage trugen wir auch einen Metalldreifuß hinauf, der dem Kreuz bei der Aufstellung Halt geben sollte. Ebenso mußte das nötige Werkzeug hinaufgeschleppt werden. Ein Baumeister stellte einen Kleinlastwagen zur Verfügung, und der Jeep des E-Werks wurde vom Ortsstellenleiter mit einem Anhänger bis zur Fuchsalm gefahren. Der Kleintransporter hingegen mußte auf dem Pyhrnpaß stehenbleiben. Von der Fuchsalm aus wurde alles von den Trägern auf den Gipfel gebracht. Nur einige Lasten wurden von fünf Tragtieren bis zum ersten Gratgipfel befördert. Aber über den schmalen Westgrat gab es keine andere Möglichkeit als Menschenkraft. Dreißig Männer besorgten den Transport des Materials über ihn. Es war ein strahlend schöner, aber auch überaus heißer Tag. Wir litten viel Durst, da wir nur wenig Wasser mitgenommen hatten.

Der Bergrettungsdienst Spital am Pyhrn beim Errichten des Gipfelkreuzes auf dem Bosruck (2.900 m).

Mein Vater hatte mir aus seiner eigenen Bergsteigerzeit ein Anti-Durst-Rezept verraten: „Wenn der Durst unerträglich wird, dann ist das beste Mittel dagegen, eine Zitrone zu lutschen!“ Bisher hatte ich die auf Bergtouren mitgenommenen Zitronen immer in den Tee gepreßt. Nun erinnerte ich mich dieses Ratschlags und zuzelte eine Zitrone aus. Das Ergebnis war katastrophal. Meine Zunge schwoll an und lag wie ein toter Fisch im Mund, der Durst aber steigerte sich ins Unerträgliche. Zu einer uns entgegenkommenden Trägerpartie sagte ich mit Galgenhumor: „So a Hitz und koan Schnaps!“ Da verkündete einer von ihnen: „An Schnaps hätt ma schon mit, aber koa Wasser!“ – „Her mit dem Schnaps!“ forderte ich. Wir tranken alle einen Schluck Schnaps aus dem Flachmann, und wie durch ein Wunder wurde meine Zunge wieder lebendig. Der Durst war im Nu verflogen. Als wir zur Fuchsalm kamen, stürzten viele zum Brunnen. Wir, die einen Schluck Schnaps bekommen hatten, gingen überlegen lächelnd vorbei und sagten: „Wir haltns bis zur Pyhrnerwirtin aus und trinken nacher a Bier!“ Seither lasse ich die Zitronen zu Hause, habe aber meist ein Flascherl Schnaps mit. Die Pyhrnerwirtin machte damals mit dem Durst der Gipfelkreuzträger ein überaus gutes Geschäft.

Von der Ortsstelle des BRD wurde beschlossen, daß unser Bosruckkreuz durch den Ortspfarrer Dechant Stögmüller eingeweiht werden sollte. Dieser, ein absolut schwindelfreier Kirchdachkletterer, zählte sechzig Lenze und war von unserem Plan begeistert. „Ich bin zwar schwindelfrei“, sagte der Pfarrer, „aber ich bin noch nie auf dem Bosruck gewesen, und an einem Kletterseil bin ich auch noch nicht gehangen. Ich möchte schon vor der Einweihung auf den Bosruck steigen, damit ich mich dann nicht blamiere.“

Unser Postenkommandant war damit einverstanden, daß mein Kamerad Karl und ich den Pfarrer anläßlich einer Hochalpinpatrouille durch unsichere Wegstrecken, wie es in der Dienstinstruktion in einem Paragraphen hieß, auf den Bosruck begleiteten. Gleichzeitig sollten wir Sicherungen für die bevorstehende Einweihung des Gipfelkreuzes anbringen.

Bei wechselhaftem Wetter traten wir mit Dechant Stögmüller unsere Patrouille auf den Bosruck an. Zwar hatten wir in den Dienstbüchern die gesamte Fußpatrouille eingetragen, aber um dem 60jährigen Pfarrer etwas entgegenzukommen, brachte uns der Ortsstellenleiter mit dem Jeep bis auf den Pyhrnpaß. In steilen Serpentinen stiegen wir bis zum ersten Gratgipfel, dem Ziagoaßeck, auf. Nach einer kleinen Verschnaufpause seilten wir den Pfarrer an. Karl ging als Patrouillenkommandant voraus, und der Dechant stieg punktgenau in die Tritte seines Führers. Ich sicherte ihn am Seil. Bei besonders exponierten Stellen sicherten wir den älteren Herrn von beiden Seiten, aber er bedurfte keiner Unterstützung und genoß sichtlich die Tiefblicke nach beiden Seiten.

Beim Gipfelkreuz schüttelten wir uns nach altem Bergsteigerbrauch die Hände und wünschten „Berg Heil!“ Der Pfarrer aber fragte: „Habt's an Berggeist

Der Pfarrer von Spital am Pyhrn, Dechant Otto Stögmüller, beim Abstieg vom Bosruck über den Nordpfeiler.

mit?“ Als wir dies verneinen mußten, sagte er: „Dös macht nix. I hab immer an Berggeist mit!“ Mit diesen Worten zog er seinen Flachmann aus der Brusttasche und schenkte jedem ein Stamperl klaren „Berggeist“ ein. „Was glaubt's, was dös für oana is?“ fragte er, als wir ausgetrunken hatten. Wir tippten auf Kirsch. „Ganz richtig. Dös is a zehnjähriger Kirschengeist!“

Nach der Gipfelmahlzeit fragten wir eigentlich mehr im Spaß, ob wir vielleicht über den Nordpfeiler absteigen sollten. „Wo is denn der?“ erkundigte sich der Herr Pfarrer. Wir zeigten über die Nordwand hinunter und sahen direkt unter uns die Mausmayralm. „Ja, wann ihr mich am Seil sichert, dann hätt ich nix dagegen“, sagte der Pfarrer vergnügt.

Wir seilten uns an, und wie beim Aufstieg über den Westgrat ging Karl voran, und der Pfarrer stieg genau seinem Vordermann nach. Jeden Griff und jeden Tritt machte er genau wie sein Führer. Ich sicherte die beiden von oben. Im Nu hatten wir den Nordpfeiler im Abstieg geschafft, und über Geröll und durch Latschendickicht stiegen wir über die Mausmayralm zur Bosruckhütte ab.

Die in der Hütte Anwesenden waren erstaunt, als wir von unserer Tour mit dem Pfarrer berichteten. Er hielt alle Anwesenden zechfrei. Er selbst feierte seinen Gipfelsieg und daß er mit sechzig Jahren zum erstenmal am Seil geklettert war, ganz ausgiebig. Die Folge war, daß seine Schenkel nachgaben. Eingehängt schleppten wir ihn von der Hütte ins Tal. Der Abtransport des illuminierten Pfarrers von der Bosruckhütte dorthin war schwieriger und anstrengender als die vorangegangene Kletterei auf den Bosruck und der Abstieg über den Nordpfeiler.

Die erste Winterbegehung des Bosruck-Ostgrates

Der Bosruck bildet den Abschluß des Teichltales und ist neben dem Großen Pyhrgas der Hausberg von Spital am Pyhrn. Seit Jahren herrschte unter Bergsteigern ein Wettkampf, die erste Winterbegehung des Bosruck-Ostgrates durchzuführen. Für Spital am Pyhrn wäre es eine Schande gewesen hätten ortsfremde Bergsteiger diesen Wettkampf gewonnen. Mit meinem BRD-Kameraden Ludwig Eibl hatte ich bereits zu Silvester 1952/53 einen Versuch unternommen, der jedoch durch einen Wettersturz zunichte gemacht wurde.

Bei einer Schitour am 15. März 1953 erfuhren wir, daß zwei Linzer Konkurrenten den Gipfelsturm auf den 21. März angesetzt hatten. Bis zum Frühlingsbeginn gelten Klettertouren als Winterbegehungen. Wir faßten kurzerhand den Entschluß, am 18. März 1953 die Wintererstbegehung zum zweitenmal zu versuchen. Vom Postenkommandanten erbat ich mir einen Tag Absentierung, und am Vorabend stiegen wir zur Bosruckhütte auf, um zeitgerecht einzusteigen.

Um 2 Uhr verließen wir unser Lager, nahmen rasch einen Imbiß ein und spurten mit den Schneereifen auf den Arlingsattel. Vom Mond zeigte sich nur eine schmale Sichel, aber es war trotzdem sehr hell. Der Himmel war klar, und ein Sternenmeer leuchtete uns auf dem Weg. Als wir zum Grat kamen, wurde es bereits etwas heller. Bis zum dritten Gratzacken konnten wir mit den Schneereifen gehen.

Langsam begann sich im Osten ein rötlicher Streifen am Firmament auszudehnen. Die ersten Schwierigkeiten begannen. Der Schnee war in schlechtem Zustand. An der Oberfläche befand sich eine etwa fünf Zentimeter dicke Harschschicht und darunter Schwimmschnee – eine Schneeart, die aus winzigen gefrorenen Harschkügelchen besteht. Diese Kügelchen hatten die Eigenschaft, wie ein Kugellager zu gleiten und machten diese Tour besonders gefährlich. Mein Gefährte Ludwig führte, weil er den Grat besser kannte als ich.

Noch gingen wir ohne Seil, um rascher voranzukommen. Eine glatte, vereiste Platte machte Ludwig zu schaffen. Als ich diese Stelle erreichte, war der Halt gebende Harsch weggerutscht und die Platte mit Schwimmschnee überrieselt. Ein Tritt war zwar da, aber nirgendwo konnte ich einen Griff finden Endlich entdeckte ich einen – aber beim Zugreifen hatte ich einen Stein in der Hand. Allmählich begannen meine Fußgelenke zu zittern. Wir sagten dazu „die Nähmaschine geht". Nun seilten wir uns an. Ratterte die Nähmaschine zu stark, konnten die Gelenke versagen, und ein Sturz wäre unvermeidlich.

Als wir zum ersten und eigentlichen Einstiegsturm kamen, war es 7 Uhr. Nahezu fünf Stunden waren wir bereits unterwegs. Die Sonne begann sich eben über den Großen Buchstein hochzuschieben. Dummerweise – weil wir nicht ahnten, was auf uns noch zukommen werde – ließen wir bei diesem Einstiegsturm, wo die eigentliche Fels- und Eiskletterei begann, die Schneereifen zurück, damit sie uns beim Klettern nicht behinderten.

Wir hatten nur die unbedingt nötige Ausrüstung mit. Vor allem waren wir darauf bedacht, genügend Fels- und Eishaken mitzuführen, damit wir uns von jeder Stelle der Tour ohne fremde Hilfe abseilen konnten. Leider gab es damals noch keine Perlonseile, und unser – 40 Meter – Hanfseil sollte uns noch viel Schwierigkeit bereiten. Auf Biwakzeug und Kocher hatten wir verzichtet, denn wir mußten die Besteigung innerhalb eines Tages schaffen.

Vor dem Einstieg wärmten wir uns zum erstenmal an diesem Tag die kalten Hände. Schnell wurde ein Foto gemacht, und dann gingen wir den ersten Turm an. Für diesen benötigten wir drei Stunden. Zur Jause aßen wir etwas Zucker und Schokolade; dann ging es weiter. Das Unternehmen war ein Mosaik aus Schneewächten, Sturm von den Südabstürzen her, Felsnadeln, eiskalten Fingern, Latschenbüscheln, kalten Zehen, Schneeflecken, gefrorenem Seil, Zähneklappern und etlichen Gams einige hundert Meter tiefer im Kar.

Beim vorletzten Turm mußten wir uns etwa dreißig Meter tief über ein lawinenverdächtiges Feld aus Schwimmschnee abseilen. Ludwig konnte ich gut beim Abstieg sichern. Nun mußte ich für mich einen Abseilhaken einschlagen. Da bekam ich in beiden Füßen einen Wadenkrampf. Mit harter Mühe konnte ich die Abseilschlinge befestigen und das Verlängerungsseil anknüpfen. Dann versuchte ich mich im Dülfersitz an den gefrorenen Seilen abzuseilen. So, und dann rasch das Seil herunterziehen. Aber es saß fest. Wir zogen und ruckten, wie wir wollten, es war festgefroren und bewegte sich nicht. Ludwig löste mich ab, damit ich mit ein paar Stück Zucker meine Kräfte stärken konnte. Dann kletterte ich wieder hinauf. Nach vielen Versuchen bekamen wir nach einer Stunde harter Arbeit das Seil wieder frei. Mit modernen Perlonseilen wäre uns dies sicher erspart geblieben.

Ein Blick auf die Uhr jagte uns Schrecken ein. Es war schon 15 Uhr und der Gipfel noch weit. Wir mußten alles auf eine Karte setzen, und die hieß Tempo, Tempo! Es rangierte jetzt vor der Sicherheit. Der Schnee auf dem Grat wurde immer tiefer und war nach wie vor gefährlicher Schwimmschnee. Das Gipfelkreuz ließ sich aus der Ferne erkennen. Die Sonne war mittlerweile hinter dem Gipfel des Bosrucks verschwunden. Es wurde immer kälter.

Endlich waren wir auf dem letzten Gratmugel, und nur mehr ein schmaler Grat trennte uns vom Gipfel. Um 17.10 Uhr waren wir beim Gipfelkreuz angelangt. Die letzten Strahlen der untergehenden Sonne umspielten und wärmten uns. Im Tal lagen schon schwarze Schatten. Abwechselnd gaben wir Winkzeichen, damit die Beobachter auf der Bosruckhütte und im Tal unseren Gipfelsieg bemerkten. Rasch wurde ein Gipfelfoto gemacht.

Nach kurzer Überlegung kamen wir zum Schluß, daß ein Abstieg über den Westgrat in Anbetracht der einsetzenden Dämmerung zu gefährlich und weit sei. Wir beschlossen daher, über eine südseitige Lawinenrinne zum Ziaggoaßfeld und zur Selzthalerhütte zu gehen.

Zunächst konnten wir über die steile Schneerinne stehend abfahren. Mit den Eispickeln steuerten wir die Geschwindigkeit der Talfahrt. Dann mußten wir zur Selzthalerhütte hinüberqueren, und nun bereuten wir, daß wir die Schneereifen beim Einstiegsturm zurückgelassen hatten. Oft bis zur Brust einbrechend, quälten wir uns durch den aufgeweichten Firn. Unsere Hoffnung, in der Selzthalerhütte Labung zu bekommen, ging nicht auf – sie hatte Wintersperre.

Vier Stunden quälten wir uns weite Strecken, auf allen vieren kriechend, zum Arlingsattel hoch. Dann ging es leichter. Um 21 Uhr kamen wir total erschöpft in der Bosruckhütte an. Mit großer Freude wurden wir empfangen. Doch wir waren zu müde, um die Glückwünsche entgegenzunehmen. Nach kurzer Labung fielen wir in unser Lager.

Ludwig hatte am nächsten Tag frei, aber ich mußte um 8 Uhr auf meiner Dienststelle sein. Also hieß es um 7 Uhr aufstehen, rasch frühstücken und im Laufschritt nach Spital am Pyhrn. Auf dem Posten wurde ich stürmisch empfangen. Der Postenkommandant war heilfroh, daß die Erstbegehung glücklich gelungen war. Die gesamte Mannschaft hatte fast den ganzen Tag mit dem Scherenfernrohr unseren Aufstieg über den Grat beobachtet. Viele Ortsbewohner standen auf dem Hauptplatz und verfolgten mit Feldstechern und Fernrohren unsere Besteigung: Wir hatten dafür gesorgt, daß an diesem Tag mehr zum Bosruck geschaut als gearbeitet wurde.

Die Pflicht aber erforderte, daß ich ab Mittag wieder auf Patrouille gehen mußte. Der Postenkommandant erlaubte mir, mich in Uniform auf mein Bett zu legen und etwas Schlaf nachzuholen. Der Schlaf in der Bosruckhütte hatte ja nur wenige Stunden gedauert, und nach der Tour waren wir von den Strapazen derart aufgewühlt, daß wir im Traum endlos lang durch tiefen Firn auf den Arlingsattel krochen. Dieser Schlaf hatte uns mehr hergenommen als erholt.

Der Beginn meiner Schriftstellerei

Einige Tage nach der Wintererstbegehung flatterte ein Brief des Verlegers und Herausgebers der „Illustrierten Rundschau der Gendarmerie“, des Herrn Kommerzialrats, H., auf den Tisch des Postenkommandanten. Der Kommerzialrat war während unserer Wintererstbegehung auf der Bosruckhütte gewesen, und er wollte, daß ich einen Bericht über diese Bergtour als Artikel für die „Rundschau“ schrieb. Damit begann meine schriftstellerische Laufbahn, die ich Jahre später mit kriminalfotografischen Fachartikeln in dieser Zeitschrift fortsetzen konnte. Später verfaßte ich über Auftrag des Lübecker Verlages Schmidt-Römhild den Leitfaden „Kriminalistische Fotografie“, der in Deutschland, der

Mein Bergkamerad Alois Eis beim Abseilen mit dem Stahlseilgerät vom Totenkirchl im Wilden Kaiser (Kurs für moderne Kletter- und Bergrettungstechnik, 23. Juli 1953).

Schweiz und zehn Jahre später auch in Österreich zum offiziellen Lehrbuch für Kriminalfotografen wurde.

Meine Erstbegehung hatte zur Folge, daß ich einen dienstlichen Brief des Herrn Alpinreferenten bekam. Er gratulierte mir zum Erfolg und fragte, ob ich an einer hochalpinen Ausbildung zum „Lehrer für den hochalpinen Dienst" interessiert sei. Auf meine Zusage wurde ich im Juli zu einem Kurs für moderne Kletter- und Bergrettungstechnik im Wilden Kaiser mit dem Standort Stripsenjochhaus einberufen. An diesem Kurs nahmen nur Beamte aus verschiedenen Bundesländern teil, welche die Qualifikation „Lehrer für den hochalpinen Dienst" bereits hatten. Ich war der einzige Teilnehmer ohne dienstliche Alpinqualifikation. Es war dies einer jener Ausnahmefälle, bei denen die erbrachte Leistung und nicht der erlangte Status honoriert wurde. Am Ende des Kurses wurde ich gleichsam taxfrei zum „Gendarmerie-Alpinisten" ernannt.

Die Einweihung des Bosruck-Gipfelkreuzes

Nahezu ein Jahr nach dem Aufstellen wurde das von uns errichtete Kreuz auf dem Bosruckgipfel durch den Ortspfarrer Dechant Otto Stögmüller eingeweiht. Dazu luden wir die Landesleitung des BRD in Linz ein. Die Absage begründete der Landesleiter: „Es gehört nicht zu den Aufgaben des Bergrettungsdienstes, Gipfelkreuze zu errichten und sie einweihen zu lassen." Drei Jahre später wurde dieser Brief zu einem Zerwürfnis und Anlaß dafür, daß ich meine Funktion als Schriftführer und Kassier des BRD zurückgelegte.

Wir erwarteten einen Andrang von Besuchern. Deshalb herrschte beim BRD Hochbetrieb. Wir mußten den Westgrat an den ausgesetzten Stellen durch Seilgeländer sichern. Bei allen Problemstellen stand ein BRD-Mann bereit, um helfend einzuspringen.

Um die Bevölkerung auf das Ereignis aufmerksam zu machen, wollten wir nach Ende der abendlichen Kinovorstellung vom Bosruckgipfel aus ein kleines Feuerwerk abbrennen. Zu diesem Zweck mußten einige von uns auf dem Gipfel sein.

Ich wollte mir dieses Erlebnis nicht entgehen lassen. Leider hatte ich an diesem Samstag, dem 8. August 1953, bis 18 Uhr Anwesenheitsdienst auf dem Gendarmerieposten. Weil mein Postenkommandant absolutes Vertrauen in meine Verläßlichkeit hatte, schrieb er mir eine Kletterpatrouille ab 18 Uhr auf den Bosruck, zur Sicherung der Gipfelkreuzeinweihung, vor.

Trotz der beginnenden Dunkelheit erreichte ich in zweieinhalb Stunden über den mir wohlbekannten Nordpfeiler meine vier BRD-Kameraden auf dem Gipfel. Sie hatten inzwischen ein Biwakzelt in einer Gipfelmulde aufgestellt und die Feuerwerkskörper rund um den Gipfel zum Abbrennen vorbereitet. Es gab damals keine besonders ausgefeilte Pyrotechnik, und deshalb hatten fünf Leute zu tun, um das Feuerwerk zu veranstalten.

Es wurde eine wundervolle Nacht, und der Himmel war in dieser Höhe besonders klar. Um 22 Uhr gab uns ein BRD-Kamerad vom Kino Spital am Pyhrn aus mit der Leuchtpistole ein Signal. Daraufhin brannten wir unsere Feuerwerksraketen ab. Es war für uns fünf ein herrlicher Anblick, wie die Leuchtkörper den Bosruckgipfel in verschiedenen Farben aufleuchten ließen. Leider waren unsere Leuchtraketen zu klein bemessen, um im Tal einen entsprechenden Eindruck zu erwecken.

Im Zelt lagen wir zusammengepfercht wie Ölsardinen. In der Nacht wurde es infolge des stürmischen Windes empfindlich kalt. Dreimal mußten wir unseren Benzinkocher anzünden und gegen Mitternacht eine Teestunde einlegen, um uns wieder zu erwärmen.

Unsere Mühsal wurden durch das Erlebnis des Sonnenaufgangs wettgemacht. Ludwig und ich gedachten des Sonnenaufgangs, den wir bei unserer Wintererstbegehung des Ostgrates erlebt hatten. Nach dem Frühstück eilten wir über den Westgrat, um die ersten Besucher der Gipfelkreuzeinweihung zu empfangen und über den Grat zu geleiten.

Bei der Einweihung waren einhundertzehn Personen anwesend. Der 61jährige Pfarrer bezwang den Westgrat meisterhaft. Dank des schönen Wetters und der guten Vorbereitung verlief der Festtag ruhig und ohne Unfall. Wegen der vielen Menschen wurden zahlreiche Gamsrudel neugierig Überall in den

Nord- und Südabstürzen tauchten Gams auf, die zum Grat emporblickten. Gewiß war die Gipfelkreuzeinweihung auch für diese behenden Bergbewohner ein einmaliges Erlebnis.

Die hochalpine Winterausbildung

Bei einem hochalpinen Winterführerkurs im Gebiet der Radstädter Tauern begab sich folgendes: Der Stellvertreter des Kurskommandanten war ein allzu schneidiger Tiroler Stabsrittmeister. Der Kurskommandant, der Alpinreferent des Innenministeriums Oberst W., hingegen war ein alter, erfahrener und besonnener Tiroler Bergsteiger. Während einer Mittagspause – es herrschte leichter Föhneinbruch – forderte Stabsrittmeister R. uns auf, mit ihm ins Plattenkar zu gehen. Der Kursleiter riet davon ab. Aber der Stabsrittmeister und einige besonders Schneidige gingen auf eigene Gefahr. Von der Hütte aus beobachteten wir ihren Aufstieg. Sie legten eine nicht ungefährliche Spur an. „Die Idioten schneiden ja ein Schneebrett an!" rief der Kursleiter. Und schon sahen wir, wie sich unterhalb der Wächte ein Riß durch die gesamte Breitseite des Hanges zog. Die Kollegen erschraken und machten blitzschnell das einzig richtige: Sie fuhren in der Fallinie hinunter. Kaum waren sie außer Gefahr, donnerte das Schneebrett in die Tiefe. Als der Stabsrittmeister ziemlich kleinlaut in die Hütte kam, prophezeite ihm der Kursleiter: „Wenn du im Gebirge so weitermachst, dann wirst du nicht alt." Diese Vorhersage erfüllte sich einige Jahre später. Der allzu schneidige Tiroler kam unter einer Eislawine ums Leben.

Bei einem anderen alpinen Schitourenkurs für Anfänger und Fortgeschrittene mit dem Standort Kühthai-Schlößl, vom 23. Jänner bis 1. Februar 1954, war ein Kollege aus Bad Ischl dabei. Harald St. erklärte beim Aufstieg großspurig: „I hab an Haufn Speck mit. Wann ihr oanmal an Speck wollt's, so könnt ihr oan habm." Nach einem ausgiebigen Begrüßungstrunk an der Bar der Schlössels wurde es spät. Wir bekamen nichts mehr verabreicht, hatten aber vom vielen Biergenuß Hunger bekommen. Da erinnerten wir uns an den Ausspruch des Ischlers. „Harry, wo hast denn den Speck?" flüsterten wir dem bereits schlafenden Zimmergenossen ins Ohr. „In der Rucksackaußentaschn is er", murmelte Harald im Schlaf. Wir nahmen ein Speckstück und schnitten uns davon ab. Damit er wußte, wieviel wir von seinem reichlichen Speckvorrat verzehrt hatten, ließen wir die Schwarte und ein kleines Anschnittstück übrig.

Am nächsten Tag hörten wir einen Aufschrei: „Ja, ös habts mir ja den ganzn Speck zsammgfreßn!" schimpfte Harald. Wir waren erstaunt: „Und bei dem kloan Stückl sagst du, daß du an Haufn Speck mitgnumma hast." – „Ja für mi war dös schon a Haufn", meinte unser Bergkamerad bedrückt.

Der alpine Alltag

Laut Befehl des Bezirksgendarmeriekommandos mußten wir am 9. Jänner 1954 von 9 bis 12 Uhr auf der Bundesstraße Nr. 138 im Ortsgebiet von Spital am Pyhrn eine „Besondere Verkehrskontrolle“ durchführen. „An dieser Kontrolle haben alle Beamten teilzunehmen“, hieß es im Befehl.

In der Nacht fiel über ein Meter Neuschnee. Die Bundesstraße war ab Windischgarsten unbefahrbar. Nur eine Schispur führte über die sieben Kilometer lange Strecke. Auch der Pyhrnpaß war ab Liezen wegen der hohen Schneelage unpassierbar. Auf den Straßen war keine Menschenseele zu sehen. Wir wagten deshalb, das BGK anzurufen und zu fragen, ob wir auch unter diesen Verhältnissen die „Besondere Verkehrskontrolle“ abhalten müßten. Der Bezirkler schnauzte uns aber an: „Haben Sie den Befehl nicht gelesen? Dort steht ganz klar und eindeutig, daß diese Verkehrskontrolle bei allen Witterungsbedingungen abzuhalten ist!“ Wir kannten die Sturheit unseres Bezirkskommandanten. Dem ‚falschen Böhm“ war zuzutrauen, daß er sich nach Windischgarsten chauffieren ließ und mit den Dienstschiern nach Spital marschierte, um uns zu kontrollieren.

Wir zogen die vorgeschriebene Adjustierung an, versteckten die Anhaltekelle im Mantelärmel und marschierten zum Ortsende. Dort setzten wir uns in ein kleines Gasthaus. Vom Gaststubenfenster aus hatte man einen guten Blick auf die Bundesstraße. Sollte der Bezirkler kommen, hätten wir genügend Zeit, durch den Hinterausgang auf die Bundesstraße zu gehen. Auf der Straße zu stehen, wagten wir nicht, um nicht zum Gespött der Bevölkerung zu werden und dadurch das Standesansehen zu schädigen. Die Wirtsleute allerdings wußten, weshalb wir bei ihnen Zuflucht gesucht hatten.

Gegen 12 Uhr Mittag rückten wir auf den Posten ein. Auf dem Hauptplatz herrschte eifriges Treiben. Das BRD-Roß Fanni stand vor einem mit Seilen und Alpinausrüstung vollgepackten Schlitten. Unsere BRD-Kameraden aber riefen: „Ja, um Gottes willen, wo seid ihr denn gesteckt? Überall haben wir nach euch gesucht!“ Wir fragten nach dem Grund ihrer Aufregung. „Auf dem Linzerhaus ist eine Neuschneelawine abgegangen und hat um 10.30 Uhr die beiden Aufträger[25], die bei der Materialseilbahn gearbeitet haben, verschüttet. Der jüngere konnte sich befreien und vom Linzerhaus aus anrufen. Der Hans K. ist aber noch verschüttet!“

Eiligst trug unser Landgendarm Hermann die Verkehrspatrouille aus und eine Alpinpatrouille ein. Hans und ich zogen Schihose und Anorak an, trugen die Lawinensonden und das Sanitätszeug zusammen und gingen zu unseren BRD-Kameraden, die schon mit angeschnallten Schiern auf dem Hauptplatz auf uns warteten. Am Schlitten hatten sie ein 40-Meter-Perlonseil angebunden und

25 Hüttenträger; Träger, welche Lasten auf Schutzhütten trugen.

Der Bergrettungsdienst Spital am Pyhrn beim Versuch der Reanimation des verschütteten Hüttenträgers J. Katzlinger, 12. Jänner 1954.

Schlaufen hineingeknüpft. In diese konnten wir uns einhängen und vom Pferd wie beim Schijöring ziehen lassen. Mühelos gelangten wir bis zum Traxlanger beim Pflegerturm. Von dort aus mußten wir abwechselnd, bis zur Brusthöhe einsinkend, durch den Schnee zur Unglücksstelle spuren. Trotz der noch immer großen Lawinengefahr fuhr uns der Hüttenwirt mit den Schiern entgegen. Er konnte uns die Stelle zeigen, wo sein Hüttenträger in den Schneemassen verschwunden war.

Gegen 15 Uhr fanden wir Hans K. in einem Meter Tiefe und gruben ihn aus. Er gab kein Lebenszeichen von sich, doch sein Körper war noch warm. Wir entfernten den Schnee aus seiner Mundhöhle und versuchten, ihn durch die damals übliche künstliche Beatmung zum Leben zu erwecken. Die „Mund-zu-Mund-Beatmung“ war noch unbekannt. Durch Heben und Senken seiner Arme bemühten wir uns, einander abwechselnd, den Leblosen ins Leben zurückzuholen. Nach eineinhalb Stunden gaben wir unsere Versuche auf und packten Hans auf unseren Ackja. Mittlerweile waren insgesamt zwei Meter Neuschnee gefallen und unsere Aufstiegsspuren verschwunden. Trotz des steilen Geländes mußten wir den Ackja mit angeschnallten Schiern bis ins Tal ziehen. In den höheren Lagen – die Unfallsstelle lag an der Waldgrenze – tobte ein orkanartiger Schneesturm.

Die Dachsteinkatastrophe 1954[26]

Am Gründonnerstag des Jahres 1954 stieg eine Schülergruppe aus Heilbronn mit ihren Lehrern von Obertraun zum Dachsteinplateau auf, um über die Schönbergalm auf den Krippenstein zu gehen. Die Warnungen der Einheimischen schlugen sie in den Wind. Sie waren nur leicht bekleidet und hatten keinerlei Bergausrüstung. Wegen des orkanartigen Schneesturms kamen sie beim Däumelsattel vom Weg ab. Der den vielen Bergsteigern bekannte „Linksdrall", den der Mensch im dichten Nebel einschlägt, ließ die Heilbronner einen Kreisbogen einschlagen. Als die Gruppe weder auf der Gjaidalm ankam noch ins Tal zurückkehrte, wurde bei der Gendarmerie des Bezirkes Gmunden und beim Bergrettungsdienst Großalarm ausgelöst.

Am 21. April 1954 machte ich eine Straßenpatrouille auf den Pyhrnpaß und zur Landesgrenze, die gleichzeitig Zonengrenze zwischen amerikanischer und britischer Besatzungsmacht war. Im Paßwirtshaus, der Pyhrnerwirtin, hielt ich die mir zustehende Rast. Da kam der Bäckermeister auf seiner neuen NSU-Max und überbrachte mir den Befehl, sofort die Patrouille abzubrechen und mich mit Alpinausrüstung und insbesonders allen verfügbaren Lawinensonden per Eisenbahn nach Kirchdorf an der Krems zu begeben. Ich wurde zum Sucheinsatz nach den Heilbronnern abkommandiert. Der Bäckermeister nahm mich auf dem Motorrad mit, und mit dem letzten Zug kam ich nach Kirchdorf. Beim Bezirksgendarmeriekommando gab es eine Notunterkunft.

Am 22. April fuhren wir mit dem VW-Kombi nach Obertraun. Mit der damals erst halb fertiggestellten Dachsteinseilbahn konnten wir auf die Schönbergalm fahren. Die Schutzhütte wurde für die nächsten Wochen zu unserem Heim. Gleich nach der Ankunft legten wir eine breite Aufstiegsspur auf den Mittagskogel an. Es herrschte starker Nebel.

Auf der Schönbergalm waren Mitglieder der oberösterreichischen und steirischen Gendarmerie-Alpineinsatzgruppen sowie BRD-Männer aus den Bezirken Gmunden und von der Landesleitung Linz untergebracht.

Am Abend saß ich mit dem stellvertretenden Alpinreferenten und anderen Kollegen am Küchentisch der Schönbergalm. Wir berieten die weiteren Suchaktionen. Da klopfte es, und ein schneidiger junger VB-Oberleutnant mit umgehängter Kartentasche, Feldstecher und Brotbeutel trat stramm in die Küche. Er schlug die Absätze zusammen, so daß es wie auf dem Kasernenhof knallte, riß den rechten Arm zackig zur Ehrenbezeugung an den Mützenrand und ließ ihn nachzittern. Mir kamen Erinnerungen an die Heimwehrführer der Systemzeit hoch. Bei diesem Gendarmeriesoldaten fehlte wirklich nur mehr der Hahnenschwanz an der Feldmütze.

---

26 Auszüge von diesem Bericht wurden im Buch „Mein Leben ist ein Roman – Alltagsgeschichten aus Oberösterreich", Publikation Nr. 1 (Bibliothek der Provinz), veröffentlicht.

Nun ließ der vertragsbedienstete Oberleutnant seine Meldung los: „Oberleutnant N. von der Gendarmerieschule Ebelsberg zwo. Ich melde mich mit soundsoviel Mann zum Sucheinsatz. Es ist lauter ausgezeichnetes Material, das ich Ihnen bringe. Ich bitte um weitere Weisungen!“ Dann ging er von der Habt acht! in die Ruht!-Stellung über.

Wir sahen einander schmunzelnd an, schüttelten die Köpfe, und jeder dachte insgeheim, welch einen komischen Vogel die wohl geschickt hätten. Unser Alpinchefstellvertreter, der, wie wir, mit hochgekrempelten Ärmeln im Schipullover am Küchentisch saß, sagte: „Danke, Herr Oberleutnant, für Ihre Meldung. Sie können abtreten und mit der Seilbahn in Ihre Talunterkunft fahren. Morgen in der Früh treten Sie mit Ihrer Mannschaft vor der Hütte hier an. Danke!“

Verdutzt blieb der „Mau-Mau-Häuptling“ stehen, riß wiederum eine mustergültige Ehrenbezeugung herunter, machte eine ebensolche Kehrtwendung, und mit einem kräftigen Auftreten verließ er die Schönbergalm. Nun konnten wir unser Lachen nicht mehr zurückhalten. Wir vereinbarten, daß uns Alpingendarmen einige BRD-Männer und eine Gruppe der B-Gendarmen aus Ebelsberg zugeteilt würden. Jede dieser Suchgruppen sollte anhand der Kursskizze das ihr zugewiesene Gelände absuchen. Der Stellvertreter des Alpinreferenten verteilte die Suchgebiete an uns, und anhand einiger Alpenvereinskarten machten wir uns unsere Kursskizzen. Da zu wenig Karten vorhanden waren, dauerte es bis Mitternacht, bis wir unsere Kursskizzen fertig hatten und aufs Matratzenlager gehen konnten. Dank meiner guten Kondition hatte ich die Strapazen der letzten beiden Tage gut verkraftet.

Nach dem Frühstück gingen wir vor die Hütte. Die Kompanie der Ebelsberger unter dem Kommando des komischen Oberleutnants stand bis an die Zähne bewaffnet vor der Schönbergalm angetreten. „Ja, was wollt's denn mit dö Waffn? Ihr seid doch da, um Tote zu suchen und nicht, um Lebendige zu derschieaßn!“ sagten wir Alpingendarmen wie aus einem Mund. Dem Oberleutnant wurde erklärt, daß er seine Aufgabe erfüllt habe und abtreten könne.

In der Holzhütte wurde ein Waffenlager eingerichtet, und drei der B-Gendarmen wurden zur Bewachung abkommandiert. Wir bedeuteten ihnen, daß der Paragraph der Dienstinstruktion: „Der Gendarm hat stets vorschriftsmäßig adjustiert und vollständig bewaffnet in den Dienst abzurücken...“ für alpine Sucheinsätze keine Bedeutung hatte. Auf dem Berg gelten andere Gesetze als in dumpfen Amtsstuben.

Beim Aufstieg entdeckten wir bei den schwitzenden „Mau-Mau“, daß sie unter dem Anorak die Uniformbluse mit dem Stehkragen hochgeschlossen und darunter noch einen Pullover anhatten. Wir ließen sie die unnötige Kleidung in die Rucksäcke geben und setzten den Aufstieg fort. Zwar waren die uns zugeteilten Leute willig und froh, dem Alltag des Kasernenhofes entkommen zu sein, aber von ausgezeichnetem Material war keine Rede. Viele konnten gerade noch die Schier anschnallen, aber viel mehr nicht. Nur zwei oder drei waren ausgezeichnete Schifahrer. Allein gelassen, wären sie ebenso hilflos umgekommen wie die Schüler, die wir zu suchen hatten.

Im Verlauf des Einsatzes kam auch ein vertragsbediensteter Major in den Däumelgraben. Oberhalb des steilen Hüttenhanges blieb er stehen und hielt alle B-Gendarmen an: „Halt, halt!“ rief er mit sich überschlagender Stimme. „Alle meine Leute die Schier abschnallen! Das ist ja keine Abfahrt! Das ist eine Tooodesstrecke!“ Einer der B-Gendarmen, ein ausgezeichneter Schifahrer, schimpfte: „Weil der Trottl nit schifahrn kann, muaß ich auf'm schönstn Stückl abihatschn!“

Der Oberleutnant N. hatte ein Funknetz aufgebaut. Darunter verstand er, daß jede Gruppe zwei Handfunkgeräte mit sich zu führen hatte. Sie sollten ständig ihre Standortmeldung durchgeben, damit die Einsatzleitung wußte, wo sich die einzelnen Suchgruppen zum gegebenen Zeitpunkt befanden. Vor lauter Standortbestimmungen und Meldungsdurchgaben wären wir pro Tag kaum einen Kilometer weit gekommen. Auch funktionierten die amerikanischen Handfunkgeräte nur auf Rufweite. Das ganze militärisch eingefädelte Theater diente uns Alpingendarmen und den BRD-Männern zur Aufheiterung der ansonst trüben Wetter- und Gemütslage. Wir hatten noch immer den kleinen Hoffnungsfunken, einen oder mehrere Überlebende zu finden.

Wenn wir beim Queren von Steilhängen kleine Schneekugeln lostraten, kommentierten wir das Hinabkollern dieser mehr oder weniger großen Schneeballen: „Da gehen junge Lawinen ab!“ Von uns Alpingendarmen mußte öfters einer eine Meldung in die Schönbergalm bringen. Wenn wir bei der Hütte auftauchten, wurden wir sofort von einer Schar Reporter umringt: „Was gibt es Neues im Suchgebiet, Herr Inspektor?“ Einem von uns wurde diese Fragerei zu dumm, und er antwortete mit abwertender Gebärde: „A paar junge Lawinen sand aganga!“ In der nächsten Tageszeitung lasen wir dann die Meldung: „Im Suchgebiet gingen einige junge Lawinen nieder, welche die Suchmannschaften gefährdeten.“

Am ersten Tag der Suche, dem 23. April 1954, sollten wir in das Tal zum Hagenschoß vorstoßen und nach Spuren der Vermißten Ausschau halten. Es gab dichten Nebel und Schneetreiben. Die Sichtweite betrug nur zehn bis höchstens zwanzig Meter. Wir mußten genau nach dem Kompaß gehen. Wegen der geringen Sichtweite hatten zwei Mann, mit einer 25 Meter langen Lawinenschnur verbunden, voranzugehen. Hinter dem zweiten stand der Mann mit der Bezard-Bussole und kontrollierte die Richtung. Ein weiterer hatte in seiner einen Anoraktasche so viele Zündhölzer, als der Wegstrecke in 25-Meter Teilen entsprach. Für hundert Meter hatte er vier Zündhölzer. Nach jeder Lawinenschnurlänge wanderte ein Hölzchen in die andere Brusttasche. War die eine Tasche leer, wurde eine neue Marschrichtung eingeschlagen – ein sehr mühsames und zeitraubendes Manöver.

In einem parallel verlaufenden Tal marschierte eine Gruppe, die von einem bekannten Angeber geführt wurde. Von Zeit zu Zeit kam er über den Schneekamm zu uns, um großspurig zu kontrollieren, ob wir unsere Richtung einhielten. In Wirklichkeit hatte er die Orientierung verloren.

Nach drei Stunden mußten wir umkehren. Auch zum Rückweg benötigten wir noch eine Stunde. Den anderen Suchgruppen erging es ähnlich. Am nächsten Tag kamen wir in das Gelände unseres Nebenmannes. Da bemerkten wir, daß er mit seiner Gruppe unter einer Schneewächte Zuflucht gesucht und so lange gewartet hatte, bis wir zurückkamen. Dann schloß er sich in gehörigem Respektabstand uns an.

Der 24. April war der erste Schönwettertag seit dem bewußten Karfreitag. Die Einsatzführung veranstaltete einen Großeinsatz. Der Alpinreferent Major Z. erteilte mir und einem ehemaligen Postenkollegen einen Sonderauftrag. Ein Hotelbesitzer aus dem Land Salzburg hatte dem Einsatzstab seine medialen Kräfte zur Verfügung gestellt und, nach seinen Angaben, einen Ausschnitt der Alpenvereinskarte „Dachsteingebiet“ auf seinen Garten übertragen. Dann war er das abgesteckte Geländestück mit der Wünschelrute abgegangen und hatte jene Punkte, wo sie ausschlug, markiert. Punkte mit intensivem Rutenausschlag hatte er besonders hervorgehoben. Dann wurden diese Punkte von ihm maßstabgetreu auf die Dachsteinkarte übertragen. Als Ausgangspunkt für die Suche sollte ein Punkt dienen, der in einer Entfernung von genau 300 Metern, in Luftlinie gemessen, westlich der Hirschkogelspitze in der Hirschgrube lag. Von diesem Punkt aus sollten wir im Rechtwinkelmeßverfahren jene Punkte suchen, die der Wünschelruten-Hotelier aufgezeichnet hatte.

Mit zwei BRD-Leuten und einer Gruppe B-Gendarmen stiegen wir zum Hirschkogel auf. Der Alpinreferent hatte befohlen, den Steilhang in die Hirschgrube im Treppenschritt zu begehen. Aber bereits aus der AV-Karte hatten wir ersehen, daß auf einer Hangneigung von 50 Grad kein Schnee liegen würde. Wir mußten die Luftlinie in eine Geländelinie umrechnen. Vom Hirschkogel seilten sich Karl und ich über die „im Treppenschritt zu begehende“ Wand ab, maßen mittels der Lawinenschnur die Länge und trafen unten wieder mit der Suchgruppe zusammen. Dann maßen wir den ominösen Punkt in der Hirschgrube aus und legten von ihm aus die Suchkoordinaten. Als wir jeden der vierzehn Punkte markiert hatten, begannen wir im Umkreis von zehn oder zwölf Mann zu sondieren. Wir sondierten bis zum gefrorenen Boden oder Fels, ohne eine Spur der Vermißten zu finden. Auch Ajax, der berühmte Lawinenhund aus Gmunden, war bei uns und fand nichts.

Nun machten wir uns auf den Rückweg. Bei der Speikgrube gab es einen großen Menschenauflauf. Dort wurde uns berichtet, daß, einige Kilometer von unserem Suchpunkt entfernt, im Däumelgraben die ersten drei toten Schüler gefunden worden waren.

Da bemerkten wir unseren Salzburger Wünschelrutengänger. Er war von zahlreichen Reportern umgeben. Seine Zeichnung hatte er auf den Knien ausgebreitet. Großspurig erklärte er: „Und sehen Sie, meine Herren, genau an dieser von mir ausgependelten Stelle wurden tatsächlich die Toten gefunden!" Über diese maßlos freche Lüge empörte sich mein Bergkamerad Karl: „Sie unverschämter Lügner! Verschwinden Sie von hier. In der Früh haben Sie dem Herrn Major und mir diese Zeichnung gegeben, und wir haben in der Hirschgrube dieser Zeichnung nach gesucht. Die Zeichnung, die Sie jetzt zeigen, haben Sie nachträglich angefertigt, als Sie den Fundort erfahren haben!" Der Hotelier erkannte uns wieder, verlor ein wenig die Fassung, packte seine Unterlagen zusammen und verschwand auf Nimmerwiedersehen.

Während wir im Auftrag des Alpinreferenten die Angaben des Okkultisten überprüft hatten, war beim Däumelgraben eine Stelle gefunden worden, an der die Schüler wahrscheinlich für kurze Zeit vor dem Schneesturm Schutz gesucht hatten. Selbst wir in der für damalige Verhältnisse ausgezeichneten Alpinbekleidung und mit großer Bergerfahrung ausgestatteten Bergrettungsleute hätten es in dieser Grube bei Schneesturm nicht länger als eine Viertelstunde ausgehalten. Trotzdem wurde diese Stelle als „Biwakplatz" bezeichnet.

In der Zeit, als wir am 24. April in der Hirschgrube den Angaben des Wünschelrutengängers nachgingen, entdeckte einer unserer Kollegen um 11 Uhr im Däumelgraben eine aus dem Schnee ragende Hand. Der tote Schüler und zwei

Fundstelle der ersten drei toten Heilbronner Schüler im Däumelgraben im Dachsteingebiet, 24. April 1954. Sie wurde durch drei Kreuze zum Felsen links gekennzeichnet.

Gedenkbuch des sog. „Heilbronnerkreuzes“, das von uns am 13. Mai 1954 errichtet wurde.

weitere lagen nur wenig vom Schnee bedeckt da. Die Gruppe hatte einen Felsblock nicht mehr überwinden können. Kraftlos waren die drei Schüler nach hinten gefallen. Mittels Markierungsfarbe wurde dieser Felsblock mit drei Kreuzen gekennzeichnet. Ich habe ein Foto davon in meinem Tourenbuch.

Nun wurde die Umgebung der ersten Fundstelle genau sondiert, und um 14 Uhr wurden sechs weitere Leichen geborgen. An dieser Stelle zogen wir einige Tage später drei bis vier Meter tiefe Suchgräben und sondierten die Zwischenräume. Der Schnee lag dort bis zu neun Meter tief.

Der sogenannte „Biwakplatz“ wurde später Ausgangspunkt aller weiteren Suchaktionen. Im Lauf der Zeit wurden die BRD-Leute und B-Gendarmen nach Hause geschickt. Wir Mitglieder der alpinen Einsatzgruppen Gmunden, Kirchdorf an der Krems und Schladming übersiedelten auf die Gjaidalm. Es kam uns der Gedanke, den „Biwakplatz“ mit Stangen zu kennzeichnen. Da aber auf diesem ehemaligen Truppenübungsplatz an allen möglichen Punkten Stangen standen, einigten wir uns darauf, zur besonderen Unterscheidung ein Stangenkreuz aufzustellen. Am 13. Mai 1954 nahmen wir von der Gjaidalm einen Fuchsschwanz, Hammer, Zange und Nägel mit. Einige von uns trugen Steine zusammen, um die Stangen in einem Steinmann entsprechend zu befestigen. Andere trugen aus der Umgebung Stangen herbei. Ein Kamerad aus Grünau, der Tischlerei gelernt hatte, und ich nagelten aus dem Material ein Doppelstangenkreuz zusammen. Es wurde mit den Steinen umschlichtet und war nun, von weithin sichtbar, ein markanter Punkt. Bald wurde die Stelle „Biwakplatz“ in „Heilbronnerkreuz“ umgetauft. Der Bau des Heilbronnerkreuzes ist mir deshalb so gut in Erinnerung, weil ich mir bei der Heimfahrt vom Sucheinsatz eine Bänderzerrung des linken Knies zugezogen habe und meinen Einsatz infolge Krankenstandes abbrechen mußte.

Im Buch „Duell mit den Bergen“ von Rudolf Lehr, Verlag Rudolf Trauner, 1975, hat der Autor im Kapitel „Der Todesmarsch am Karfreitag“ auch über die „Heilbronner Tragödie“ berichtet. Gewiß war der Autor bei diesem Einsatz nicht dabei, sonst hätte er nicht Unstimmigkeiten – wie von ununterbrochen kreisenden Hubschraubern – schreiben können. Die einzige Verbindung bei dem damaligen Wetter war die Dachsteinseilbahn, die von Obertraun zur Schönbergalm führte. Aber durch Weitererzählen wurden im Lauf der Zeit alle Tatsachen ein wenig entstellt. Im Kapitel „Ich schäme mich, zu den Eltern zu gehen“ übte der Autor hingegen sachliche Kritik an der Organisation des Einsatzes, an deren Mängel in erster Linie wir Suchmannschaften zu leiden hatten. Falsch hingegen ist die Darstellung über das Heilbronner Gedächtniskreuz. Das von uns errichtete Doppelkreuz diente in erster Linie zur Orientierung der Suchmannschaften. Es wurde an der von Lehr als „Lager“ und von uns als „Biwakplatz“ bezeichneten Stelle errichtet. Später errichtete die BRD-Landesleitung Linz dort das „Heilbronner Gedächtniskreuz“, das einige Jahre später zu einem Zerwürfnis innerhalb des BRD führte.

Damals lud die Landesleitung alle Ortsstellen ein, an der Einweihung des Kreuzes teilzunehmen. Einige Bergkameraden unserer Ortsstelle witterten eine Gratisbewirtung und wollten auf BRD-Kosten daran teilnehmen. Ich aber erinnerte mich der Absage, die uns die Landesleitung anläßlich der Einweihung unseres Bosruck-Kreuzes erteilt hatte, und schrieb zurück: „Weil es nicht zu den Aufgaben des BRD gehört, Gipfelkreuze zu errichten und einweihen zu lassen, nimmt die Ortsstelle an der Privataktion der Landesleitung nicht teil.“ Unser Ortsstellenleiter weigerte sich, die Fahrtkosten für jene, die trotzdem fahren wollten, aus der BRD-Kasse zu begleichen, und ich schloß mich seiner Ansicht an. Daraufhin traten wir von unseren Funktionen zurück. Das Sprichwort, daß Geld den Charakter verdirbt, hat sich in diesem Fall traurig bewahrheitet. – Später wurde an der Stelle des „Heilbronner Kreuzes“ eine Kapelle errichtet und dort 2004 eine Gedächtnismesse anläßlich des 50-Jahr-Gedenkens abgehalten. Der Fundort der ersten Toten war von dieser Gedächtnisstelle weit entfernt.

Zu dem im zitierten Buch erwähnten Telefonat wäre folgendes richtigzustellen: Am 28. April 1954 sondierten wir in der Speikgrube. Mein Kollege Patrouillenleiter A. vom Gendarmerieposten Ebensee fuhr die Standard-Abfahrtsstrecke vom „Biwakplatz“ in die Speikgrube. Plötzlich bemerkte er eine eigenartige Wölbung des Schnees. Er nahm die Lawinensonde und spürte Widerstand. Nach Drehen der Sonde merkte er, daß da ein Kleiderstoff war. Oberhalb von ihm fuhr Rayonsinspektor Sch. vom Posten Gmunden in Begleitung des berühmten Diensthundes Ajax den Hang entlang. A. rief hinauf: „Hias, kumm mit'm Ajax zu mir! I glaub, da liegt oana drinn!" Die beiden begannen zu graben, und auch wir gingen auf den Gegenhang, um zu helfen. Wir hatten eine Grube ausgeschaufelt, als der Hundeführer befahl: „Ajax, such!" Ajax sprang in die Grube, drehte sich ein paarmal um seine Achse und legte sich nieder. Hias jagte den Hund aus der Grube, und nach einiger Zeit stießen wir auf eine Kinderleiche. Der Tote lag mit dem Kopf talwärts im Schnee. Er hatte nicht einmal mehr die Kraft besessen, seine Hände beim Fallen schützend vors Gesicht zu halten. Der Ort dieses Leichenfundes lag zwischen der Fundstelle der ersten neun Toten und dem „Biwakplatz".

Nun kam die eigentliche Komödie – so man in diesem Zusammenhang von einer solchen sprechen kann. In der nächsten Ausgabe der „Salzkammergut-Zeitung" stand, daß der berühmte Lawinensuchhund Ajax aus Gmunden einen weiteren Toten gefunden hatte. Patrouillenleiter A. war über diese Falschmeldung erbost und brachte die Entgegnung, daß nicht Ajax, sondern er, der Gendarmeriepatrouillenleiter A. vom Posten Ebensee, den Buben entdeckt hätte. Dies entsprach ja auch der Wahrheit, wie ich als Augenzeuge bestätigen kann. Später frotzelten wir unseren Diensthundeführer, daß Ajax vor den Disziplinarsenat müsse, weil er als Diensthund so gelogen habe.

Am 25. April 1954 wurde von der Schönbergalm aus ein Großeinsatz gestartet. Weil die Führung durch unseren Alpinreferenten ein jämmerliches Trauerspiel war, das sogar Rudolf Lehr in seinem Buch angesprochen hat, ergriff der bei uns anwesende Alpinreferent der Steiermark, Oberstleutnant B., das Kommando. Er befahl, daß sich alle Alpingendarmen, Bergrettungsmänner, B-Gendarmen und freiwilligen Helfer im Däumelgraben bei der Speikgrube sammeln sollten. Dann stellte sich der bergerfahrene Oberstleutnant bei der Fundstelle der ersten drei Toten auf und brüllte wie ein Löwe, daß es durch das ganze Tal hallte: „Alle Gendarmen, Bergrettungsleute und Helfer hören auf mein Kommando! – In Linie zu einem Glied Vergatterung."

Sofort nahmen wir in einer bunten Reihe, wie wir gerade standen, nebeneinander Aufstellung. Dann wurde befohlen: „Sonde beim linken Fuß einstechen" – „Sonde beim rechten Fuß einstechen" – Sonde einen halben Schritt vorne zwischen den Füßen einstechen!" Nach dieser Erläuterung wußten alle, wie es weitergehen sollte. Der linke und rechte Flügelmann sowie einige Helfer schnitten Latschenzweige ab, um die Begrenzungen zu markieren. Solcherart sondierten wir Schritt für Schritt drei Sondeneinstiche bis zum Untergrund. Am Ende der Speikgrube machten wir kehrt und sondierten im Rückweg die zweite Hälfte der Grube. Nach diesem leider erfolglos gebliebenen Sucheinsatz konnte ausgeschlossen werden, daß sich in diesem Gebiet noch Vermißte befanden. Am Nachmittag wurden auf die gleiche Weise die Däumelgräben sondiert.

Auch in den folgenden Tagen wurden die weiteren Gebiete um die Fundstelle sondiert. Vom Fund des nächsten Toten am 28. April 1954 habe ich zuvor schon berichtet. Bis zum 2. Mai blieben wir auf der Schönbergalm und marschierten von dort aus jeden Tag in das Gelände, um Suchgräben auszuheben und zu sondieren. Wir wußten längst, daß dies alles nur Alibitätigkeiten waren, mittels derer sich die höheren Herren bei der Presse und im Ausland von jeglicher Schuld reinwaschen wollten. Im Rahmen der Kritik in Rudolf Lehrs Buch wurde der vom steirischen Alpinreferenten mustergültig organisierte Einsatz nicht erwähnt. Aber ansonsten hat der Autor recht, wenn er schreibt:

„Als dann die Suche größere Dimensionen annahm, fehlte jede Organisation. Es wurde völlig planlos gesucht. ... Das Grundübel: Man hörte zuwenig auf die Einheimischen. Andere führten das große Wort. Alpingendarmen und Bergrettungsmänner taten ihr Bestes, aber ihre Kommandanten verzettelten sich in Rivalitäten und Kompetenzstreitigkeiten."

Auch wir verspürten diese Mängel. In der Schönbergalm bekamen wir vom 22. April bis 2. Mai 1954 nahezu täglich Wiener Schnitzel mit Kartoffeln oder Reis. Es gab keinen Salat und keinerlei Obst. Wenn einer von uns ins Tal fuhr, um unserem Vitaminmangel abzuhelfen und in Obertraun Obst zu kaufen, durfte er von keinem der im Tal umherschwirrenden Vorgesetzten gesehen werden. Dennoch nahmen wir einen Anpfiff in Kauf. Bei diesen Besuchen im Tal sahen wir manches, was uns empört hat.

Der Ortsstellenleiter des BRD-Obertraun, Hans St., war mit seinen Leuten unserer Suchgruppe zugeteilt. Eines Tages sagte er: „Wir haben von einer Heilbronner Weinkellerei zwei Kisten mit Wein als Geschenk zugesagt erhalten. Wenn der Wein auf der Hütte ist, teilen wir mit euch, und ihr bekommt eine Kiste davon."

Der Wein kam aber nicht bei uns an. Mein Bergkamerad Heinz H., der Einsatzleiter der Alpinen Einsatzgruppe Kirchdorf, fuhr ins Tal, um etwas zu besorgen. Beim Warten auf die Seilbahn entdeckte er bei der Einsatzleitung in der Bundessportschule mehrere Weinkisten. Auf einer, die aus Heilbronn stammte, las er die Anschrift: „An die BRD-Ortsstelle Obertraun zu Handen Herrn H. St." Diese Adresse war mit blauer Försterkreide durchgestrichen und groß „Gend.-Einsatzkommando" darübergeschrieben.

In der Hütte teilte Heinz uns und dem Obertrauner Ortsstellenleiter mit, was mit der Weinlieferung los war. „Ja, was solln mir denn da machen?" fragte der Obertrauner. Daraufhin ging Kollege Heinz H. zum Telefon und ließ sich mit dem Gmundener Abteilungskommandanten verbinden. „Herr Major! Von der Einsatzleitung wurden zwei Kisten mit Weinflaschen, die für die BRD-Ortsstelle Obertraun bestimmt waren, unterschlagen. Wenn dieser Wein nicht mit der nächsten Seilbahn zu uns heraufgeschickt wird, erstatte ich bei der Staatsanwaltschaft Diebstahlsanzeige!" Mit der nächsten Seilbahn kam kommentarlos eine Kiste an. Die zweite war gewiß schon an das „Bodenpersonal im Tal" verteilt worden.

Nun erfuhren wir auch, daß die US-Besatzungsmacht für die Suchmannschaften Schokolade, Zuckerln und Käse gespendet hatte. Der Großteil davon wurde, wie wir später erfuhren, rucksackweise von den dienstführenden und leitenden Gendarmeriebeamten des Einsatzstabes nach Hause verfrachtet. Wir bekamen lediglich ein Viertel-Kilo-Stück Käse und einige Rollen Drops. Wurde aber einer von uns im Tal erwischt, weil er neue Socken oder Reservewäsche bzw. Obst kaufen wollte, so wurde er angeschnauzt und mit einer Disziplinarstrafe bedroht: „Was glaubt denn die Presse, wenn Sie, statt zu suchen, hier im Tal herumlungern?" Daß aber eine Unzahl von Schmarotzern in der Einsatzzentrale herumlungerte – darüber wurde geschwiegen. Keiner der vielen Herren Inspektoren, die sich im Tal wichtig machten, hatte sich um unsere Verpflegung gekümmert. Wir mußten unser Schutzhütten-Essen aus eigener Tasche bezahlen. Mit den uns zustehenden Reisegebühren wurde dies aber nicht abgegolten, obwohl derart strapaziöse Einsätze besondere Verpflegung verlangten. Unsere Verbitterung stieg und griff auch auf BRD-Leute und freiwillige Helfer über.

Am 3. Mai 1954 wurden bis auf 21 Alpingendarmen alle Suchkräfte abgezogen. Wir wußten, daß in Anbetracht der gegenwärtigen Wetterverhältnisse eine weitere Suche sinn- und zwecklos war. Es blieb nur mehr die Möglichkeit, abzuwarten, bis die Schneeschmelze die restlichen Toten freigab und man durch Krähen und Dohlen auf deren Lage aufmerksam wurde. Aber, wie Lehr in seinem oben erwähnten Buch schreibt, auf die Einheimischen hörte man nun einmal nicht.

Am 3. Mai übersiedelte ich mit zwanzig Kameraden auf die Gjaidalm. Ausnahmsweise hatte ich die Erlaubnis erhalten, am 2. Mai mit der Bahn auf eigene Kosten auf meine Dienststelle zu fahren und meine beim Einsatz verschmutzte und zerrissene Wäsche zu ergänzen. Ich kehrte mit meinem Motorrad nach Obertraun zurück und brachte auch für die anderen Kameraden aus dem Kirchdorfer Bezirk Nachschub mit. Wir bekamen während unserer Kommandierung keine Post, und die Verbindung der Verheirateten zu ihren Familien war damals nahezu unterbrochen.

Es wäre für den Leser genauso ermüdend, darüber zu lesen, wie es für uns ermüdend war, tagtäglich auf eine im Grund sinnlose Suche zu gehen, nur damit vorgesetzte Beamte ein Alibi für ihre mangelnden Führungsqualitäten bekamen. Der Auftrag lautete, daß bis auf drei Beamte alle anderen auf Suchpatrouille zu gehen hatten. Welchen Erholungswert aber hatte es, wenn drei Beamte in der Hütte hockten? Bei Schönwetter hätte man in der Sonne sitzen und den Dachsteingipfel anschauen können. Aber nur in der Hütte herumzulungern und eine Bierflasche nach der anderen zu leeren, bot kaum Erholung und war zu kostspielig. Wir beschlossen daher, alle zusammen tagtäglich auf Suche zu gehen. Einer von uns konnte mit der Materialseilbahn ins Tal fahren und seine Familie besuchen. Einige Tage ging dies gut. Aber dann bemerkte unser Expositurkommandant, der mit der Einsatzleitung unter einer Decke steckte, daß Kollege Heinz Anstalten traf, ins Tal zu fahren. Als er dies verbieten wollte, sagte der erzürnte Heinz: „Herr Revierinspektor Ich habe seit 22. April ohne einen einzigen freien Tag pausenlos Suchpatrouillen gemacht. Und jetzt nehme ich mir einen Tag frei und fahre zu meiner Familie. Wenn es Ihnen nicht paßt, dann melden Sie es dem Herrn Major. Meine restliche Ausrüstung können Sie mir dann nachschicken. Seien Sie sich aber dessen gewiß, daß ich die Zustände hier der Presse melden werde!" Daraufhin erklärten wir uns solidarisch und traten in Streik, bis eine einvernehmliche Lösung im bisher stillschweigend gehandhabten Modus gefunden würde. Noch in der nächsten halben Stunde kam die Meldung, daß jeden Tag einer von uns für einen Tag nach Hause fahren dürfe.

Obwohl der Begriff „Esoterik" damals weitgehend unbekannt war, dürften jene Leute, die man heute „Esoteriker" nennt, bei unserem Alpinreferenten einen gewaltigen Stein im Brett gehabt haben. Am 8. Mai mußten wir nach einer seltsam zustande gekommenen Kursskizze marschieren. Eine Spiritistengruppe hatte ein Tischchen, an dem eine Schreibfeder befestigt war, auf eine AV-Dachsteinkarte gestellt. Startpunkt war die Schönbergalm. Dann hatten die Mitglieder der Runde die Hände über das Tischchen gehalten und sich geistig auf die Heilbronner konzentriert. Nun soll das Tischchen auf der Karte gewandert sein. Dabei wurde angeblich die Wegstrecke des Heilbronner Todesmarsches aufgezeichnet.

Genau nach dieser Spiritistenskizze marschierten wir über das Hirzkar, den Hirzkarkogel, die Biwakstelle (das Heilbronnerkreuz hatten wir erst am 13. Mai errichtet) und die Bärenwand auf die Napfkögel im Gebiet „Auf dem Stein". Es gab 20 Zentimeter Neuschnee, und die Windstärke betrug 4–5. Der Rückweg zur Gjaidalm war nur mit Hilfe der Kursskizze und der Bezard-Bussole möglich.

Erst am 11. Mai begann eine Schönwetterperiode. Täglich gingen wir von der Früh bis zum Abend das Gebiet planmäßig ab. Aber bei diesem Wetter war es mehr ein Zeittotschlagen. Denn erst nach einigen Tagen Schönwetter konnte die neu hinzugekommene Schneemenge abtauen und erst dann die restlichen Leichen ausapern.

Am 13. Mai 1954 errichteten wir, wie bereits erwähnt, das Heilbronnerkreuz. Bei der Streife über die Riffel und die Däumelgräben und der anschließenden Abfahrt vom Krippensattel zog ich mir bei einem Sturz eine Bänderzerrung zu. Damit war für mich die Kommandierung zur Gendarmerieexpositur Gjaidalm zu Ende. Vom 22. April an, also 21 Tage oder drei Wochen, war ich bis auf einen Tag pausenlos im Sucheinsatz gewesen. Dabei hatte ich mir etliche Paar Schaf-

Ajax, der berühmte Lawinensuchhund des Gendarmeriepostens Gmunden, beim Dachsteineinsatz 1954.

wollsocken und Stutzen sowie einen privaten Wollpullover zerrissen. Dienstliche Alpinpullover gab es damals noch nicht. Am 16. Juni erhielt ich vom Innenministerium eine „Belobende Anerkennung für die Teilnahme an der Suchaktion" und am 6. August vom Land Baden-Württemberg eine Belohnung von S 500,–. Um diesen lächerlichen Betrag wurde ich von den Postenkollegen beneidet. Meine beim Einsatz kaputtgegangene Ausrüstung konnte ich damit nicht ersetzen.

Im Zusammenhang mit der Dachsteinkatastrophe wurden der Abteilungskommandant von Gmunden, der Postenkommandant von Hallstatt und einige andere Persönlichkeiten mit erst kürzlich eingeführten Orden und Ehrenzeichen ausgezeichnet. Wir empfanden dies als Hohn und Schmach, denn diese Herrschaften hätten in Wirklichkeit strafrechtlich zur Verantwortung gezogen werden müssen. Das Land Baden-Württemberg aber wußte um die wahren Umstände und verlieh nur dem Lawinensuchhund Ajax eine hohe deutsche Auszeichnung.

Erstmals in der Nachkriegsgeschichte fand im Herbst 1954 in der Linzer Handelskammer auf dem Schillerplatz eine Auszeichnungsfeier für Gendarmen im Alpineinsatz statt. Von da ab begann sich der wahre Bergsteigergeist in Nebel aufzulösen. An diesem Tag wurde die Bergkameradschaft zu Grabe getragen, denn Neid und Eifersucht begannen zu wuchern. Unvergeßlich blieben mir die Worte des Alpinreferenten und Gmundener Abteilungskommandanten bei seiner Ansprache: „Der Erfrierungstod, meine Damen und Herren, ist etwas so Furchtbares! – Den kann nur der ermessen, der ihn selbst schon einmal mitgemacht hat." Dieser unfreiwillige Wortwitz aber sollte zu denken geben. Die Leistungen, welche BRD-Männer, Alpingendarmen und freiwillige Helfer bei alpinen und hochalpinen Such- und Rettungseinsätzen erbracht haben und immer wieder erbringen, kann tatsächlich nur der ermessen, der selbst an solchen Einsätzen an vorderster Front mitgearbeitet hat.

Von der hochalpinen Leichenbestattung

Nach diesem eher unrühmlichen Kapitel aus der Geschichte des alpinen Rettungswesens will ich einige Einsätze der „Hochalpinen Leichenbestattung Spital am Pyhrn" – so wurde im Volksmund der Bergrettungsdienst genannt – schildern. Sie sollen zeigen, daß diese Tätigkeit auch heitere Elemente enthält.

Ein Bergsteiger, der sich als Lebensgefährte der Hofalmwirtin vorstellte, kam sehr zeitig in der Früh auf den Gendarmerieposten. Aufgeregt schimpfte er: „Ja, dös is do a rechte Sauerei. Da gebm mir seit zwoa in der Nacht von der Hofalm aus dös alpine Notsignal, und koa Mensch kimmt!" Als er sich beruhigt und seinen Wortschwall verringert hatte, sagte ich: „Ja, glauben Sie denn, daß immer einer von uns beim Fenster sitzt und die ganze Nacht zur Hofalm hinaufschaut, ob dort vielleicht einmal ein Lichtsignal gegeben wird?" Darauf-

Der Autor beim Abseilen mit einer Gebirgstrage. Abseilübung des Bergrettungsdienstes Spital am Pyhrn vom Schwarzenberg, 13. Juni 1954.

hin erzählte er mir, daß einer der Hüttengäste in der Nacht erkrankt sei und durch sein Schmerzgebrüll die Hüttenbewohner nicht zu Schlafe kommen ließ. Als ich um die Art der Erkrankung fragte, bekam ich zur Antwort: „Ein Gymnasialprofessor aus Steyr hat eine Hodenentzündung bekommen!"

Ich wußte, daß manche Bergsteiger gerne die Hofalm besuchten, weil die damalige Hüttenwirtin, über deren Lebenswandel nichts Tadelswertes bekannt war, wegen ihrer phänomenalen Oberweite den Spitznamen „Duttenmiarz" erhalten hatte. Auf dieser Hütte wurden auch manchmal recht ordentlich die „Sauglocken geläutet", also Reden geführt, die heutzutage zu jeder quotenträchtigen Fernsehsendung gehören. Diese Umstände ließen es glaubhaft erscheinen, daß eine dafür anfällige Mannsperson von einer solchen Entzündung befallen werden konnte. Ich erklärte dem guten Mann: „Aufgabe des Bergrettungsdienstes ist, Verletzte und in Bergnot geratene Personen zu retten und zu bergen.

Für Krankentransporte ist das Rote Kreuz zuständig." Er erwiderte, daß das Rote Kreuz unmöglich auf die Hofalm fahren könne und daß doch der BRD kommen möge. Ich machte ihn darauf aufmerksam, daß dies dann ein privater Einsatz wäre und ich erst nach Freiwilligen suchen müsse. Der Bergfreund war damit einverstanden. Ich fragte bei einigen Kameraden vom BRD an, und als sie die näheren Umstände hörten, meinten sie: „Ja freili mach ma da mit! Dös wird a Gaudi!"

Über die Bergung erzählten sie später, daß der Mann dritter Klasse geborgen wurde. Das heißt, er wurde in die Gebirgstrage geschnallt, und dann ging es im mittleren BRD-Tempo rumpeldipumpel über Stock und Stein runter. Der Kranke schrie bei jedem Stoß auf, aber unsere Leute brachten ihn ungerührt ins Tal, wo das Rettungsauto schon auf ihn wartete. Bei der Ankunft wollte der erkrankte Mittelschulprofessor ihnen eine Zehn-Schilling-Münze mit der Bemerkung geben: „Da kauft's euch jeder eine Halbe Most." Die Annahme wurde aber mit der Begründung verweigert, daß er ohnehin eine Bergungskostenrechnung erhalten werde. Auf diesen Bericht hin schrieb ich als Schriftführer und Kassier des BRD eine geschmalzene Rechnung, da dies ja ein Einsatz außerhalb der BRD-Statuten gewesen war. Ich notierte den Zahlungstermin und mußte insgesamt drei Mahnungen schreiben. Erst als ich dem Professor mit Posteinzug und einer gerichtlichen Klage drohte, langte zum allerletzten Termin der geforderte Geldbetrag ein.

Unsere Ortsstelle machte auf meine Anregung hin alle 14 Tage im BRD-Magazin eine Knotenschulung, in der verschiedene Bergetechniken geübt wurden. Anschließend gingen wir in den Gasthof „Zur Post", um im Extrazimmer einige Doppelliter zu konsumieren. Sehr oft wurde der Doppelliterkrug Bier von anwesenden Gästen bezahlt. Bald erhielt dieses Trinkgefäß den Spitznamen das „BRD-Stamperl"

Der Doppelliterkrug wurde rechtsum im Kreis weitergereicht. Jeder der Tischrunde nahm daraus einen oder mehrere kräftige Schluck. Wer vor demjenigen saß, der den Doppler geleert hatte, mußte den nächsten bezahlen. Wir kannten unsere eigene sowie die Trinkfestigkeit der Kameraden, und so kam es dazu, daß man einen ganz gehörigen Schluck nehmen mußte, um nicht den nächsten Doppelliter bezahlen zu müssen.

Bei einer solchen BRD-Sitzung bekam der BRD-Kutscher und Bäckermeister Sepp R. Hunger und aß zwei Paar Debreziner mit Senf. Seine Nachbarin, die Frau des zweiten Sägewerksbesitzers, sah unseren Kameraden Sepp, wie er schwankenden Schrittes in seine Backstube ging, um sein Tagewerk mit dem „Dampfeln“ zu beginnen.

Als die Sägewerkergattin am nächsten Morgen die frischen Semmeln ihres Nachbarn aufschnitt, machte sie eine grausliche Entdeckung: Im Semmelteig fand sie grob zerkaute Bröckchen der vom Sepp beim Postwirt verzehrten Debreziner.

Sie eilte sofort hinüber und sagte zur Bäckermeisterin: „Heute müßt ihr aber für die Semmeln etwas mehr Geld verlangen als sonst!“ Als die Bäckermeisterin die Rede nicht verstand, zeigte sie ihr die aufgeschnittene Semmel und meinte: „Ihr habt ja heute ‚Wurstsemmeln‘ gemacht!“ Sofort wurden alle Familienangehörigen, Lehrbuben und die Verkäuferin zu einer blitzartigen Rückrufaktion ausgeschickt.

„A Gambshäuterne hätt er halt braucht!“

Um 14 Uhr des 20. Septembers 1954 kam der Landwirt Ambros G. aus Oberweng mit dem Motorrad zum Gendarmerieposten und erstattete Anzeige, daß ein Mann vom Kleinen Pyhrgas tödlich abgestürzt sei. Der Bauer wirkte sehr verworren und verhaspelte sich andauernd. Nun kamen wir dahinter, daß der Tote bereits in den frühen Morgenstunden von ihm gefunden worden war. Im Verlauf der Vernehmung kamen wir dahinter, daß es sich bei diesem um G.s zukünftigen Schwiegersohn Franz G. handelte. Der Bauer ersuchte den Bergrettungsdienst, den Abgestürzten zu bergen.

Uns machten diese Umstände stutzig, vor allem, daß erst sieben Stunden nach Auffinden des Toten die Anzeige erstattet wurde. Wir organisierten unsere BRD-Kameraden und forderten den Landwirt auf, auf dem Holzerboden auf uns zu warten. Mit dem BRD-Roß Fanny und einem Zweiradkarren wurden Seile und Gebirgstrage auf den Holzerboden gebracht. Dort erklärte Ambros G., daß der Tote oben auf der Steinriese liege. Daraufhin verschwand er sofort.

Wir konnten in der Steinriese etwas Dunkles erkennen, das einem verstümmelten Menschenkörper ähnlich sah. Da brauchen wir ja gar keine Seile, wenn der eh so weit herunten liegt, dachten wir und stiegen mit der Gebirgstrage und dem Totensack sowie einigen Reepschnüren auf. Aber aus der Nähe mußten wir feststellen, daß der vermeintliche Leichnam ein vermorschter Baumstamm war und weit und breit kein menschlicher Körper oder Teile davon lagen. Zurückgehen, um Seile zu holen, war wegen der fortgeschrittenen Tageszeit nicht mehr möglich. Also stiegen wir seilfrei mit der Gebirgstrage auf dem Rücken in die Wandzonen ein. Erst gegen 18 Uhr fanden wir den Leichnam auf einer Schutthalde des oberen Holzerkars. Der Oberkörper war mit seinem Rock bedeckt. Die Schädeldecke fehlte, am Rücken hatte der Tote eine zwei Handflächen große Wunde, durch die man die Körperhöhle und die Wirbelsäule sah. Er trug Wollsocken an den Füßen, seine Hosentaschen waren leer, und auch sein Stilett fehlte. Ich machte eine private Fotoaufnahme, und dann packten wir ihn in den Totensack. Auf den Felszacken oberhalb der Fundstelle klebte blutige Gehirnmasse.

Inzwischen war die Dunkelheit eingebrochen. Zu allem Überdruß begann es leicht zu regnen. Wir mußten die Gebirgstrage bei abmontiertem Rad seitlich auf Latschen, Geröll und Felsbändern aus der Wand bringen. Durch den Regen wurde der Untergrund glitschig. Einmal rutschten wir mit der Gebirgstrage einige Meter ab, und nur die Latschen hielten unseren Sturz auf. Als wir den Toten bei völliger Dunkelheit endlich unten im begehbaren Kar hatten, fehlte unser ältester BRD-Mann. Er hatte sich verstiegen und steckte ohne Licht in der Wand. Nun mußten wir nochmals einsteigen, um unseren Kameraden herunterzuholen.

Bei allen Totenbergungen schnitten wir Latschenzweige ab, um dem Verunglückten mit einem Latschenkranz die letzte bergsteigerische Ehre zu erweisen. Auch für Franz G. hatten wir genügend Latschen mitgenommen.

Nach der schon früher geschilderten Totenbeschau wurde der Leichnam im Totensack mit der Gebirgstrage auf den Zweiradkarren gebunden und mit Latschenästen zugedeckt. Einige BRD-Kameraden konnten mit dem Jeep des E-Werk-Leiters mitfahren. Siegerl lenkte das Pferdefuhrwerk, ich saß neben ihm auf der Totenfuhre und leuchtete mit der Stablampe den Weg aus. Siegerl trieb die Fanni tüchtig an, und nach 20 Minuten Fahrt waren wir im Tal. Wegen des Regens und unserer Müdigkeit blieben wir auf der Fuhre sitzen und brachten so den Toten in die Totenkammer bei der Leonhardskapelle.

Am nächsten Tag gab es beim Bürgermeister eine Beschwerde über die Pietätlosigkeit des Bergrettungsdienstes, der den Toten fast im Galopp auf den Friedhof geführt hätte und daß zu allem Überdruß BRD-Leute auf dem Toten gesessen seien. Der Bürgermeister aber stopfte den Leuten das Maul und sagte, sie sollten in Zukunft selber die Toten aus dem Gebirge holen.

Später erfuhren wir, daß der Bauer vor seiner Anzeige bei uns alle Verwandten besucht hatte. Der Verunglückte hätte mit Raimund S., einem mehrmals vorbestraften Wilddieb, in den Wänden des Kleinen Pyhrgas angeblich nach Schafen gesucht und sei um 17 Uhr des Vortages abgestürzt. Nun wußten wir, weshalb keine Schuhe und kein Tascheninhalt bei dem Toten gefunden worden waren. Unter den Ortsbewohnern ging beim Begräbnis die Rede um: „Der hätt halt a gambshäuterne Hosn braucht!“

Die Sache hatte aber noch ein dienstliches Nachspiel. Aufgrund der Meldung an das Gericht bekamen wir vom Abteilungskommandanten den Befehl, über diese Bergung eine Meldung im Sinne der Alpinvorschrift an das Landesgendarmeriekommando zu erstatten; insbesonders, ob dabei Lebensgefahr bestanden habe. Nach einiger Zeit kam der „Bezirksheini“, unser Bezirkskommandant, und meinte abschätzig: „Na, da habt ihr ja ordentlich auf den Tisch gehaut. So eine Angeberei!“ Wir wußten nicht, worauf er anspielte, denn an die Totenbergung vom Kleinen Pyhrgas hatten wir schon lange nicht mehr gedacht. „Na, bei der Totenbergung am Kleinen Pyhrgas! Das kann doch für euch Alpinisten keine Lebensgefahr sein.“ Da wurde ich wild: „Wenn Sie wollen, dann gehe ich mit Ihnen hinauf, und dann können Sie selbst beurteilen, wie gefährlich der Einsatz war. Und außerdem war ein fünfzigjähriger BRD-Mann dabei, der sich in der Dunkelheit verstiegen hat und bald abgestürzt wäre.“ Es gab einen heftigen Wortwechsel, dem ich entnahm, daß der Bezirkler einen Belobungsantrag zu stellen hatte. Voll Wut schrie ich ihn an: „Wir haben nie etwas getan, um eine Belohnung oder einen Orden zu bekommen. Sie können machen, was sie für recht finden. Ich mache Sie aber darauf aufmerksam, daß ich nichts annehmen werde, bevor nicht meine Kameraden vom Bergrettungsdienst für ihre freiwillige Tätigkeit entsprechend belohnt werden!“ – Sichtlich froh, nichts schreiben zu müssen, aber als mein bester Feind zog der Bezirkler ab.

Hochalpine Einsatzgruppen

Im Juni machten die Alpinen Einsatzgruppen Linz und Kirchdorf an der Krems unter Leitung des neuen Alpinreferenten Rittmeister W. in der Bernerau bei Steyrling eine Abseilübung mit Unterstützung durch Handfunkgeräte. Wir seilten uns über eine dreißig Meter hohe, teilweise überhängende Wand ab. Die Seilbedienung von unten aus wurde mittels Handfunkgeräte, sogenannten „Handytalks“, gesteuert. Es waren dies die Saurier-Ahnen der heutigen Mitnehmtelefone. Diese aus US-Beständen stammenden Geräte waren für den Einsatz im Hochgebirge ungeeignet.

Ein Teil der Übungsteilnehmer stand bereits am Fuß der Felswand. Der Alpinreferent hing am Seil; beim Abstieg zum Überhang hielt er sich zu lange am Fels fest, statt sich frei nach hinten zu lassen und nur mit den Füßen abzustützen. Da rief unser Einsatzleiter Heinz, der nicht erkannt hatte, wer da gerade

Der Alpinreferent von Oberösterreich beim Abseilen mittels Stahlseilgerätes von der Kremsmauer bei Steyrling, 3. Juni 1955.

abgeseilt wurde, hinauf: „Wirst nit deine Pratzn von der Wand weggeben!" Daraufhin scholl es zurück: „Halt dö Pappn, bleder Hund!" Als der Herr Rittmeister bei uns angelangt war, wollte sich Heinz bei ihm entschuldigen. Da meinte der Alpinreferent: „Ich hab dich dafür einen bleden Hund geheißen. Damit san mir quitt!" Ja, der Ton zwischen uns war rauh, aufrecht und herzlich. Auf dem Berg zählen unter uns Alpinisten nicht Rang und Namen, sondern nur das bergsteigerische Können und der Kameradschaftsgeist.

Von höheren Orts wurde befohlen, daß bei den monatlichen alpinen Einsatzübungen die Gebietskenntnisse der Beamten erweitert werden sollten. Deshalb müßten wir vom Hochgebirge auch die Voralpen kennenlernen. Mit meinem Kollegen Karl, genannt „Doppelliter-Karl", fuhr ich am 28. Juni 1955 mit dem Motorrad nach Micheldorf. Mit zwei Beamten des dortigen Postens sollten wir die Kremsmauer überschreiten. Auf der Gradnalm war eine Übernachtung vorgesehen.

Vor dem Aufstieg kamen wir zu einem Gasthaus. Karl, der Erste Stellvertreter des alpinen Einsatzgruppenleiters, meinte: „Da trink ich schnell eine Halbe, und dann gehen wir gleich." Nach der ersten Halbe kamen einige Holzknechte. Wir kannten Karl als alte Bierkuh und sagten: „Wir gehen voraus auf die Hütte!" Karl meinte: „Die Halbe trink i noch, und dann kumm i nach." Wir kamen auf die Gradnalm, nahmen einen Imbiß zu uns, aber Karl kam nicht. Wir legten uns aufs Matratzenlager und schliefen ein. In der Früh war Karl noch immer nicht da. Als wir beim Frühstück saßen – es war gegen sieben Uhr – kam er mit schwerer Schlagseite mühsam angestapft. „I muaß a weng rastn", meinte er und warf sich in voller Adjustierung aufs Lager. Nach ungefähr zwei Stunden war er wieder voll da. Das Wetter war regnerisch, und dichter Nebel verbarg die Kremsmauer. Wir nützten die Zeit zum Kartenspiel.

Gegen zehn Uhr besserten sich sowohl das Wetter als auch der Gesundheitszustand unserer Bierkuh. Wie dienstlich vorgesehen, überprüften wir die Seilsicherungen des Aufstiegs vom Kaibling auf den Gipfel der Kremsmauer. Beim Gipfelkreuz packte Poldl die Schlosserei aus dem Rucksack. Der zweite Postengendarm holte das Seil hervor. Karl und ich, die die Ausrüstung vom Tal bis zur Hütte getragen hatten, packten aber nur unsere Jause aus. Da meinte Poldl: „Ich hab die Schlosserei rauftragn und der Willi dös Seil. Was habts denn ihr rauftragn?" Da meinte Karl in aller Seelenruhe: „Mir? – Mir habn dō Verantwortung tragn!" Diese Geschichte verbreitete sich sehr rasch und wurde zu einer geflügelten Redensart.

Nach der Gipfelrast besserte sich das Wetter schlagartig. Willi sollte uns den Abstieg über die Ostwand der Kremsmauer nach Micheldorf zeigen. Wir gerieten aber in eine überhängende Wandzone, über die ein Abstieg mit unserer Ausrüstung unmöglich war. Wir stiegen auf den Grat zurück, und von einer Scharte vor der Preiseggspitze stiegen wir in der Fallinie nach Steyrling ab. Beim ersten Wirtshaus dort sagte der etwas beleibte Poldl: „Von da an geh i kan Schritt weiter. Entweder i werd vom Auto abgholt, oder i bleib über Nacht!" Nach einer kleinen Rast ließ er ein Taxi kommen, das uns bis zum Posten und meinem dort abgestellten Motorrad brachte.

Der Bezirkskommandant erfuhr vom Saufgelage unseres Kollegen und ging auf Erhebung, um ein Disziplinarverfahren anzuzetteln. Aber wir konnten bestätigen, daß die Alpinpatrouille genau nach Vorschrift durchgeführt worden war, und was Karl während der zulässigen Nachtruhe getan hatte, war einzig und allein seine Sache. Der Bezirkler ließ es aber nicht darauf beruhen und ging mit einem Ortskundigen auf die Gradnalm und die Spitzmauer, um anhand der Eintragungen zu kontrollieren, ob wir die Wahrheit gesagt hatten.

Jagdliche Alpineinsätze

Meine Achtundvierzigstunden-Patrouille für den nächsten Monat machte ich am 10. und 11. November 1953. Auf dem Linzerhaus telefonierte mich der Herr Bezirkshauptmann an. Er fragte, ob es mir möglich sei, anläßlich meiner Patrouille dem Jäger H. bei der Bergung eines von ihm, dem Herrn Hofrat, geschossenen Gamsbockes behilflich zu sein. Mit der Dienststelle habe er wegen einer etwa nötig werdenden Verlängerung der Patrouille bereits gesprochen.

Am nächsten Tag stieg ich zum Purgstall auf, um mich in der Dumbahütte, einer Jagdhütte, mit den Jägern und dem Herrn Bezirkshauptmann zu treffen. Wir stiegen gemeinsam über das Sandkar auf den Wiederlechnerstein. In der Höhe der ersten Einsenkung des Warscheneck-Südgrats stiegen wir über Rasenbänder und Felskanzeln in einen Kessel ab.

Der kapitale achtjährige Gamsbock war in einem Kessel am Ende eines etwa hundert Meter hohen Kamins zwischen Felsblöcken verklemmt. Der zuständige Revierjäger weigerte sich, mit mir in die Wand einzusteigen. Der zweite Jäger war nach aufmunternden Worten über seinen oftmals bewiesenen Mut bereit, mitzugehen, wenn ich ihn am Seil sichere. Um zum Gams zu gelangen, mußten wir in eine Wand einsteigen. Der Jäger H. wollte keinesfalls mit mir zum Gams hinunter. Als ich ihm sagte, daß die Trophäe fachmännisch abgeschlagen werden sollte, ich als Laie dies nicht so gut könne und daß es auch schade um den wundervollen Gamsbart sei, stieg er mit mir zum Gams ab. Dort wurde uns klar, daß wir den kapitalen Bock keinesfalls zu zweit über die Wand aufseilen konnten. Wir riefen dies dem unten im Kar wartenden Bezirkshauptmann zu. Er war damit einverstanden, daß wir nur das Haupt mit der Trophäe und den Gamsbart mitnähmen, den Körper aber über die Wand werfen würden. Der Jäger trennte fachgerecht das Haupt ab und rupfte den Gamsbart. Ersteres gaben wir in einen Rucksack, und mit einiger Mühe gelang es uns, das Wildbret freizumachen und über den Kamin zu werfen. Wegen der großen Fall-

Der Autor (links) mit dem Jäger Hackl in den Abstürzen des Warschenecks bei der Bergung eines vom Bezirkshauptmann erlegten Gamsbocks am 11. November 1953.

höhe wurde der Gams beim Aufprall zerschmettert. „Den kann i nur mehr an die Hund verfuattern", meinte der Jäger, „da is koa Knochn ganz bliebm." Der Herr Bezirkshauptmann war von der kapitalen Trophäe, die ich für ihn gerettet hatte, begeistert. Die Jäger allein wären nie imstande gewesen, den Gams aus der Wand zu holen, meinte der Hofrat.

Der Förster des VOEST-Reviers am Großen Pyhrgas ersuchte meinen Postenkommandanten etwas später um Hilfe bei einer Gamsbergung. Sein Forstpraktikant hatte seinen ersten Gams geschossen, und dieser war in die Pyhrgas-Nordwestwand gestürzt. Durch die Gamsbergung für den Herrn Bezirkshauptmann war ich in Jägerkreisen als „Gamsrettungsmann" bekannt geworden. Nach der Schilderung des Försters sah ich mich aber außerstande, die Gamsbergung allein durchzuführen. Von unserer BRD-Ortsstelle war niemand abkömmlich. Mein Chef nahm mit dem Nachbarposten Verbindung auf. Der dortige Kommandant war bereit, meinem alten Berggefährten Xandl einen Dienstauftrag für eine hochalpine Kletterübung zu geben. Am 15. Dezember 1953, um 7 Uhr früh, wurde das Unternehmen „Gamsbergung" unter dem Deckmantel einer winterlichen hochalpinen Kletterübung gestartet.

Mit dem Förster stiegen wir zur Hofalm auf und querten dann auf dem Gipfelhang in die Nordabstürze des Großen Pyhrgas. Der Gams lag am unteren Ende einer Kaminreihe in der Westwand. Ein Abwurf des Gams wie auf dem Warscheneck war unmöglich. Wir mußten also ungefähr 400 Meter hoch aufseilen. Die Angabe des Jägers, daß der Gams etwa hundert Meter tief abgestürzt sei, stimmte insofern, als er die direkte Fallinie angegeben hatte. Aber diese war unbegehbar und die Kaminlänge, durch die wir den Gams bergen konnten, viermal so lang.

Nach einer kleinen Jause stiegen Xandl und ich um 11 Uhr in den Kamin ein. Wir befestigten den Gams am Seil, und mit Hilfe eines selbstgebastelten Seilflaschenzugs (Prusikknoten) zogen wir ihn ruckweise hoch. Inmitten der Kaminreihe gab es zwei Überhänge zu bewältigen. Diese Stellen waren besonders zeitraubend. Bei unserer Arbeit vergaßen wir, auf die Uhr zu schauen. Als es dämmerte, hatten wir den letzten Überhang vor uns. Der Förster saß während der ganzen Zeit am Rande der Westwand und sah uns zu. Unsere Mannerschnitten und den Würfelzucker sowie die Dörrpflaumen hatten wir längst verspeist.

Endlich kamen wir mit dem Gams zum Ausstieg. Es war bereits 20 Uhr geworden. Aus dem Tal blinkte die Beleuchtung der Häuser und Straßen herauf. Wir durften jetzt ja kein Licht anmachen, sonst glaubten die unten, wir gäben ein alpines Notsignal. Der Jäger machte aus Latschenzweigen einen Schlitten und band den Gamsbock drauf. In Bad Ischl sagten wir „Löckerngoaß" dazu. Inzwischen nahmen wir den Rest unseres beim Jäger gelassenen Proviants ein und stiegen in direkter Linie auf dem Gamswechsel zum Hofalmsteig ab.

Bereits im Waldgebiet hörten wir Stimmen. „Da werden doch keine Bergsteiger vom Weg zur Hofalm abgekommen sein?“ vermuteten wir. „Ein Glück, daß wir da unterwegs sind und ihnen den richtigen Weg zeigen können.“ Beim Näherkommen aber erkannten wir die Stimmen von einigen unserer Bergrettungsdienst-Kameraden. Als wir aufeinandertrafen, fragten wir erstaunt: „Ja, was machts denn ihr da herobn? Ist leicht was passiert?“ Da kam fuchsteufelswild die Antwort: „Ja, euch suach ma! Was is denn los gwesn?“ Nun klärten wir, gemeinsam ins Tal absteigend, unsere Bergkameraden über die bei der Gamsbergung aufgetretenen Probleme auf. „Und jetzt habn mir aufpaßt, daß wir kein Licht machen, damit niemand auf die Idee kimmt, daß wir in Bergnot sand.“ Und gerade dies war dann die Ursache dafür gewesen, daß eine Suchmannschaft nach uns organisiert wurde.

Um 22.30 Uhr trafen wir auf dem Gendarmerieposten ein. Der Kommandant und unser Kollege fielen uns fast um den Hals. Die Folgen für unseren Chef – wenn uns etwas zugestoßen wäre – waren unausdenkbar. Da sagte einer der BRD-Leute: „Ja, der Praktikant steht mit’n Jeep obm beim Korner und wart auf eine Nachricht!“ Jetzt sollte einer von uns nochmals ungefähr dreiviertel Stunden aufsteigen, um den als Wachposten aufgestellten Forstpraktikanten zu holen. Trotz meiner Müdigkeit – und weil es keine andere Möglichkeit gab – schwang ich mich auf meine NSU-Rennfox und fuhr den steilen Hohlweg zum Kornerbauer hinauf.

Der Forstpraktikant blickte aufmerksam bergwärts. Als ich mit dem Motorradhäubchen plötzlich vor ihm stand und sagte, daß er heimfahren könne, wurde er wild und meinte, ich wolle ihn frotzeln. Erst als ich mich durch Abnehmen von Motorradhäubchen und Brille zu erkennen gab, meinte er verwundert: „Was, ös seid’s nit abgstürzt?“

Mittlerweile wurde im Gasthof „Zur Post“ die Heldentat der Gamsbergung mit Bier ausgiebig begossen. Ich aber war so müde, daß ich angekleidet auf mein bundeseigenes Gendarmeriebett fiel und einschlief.

Der ehemalige zweite Leitende, vulgo „Gott-Sohn“, wurde unser neuer Abteilungskommandant. Er wollte mit seiner Frau gerne den Großen Pyhrgas besteigen und ersuchte mich, ob ich sie im Rahmen einer Alpinpatrouille auf diesen Gipfel führen könne. Am 13. Juli 1955 stiegen wir um 5 Uhr über den Normalweg zum Pyhrgasgatterl auf. Über den Admonter Steig erreichten wir den Gipfel des Großen Pyhrgas. Während des Aufstiegs mußte ich meine Begleiter mit Bergsteigeranekdoten unterhalten. Auch solche Bergführertätigkeit war damals im Hochalpindienst möglich.

Im Lauf der Jahre hatte ich mir beim Schifahren einen Knöchelbruch, zwei Bänderrisse an beiden Kniegelenken, eine Bänderzerrung am Knöchel sowie noch einige andere Verletzungen an den Beinen zugezogen. Zu guter Letzt bekam ich bei einer alpinen Einsatzübung auf der Spitzmauer eine Rippenfellentzündung

Rast beim Abstieg von meiner letzten Klettertour am Spitzmauer-Nordpfeiler, 1. September 1955, die ich wegen einer Rippenfellentzündung abbrechen mußte.

und als Spätfolge eine leichte TBC und ein Sportherz. Es wurde also Zeit, dem Alpindienst ade zu sagen und in eine andere Dienstsparte zu wechseln.

Nach eineinhalbjährigem Sparen konnte ich mir ein neues Motorrad, eine NSU-Fox, kaufen. Von meinem Monatsgehalt von S 900,– legte ich S 500,– beiseite. Ich habe mir also buchstäblich jeden Groschen vom Mund abgespart. Gendarmen mit Führerschein gab es damals nur wenige. Als privater Motorradfahrer war es damals einfach, den Posten als „Zusätzliche motorisierte Verkehrspatrouille“ zu bekommen. Es gab wenig Interessenten für diese Dienstsparte, und gerade damals wurde in unserem Bezirk eine solche Stelle frei. Beim Dienst als Motorradstreife, als „Zusätzliche motorisierte Verkehrspatrouille“ oder, wie der Volksmund sagte, als „weiße Maus“ würden meine Gehwerkzeuge nicht mehr so strapaziert werden.

Durch einen Bergkameraden, der sich im Ort als Berufsfotograf niedergelassen hatte, konnte ich meine fotografischen Laborkenntnisse erweitern. Fotografiert hatte ich ja schon seit meinem sechsten Lebensjahr. Die Kriminalfotografie war für mich eine weitere dienstliche Alternative.

Zu jener Zeit kam die Braut eines guten Kollegen und Bergkameraden in andere Umstände. Auf seiner Dienststelle fand er keine Wohnung. In Spital am Pyhrn hatte unser Kollege Hans E., genannt „Tscho“, soeben eine Wohnung erhalten. Der „Stauseefahrer“ hatte sich ebenfalls häuslich niedergelassen, und für einen dritten Beamten gab es noch eine Wohnmöglichkeit. Für mich als ledigen

Gendarmen war dies uninteressant, da ich auf dem Posten wohnen mußte und eine Exkasernierung von ledigen Beamten nur in Ausnahmefällen und bei einer Eheschließung bewilligt wurde. Ein Diensttausch würde daher uns beiden helfen. Mein Kamerad könnte heiraten, sein Kind legitimieren und zu einer Wohnung kommen. Mich würden im Voralpenland die Berge nicht mehr so stark lokken, und ich erhielte die Möglichkeit, meine Sparte zu wechseln, denn auf dem Bezirksposten wurde ein Kriminalfotograf und Motorradfahrer gesucht.

Der Bezirksposten Kirchdorf a. d. Krems

Kirchdorf an der Krems liegt im oberösterreichischen Kremstal zwischen den Voralpenzügen des Perneckerkogels bzw. der Kremsmauer und dem Bergbauerngebiet Oberschlierbach. Im Jahr 1957 war Kirchdorf zwar Bezirkshauptort, aber nur Marktgemeinde. Es gab zahlreiche Geschäfte, Gastwirtschaften, etwas Industrie, und daraus ergab sich ein gewisses Kleinbürgertum. Im Bergdorf war der Gendarm ein Freund und Helfer, ein Berater in Rechtssachen und eine allgemein angesehene Respektsperson. Im sich als Kleinstadt gebärdenden Kirchdorf hingegen galten nur hausbesitzende Bürgerliche etwas. Der Gendarm war ein geduldetes, notwendiges Übel – wie die Leute sagten: ein grau gekleidetes Abführmittel. Die Kriminalität war gering, aber der Straßenverkehr und die Unfälle nahmen in diesem Ballungsraum ständig zu. Im Vergleich zu meinem früheren Posten war dienstlich nicht viel los.

Doch im Gegensatz zu Spital am Pyhrn, wo einer für den anderen dagewesen war und die Kameradschaft ein einigendes und stärkendes Band bedeutet hatte, herrschte auf dem Bezirksposten eine richtige Wadlbeißerei nach dem Motto „Jeder gegen jeden“. Wegen meiner durch den letzten Schiunfall verursachten Innendienstfähigkeit erhielt ich vom Chef eine lohnende Aufgabe. Damals wurde eine neue Kanzleivorschrift eingeführt, und ich mußte den ganzen Kanzleibetrieb darauf umzustellen. Innerhalb von drei Monaten hatte ich es geschafft. Noch nach langen Jahren funktionierte der Kanzleibetrieb dem ich meine Handschrift verpaßt hatte.

Durch diese Kanzleiarbeit erhielt ich genauesten Einblick in die Geschäftsführung und Tätigkeit dieses Großpostens mit 15 Beamten. Sowohl die Struktur des Dienstbetriebs als auch die Beamtenschaft lernte ich genau zu analysieren. Zwar war unser Postenkommandant ein lieber und guter Herr, doch sein ganzes Sinnen und Trachten war dem Hausbau und seiner Familie gewidmet. Daß er sehr entscheidungsschwach war und nach oben gerne katzbuckelte, wurde auch mir bald offenkundig. Rasch hatte ich eine Technik entwickelt, wie ich auf dieser Dienststelle am besten durchkam.

Nach dem Postholen legte der Inspektionsbeamte die neu eingelaufenen Dienststücke in die Fächer der einzelnen Gemeinden oder Patrouillenrayone. Ich sah immer gleich nach, welche Akten es in diesen Rayonen zu erledigen gab. Dann hörte ich mich ein wenig bei den Kollegen um und ging zum Chef: „Herr Revierinspektor, ich benötige zwölf Außendienstunden In Oberschlierbach hätte ich noch einen Akt zu erledigen oder eine zusätzliche Erhebung durchzuführen.“ Der Postenkommandant war froh, daß ich mich selbst um meine Außendienststunden kümmerte, ihm Entscheidungen abnähme und sagte:

„Geht in Ordnung. Nehmen Sie gleich die Akten aus dem Fach für Oberschlierbach mit. Ab wann wollen Sie gehen?“ Ich ging in den Patrouillendienst, wann und wohin ich wollte, erledigte meist nur Akten, die mir angenehm waren, hatte stets genügend Außendienststunden und war nur in der zum Aktenschreiben und -erledigen notwendigen Zeit auf der Dienststelle anwesend.

Mit der Freizeit, wenn ich am Wochenende Stationsverlaß oder eine anschließende Absentierung haben wollte, funktionierte dies ungefähr so: „Herr Revierinspektor! Ich habe genügend Außendienststunden. Hier lege ich Ihnen alle erledigten Akten vor. Weitere habe ich keine zu bearbeiten. Dann habe ich erfahren, daß die Kollegen X und Y am Wochenende daheim bleiben. Darf ich am Wochenende Stationsverlaß haben?“ Selbstverständlich konnte der Chef keine Einwände erheben und genehmigte meine Bitte. Kam eine halbe Stunde später ein Kollege zu ihm, um Stationsverlaß zu erbitten, sprang er nervös auf, fuchtelte aufgeregt mit den Armen und schrie: „Haben Sie überhaupt genügend Außendienststunden und Ihre Akte erledigt? Alle wollen fort, und ich kann hier nicht alles allein machen!“ Der Erfolg war, daß sich kaum einer getraute, den Chef um Freizeit zu bitten. Ich aber bekam diese ohne Schwierigkeiten, wann immer ich wollte. Der einzige Nachteil meiner Vorgangsweise war, daß sich der Chef mit mir sehr zufrieden zeigte, weil er sich auf mich in jeder Beziehung verlassen konnte, und dies sollte bei meinem Versetzungsgesuch zu großen Schwierigkeiten führen. Er wollte mich nur weglassen, wenn ich einen gleichwertigen Ersatz brächte, also einen Beamten, der voll konzeptsfähig, mit der Kanzleiführung vertraut, Fernschreiber, Lichtbildner, Skizzenzeichner und Gendarmeriekraftfahrer mit Führerschein für alle Klassen war.

Unser Postenkomödiant

Da Kirchdorf an der Krems ein sogenannter „Bezirksposten“ war, befand sich direkt neben dem Zimmer des Chefs jenes des Bezirksgendarmeriekommandanten. Zu jener Zeit war der von mir schon des öfteren zitierte „falsche Böhm“, der „Bezirksheini“, der BeGeKaler. Vor diesem Bezirkler hatte der Postenkommandant ungeheuren Respekt, um nicht zu sagen „Schiß“. Dadurch wurde der „Heini“ stärker, als er wirklich war, und übte auf den Revierinspektor gehörigen Druck aus.

Auf dem BGK war kein Stellvertreter eingeteilt. Für die Schreibarbeiten war der alte Herr Rayonsinspektor Engel, genannt der „Engel des Herrn“, zuständig – ein Innendienstbeamter, der bereits bei der Telefongeschichte mit der sehr, sehr dringenden Fahndung von mir skizziert wurde. Auch im Kanzleibetrieb war er einer der größten Umstandsmeier, die mir in meiner Berufszeit begegnet sind.

Der Stellvertreter des Postenkommandanten war ein Revierinspektor aus dem Hausruckviertel. Er war zwar schon Postenkommandant gewesen, wurde aber aus disziplinären Gründen nach Kirchdorf als Stellvertreter versetzt. Dieser Revierler promenierte am liebsten auf dem Hauptplatz, ließ sich von den Zivilisten in seiner Uniform bewundern und schnorrte in den Gasthäusern und bei den Geschäftsleuten. Dienstlich war er ebenso eine Null wie seinem Charakter nach. Vor mir schien er Respekt zu haben, denn wir ließen einander ungeschoren.

Bei der folgenden Begebenheit wohnte ich nicht mehr auf dem Posten. Der Kerkermeister des Bezirksgerichts sah am frühen Morgen auf seinem Kontrollgang, daß aus den gartenseitigen Fenstern des Gendarmeriepostens Rauch drang. Er alarmierte sofort die Feuerwehr. Der Postenkommandant hatte an jenem Morgen Journaldienst. Aufgrund des Sirenengeheuls adjustierte er sich vorschriftsmäßig und eilte auf die Straße.

Da kam ein Feuerwehrauto daher und blieb vor dem Gendarmerieposten stehen. Der Postenkommandant stieg in den Feuerlöschwagen ein und sagte zum Fahrer: „Sie können schon fahren!" Der Feuerwehrmann aber antwortete lakonisch: „Sand schon da!" Da wurde der Postenkommandant stutzig. „Ja, wo brennt es denn überhaupt?" fragte er zurück. – „Bei Ihnen auf dem Gendarmerieposten!" kam die Antwort.

Im Schlafraum des Gendarmeriepostens war ein Radioapparat in Brand geraten, und das Feuer hatte auf einen Vorhang übergegriffen. Der Probegendarm wurde wach und konnte mittels eines Kübels Wasser den beginnenden Zimmerbrand unter Kontrolle bringen. Der Journaldienst habende Postenkommandant war indessen in seiner Kanzlei in Schreibarbeiten so vertieft gewesen, daß er von alldem nichts bemerkt hatte und ahnungslos mit der Feuerwehr auf den Brandplatz mitfahren wollte. Später erklärte er: „Es hat mich schon etwas gewundert, daß die Feuerwehr stehen geblieben ist, um mich mitzunehmen!"

Bei den „Besonderen Verkehrskontrollen" hatten wir beiden weißen Mäuse den Auftrag, die Gendarmerieposten bezüglich heikler verkehrsrechtlicher und technischer Fragen zu unterstützen. Wir machten ausschließlich Verkehrsdienst und hatten uns daher auf diese Belange so spezialisiert, daß selbst der Verkehrsreferent der Bezirkshauptmannschaft in schwierigen Verkehrsrechtsfragen unseren Rat einholte.

Einmal unterstützten wir den Bezirksposten bei einer derartigen Kontrolle. Wir standen außerhalb des Ortes auf dem geraden Straßenstück nach der Zementwerkskurve. Da raste ein VW-Käfer mit quietschenden Reifen um diese und mit Vollgas auf uns zu. Der Postenkommandant zog seine Pistole und sprang auf die Fahrbahn, um den Rasenden anzuhalten. In letzter Sekunde konnten wir den Chef am Leibriemen zurückreißen und verhindern, daß er dem Flüchtenden nachschoß.

Zitternd vor Aufregung fragte er, weshalb wir ihn an der Amtshandlung gehindert hätten. Wir sagten zu ihm: „Herr Bezirksinspektor, gehn S' jetzt auf die Dienststelle und warten S' beim Telefon, bis Sie der Herr Bezirksrichter Dr. D. von Kremsmünster aus anruft und sich entschuldigt!" Wir hatten sofort den VW des Bezirksrichters erkannt und aufgrund der Uhrzeit bemerkt, daß der Richter eine Verhandlung in Kremsmünster beinahe verschlafen hätte und deshalb so in Eile war. Er hatte zu Recht angenommen, daß die Gendarmen sein Auto kennen. Der Chef ging zu schlotternden Knien in seine Kanzlei, wo er den Anruf des Bezirksrichters abwartete. Nach unserem Einrücken meinte er: „Wieso haben Sie den Bezirksrichter so schnell erkannt?" Wir antworteten mit dem Dienstinstruktionsparagraphen: „Der Gendarm hat sich in seinem Rayon die genaueste Orts- und Personalkenntnis zu verschaffen. Und da gehört dazu, daß man sich auch die Autobesitzer merkt!" – Ich habe nie wieder erlebt, daß der Postenkommandant an einer „Besonderen Verkehrskontrolle" teilnahm.

Die lieben Kollegen

Der Vorgänger unseres Postenkommandanten war ein richtiger Leuteschinder. Die Beamten konnten sich nur durch Lügen und Intrigen einigermaßen behaupten. Es entstand eine dienstliche Atmosphäre, die man heute mit „Mobbing" umschreibt. So konnte sich unter den Kollegen keine freundschaftliche Beziehung anbahnen. Kameradschaft gab es damals nur mehr unter den Alpingendarmen. Der böse „Genius loci" blieb der Dienststelle auch unter dem Nachfolger erhalten.

Außer dem Bezirksschreiber, dem Herrn Rayonsinspektor Engel, genannt „Engel des Herrn", war auf dem Posten ein zweiter älterer Rayonsinspektor. Obwohl die eingeteilten Beamten untereinander duzten, wurden kurz vor der Pensionierung stehende Rayonsinspektoren von allen jüngeren Beamten mit „Sie" angesprochen. Der zweite ältere Rayonler war während des Krieges NSDAP-Mitglied und Meister der Gendarmerie, also Postenkommandant, gewesen. Wegen dieses politischen Makels wurde er in die neue österreichische Bundesgendarmerie nur mehr als Eingeteilter aufgenommen.

Der Herr Rayonsinspektor R. trauerte den vergangenen Zeiten nach, und seine ständig wiederkehrende Redensart lautete: „Das haben wir im Krieg ganz anders gemacht!" oder „Unter dem Krieg war das viel besser organisiert!" Das dauerte so lange, bis es einem Kollegen zu bunt wurde und er auf eine solche Äußerung trocken sagte: „Ja, in der Zeit habm mir auch mit ‚Heil Hitler' grüaßn müssen!"

Der Herr Rayonsinspektor hatte große Probleme, sich schriftlich in der deutschen Sprache klar und verständlich auszudrücken. Seine Schlangensätze waren derart verworren, daß sich nur ein mit der Sachlage Vertrauter ein Bild von dem machen konnte, was der Rayonler geschrieben hatte. Deshalb legte der Postenchef einen „Rayonsinspektor R.-Ordner“ an. War der Rayonler im Außendienst oder sonst abwesend, ließ der Postenkommandant von einem schreibgewandten Beamten dessen Anzeigen neu verfassen. Diese Neufassungen kamen im Original an die Behörde oder das Gericht. Die Durchschrift wurde im Geheimordner abgelegt. Die vom Rayonler in „gebrochenem“ oder, besser, „verschlungenem“ Deutsch verfaßten Anzeigekonzepte aber lagen bei den normalen Akten. So fand der Rayonler nie heraus, daß die Behörden und Gerichte seine eigenen Arbeiten nie zu Gesicht bekamen. Der folgende Witz könnte diesem Kollegen widerfahren sein:

Ein Angeheiterter fragt einen Gendarmen, ob man zu einem Gendarmen „Trottel“ sagen dürfe. Auf die Antwort, daß dies eine gesetzlich verbotene Beamtenbeleidigung darstelle, fragt er weiter: „Herr Inspektor, darf man zu einem Trottel ‚Herr Inspektor‘ sagen?“ Der Gendarm antwortet, daß dies seines Wissens nach nicht verboten sei. Darauf sagt der Angeheiterte: „Also, auf Wiedersehen, Herr Inspektor!“

Ein weiterer, etwas jüngerer Rayonler, Absolvent der Handelsschule, war hochintelligent und sehr schreibgewandt. Er hatte nur einen schweren Konstitutionsfehler: Er vertrug keinen Alkohol. Nach zwei Halbe Bier wurde er ausfällig und begann alle in seiner Umgebung unflätig zu beschimpfen. Die Trinkfestigkeit der Gendarmen war damals nahezu ein Anstellungserfordernis. Der Rayonler L. konnte diese Trinkfestigkeit trotz Intensivtraining jedoch nie erreichen. So faßte er wegen Trunkenheit im Dienst eine Disziplinarstrafe nach der anderen aus. Bereits nach dem Genuß eines Flascherls Bier begann er die Kollegen zu beschimpfen: „Diese Trottel! Alle haben von mir lesen und schreiben gelernt. Ohne mich hätten diese Bauerbuam nie die Kanzlei führen können. Und jetzt werden diese Trotteln in die Chargenschule geschickt und wollen mit mir herumkommandieren!“

Der arme, erbarmenswerte Mann verfiel immer mehr, und sogar seine bisher mustergültige Ehe begann brüchig zu werden. Kurze Zeit nach meiner Versetzung wurde auch er zu einer Stabsdienststelle versetzt. Nun mußte er keine Gasthäuser aufsuchen und wurde auch von den Kollegen nicht mehr zum Trinken animiert, und so kam bei ihm alles wieder ins rechte Lot.

Der dritte Rayonsinspektor war nicht konzeptsfähig. Das hieß, daß er alle seine schriftlichen Arbeiten „halbbrüchig“ schreiben und dem Postenkommandanten vorlegen mußte. Erst nach der Korrektur durfte er sie mit der Maschine reinschreiben. Für eine einfache Verwaltungsanzeige benötigte er drei Tage. Im Außendienst jedoch war er der tüchtigste Jausensammler. In seinem Keller – er hatte sich ein Einfamilienhaus gebaut – standen auf einer Stellage etliche Brotsimperl voll mit kleinen Speckstücken, die er auf den Patrouillen gehortet hatte. Einmal mußte ich ihn zu einem Dienst abholen. Da sagte er zu seiner Frau: „Heut' abend brauchst du nichts zu kochen. Ich geh' nach Oberschlierbach auf Patrouill'!"

Mein Leben als Landgendarm

Als lediger Beamter hatte ich auch auf dem Bezirksposten auf der Dienststelle, gemeinsam mit einem Probegendarmen, in einem Ledigenzimmer zu wohnen. Neben dem Schlafraum befand sich die Funkstelle, die mit Morsezeichen arbeitete. Jeden Morgen begann der Bezirksfunker, den Tastenfunk zu üben. Hätten wir wegen eines Nachtdienstes länger schlafen dürfen, so wurde durch das andauernde Piepsen des Funkgerätes jedes diesbezügliche Bemühen gestört. Vom ersten Tag an wußte ich, daß Kirchdorf für mich nur ein Sprungbrett sein würde.

Unser Schlafraum lag westseitig. Die pralle Nachmittagssonne heizte ihn immer gewaltig auf. Als ich mir einmal zum Nachtmahl eine Dose Ölsardinen öffnete, waren die Fische richtig warm. Wegen meines Hungers und weil ich nicht im Gasthaus auf ein Essen warten wollte, verspeiste ich sie. In der Nacht hatte ich wüste Träume, und in der Früh glühte ich vor Fieber. Als ich dem Postenkommandanten meinen Zustand schilderte, schickte er mich auf häusliche Pflege. Zwölf Kilometer entfernt lebte meine Großmutter in einem kleinen Haus. Ich setzte mich trotz des Fiebers auf mein Motorrad und suchte bei ihr Zuflucht. Der Gemeindearzt stellte einen fieberhaften Infekt fest, verordnete Bettruhe und irgendwelche Tabletten. Nach einigen Tagen ging es mir etwas besser. Da sagte der Ziehenkel meiner Großmutter: „Onkel Franz, warum hast du so gelbe Augen?" Ein Blick in den Spiegel überzeugte mich, daß mein Infekt eine Gelbsucht war. Als ich dem Arzt meine Diagnose mitteilte, sagte er nach einem Blick in meine Augen: „Ja, jetzt weiß ich es auch."

Meine weitere Pflege konnte ich der achtzig Jahre alten Großmutter nicht zumuten. Deshalb ließ ich mir eine Überweisung ins Kirchdorfer Krankenhaus geben. Dort erhielt ich eine Berieselungstherapie. Durch diese Behandlung verschwand zwar meine gelbe Hautfarbe, aber ich bekam einen Riesenhunger. Die Krankenschwestern waren sehr barmherzig und gaben mir zu essen, was ich wollte. Somit bekam ich ein gewaltiges Übergewicht. Nach drei Wochen wurde ich als geheilt entlassen.

Kurz darauf mußte ich zu einem Gendarmerie-Kraftfahrkurs, um den PKW-Führerschein zu machen. Eine Grippeepidemie brach aus. Vorbeugend versuchten wir, sie mit Schnapstee zu behandeln. Der Erfolg war für mich verheerend. Ich bekam Leberkrämpfe und mußte zurück ins Spital. Dort beobachtete man mich vierzehn Tage und empfahl mir Diät. Nun packte ich mich zusammen, setzte mich in die Eisenbahn und fuhr zu meinem Vater nach Wien. Dort wurde mir eine vierwöchige Injektionskur mit Prohepar verpaßt. Danach konnte ich wieder meinen Dienst verrichten, durfte jedoch nicht mehr im Gasthaus essen, sondern mußte strengste Leberschondiät einhalten. Ich suchte beim LGK um Exkasernierung an und sah mich nach einem Privatzimmer um, wo ich mir – wie auf dem Posten Spital am Pyhrn – selbst kochen konnte.

Im Alter von 27 Jahren kam ich endlich zu einer Privatsphäre. Zwar war das Zimmer winzig, aber die 74jährige Witwe brachte mir jeden Abend eine Schüssel mit Apfelkompott und einen Teller mit selbstgebackenen Keksen, Vanillekipferln und Husarenkrapferln als Bettsteigerl. Für mich begann eine herrliche Zeit. Ich kaufte mir einen Plattenspieler und trat einer Schallplattengemeinschaft bei. Seinerzeit, in Spital am Pyhrn, hatte ich im Labor des E-Werkleiters und bei einem Berufsfotografen meine Vergrößerungen machen können. Durch den Fotoklub in Kirchdorf bekam ich die Möglichkeit, meiner Liebhaberei, dem Fotografieren, weiterhin zu frönen. Die Filme entwickelte ich in meinem Zimmer in einer Entwicklungsdose, als Dunkelkammer diente ein sogenannter Wechselsack. Für die Arbeit an den Positiven konnte ich das Klublabor im Gemeindeamt benützen.

Dienstliche Erlebnisse

Bei den Kollegen, die fast alle verheiratet waren und im Ort wohnten, waren die sogenannten „Frühpatrouillen" sehr unbeliebt. Man mußte um Mitternacht in den Gasthäusern Sperrstunde machen und dann in den Nachbarortschaften Erhebungen und Aktenerledigungen durchführen. Solche Patrouillen endeten zu Mittag. Der Nachmittag war dann dienstfrei.

Mir waren sie die liebsten Dienste. Um Mitternacht trat ich die Sperrstundenrunde an. Dabei wurde ich wegen meiner Strenge bei der Bevölkerung im allgemeinen und beim trinkfreudigen Vizebürgermeister im besonderen bald sehr unbeliebt. Dies war ein Teil meiner „Sprungbrett-Strategie". Dann marschierte ich ins Augebiet des Kremstales und suchte einen passenden Heustadel. Auf dem duftenden Heu breitete ich meine Pelerine aus, nahm die Patrouillierungstasche als Kopfpolster, deckte mit der Kappe mein Gesicht zu und schlief sanft und ruhig bis zur Morgendämmerung. Auf dem Marsch zum Rastwirtshaus wurde der Heugeruch etwas milder. In der rauchigen Gaststube nahm ich während der mir zustehenden mehrstündigen Rast mein Frühstück ein. Dort tauschte meine Pelerine den Heu- gegen einen Wirtshausgeruch aus. Anschließend patrouillierte ich auf der Bundesstraße zurück. Meist konnte ich dabei eine oder mehrere Organstrafverfügungen verhängen. Punkt zwölf meldete ich mich zurück, trug den Dienst aus und hatte nachmittags frei. Die Kollegen wunderten sich, daß ich nach einem solchen Frühdienst an den freien Nachmittagen so munter und lebendig war. Das Geheimnis der Heustadel mache ich erst hier offenkundig.

Bei einer solchen Patrouille traf ich einen alten bekannten Angeldschwindler aus meinem früheren Postenrayon wieder. In den Fahndungsblättern hatte ich gelesen, daß im nördlichen Kremstal ein Angeldschwindler sein Unwesen treibe. „Na, wohin geht die Wanderschaft, Herr B.?“ fragte ich scheinheilig. „I möchte nach Nußbach, an neuchn Postn suachn, Herr Inschpekta!“ bekam ich zur Antwort. Insgeheim dachte ich, daß der Kerl wieder auf eine seiner Betrugstouren ginge – daß er bei Bauern eine Lohnanzahlung entgegenähme, die Arbeit aber nie antrete. „Da fallt mir gerade ein, daß am Posten ein Akt wegen Ihnen vorliegt, den wir gleich erledigen können. Kommen Sie bitte mit!“

Auf der Dienststelle blätterte ich die diesbezüglichen Fahndungen durch, und mit diesem Wissen begann ich meinen Delinquenten auszufragen: „Sie sind ein ganz raffinierter Mann! Daß Ihnen die deppaten Bauern immer wieder auf den Leim gehen. Wie stellen Sie das an, daß Sie bei Ihrer Masche immer Erfolg haben?“ Er fühlte sich in seiner Ganovenehre geschmeichelt und prahlte mit seinen Erfolgen. Jetzt ging ich aufs Ganze. „Schaun S’, jetzt haben S’ eh schon etliche Schwindeleien gestanden, machen S’ doch gleich reinen Tisch. Jetzt geht alles in einem Aufwaschen.“

Aufgrund der Fahndungsblätter und durch geschickte Fragetechnik konnte ich rund vierzig Angeldschwindeleien in mehreren Landgemeinden aufklären. Wegen seiner Vorstrafen wurde der Mann gleich verhaftet und ins Bezirksgericht eingeliefert. Das waren die Vorteile der damaligen Fußpatrouillen und der genauen Lokal- und Personenkenntnisse, welche die Landgendarmen hatten.

Wegen einer Verletzung lag ich in der chirurgischen Abteilung des Kirchdorfer Krankenhauses. An einem späten Nachmittag wurde ein Mann eingeliefert, dessen Fuß eingegipst war. Da kam der diensthabende Arzt, um die Anamnese aufzunehmen. Es entstand folgender Dialog: „Erzählen Sie mir den Hergang des Unfalls!“ Der Verletzte war ein Rücksiedler aus Ungarn und legte los: „Dös Ganze is nur passiert, weil i in Wirt in Keller gschissn hab!“ Wir Patienten wurden aufmerksam. Da würde es eine Gaudi geben! Der Arzt sagte streng: „Können Sie sich nicht etwas gewählter ausdrücken?“ Da meinte der Volksdeutsche: „I bin a ehrlicher und aufrichtiger Mensch, und i erzähl alles genau so, wia’s gwesen is!“ – „Na gut, dann erzählen Sie es halt auf Ihre Art“, meinte der Arzt.

„I hab beim Wöss a paar Halbe Landlbirnmost trunken und will zum Postautobus gehen. Da kriag i auf oamal dö Scheißerei. Dö Scheißhäusln beim Wöss warn alle besetzt, und drum bin i zum Postwirt ganga. Aber dort war a koa Häusl frei. Da entdeck i in der Hofeinfahrt a Tür und denk mir, dös is a Abstellkammerl, da gehst eini. I mach dö Tür auf, geh arschlings in dös Kammerl, mach dö Tür zua, ziag dö Hosn runter und fang zum scheißn an. Da verlier i s Gleichgwicht und fliag Kopf über Loch über a Kellerstiagn. Und unt in Keller hab i mir bei an Faßl in Haxn anghaut. I scheiß an Haufn zum Faßl zuwi, ziag dö Hosen rauf, kräul über die Stiagn und loahn mi draußen bei der Hofeinfahrt gegen die Mauer. Da kimmt a Spezl und siacht mei kasweißes Gsicht. Wia i eahm erzähl, daß i mitn Fuaß nit aufsteign kann, verständigt er dö Rettung, und jetzt lieg i da!"

Während dieser Erzählung begann der ganze Krankensaal brüllend zu lachen. Am nächsten Tag wurde unser Neuzugang von seiner Frau besuchte: „Ja, Stefan, wia is dir denn dös passiert?" fragte sie besorgt. – „Weil i in Wirt in Keller gschissn hab!" kam prompt die Antwort, und dann folgte die genaue Schilderung des Unfallherganges. Bei jedem Besuch von Arbeitskollegen, Freunden und Bekannten hörten wir die Geschichte und lernten sie gleichsam auswendig. Wir erinnerten uns an den Kinderauszählreim: „I und du und noch ein Mann haben in Wirt in Keller tan. Wann das der Wirt tat wissen, daß wir eahm in Keller gschissn..."

Nach einigen Tagen kam ein Kollege vom Kirchdorfer Posten in den Krankensaal und fragte nach Stefan N. Er zog eine Unfallsmeldung des Krankenhauses aus der Patrouillierungstasche und fragte nach dem Unfallshergang. Und wieder begann N. die Geschichte mit dem Satz: „Weil i in Wirt in Keller gschissn hab!" Der Gendarm notierte alles und fragte am Ende der Vernehmung nach Stefans Einkommensverhältnissen. „Warum müssen S' das auch wissen, Herr Inspekta?" erkundigte sich der Kellerbeschmutzer. Mein Kollege erwiderte: „Diese Daten brauche ich zur Anzeigeerstattung. Der Postwirt hat auf dem Posten eine Anzeige gegen unbekannte Täter wegen gröblicher Verunreinigung seines Mostkellers erstattet. Da Sie nun ein freiwilliges Geständnis dieser Tat im Beisein zahlreicher Zeugen abgelegt haben, muß ich gegen Sie Anzeige wegen Erregung öffentlichen Ärgernisses und Sachbeschädigung erstatten!"

Eine ähnlich unappetitliche Geschichte, die mit der oberösterreichischen Landessäure, dem Most, zusammenhing, ereignete sich auf einem unserer Nachbarposten. Am Rand eines Steilhanges lag ein sogenannter „Mostbauer", der auch eine beliebte Patrouillenraststätte war. Vor dem Einrücken auf die Dienststelle besuchten die Beamten regelmäßig diesen Mostbauern. Da der Landlbirnmost eine sehr verdauungsfördernde Wirkung hat, mußten die Gäste auf dem Heimweg über den Steilhang öfters ins Gebüsch, um dort die Hose hinunterzulassen. Der Steilhang bekam deshalb den Flurnamen „die Dampfleitn".

An einem Spätherbstmorgen begann es in der Postenkanzlei fürchterlich zu stinken. Ein Beamter ging auf Spurensuche und stellte fest, daß der üble Geruch aus der Kleiderablage kam. „Ja so a Sau! Da hat oana sei Patrouillierungstaschn angschissn!"

Kleinlaut meldete sich ein älterer Kollege: „Kreizmoasn, dös muaß mir gestern auf der Dampfleitn passiert sein!"

Die Fahndung nach dem Mörder Engleder

Unter dem Titel „Aktion Kornmandl" hat der unvergeßliche Humorist, Schauspieler und Autor Helmut Qualtinger einen Sketch über die Suchaktion nach dem mehrfachen Frauenmörder Engleder verfaßt. Man möge darüber in den Schriften Qualtingers nachlesen. Er erzählt darin, was er durch die Medien erfahren hat. Ich erzähle jetzt, was ich dabei selbst erlebt habe. Der ORF hat im Jahr 2004 über diesen Mordfall in einer Serie über Kapitalverbrechen berichtet.

Nach langem Nachtdienst wurde ich zeitig in der Früh in meiner Privatbude von einem Kollegen verständigt, daß ich augenblicklich eine wichtige Fahndung an alle Posten des Bezirks zu überbringen hätte. Im Fahndungsschreiben stand: „Mann, ca. 150 bis 160 cm groß, rundes Gesicht, bekleidet mit weißem Staubmantel, hellem Motorradhäubchen wird wegen Mordversuchs an einer Frau gesucht..." Da sagte ich zum diensthabenden Kollegen: „Den Täter haben wir gleich! Das ist der Hermann vom Nachbarposten. Auf den paßt die Beschreibung genau."

Ich startete den Dienstwagen und fuhr alle nördlich von Kirchdorf gelegenen Posten an, um die Fahndung zu überbringen. Von Kremsmünster hatte ich nicht weit nach Bad Hall, dem Tatort. Deshalb fuhr ich gleich auf den Posten Bad Hall, um nähere Einzelheiten zu erfahren. „Geh, fahr gleich selbst raus zum Tatort. Der ist auf der Straße nach Rohr, am Ortsende von Hehenberg! Da kannst du gleich mehr erfahren", empfahlen mir die Kollegen.

Am Tatort fand ich Kollegen der Erhebungsabteilung[27] vor. Der Hauptlichtbildner sagte: „Du bist eh ein Fotograf. Geh, hilf mir ein wenig bei den Aufnahmen." Wir fotografierten die vom Täter verlorenen Gegenstände – eine Aktentasche mit Draht, Pinseln und einer Kombinationszange, Schlosserkleidung mit weißen, grauen, schwarzen und roten Farbflecken, eine abgerissene Armbanduhr und einen Maurerfäustel, das Tatwerkzeug, mit dem bereits einige andere Frauen erschlagen worden waren.

Die Spuren wiesen auf einen Mann hin, der mit Malerarbeiten beschäftigt war. Auf der Rückfahrt mit diesen neuen Fakten traf ich an der Kremstalbahn Arbeiter beim Maststreichen an.

Ich erkundigte mich nach ihrem Werkzeug, und alle am Tatort gefundenen Gegenstände wurden von ihnen benützt. Ein Kollege war allerdings nicht zur Arbeit erschienen.

---

27 Wurde später auf „Kriminalabteilung" umgetauft.

Als ich mich zurückmeldete, schilderte ich die näheren Umstände der Tat und meine Ermittlungen. Der Bezirkskommandant schickte mich sogleich weiter, um nach dem Anstreicher zu forschen, was jedoch ergebnislos verlief.

Kaum hatte ich mich zu Hause niedergelegt, um den versäumten Nachtschlaf nachzuholen, wurde ich neuerlich geweckt. Alarmfahndung! Ich müsse sofort mit anderen abkömmlichen Kollegen nach Bad Hall zur Mörderfahndung abgehen, hieß es. Mit unserem Kombi fuhren wir vorerst dorthin und dann nach Adlwang. Im Gasthof Herzog bezogen wir eine Art Basislager. Im Tanzsaal wurden US-Feldbetten aufgestellt, und die Gaststuben dienten als Bereitschaftsräume. Auf der Kegelbahn beschäftigten sich etliche Sportfreunde. Ich sagte meinem Gruppenkommandanten, daß ich mich in der Scheune nebenan ein wenig auf das Haferstroh legen und meinen versäumten Schlaf nachholen wolle.

Unter der Bevölkerung brach eine richtige „Engleder-Hysterie" aus. In unregelmäßigen Abständen mußten wir ausfahren und nach dem angeblich dort und dort gesehenen Mörder suchen. In der näheren und weiteren Umgebung wurden nach und nach alle Felder, Wälder sowie einzeln stehenden Gebäude durchkämmt. Dann kam unser zweiter Leitender, um die Sache höchstpersönlich in die Hände zu nehmen. Unter seinem Kommando wurde die Suche nun planmäßig betrieben. Anhand einer Karte nahmen wir in der Formation einer Schützenkette Aufstellung, und mit dem Karabiner im Anschlag marschierten wir über Wiesen und Felder. Kamen wir aber in kleinen Bauernwäldern zu einem Dikkicht von Brombeeren, erteilte der Leitende den Befehl: „Das Dornengestrüpp ist zu umgehen, damit die Uniformen geschont werden!"

Die Leute – und damals gab es viele ehemalige Landser, die an der Front gestanden waren – lachten über dieses Theater. Dort, wo man mit freiem Auge jeden Maulwurfshügel erkennen konnte, wurde in Linie abgekämmt und um jene Stellen, an denen sich ganze Räuberbanden versteckt halten hätten können, ein Bogen gemacht.

Die Engleder-Hysterie verbreitete sich über das ganze Land. Überall wurde er gesehen; jedem Hinweis mußte nachgegangen werden. Obwohl viele Gendarmen zusammengezogen worden waren, kamen wir nur stundenweise zu einem Schläfchen in voller Montur.

Endlich traf die Nachricht ein, daß ein Zöllner den Flüchtigen im Wald- oder Weinviertel am Überschreiten der tschechoslowakischen Grenze hindern hatte können. Bei der Anhaltung soll der Massenmörder gesagt haben: „Ich bin der Engleder, den ihr sucht!" Diese Freudenbotschaft hörten wir im Radio. Dennoch wurden wir zu weiteren Suchaktionen ausgeschickt. Wir protestierten gegen diesen Unsinn, und es dauerte viele Stunden, bis endlich die offizielle Beendigung der Fahndung verfügt wurde.

Einmal mußten wir auch nach Pettenbach fahren, denn dort sollte ein ehemaliger Kriegskamerad Engleders wohnen. Der Betreffende konnte aber nicht ausgeforscht werden. Nach der Verhaftung Engleders besuchte ich meine Großmutter in Pettenbach. Da zeigte sie mir einen alten Brief: „Schau, da habe ich einen Brief, den mir der Engleder geschrieben hat. Er war mit Hans in der russischen Kriegsgefangenschaft und ist aus Sibirien geflüchtet. Er hat mich auch einmal besucht, um mir die letzen Grüßen von meinem vermißten Sohn Hans zu bringen!“

So erwies sich der Kriegskamerad Engleders, nach dem wir suchen sollten, als mein in Rußland verschollener Onkel.

Die Kriminalfotografie

Der Lichtbildner des Bezirkspostens kam damals in den Fachkurs nach Linz, und nach Absolvierung desselben wurde er in einer benachbarten Ortschaft Postenkommandant. Dadurch erhielt ich die Möglichkeit, sein fotografischer Nachfolger zu werden. Der Kollege war auch „Mot. z. VP“, das heißt „Motorisierte zusätzliche Verkehrs-Patrouille“ oder, im Volksmund gesagt, „weiße Maus“. Auch in dieser Sparte konnte ich seine Nachfolge antreten. Meine Tätigkeit als gewöhnlicher Landgendarm dauerte somit nur einige Monate.

Das Fotolabor der Dienststelle war das ehemalige Pissoir der Klosettanlage. In die Pissoirschale stellten wir ein Emailhäferl, in dem die Platten und Abzüge gewässert wurden. Zum Entwickeln gab es Schalen, und die Kopien wurden mittels eines Kopierrahmens angefertigt. Die Arbeitsweise entsprach dem späten 19. Jahrhundert. Die amtliche Fotoausrüstung bestand aus einer 9 x 12 cm-Plattenkamera, einem Kameratuch, etlichen Plattenkassetten, einem Drahtauslöser und einem Holzstativ.

Für erkennungsdienstliche Aufnahmen hatten wir einen Adapter für dreiteilige Personenaufnahmen. Der war aber schon so wacklig, daß die Platten immer sofort entwickelt werden mußten, da man nie wußte, wo jetzt wieder einmal Licht einfiel. Zur Beleuchtung hatten wir zwei Heimlampen; die Belichtung wurde geschätzt oder nach Tabellen berechnet.

Als ich einen etwas debilen Verbrecher erkennungsdienstlich behandeln mußte und die erste Aufnahme nicht einwandfrei war, forderte ich ihn ein zweites Mal zur Fotoprozedur auf. „Ja, zweng was pfotagrafiern S’ mi denn schon wieda?“ fragte der Delinquent. – „Ja woaßt, dö erste Aufnahm hab i fürs Gricht braucht, und jetzt mach i oane für die BeHa“, gab ich ihm Bescheid.

Die Archivaufnahme des oben geschilderten Fotomodells konnte ich einmal dazu benützen, eine diebische Näherin zu einem Geständnis zu bewegen. Die Frau, die ihrem Dienstgeber lange Zeit hindurch Nähmaterial und auch Stoffe gestohlen hatte, weigerte sich trotz glaubwürdiger Zeugenaussagen, ein Geständnis abzulegen. Da holte ich die dreiteilige Personenaufnahme des Landstreichers sowie ein Formblatt für Fingerabdrücke aus meinem Schreibtisch und sagte: „Wenn Sie trotz der Beweislast kein Geständnis ablegen, dann müssen wir Sie wegen Verabredungsgefahr verhaften. Und wissen Sie überhaupt, was mit so einer Verhaftung verbunden ist?“ Sie schüttelte leicht den Kopf. Da legte ich das Fingerabdruckblatt vor sie hin und sagte: „Wir müssen jedem Verhafteten, also auch Ihnen, die Finger schwarz machen, und dann kommen Ihre Fingerabdrücke auf solch einem Papier als Diebsfinger in die Kartei nach Wien.“ Da begann die junge Frau leise zu schluchzen. Nun legte ich ihr noch die dreiteilige Personenaufnahme vor: „Außerdem müssen wir Sie so wie auf diesem Bild fotografieren, und das Bild von Ihnen kommt in das Verbrecheralbum!“ Da bekam die Verdächtige einen Weinkrampf, und als sie sich etwas gefaßt hatte, sagte sie: „Na na, dös will i auf gar keinen Fall. Wann ich alles so erzähl, wie es gwesen ist, werd ich dann nicht fotografiert und werdn meine Finger nicht schwarz gmacht?“ Als ich ihr versicherte, daß bei einem Geständnis kein Haftgrund mehr vorläge, machte sie ein umfassendes Geständnis, und damit war der Fall erledigt.

Zu den Tatorten fuhr ich mit dem Dienstkraftrad, einer Puch-TF 250; die Fotoausrüstung verstaute ich in dem mir persönlich zugewiesenen Gendarmerierucksack. Ich besaß damals privat eine Kodak-Retina IIc mit Tele- und Weitwinkelvorsatz und Nahaufnahmelinsen, Filtern, Stativ sowie Leder-Universaltasche. Meine private Fotoausrüstung durfte ich jedoch aufgrund eines LGK-Befehls für Dienstzwecke nicht benützen.

Bei meiner ersten Verkehrsunfallsaufnahme auf der Bundesstraße 138 kam ich in ein Dilemma. Zwar konnte ich von der Nahaufnahme bis zum Landschaftspanorama alles einwandfrei belichten und alle Laborarbeiten machen, aber von welchem Kamerastandpunkt aus ein Verkehrsunfall aufgenommen werden sollte, war die große Frage. Hatte ich die Kamera am linken oder rechten Fahrbahnrand oder in der Straßenmitte aufzustellen? Ich studierte alle diesbezüglichen Fachbücher, bekam aber nirgends eine Antwort auf diese mir wichtig scheinende Frage. Als begeisterter Zeichner kannte ich mich mit der Perspektive sehr gut aus, und so wandte ich die Gesetze der Perspektive auch auf die fotografische Darstellung von Tat- und Unfallorten an. Später konnte ich diese bis dato nirgendwo festgelegten kriminalfotografischen Grundsätze in meinem Leitfaden „Kriminalistische Fotografie“[28] einem weiten Kollegenkreis mitteilen.

Die Kriminalfotografie wurde damals stiefmütterlich behandelt. Für die Vorgesetzten und Richter war sie ein böhmisches Dorf, und deshalb wollte man nicht viel damit zu tun haben. Die Gerichte forderten aber doch immer wieder

28 Verlag für polizeiliches Fachschrifttum Schmidt-Römhild, Lübeck 1969.

Fotos von Bränden, Unfällen und ungeklärten Todesfällen oder Leichenfunden an. In jedem Verwaltungsbezirk gab es nur eine Lichtbildstelle, die ähnlich ausgerüstet war wie meine. Nur bei der Erhebungsabteilung des Landesgendarmeriekommandos war eine mit allen technischen Feinheiten ausgestattete Lichtbildstelle. Dort gab es sogar Kleinbildkameras, und der Hauptlichtbildner hatte eine Leica-Ausrüstung. Kam die Erhebungsabteilung an einen Tatort, dann wurden wir Bezirkslichtbildner ausgeschaltet. Aber dennoch gab es immer wieder genug für uns zu tun.

Im Verkehrsdienst als weiße Maus

Wegen meines Kleinmotorrades wurde ich vom neidischen „Bezirks-Heinerl", dem Bezirkskommandantstellvertreter und späteren Bezirkskommandanten, angefeindet. Als ich mich um die Planstelle als zusätzliche motorisierte Verkehrspatrouille bewarb, mußte ich meinen Führerschein, der nur für Kleinkrafträder bis 125 ccm galt, erweitern lassen. Zu meinem „Klein-A-Führerschein" kam ich durch eine einfache Prüfung. Ich mußte zum Verkehrsreferenten, einem Regierungsrat. Der stellte pro forma einige Fragen, bemerkte beiläufig: „Als Gendarmeriebeamten brauche ich Sie ja darüber nicht weiter fragen" und gab der Sekretärin die Weisung, den Führerschein auszustellen. Dabei hat sich niemand darum gekümmert, ob ich zumindest Radfahren konnte.

Den grauen Führerschein für Motorräder aller Klassen erhielt ich auf die damals übliche Art. Der Besuch einer Fahrschule war nicht notwendig. Die theoretische Prüfung fand diesmal im Extrazimmer eines Gasthauses statt. Vor mir kam eine Bäuerin dran, die einen Traktor-Führerschein brauchte. Als sie um die Bedeutung der Verkehrsampel gefragt wurde, stand sie auf, streckte dem Regierungsrat die Hand hin und sagte treuherzig: „Herr Regierungsrat, i versprich Ihna in die Hand eini, daß i mei Lebtag nia nach Wels einifahrn werd." Die eidesstattliche Erklärung nützte ihr aber nichts: „Lernen S' alle Vorschriften, und dann kommen S' zur nächstn Prüfung!" erhielt sie Bescheid. Auf ihren Einwand, daß es in Kirchdorf ohnehin keine Verkehrsampeln gäbe, wurde sie weggeschickt.

Mir stellte der Prüfer einige Fragen, die in Ausübung meines täglichen Dienstes vorkamen, und sagte dann: „Sie haben ja ein Privatmotorrad. Fahren Sie dann einfach dem Prüfungsauto nach!" So machte ich mit meinem Kleinmotorrad die praktische Fahrprüfung für die großen Maschinen. Nach dieser kleinen Komödie holte ich mir den Groß-A-Führerschein und hatte damit die Möglichkeit „Mot. z. VP", also die zweite weiße Maus des Bezirks, zu werden.

Im motorisierten Verkehrsdienst

Personalmäßig unterstanden wir zwar weiterhin dem Kirchdorfer Gendarmerieposten, aber einsatzmäßig direkt dem Verkehrsreferenten der Bezirkshauptmannschaft. Den Dienstplan durften wir nach Maßgabe der Verkehrslage selbst erstellen, mußten dabei aber darauf achten, die vorgeschriebenen Außendienststunden zu erreichen. Nach der Alpinen Einsatzgruppe war dies meine zweite Sonderverwendung. Dieser Umstand trug weiters dazu bei, daß ich kein Landgendarm mit Leib und Seele wurde.

Unser Überwachungsrayon reichte von der steirischen Landesgrenze am Pyhrnpaß bis in die Nähe von Wels und von Theuerwang bei Vorchdorf bis zum Raum Kremsmünster, Bad Hall, Grünburg-Molln. Die Bundesstraße 138 war damals noch nicht ausgebaut, und dort gab es sehr viele Bergstrecken mit starkem Gefälle und etlichen Kurven. Viele Nebenstraßen waren noch nicht asphaltiert, und im Frühjahr gab es wegen der Frostaufbrüche unzählige Verkehrsbeschränkungen hinsichtlich Ladung und Geschwindigkeit. Vor Beginn unseres Motorradstreifendienstes waren besonders in Kirchdorf sehr viele Verkehrsunfälle zu verzeichnen.

Unsere Tätigkeit wirkte sich bald so aus, daß es dort kaum mehr einen Verkehrsunfall gab. Auch im gesamten Bezirk nahm die Sicherheit auf den Straßen beträchtlich zu.

Durch unseren Verkehrsdienst entlasteten wir auch die Kollegen von den Gendarmerieposten. Lokal waren wir nicht gebunden, und bei der Ahndung von Verkehrsdelikten hielten wir uns streng an die uns selbst gesetzten Richtlinien: Kleinigkeiten wurden abgemahnt, Unwissende belehrt, aber Unbelehrbare und Schlampige wurden unnachsichtlich angezeigt. Bald sagten die Leute: „Ja, unsere Gendarm sand ja eh in Ordnung. Allerweil kinnans a nit wegschaun. Aber dö Weißn – dös sand Hund!“

Für uns Motorisierte war es keine Kunst, Organmandatsgelder in größerer Höhe einzuheben. Nach einer Streifenfahrt hatten wir in der Regel ein paar Hunderter kassiert und zwischen 20 bis 30 Anzeigen erstattet. Auf unserer Dienststelle war ein Probegendarm, dem wir den Spitznamen „Zwickl“ verpaßt hatten. Der Zwickl war sehr, sehr ehrgeizig und konnte es nicht verkraften, daß er nie an unsere Diensterfolgs-Quote herankam.

Eines Morgens sah der Proverl Zwickl ganz verschlafen aus. „Hast leicht nach deiner Patrouille noch a Sauftour gmacht?“ fragten wir ihn. „Na“, kam die Antwort, „i hab die ganze Nacht nit schlafen kinna, weil mir nit eingeht, daß ihr so viel Organmandate ghabt habt und i koa oanziges.“ Kurz darauf erzählte der Inspektionsdiensthabende, daß der Zwickl vorschriftsmäßig eingerückt sei. Dann aber habe er sich noch einmal ordnungsgemäß adjustiert und war auf dem Hauptplatz die ganze Nacht auf und ab marschiert. Da gab dann der Zwickl zu: „Ich hab mir denkt, es muaß doch möglich sein, daß i noch a Organmandat derwisch, wann ich noch oamal auf die Straßen geh!"

In der schönen Jahreszeit waren wir jeder für sich auf der uns zugewiesenen Dienstmaschine, der Puch-TF 250, auf Streife. Im Winter und zeitigen Frühjahr durften wir den VW-Bus, den Kombi des Bezirkskommandos, für unsere Streifenfahrten benützen. Wenn wir mit Schneeketten fuhren – und das kam oft vor – war das Fahrzeug sehr instabil und schlingerte nur so dahin.

Im Frühjahr gab es, wie erwähnt, wegen der vielen Frostaufbrüche im gesamten Bezirk viele Geschwindigkeits- und Gewichtsbegrenzungen. Wir kannten den Kubikinhalt der gängigen Laderäume fast auswendig und konnten aufgrund dieser Maße das Gewicht der Ladung ziemlich genau berechnen. Auch bei den Holzfuhrwerken hatten wir große Erfahrungen.

Einmal überholten wir einen riesigen Brennholztransport. Die Blattfedern waren durchgebogen, und deshalb war eine Überladung anzunehmen. Wir hielten den Lastwagenzug an, vermaßen die Ladung, und dabei stellte ich fest, daß im Innern Hartholzscheite und außen Fichtenscheite gestapelt waren. Aufgrund unserer Tabellen berechneten wir das Ladegewicht. Der Fahrer jedoch sagte: „Aber meine Herren Inspektoren, da täuschen Sie sich gewaltig. Das Holz wiegt doch nie so viel!" Wir aber antworteten, daß wir das Gewicht auf so und so viel Tonnen schätzten, ihn aber wegen einer geringfügigen Überladung dennoch anzeigen würden. Weil er diese weiterhin abstritt, eskortierten wir ihn, wie in solchen Fällen üblich, nach Micheldorf zur amtlichen Brückenwaage.

Kaum bogen wir dort mit dem Dienstwagen ein, kamen die Holzhändler aus der Gaststube des Brückenwaagenwirts. „Na, Herr Inspektor, wieviel hat er drauf?" wurden wir gefragt. Als wir unsere Schätzung bekanntgaben, schlossen die Holzhändler rasch etliche Wetten ab. Als das amtliche Wägeergebnis vorlag, waren wir die einzigen, die das Gewicht nahezu auf den Zentner genau berechnet hatten. Von diesem Zeitpunkt an waren wir bei den Holzhändlern und Lastfuhrwerkern als Schätzmeister anerkannt. Zu unseren Gewichtsschätzungen sagten die Fahrer: „Wann Sie das sagen, Herr Inspektor, dann wird's schon stimmen!"

Bei einer Streifenfahrt mit dem Kombi hielten wir einen Lastwagen an, dessen Reifen so abgefahren waren, daß stellenweise die Leinwandkarkasse frei lag. Kurz zuvor hatten wir endlich vom LGK eine Kleinbildkamera für den Verkehrsdienst zugewiesen bekommen.

Der angehaltene Lastwagenzug war nahezu mit dem Doppelten des zulässigen Gewichtes beladen. Ich blieb noch bei unserem VW-Bus. Mein Kollege rief mir zu: „Franz, geh, nimm den Fotoapparat mit!" Als die beiden Kraftfahrer diese Bemerkung hörten, jammerten sie laut: „Ojeh, jetzt sind wir aufgschmissn!" Der amtliche Wägezettel und die Fotografien der kaputten Reifen reichten für die Behörde aus, um den Lastwagenzug für etliche Monate aus dem Verkehr zu ziehen. Von Verkehrssündern wurde die Wichtigkeit eines fotografischen Beweises schon zu einem Zeitpunkt erkannt, als die meisten Vorgesetzten der Gendarmerie von der Fotografiererei nicht viel hielten.

Eines Tages kam mit der Dienstpost eine Stellenausschreibung für die Autobahngendarmerie in Haid. Ich hatte in der Zwischenzeit meine zukünftige Frau kennengelernt und nach einer Bekanntschaftsdauer von drei Monaten geheiratet. Sie war bei der Postdirektion Linz angestellt und wohnte bei ihrer Mutter in einer Behelfswohnung auf dem Freinberg. Um damals Anrecht auf eine Wohnung zu bekommen, mußte man unbedingt verheiratet sein. Meine Frau hätte nach der Hochzeit durch die Post eine Wohnung in Linz erhalten. Ich gab deshalb sofort ein Bewerbungsschreiben für die Autobahngendarmerie ab. Kurze Zeit später wurde ich zu einem Kraftfahrkurs nach Linz einberufen. Alle „Mot. z. VP" mußten einen Führerschein für alle Klassen erwerben. Während dieses Kurses durfte ich bei meiner Frau wohnen und essen und bekam noch dazu Reisegebühren ausbezahlt, da mein offizieller Wohnort Kirchdorf, der Kursort aber Linz war.

Im Verlauf dieses Kurses fand eine Dienstbesprechung über die Aufstellung des Autobahnpostens statt. Der Leiter der Verkehrsabteilung sagte zu deren Beginn zu mir: „Also, Ginner, du stehst an dritter Stelle der Bewerber!" Als ich den Rittmeister nach der Besprechung zufällig wieder traf, fragte ich ihn, wie es mit meiner Versetzung aussähe. „Da kann ich jetzt nichts Genaues sagen. Die betreffenden Beamten werden dann eh schriftlich verständigt." Da stiegen unangenehme Vorahnungen in mir auf. Wieso hatte er vorher gewußt, daß ich im Spitzenfeld der Bewerber war, und dann konnte er sich an nichts erinnern?

Nach etlichen Wochen las ich in der Zeitung, daß der Autobahnposten Haid eröffnet worden war und die Beamten ihren Dienst angetreten hätten. Eine schriftliche Mitteilung über die Ablehnung meines Ansuchens habe ich niemals erhalten. Was sollte man da vom „Wort eines Gendarmerieoffiziers" halten? Voller Wut fragte ich Gewerkschaftler und Bezirkskommandanten, weshalb das LGK zumindest nicht eine Absage erteilt hätte, aber beide zuckten nur wortlos die Schultern. Meine Wut über diese infame Behandlung steigerte sich derart, daß ich beschloß, einen Posten in der Privatwirtschaft in Linz zu suchen und aus der Gendarmerie auszutreten. In der Übergangszeit würden wir schon durchkommen, zumal meine Frau pragmatisierte Postbeamtin war und ein größeres Einkommen hatte als ich kleiner Gendarm.

Am 21. März 1959 hatte ich eine Motorradstreife in das Steyrtal. Es war ein herrlicher Frühlingstag. Entlang der Straßen blühten Himmelsschlüssel, Buschwindröschen und Leberblümchen. Als ich um 21 Uhr einrückte, sagte der Journaldienstbeamte: „Herzlichen Glückwunsch zur Geburt deines Sohnes!" Ich erwiderte: „Halt einen Bauern zum Narren, dann kriegst eine Kuh. Unser Kind kommt erst in einer Woche!" Mein Kollege aber versicherte, daß die Linzer

Landesfrauenklinik mitgeteilt hätte, meine Frau habe um 19 Uhr einen Sohn zur Welt gebracht. Er meinte, ich solle den Chef ersuchen, morgen freizubekommen.

Da ich die Dienstmaschine noch in die Garage bringen mußte, fuhr ich blitzschnell zum Postenkommandanten, der mir ebenfalls gratulierte und für das Wochenende freigab, vorausgesetzt, daß mein Kollege die Streife übernähme. Sofort fuhr ich zur Wohnung meines Copiloten. Seine Frau war tränenüberströmt und schluchzte: „Zwei Tag ist der Franz schon mit dem Auto unterwegs und macht sicherlich eine Sauftour!" Da fiel mir ein, daß ich auf dem Parkplatz eines Gasthauses zwischen Micheldorf und Klaus den Austin A 30 meines Kollegen gesehen hatte. Ich schwang mich wieder auf die Maschine, schaltete das Blaulicht ein und raste, was sie hergab, zur Ortschaft Schön. Der Austin stand noch dort. Mein Kollege saß leicht illuminiert an einem Tisch.

„Franz, ich hab an Buam kriagt. Der Chef hat gsagt, wann du meine Tour übernimmst, dann darf i nach Linz fahrn!" – „Bringen S' mir an großen Mokka!" rief er zur Kellnerin, bevor er mir den Diensttausch zusagte. Nun wußte ich, daß ich mich auf meinen Kollegen voll verlassen konnte. Mit Blaulicht raste ich zurück zur Garage, eilte im Laufschritt in mein Privatzimmer, zog die Lederjacke aus, schlüpfte in das Steirerröckl und den Hubertusmantel; die Lederstiefelhose behielt ich an. Mit der Aktentasche unter dem Arm rannte ich auf den Bahnhof. Der letzte Zug stand bereits da. Ich bekam die Fahrkarte, sprang auf, und er setzte sich in Bewegung.

Mein „Spartenwechsel"

Angesichts der damaligen Einkommensverhältnisse war die Gründung eines eigenen Hausstandes für einen jungen Gendarmeriebeamten nur dann möglich, wenn die Frau ein entsprechendes Einkommen hatte. Die meisten der Kollegen heirateten deshalb reiche Bauerntöchter, Töchter aus besseren Kreisen oder Geschäftshäusern oder aber Wirtstöchter. Als Sohn eines wiederverheirateten und frühpensionierten Witwers mit zwei kleinen Kindern hatte ich keinerlei finanziellen Rückhalt. Die Familiengründung blieb somit ein Luftschloß, von dem ich nur träumen konnte. Damals wußte ich noch nicht, welch gewaltige Kräfte ernsthafte Gedanken in sich bergen. Mein Luftschloß wurde Wirklichkeit. Nur die Wohnung fehlte. Die Versetzung nach Haid war fehlgeschlagen.

Eines Tages sagte der Gewerkschaftsvertreter zu mir: „Ich hab gehört, daß du eine Wohnung suchst. Da hast du eine Mappe mit Schriftstücken. Lies dir alles durch und unterschreib die Formulare, dann hast du bald eine Wohnung!"

Auf einem Formular entdeckte ich einen nach der Unterschriftsfloskel ganz winzig gedruckten Absatz:

„Mit dem Beitritt zur Kameradschaft der Exekutive erwirbt das Mitglied gleichzeitig die Mitgliedschaft zur Österreichischen Volkspartei."

Da stieg in mir große Wut auf, und ich sagte zum Gewerkschaftsfritzen: „Weshalb kannst du mir nicht offen und ehrlich sagen, daß ich hier nur dann eine Wohnung bekomme, wenn ich ÖVP-Mitglied bin? Mit solchen bauernfängerischen Methoden lasse ich mich nicht einfangen. Auf diese Art pfeife ich auf eine Wohnung! Hättest du gleich gesagt, daß ich nur dann eine Wohnung bekomme, wenn ich deiner Partei beitrete, dann hätte ich es mir vielleicht überlegt!"

Nach diesem Wutausbruch hatte ich mir alle Sympathien bei ihm und beim Bezirkskommandanten verscherzt. Jetzt mußte ich unter allen Umständen von Kirchdorf wegkommen. Bei diesen hinterhältigen Leuten hatte ich keine Bleibe.

Anläßlich einer Verkehrsüberwachungspatrouille blieb der alte Kollege, mit dem ich meine erste Patrouille in den Hinterwinkel gemacht hatte, mit seinem IFA Wartburg[29] stehen. „Du, Franz, ich hab gehört, du suchst eine Wohnung und möchtest von Kirchdorf weg. Ich hätte was für dich. Ich bin vor kurzem durch den Rittmeister W. zur Gendarmeriezentralschule Mödling versetzt worden. Der Rittmeister wird dort Lichtbildreferent und sucht einen Lichtbildner. Da hat er mich ersucht, ich möge dich fragen, ob du diese Stelle willst. Du be-

29 IFA Wartburg war der ostdeutsche DKW 1000, später Audi.

kommst dort eine neu erbaute Dienstwohnung. Wenn du willst, kannst du nächstes Wochenende mit mir nach Mödling fahren und dir alles anschauen und mit dem Schulkommandanten reden!“ Da fiel mir der alte Spruch ein: „Und wenn du glaubst, es geht nicht mehr, kommt von irgendwo ein Lichtlein her!“ Ich gab den Gedanken, aus der Gendarmerie auszutreten, auf und wartete die neuen Möglichkeiten ab.

Bereits am nächsten Sonntag konnte ich beim Kollegen Hans zusteigen und fuhr mit ihm nach Mödling. Auf der Strecke zwischen Bad Hall und Steyr sah ich plötzlich einen PKW-Reifen auf der Fahrbahn dahinrollen.

„Du, Hans, schau, da rennt a Radl!“ sagte ich. „Ja, dös is mei rechtes Vorderradl“, antwortete er, und im gleichen Augenblick blieb der Wagen auf einer Kuppe stehen und kippte nach rechts vorne. Der billige frontgetriebene Gebrauchtwagen aus dritter Hand hatte einen Bruch der rechten Vorderachse und dadurch das Rad verloren.

Ein Transportunternehmer aus Sierning kam uns zu Hilfe. Er hob mit dem Ladekippmechanismus den Vorderteil des IFA hoch. Hans setzte sich in seinen Wagen, um zu bremsen, ich fuhr mit dem Lastwagen, und der Transportunternehmer stand auf dem Trittbrett, beobachtete den angehängten Wartburg und gab mir Anweisungen. So fuhren wir bis zu einem Mechaniker nach Sierning. Per Anhalter kamen wir dann nach Steyr und begaben uns zum Herrn Rittmeister, unserem ehemaligen zweiten Leitenden. Er wollte mit uns nach Mödling fahren. Wir fuhren mit dem letzten Zug von Steyr nach Linz und schliefen im Wartesaal, bis der Frühzug nach Wien kam. Von dort nach Mödling war es noch eine weitere abenteuerliche Fahrt.

In der Gendarmeriezentralschule wurde ich durch den Schulkommandanten herzlich empfangen. Die Versetzung könne sofort in die Wege geleitet werden, wenn ich damit einverstanden sei. Mein zukünftiger Chef, ein Kriegskamerad des Schulkommandanten, zeigte mir die neue Dienststelle, das neu erbaute, noch nicht eingerichtete Schulfotolabor und die für mich bereitstehende Wohnung. Meine größte Freude waren aber der nahe Wald und die Wienerwaldberge. Ich bekam Hinweise für die Formulierung meines Versetzungsgesuches und fuhr mit der Bahn nach Linz, um meiner Frau zu berichten. Sie war einverstanden, nach Mödling zu übersiedeln. Auf meinem Posten angelangt, schrieb ich sofort ein Gesuch um Versetzung zur Gendarmeriezentralschule Mödling.

„Was bilden Sie sich ein, so mir nichts, dir nichts ein Versetzungsgesuch nach Mödling vorzulegen? Ich lehne die Weiterleitung ab!“ fuhr mich der Bezirkskommandant an, als ich ihm das Gesuch vorlegte. Aufgrund der in Mödling erhaltenen Weisungen sagte ich: „Herr Kontrollinspektor, ich mache Sie darauf aufmerksam, daß Sie zur Weiterleitung verpflichtet sind. Meine Versetzung ist vom Gendarmeriezentralkommando bereits bewilligt und dieses Gesuch nur mehr eine Formsache.“ Der Bezirkler wurde rot vor Wut, wies mich aus der Kanzlei und tobte einige Zeit. Ich telefonierte sofort mit der Zentralschule und berichtete von seiner Reaktion. Nach einigen Tagen kam vom Linzer Landesgendarmeriekommando die schriftliche Ablehnung meiner Bitte um Versetzung. Sie wurde damit begründet, daß im Fall meiner Versetzung für mich kein vollwertiger Ersatz vorhanden sei und die Lichtbildstelle nicht besetzt werden könne. Nur wenn für mich vollwertiger Ersatz gestellt werde, könne dem Gesuch nahegetreten werden.

Ich telefonierte wieder mit dem Schulkommandanten, fertigte eine Abschrift der Ablehnung an und erhielt die Weisung, sofort eine zweite Bitte um Versetzung in zweifacher Ausfertigung vorzulegen und eine davon direkt an das Gendarmeriezentralkommando zu richten. Jetzt aber war erst recht die Hölle los:

„Wie können Sie sich unterstehen, neuerlich eine Versetzungsbitte vorzulegen, wenn die vorige soeben abgelehnt wurde?“ brüllte der Bezirkskommandant. Ich behielt Ruhe und erklärte: „Ich habe Ihnen bereits das letzte Mal erklärt, daß meine Versetzung vom Gendarmeriezentralkommando bereits bewilligt worden ist. Ich habe aufgrund einer Weisung diese Versetzungsbitte bereits direkt an das Zentralkommando geschickt. Wenn meine Bitte wiederum von Ihnen oder vom LGK zurückgewiesen wird, dann werden Sie sich vor dem Zentralkommando zu verantworten haben!“ Weiß im Gesicht, hörte mir der Bezirkskommandant zu, nahm das Schriftstück entgegen und ließ mich gehen.

Einige Zeit später kam vom Zentralkommando mein Versetzungsbefehl:

„Patrouillenleiter Franz Ginner wird mit Wirkung vom 2. Mai 1959 zum Kommando der Gendarmeriezentralschule Mödling versetzt. Die Lichtbildstelle Kirchdorf an der Krems wird aufgelöst. Die Agenden hat die Lichtbildstelle Steyr mitzuübernehmen.“

Mein Kamerad Leopold G., genannt der „Jo-jo“, machte unterdessen in Micheldorf Dienst. Er transportierte meine abzuliefernden Waffen und Sonderbekleidungssorten zum Landesgendarmeriekommando nach Linz sowie meine Habseligkeiten, wie eine Bücherstellage, Bücher, Radio, Plattenspieler und Schallplatten, ebenfalls nach Linz zu meiner Frau.

In meinem Privatzimmer hatte ich jetzt nur mehr einen Rucksack mit der nötigsten Bekleidung, meine Fotoausrüstung, Dokumente und einige Kleinigkeiten. Am nächsten Morgen wollte ich mit dem Motorrad Kirchdorf endgültig verlassen und nach Linz fahren.

Mitten in der Nacht wurden Steine gegen mein Fenster geworfen und mein Name gerufen. Auf der Straße stand der Dienstwagen des Postens, und zwei Kollegen ersuchten mich, von einem Verkehrsunfall Fotoaufnahmen zu machen. Ich erklärte ihnen, daß ich bereits zur Zentralschule versetzt sei, in Oberösterreich keine dienstlichen Befugnisse mehr besitze und sie sich in Zukunft nach Steyr wenden müßten. Da kam die flehentliche Bitte: „Geh, Franz, sei so lieb und mach uns zuliab die Aufnahmen! Es ist nämlich der zweite Motorradfahrer, der Franz, mit der Dienstmaschine gestürzt und bewußtlos auf der Schlierbacher Straße gefunden worden."

Da wurde ich doch weich. Da mein Kamerad anläßlich der Geburt unseres Sohnes meinen Dienst übernommen hatte, mußte ich schon aus Dankbarkeit diesen Gefallen tun. Ich ließ mich mit dem Dienstwagen zur Unfallstelle fahren. Dort machte ich routinemäßig die Aufnahmen von dem Motorrad, mit dem ich die letzten Jahre dienstlich unterwegs gewesen war. Der zweite Motorradfahrer hatte in seiner Heimatgemeinde ein Gasthaus besucht. Bei der verspäteten Heimfahrt zur Dienststelle hatte er mit dem Sturzbügel einen Begrenzungspfosten gestreift, war gestürzt und bewußtlos liegen geblieben. Gegen 2 Uhr wurde er gefunden und mit der Rettung ins Krankenhaus gebracht. Da ich versetzt worden war und kein Ersatzfahrer zur Verfügung stand, wurde der Unfall, der gewiß auf Alkoholisierung zurückzuführen war, als Fahrfehler hingestellt. Der Bezirk Kirchdorf wäre ohne motorisierte zusätzliche Verkehrsüberwachung gewesen, hätte man Hans den Führerschein abgenommen. Dies war meine letzte Amtshandlung als ehemaliger Bezirkslichtbildner in Oberösterreich.

Epilog

Vom 2. Jänner 1951 bis 31. April 1959 hatte ich beim Landesgendarmeriekommando für Oberösterreich als Probegendarm in der Gendarmerieschule Linz-Schloßkaserne, dann als Mitglied der Alpinen Einsatzgruppe auf dem Hochalpinposten Spital am Pyhrn, kurze Zeit als Landgendarm und nicht ganz zwei Jahre als motorisierter Verkehrsgendarm für den Bezirk Kirchdorf an der Krems Dienst gemacht. Diese achteinviertel Jahre waren eine harte und entbehrungsreiche Zeit gewesen und geprägt von einer Kameradschaft, die uns Gendarmerieschüler bis zum heutigen Tag zusammengehalten hat. Es gab aber auch viel Feindseligkeit, Neid und Eifersucht zwischen manchen Berufskollegen. Es war jene Zeit, in der ich als Vertreter der Staatsgewalt mit der Zivilbevölkerung in Kontakt stand. Und diese Funktion hat gewiß einen weiten Leserkreis interessiert, vor allem deshalb, weil es eine Gendarmerie in der von mir geschilderten Form schon lange nicht mehr gibt. Vielleicht haben meine Berichte insofern einen größeren Wert, weil die Institution „Gendarmerie" mit 1. Juni 2005 zu bestehen aufgehört hat.

Den Großteil meiner weiteren Gendarmeriedienstzeit habe ich als Leiter der Lichtbildstelle der Gendarmeriezentralschule, als Fotoreporter für das Innenministerium, als Lehrer für Kriminalfotografie, für Vermessen und Zeichnen, für Kriminaltechnik, Kriminaltaktik und Kriminologie sowie als Verfasser von Drehbüchern für Lehrfilme und Unterrichtsunterlagen bzw. als Autor international verbreiteter fotografischer Fachbücher verbracht.

Für ehemalige Berufskollegen könnten meine Erinnerungen an diese sehr abwechslungsreiche Dienstzeit ebenfalls von Interesse sein. Vielleicht ist es auch für Lokalhistoriker von Nutzen, Berichte von Zeitzeugen zu lesen. Der Großteil jener, die an der nunmehr historischen Institution „Gendarmerie" Anteil nehmen, wird jedoch am Dienstbetrieb von Zentralstellen wenig Interesse haben. Deshalb will ich es vorerst bei der Veröffentlichung meiner Erinnerungen an meine Dienstzeit in Oberösterreich belassen.

Ich habe im Verlauf meiner langen Dienstzeit so manche Reformen erlebt. Immer bebten die Berge vor Geburtswehen, aber es kamen stets nur kleine Mäuschen zur Welt. Im Endeffekt führte jede Reform nur zu einer Verschlechterung in jeglichem Sinn. Bei Ausbildungsreformen wurde das Niveau der Ausbildung verringert, bei Dienstreformen die Sicherheitsverhältnisse verschlechtert, und Personalreformen gingen zumeist auf Kosten der Beamten.

Deshalb bin ich froh, dies alles aus den Augen des Beamten im Ruhestand zu beobachten. Viele Kollegen, die mit Leib und Seele Gendarmen waren, beobachteten die Entwicklungen mit blutenden Herzen. Für mich war der Beruf des Gendarmeriebeamten eine Notlösung gewesen, zumal ich nie Gelegenheit bekommen hatte, Förster zu werden. Dennoch habe ich immer versucht, im Rahmen des Möglichen ein Freund und Helfer der Bevölkerung zu sein und mich davor gehütet, ein blinder Sklave der Staatsgewalt und der Vorgesetzten zu werden. Der Gedanke, zu einem Büttel, Häscher oder Schergen zu mutieren, war für mich ein Schreckgespenst. Vielleicht hat mich dies zur Vorsicht und Kritik veranlaßt. Ich will mich aber nicht zum Richter über meine Vorgesetzten und Kollegen aufspielen. Deshalb habe ich hier versucht, auf möglichst heitere Art über mein Berufsleben zu berichten, damit nicht verlorengeht, wie die alten Gendarmen gelebt und Dienst gemacht haben.

Kleines Lexikon der Gendarmerie-Ausdrücke

Abonnentenwirts-haus	Gasthaus, in dem zumeist ledige Gendarmeriebeamten regelmäßig und zu einem ermäßigten Preis ihre Mahlzeiten einnahmen.
Abteilinger	Spitzname für den Gendarmerie-Abteilungskommandanten.
Achselwurst	Stoffrolle, die an der Uniformbluse oder am Mantel an der Schulter mittels einer Schlaufe und eines Knopfes befestigt wurde, um das Abrutschen des Gewehrriemens zu verhindern.
Ackja	Bootsförmiger zerlegbarer Rettungsschlitten, der gegen Ende des Zweiten Weltkriegs zur Bergung verletzter Schifahrer verwendet wurde.
Alu-Schiersatzspitzen	Wurden mittels Schrauben am abgebrochenen Schi befestigt, um eine Weiterfahrt im alpinen Gelände zu ermöglichen und auf alle alpinen Schitouren mitgenommen.
Ami	Kurzbezeichnung für die US-Besatzungssoldaten im besonderen und die Amerikaner im allgemeinen.
Ami-Flitscherln	Österreicherinnen, die sich mit US-Besatzungssoldaten näher einließen und z. T. prostituierten (Nylonstrümpfe und Schokolade als Lohn).
Ami-Schlitten	Große Limousinen amerikanischer Herkunft.
Ami-Tschick	Von den Amis weggeworfener Zigarettenstummel, aber auch allgemein für US-Zigaretten gebräuchlich.
Ami-Zone	Die US-Besatzungszone umfaßte die heutigen Bundesländer Salzburg und Oberösterreich südlich der Donau.
Anorak	Wind- und regenfeste Windjacke mit angenähter Kapuze, kam gegen Kriegsende auf.
Arsch aufreißen, Arschaufriß	Mündlich maßregeln, zusammenscheißen, jemanden anbrüllen, niedermachen, demütigen.
Aschenbrennerpickl	Eispickel mit gewölbter Haue, die das Schlagen von Eisstufen erleichterte.
auf Vordermann bringen	Im Militärjargon für Zurechtrücken, zur Raison bringen.
Balalaika	Scherzhafte Bezeichnung für die Maschinenpistolen mit runder Trommel der Sowjetsoldaten.

Bambusstöcke Schistöcke aus Bambus konnten sich auch nach dem Krieg nur begüterte Schifahrer leisten. Normalverbraucher schnitten sich ihre „Haslinger" selbst zu.

Banater Sammelbegriff für deutschsprachige Flüchtlinge aus Südosteuropa, insbesonders aus dem Banat, die durch ihre Sprachfärbung und Tracht auffielen. Die Frauen trugen meist blaue Dirndlkleider mit schwarzer Schürze und schwarze Kopftücher, die Männer schwarze Anzüge und schwarze Hüte.

Barras Deutsche Wehrmacht.

Bereisung Besichtigung von Gendarmeriedienststellen zum Zweck der Dienstaufsicht und der Schulung durch Bezirks-, Abteilungs- und Landesgendarmeriekommandanten. Siehe Visitierungsprotokoll.

Bergmütze Traditionelle altösterreichische Kopfbedeckung von Soldaten, später der Heimwehr und der Gendarmerie im Winter oder im Alpindienst.

Besatzungsgeld Banknoten, die von den Besatzungsmächten als provisorische Währung ausgegeben wurden. Es gab auch überdruckte Reichsmarkscheine als Zahlungsmittel.

Besatzungskinder Kinder, die aus Beziehungen zwischen Österreicherinnen und Besatzungssoldaten stammten. 1945 und auch noch später waren alle „Fraternisierungen" verboten.

Bezirkler Spitzname für den Bezirkskommandanten im allgemeinen und den „Herrn Bezirksinspektor" im besonderen.

Bezugsschein Von der Behörde ausgegebener Berechtigungsschein zum Kauf von bewirtschafteten Gütern, Waschmitteln, Kleidung, Schuhen, Treibstoff, Brennmaterial u. dgl. während und nach dem Zweiten Weltkrieg.

B-Gendarmerie Eine pseudomilitärische Einsatztruppe, die 1952 in den westlichen Besatzungszonen aufgestellt wurde und als Vorläufer des Österreichischen Bundesheeres anzusehen ist. Gendarmerieintern bekam sie den Spottnamen „Mau-Mau" nach einem Geheimbund in Kenia.

Bildsteinstrammer Dem Schuhabsatz angepaßte, gekrümmte Stahlspirale, die mit einem Schnappverschluß (Strammer) am Riemen befestigt war. Die Riemen wurden entweder durch ein Stemmloch oder mit Schrauben am Schi befestigt.

Borgward-Isabella Luxuswagen, von dem alle träumten.

Bradllack Streichbarer rötlicher Lack, der auf die Laufflächen der Schi aufgetragen wurde und den Schiklister ersetzte. Benannt nach dem Erfinder, dem Schispringer Sepp Bradl.

Checkpoint	Kontrollpunkt der Amerikaner an den Zonengrenzen. Ohne Identitätsausweis bzw. Alliierte Reiseerlaubnis durfte die Demarkationslinie nicht überschritten werden.
Defilierung	Truppenparade, Vorbeimarsch an hochrangigen Personen.
Demarkationslinie	Grenze zwischen den einzelnen Besatzungszonen, insbesonders die Enns, die die sowjetische Zone von den Westmächten trennte. Der erste „Eiserne Vorhang“ durfte nur mit Alliierter Reiseerlaubnis überschritten werden. Der berühmteste Kontrollposten war in Ennsdorf an der Bundesstraße 1 am niederösterreichischen Ennsufer.
Detachement	Abteilung der Gendarmerie für Sonderverwendungen, z. B. als Mitfahrer bei der amerikanischen Militärstreife.
deutscher Gruß	Der offizielle Gruß lautete „Heil Hitler!“. Gleichzeitig mußte der rechte Arm erhoben werden. Es bildeten sich bestimmte Arm- und Handhaltungen (vor allem bei der SS) heraus. In Österreich wurde der deutsche Gruß zu einem gemurmelten „Eilitler“ verballhornt. Karl Valentin sagte: „Gut, daß der Hitler nicht Kräuter geheißen hat, sonst hätten mir unterm Krieg mit ‚Heil-Kräuter‘ grüßen müssen.“
DKW	Auto- und Motorradmarke, Vorläufer von Audi. Redensarten: „DKW – steig ab und geh“; „Tauchst an, kummst weiter!“
Dodge	Amerikanisches Militärfahrzeug zum Transport mehrerer Personen; nächstgrößeres Fahrzeug nach dem kleinen Jeep.
Eisenbahneskorte	Begleittransport von Häftlingen mit der Eisenbahn
Eiserne Ration	Haltbares Lebensmittelpaket, das nur auf besonderen Befehl aufgemacht und verzehrt werden durfte. Auch die Zivilbevölkerung hatte eine Notreserve bereitzuhalten.
Entnazifizierung	Ehemalige Mitglieder der NSDAP wurden gemäß ihrer „Belastungsstufe“ überprüft und entweder nach oder ohne Sühneleistung von ihrer Parteizugehörigkeit losgesprochen, also „entnazifiziert“.
Eschenschi	Bis zum Aufkommen der Schichtenschi übliches Wintersportgerät für weniger Begüterte. Im Salzkammergut machten Tischler, Wagner, Drechsler, Zimmerleute und Bauern ihre Schier selbst. Begüterte konnten sich die besseren Hickory-Schier leisten.
Eskorte	Begleitung von Häftlingen oder Werttransporten durch Exekutivbeamte.

Evakuierung — Zu Beginn der alliierten Terrorangriffe auf Städte wurden Frauen, die nicht im Rüstungseinsatz waren, und Kinder aus den Städten zu Verwandten oder Bekannten auf dem Land evakuiert.

Exhibitenprotokoll — Buch, in welches alle auf dem Gendarmerieposten einlangenden, bearbeiteten und abgehenden Schriftstücke eingetragen wurden. Jedes Schriftstück mit Ausnahe der Fahndungen bekam eine Exhibitennummer (E. Nr.). Fahndungen wurden in den Invigilierungsfaszikel eingetragen und erhielten eine I. Nr.

Fahndungsschlüssel — Im Lauf der Zeit immer dicker werdendes Buch im A5-Format, in das alle zur Fahndung ausgeschriebenen Personen und Sachen eingetragen waren. Aktuelle Ergänzungen fand man in den Fahndungsblättern der Bundesländer und im Zentralfahndungsblatt.

Fahrkarte — Scherzhafte Bezeichnung für einen ungültigen Treffer auf der Schießscheibe außerhalb der Ringe.

Fetzeneinband — Spöttische Bezeichnung für die broschürten Taschenbuchausgaben, auch Fetzenausgaben genannt.

Filz- oder Manchonsohlen — Kletterpatschen hatten bis zum Aufkommen der Innsbrucker Bergsohlen entweder ein Geflecht aus Hanfschnüren (Manchonsohle) oder einen Filzbelag als Sohle. Bei Schnee und Nässe verschmutzten diese Sohlen rasch und verloren ihre Haftwirkung.

Flitschal, Amiflitschal — Leichtfertiges, leicht käufliches Mädchen, Geliebte von US-Soldaten.

Flohdackerln — Ca. 10 cm breite Stoffbänder, die mit zwei Knöpfen verschlossen werden konnten und dazu dienten, die Hosenröhren beim Schaft der hohen Schuhe zusammenzuhalten. Aus der k. u. k. Armee übernommenes Relikt. Später gab es elastische Gamaschenbänder, die zusammengehakt wurden.

Fraternisierungsverbot — Die Alliierten verboten in den ersten Nachkriegsjahren alle persönlichen Beziehungen (Verbrüderungen) zwischen Siegern und Besiegten.

Frostbäuln — Mundartlich für Frostbeule; scherzhafte Bezeichnung für die „Postfräulein", die „Postfräuln", die zumeist am „Stöpselkasten" die Telefonverbindungen herstellten. Nach Dienstschluß des Postamtes (17 Uhr) wurden die Fernverbindungen durch das Bezirkspostamt hergestellt.

Fußeskorte	Häftlingsbegleitung zu Fuß, siehe auch Eisenbahneskorte. Eine Eskorte in einem Kraftfahrzeug gab es damals nicht. Der Abteilungskommandant hatte einen gelben Austin als Dienstwagen, beim BGK gab es eine Beiwagenmaschine und auf den Gerichtsposten einspurige Motorräder.
gekehlte Schier	Eschen- oder Hickory-Schier, deren Oberfläche zwecks Gewichtsverminderung mit einem Fräser eine Kehle bekamen.
Glasenbach, Glasenbacher	Synonym nach dem Krieg für die Angehörigen der NSDAP und deren Formationen. Dieser Personenkreis wurde pauschal als Kriegsverbrecher eingestuft und in Glasenbach (Salzburg) und anderen Orten in KZ-ähnlichen Barackenlagern eingesperrt. Die Insassen nannte man „Glasenbacher".
GMC	„Tschiemsi" gesprochen: Amerikanischer Mannschaftstransport- und Lastkraftwagen, der auch bei der Gendarmerie verwendet wurde.
Goggerl	Kleinauto der Fa. Glas. Werbespruch: „Er in München – sie in Kiel. Lösung klar: Goggomobil".
Goiserer	Weltberühmte handgearbeitete, in Bad Goisern und dem Salzkammergut angefertigte Bergschuhe mit Tschernkenbeschlag, Mauskopfnägeln an der Ledersohle und mitunter Zackeneisen an Absatz und Schuhspitze. Durch die Innsbrucker Bergsohle verschwand der Eisenbeschlag. Nur der Schweizer Tricounibeschlag blieb für Bergtouren in Gletschergebieten erhalten.
Goldener Westen	Scherzhaft-neidische Bezeichnung für die US-Besatzungszone Österreichs.
Goldfasan	Spitzname für die „Politischen Leiter" der NSDAP, die zur braunen Uniform viel Goldlametta trugen und stolz wie ein Fasan daherkamen.
GPU	Gefürchtete sowjetische Geheimpolizei; besonders berüchtigt waren die GPU-Kommissare.
Grammingersitz	Von Wastl Mariner aus Innsbruck verbesserte Art „Rucksack" zum Abseilen von Verletzten aus Felswänden.
grüner Heinrich	Grün gestrichener Gefangenentransportwagen. Zunächst ein Pferdefuhrwerk, dann ein Lastkraftwagen der Justizwache und Wiener Polizei.
Gummiwurscht	Mundartlich für Gummiknüppel, die mindergefährliche Bewaffnung der Exekutivbeamten nach dem Zweiten Weltkrieg. In der Steiermark waren die Gendarmen bis ca. 1950 mit dem Säbel bewaffnet.

Hickory-Schier	Bis zum Aufkommen der Schichtenschier übliche Schier der gehobenen Preisklasse.
Horst Wessel-Patrouille	Nach der Textzeile des „Horst Wessel-Liedes", der Parteihymne der NSDAP, „marschiert im Geist in unsren Reihen mit", wurden Patrouillen, die nur auf dem Papier, also „im Geist" gemacht wurden, so bezeichnet. Bei 240 Stunden Außendienst pro Monat und einem Freizeitanspruch von täglich 8 Stunden ununterbrochenen Schlafes und zwei Tagen Absentierung im Monat wurde versucht, sich bei Abwesenheit des Kommandanten durch Horst Wessel-Patrouillen eine Diensterleichterung zu verschaffen. Wurde disziplinär geahndet! Siehe auch Lügenbuch.
Hosentürlakte	Aufenthalts- und Einkommensermittlungen nach dem Unterhaltsschutzgesetz wurden scherzhaft als „Hosentürlakte" bezeichnet. Sie erforderten wenig bürokratischen Aufwand.
I-Ausweis, I-Karte	Identitätsausweis, Identitätskarte, das viersprachig gedruckte Ausweisdokument der Österreicher in der Besatzungszeit (1945–1955).
Innsbruckersohlen	Ungefähr 1947 aufgekomme Sohlen aus profiliertem Gummi, die vom Innsbrucker Wastl Mariner entwickelt wurden und eine Revolution im Bergsteigen und Klettern zur Folge hatten.
Interalliierte Reiseerlaubnis	Für das Überschreiten der Besatzungszonen notwendiges Dokument, das aus einer roten Karte bestand, die in den Sprachen Deutsch, Englisch, Französisch und Russisch ausgefüllt war.
Invigilierungsfaszikel	Buch, in das alle in den Gendarmeriedienststellen einlangenden Fahndungen eingetragen wurden. Die absolut unnötige Hauptarbeit der Probegendarmen.
Jausenbauer	In ländlichen Gebieten gab es gendarmeriefreundliche Bauern, bei denen die Außendienstbeamten gerne zur Jause einkehrten. Für manche Jausenbauern war es geradezu eine Beleidigung, wenn Gendarmen an ihrem Haus vorbeigingen, ohne einen Besuch abzustatten. Es herrschte ein eigenes Zeremoniell bei diesen Jausen.
Kabinenroller	Kleinfahrzeuge, die mit Motorradführerschein gelenkt werden durften. Beginn der Metamorphose vom Motorrad zum Pkw.

Kanarivogel-patrouille — Um 1953 bekamen die Gendarmerieposten ein kanariengelb lackiertes Fahrrad. Ein Beamter des Postens mußte, mit weißem Tellerkappenüberzug, weißen Zwirnhandschuhen und weißen Plastikgamaschen „kostümiert“, auf diesem „Kanarienvogel“ Fahrradpatrouillen zur Verkehrsüberwachung machen. Wegen der Lächerlichkeit dieser Idee wurde zur Wiederherstellung des Standesansehens diese Fahrradpatrouille „eingeschläfert“.

Kandaharbindung — Während des Zweiten Weltkriegs aufgekommene Schibindung, bei der mittels Kabelzüge und eines Strammers eine feste Verbindung von Schi und Schuh ermöglicht wurde. Eine Weiterentwicklung war die erste Sicherheitsbindung, die Tyrolia-Frontal.

Keilhose — Nach 1945 durch den Schneidermeister Kanzler aus Kitzbühel erfundene, keilförmig nach unten zulaufende Schihose mit einem Steg. Sie war Nachfolgerin der Überfallhose.

Kettenhund — Abwertende Bezeichnung für deutsche Militärpolizisten, Angehörige der Wehrmachtsstreife.

Kommandantura — Dienststelle der sowjetischen Besatzungstruppen.

Kontra — Amtsjargon für Kontrollpatrouille.

Koppel, Koppelschloß — Leibriemen der Deutschen Wehrmacht und der uniformierten Parteiverbände. Das Koppelschloß war verstellbar und wurde eingehakt. Auf ihm war der Reichsadler; bei der Wehrmacht stand die Umschrift: „Gott mit uns“, bei der SS und Waffen-SS stand darauf: „Unsere Ehre heißt Treue“.

Kotze, Kotzn — Grobe Militärdecke oder Decke zum Abdecken der Pferde, aber auch Bezeichnung für Erbrechen und Erbrochenes.

Kragenhaftl — Aus lackiertem Draht geformte Haken und Ösen, die zumeist am Kragen der Steirerjanker (Gamsfrackl) angenäht wurden, um einen guten Abschluß zu bilden. Die Stehkragenuniformen der Kriegs- und Nachkriegszeit hatten einen solchen Kragenverschluß, der nur beim Befehl „Marscherleichterung“ geöffnet werden durfte. Auch ein Schneiderzubehör.

Kummerl(n) — Spitzname für Kommunist(en).

Landesstreife — In den fünfziger Jahren wurde alljährlich eine das gesamte Landesgebiet umfassende Fahndungsaktion gemacht, bei der alle Fahrzeuge und alle Ortsfremden angehalten und kontrolliert wurden. Siehe auch Fahndungsschlüssel.

Leukoplastbomber — Der mit einer Karosserie aus Holz, Faserplatten und Plastik gefertigte Kleinwagen Marke „Lloyd“ wurde so bezeichnet.

Lügenbuch	Amtsjargon für das bis ca. 1956 vorgeschriebene Personaldienstbuch. Siehe auch „Horst Wessel-Patrouille".
Mantelparoli	Auf die Krägen der Uniformmäntel genähte, besonders geformte rote Stoffstücke, die mit einem kleinen Knopf verziert waren. Dürfte von „Parole" kommen und aussagen, daß dadurch das Kleidungsstück als Uniform kennbar wird.
Marwakarabiner	Kletterkarabiner besonderer Zugfestigkeit, vom Innsbrucker Wastl Mariner erfunden.
Massafonds	Finanzierung der Uniformverwaltung; siehe Massawirtschaft.
Massawirtschaft	Verwaltung der persönlich zugewiesenen Uniformsorten bei der Exekutive.
„Mau-Mau"	Siehe B-Gendarmerie.
Mauskopfnägel	Glatte oder geriffelte, knopfartige Schuhnägel zum Schutz der Ledersohle. Art und Muster der Benagelung waren ein wichtiges Identifizierungsmittel bei Schuhspuren.
Meister der Gendarmerie (Polizei)	Reichsdeutscher Amtstitel für Gendarmerie- und Polizeibeamte im Rang eines Postenkommandanten; vor und nach dem Krieg Revierinspektor, der Obermeister entsprach dem Bezirksinspektor.
Militärkotzn, siehe Kotze	Grobe Militärdecke.
Moped	Zuerst gelangten Motorfahrräder als Fahrräder mit Hilfsmotor auf den Markt, dann kamen Motorfahrräder der Marke „Fuchs" als Vorläufer der heutigen Mopeds auf.
MotVauPe (Mot. VP.)	Kurzbezeichnung für „Zusätzliche motorisierte Verkehrs-Patrouille" – im Volksmund wegen der weißen Tellerkappe „weiße Maus" genannt.
MP	Abkürzung für die US-Militärpolizei, die auf weißen Armbinden diese Buchstaben aufgedruckt hatte und mit weißen Tellerkappen oder Stahlhelmen sowie weißen Lederriemen und Colthalftern ausgerüstet war. Mit hölzernen Schlagstöcken schlug sie zu. – Auch Abkürzung für Maschinenpistole (MPi).
Nylons	Nylonstrümpfe, begehrte Schwarzmarktware und US-Währungsersatz. Der „Liebeslohn" für Amiflitscherln.
Oberkanten	Um 1950 aufgekommene Plastikkanten an der Oberseite der Schichtenschier als Schutz gegen das Abkratzen der Kanten.

Paraffe — Als Unterschriftskürzel verwendete Buchstabenkombination (Initialen). Alle einlangenden Fahndungen, Gesetzesblätter, Vorschriften und Befehle mußten zum Beweis für deren Kenntnisnahme von allen Beamten paraffiert werden.

Parteihuat — Während der NS-Zeit trugen die Parteifunktionäre zur braunen Uniform eine Tellerkappe. Von daher dürfte die scherzhafte Bezeichnung der Tellerkappe im Amtsjargon kommen.

Patrouillenrast — Im Außendienst, also während einer Patrouille, mußten die Gendarmen ein Viertel davon als Rast in einem Gasthaus verbringen. Der Aufenthalt sollte bezwecken, daß die Beamten mit den Leuten zusammenkamen und bei den Wirtshausgesprächen aufschnappten, was zur Verbrechensaufklärung dienlich sein konnte.

Patrouillierungstasche — Ledertasche zum Umhängen, in der der Fahndungsschlüssel, die Schreibmappe mit Organmandats- und Beschlagnahmeblock, Notizblock, zu bearbeitete Akte, die Schließ- und Verbindungskette, Taschenlampe und ein Verbandpäckchen bei allen Außendiensten mitgeführt werden mußten.

Pelerine — Ärmelloser Umhang. Die Pelerine konnte bei Schönwetter entweder über der Schulter zusammengerollt oder wie ein Rucksack an Bändern getragen werden. Sie war bei vielen Beamten ein sehr beliebtes und praktisches Uniformstück und wurde wegen der zunehmenden Motorisierung aus Sicherheitsgründen abgeschafft.

Personaldienstbuch — Siehe „Horst Wessel-Patrouille“ und Lügenbuch.

Petroleumleuchter — Scherzhafte Bezeichnung für den Amtstitel „Patrouillenleiter“ – ein Amtstitel ohne Mittel für eingeteilte Gendarmeriebeamte, entsprach dem „Oberwachmann“ der Polizei.

Pfostenkommandant — Scherzhafte Bezeichnung für die Funktionsbezeichnung „Postenkommandant“.

Plastikkragen — Bei den bis 1953 üblichen hochgeschlossenen Uniformblusen wurde an der Krageninnenseite ein weißer Plastikstreifen eingenäht, um die Verschmutzung des Kragens zu verhindern.

Portepee — An den Bajonetten, die zur Bewaffnung mit dem Karabiner 98 K gehörten, waren silberfarbene Quasten befestigt. Das Bajonett trugen Probegendarmen als minder gefährliche Bewaffnung.

Postencroquis — Grafische Darstellung des Gendarmerie-Postenrayons mit Patrouillenrayonen.

Postfräuln Postbeamtin, die vorwiegend bei der händischen Telefonvermittlung eingesetzt war; siehe auch Frostbäuln.

Proverl Scherzhafte Bezeichnung für den Amtstitelträger „Provisorischer Gendarm“, abgekürzt: prov. Gend.

Prusikknoten Seilknoten, der sich unbelastet leicht verschieben läßt, bei Zugbelastung jedoch sicher fest klemmt. Beim Bergrettungsdienst zum Aufziehen von Verletzten mit den Hanf- oder Perlonseilen in Form eines behelfsmäßigen Seilflaschenzuges in Verwendung.

Rayonler Scherzhafte Bezeichnung für den Amtstitel des eingeteilten Beamten „Rayonsinspektor“, abgekürzt Ray. Insp.

Resselpark Synonym für Schwarzhandelsgebiet. Dieser Park in Wien war Zentrum des illegalen Handels mit Waren aller Art.

Revierler Scherzhafte Bezeichnung für den Amtstitel des dienstführenden Beamten „Revierinspektor“, abgekürzt Rev. Insp. Damals nur Postenkommandanten oder deren Stellvertreter.

Ristriemen Während des Zweiten Weltkriegs bekam man genagelte Bergschuhe mit einer eckigen Spitze und einer eingefrästen Rille am Absatz für den Bildsteinstrammer oder die Kandaharbindung. Zum besseren Halt hatten diese Schi-Bergschuhe einen Lederriemen um den Rist.

Rosenkranz beten lassen Amtsjargon für „jemandem die Schließkette anlegen“. Durch die Handschellen kamen die Schließketten in den siebziger Jahren ab.

Rote Armee Bezeichnung für die Sowjetarmee.

Russenzone Sowjetische Besatzungszone Österreichs: Burgenland, Niederösterreich und das oberösterreichische Mühlviertel (O.Ö. nördlich der Donau). Daher gab es in Oberösterreich auch zwei Landesgendarmeriekommanden.

Sarasani Scherzhafte Bezeichnung für die friedensmäßige Ausgangsuniform der Deutschen Wehrmacht, wegen der Silberlitzen an den Ärmeln, die der Livree der Zirkusarbeiter beim Zirkus Sarasani ähnlich sahen.

Schichtenschier Lösten in den siebziger Jahren die bis dahin üblichen Eschen- und Hickory-Schier ab.

Schiklister — Schwarze, klebrige Wachsmischung, die heiß mittels einer Lötlampe auf die Schilauffläche aufgetragen wurde und einerseits das Holz vor Feuchtigkeit schützte und anderseits die Gleitfähigkeit erhöhte. Grundlage für das eigentliche Schiwachs.

Schließkette — Eisenkette mit verschieden großen Ringen zum Fesseln gefährlicher Personen. Sie wurde mit einem Vorhängeschloß versperrt. Eine längere Verbindungskette ermöglichte das gleichzeitige Fesseln von bis zu vier Personen. Damit war dieses Instrument den heutigen Handschellen überlegen.

Schmalz, Schmalz habn — Fett, aber auch Kraft; Kraft haben: Vorstrafen haben.

Schmalz ausgefaßt haben — Gerichtlich verurteilt worden sein.

Schneereifen — Ovale Holzrahmen waren mittels Seile und Gurte so verspannt, daß damit das Einsinken bei Tiefschnee vermindert wurde. Jeder Alpinposten bekam solche Schneereifen zugewiesen. – Heute in verbesserter Form als „Schneeschuhe“ im Handel.

Schneeteller — Runde Geflechte aus einer Weidenrute, die am unteren Ende der Schistöcke das Einsinken in den Schnee vermindern sollten.

Schwarzmarkt — Bezugsquelle von nicht offiziell erhältlichen oder streng bewirtschafteten Waren aller Art, vor allem Zigaretten, Lebensmittel und Nylons.

Sechs-, Zehn-, Zwölfzacker — Steigeisen mit sechs bis zwölf Zacken. Zwölfzacker kamen erst nach dem Zweiten Weltkrieg in Gebrauch.

Sondersorten — Bekleidungsstücke, die nicht in das Eigentum des Gendarmen übergingen.

Sowjetzone — Die von den Sowjets besetzten Bundesländer Niederösterreich, Burgenland und das oberösterreichische Mühlviertel. Die Sowjetzone war durch die sogenannte „Demarkationslinie“ entlang der Donau und Enns von den anderen Besatzungszonen abgetrennt und durfte nur mit einem besonderen Ausweis überschritten werden; siehe Russenzone.

Sozi — Sozialdemokrat(en).

Spätheimkehrer — Deutsche und österreichische Kriegsgefangene, die erst nach Jahren aus der (meist sowjetischen) Gefangenschaft heimkehren durften.

Speiskarte — Amtsjargon für Strafregister-Karte, siehe auch Schmalz.

Spezies facti-Anzeige	Anzeige gegen eine verhaftete Person. Wurde gleichzeitig mit dem Verhafteten dem Gericht übergeben.
Stahlkanten	Ca. 5 mm breite, gehärtete und geschliffene Stahlstreifen, die in die Schilauffläche eingelassen wurden. Kamen erst im Zweiten Weltkrieg auf. Schier mit Stahlkanten waren fast ein Statussymbol.
Stahlrohrstöcke	Schistöcke aus Metall; kamen in den sechziger Jahren in Gebrauch, vorher waren sie wegen ihres hohen Preises ein Statussymbol.
Steigwachs	Pappiges Wachs, mit dem die Schilauffläche vor dem Aufstieg gewachst wurde. War schwer zu entfernen und das Auftragen des Abfahrtwachses nachher schwierig. Deshalb wurden die teuren Steigfelle vorgezogen. Es gab auch Klebefelle.
Stöpselkasten	Telefonvermittlungskasten in den Postämtern mit händischer Vermittlung; siehe auch „Frostbäuln" und „Postfräuln".
stöpseln	Amtsjargon für: eine telefonische Verbindung herstellen.
Strafregisterauszug	Ein Auszug aus dem Strafregisterblatt, mit dem die Gendarmeriedienststellen und Gemeindeämter von gerichtlichen Verurteilungen verständigt wurden. Diente zum Ausfüllen der Strafregisterkarten. Siehe auch „Speiskarte".
Strafregisterkarte	Formulare, in welche die Vorstrafen und die Tilgungen derselben eingetragen waren. Wurden von jedem Gendarmerieposten und den Gemeindeämtern geführt. In Zweifelsfällen wurde eine Anfrage an die Strafregisterämter gestellt.
tägliches Fahndungsblatt	Periodisch für einzelne Bundesländer gültige Blätter mit den neuesten Fahndungen nach Personen und Sachen zur Ergänzung des Fahndungsschlüssels.
Tauernrucksack	Der erste Rucksack mit Tragegestell, nach dem Zweiten Weltkrieg hergestellt.
telefonische Meldung	Formular, in das der Text von Telefongesprächen eingetragen werden mußte. Diente zur Kontrolle der abgehenden und einlangenden Telefongespräche sowie der Einsparung an Telefongebühren.
Telemarkschwung	Richtungsänderung beim Schifahren, mit Bildsteinbindung möglich.
Tokowachs	Ca. 10 x 3 x 1 cm große Wachsstücke zum Schiwachsen in den Farben Gelb für harten, kalten Schnee, Schwarz und Silber für Firn und Naßschnee. Kamen nach dem Zweiten Weltkrieg in den Handel. Früher wurde das Schiwachs in runden Pappdosen verkauft.

Transportbegleitung Begleitung von übergroßen oder schweren und gefährlichen Transportgütern durch Mot. VP.

Tricounibeschlag Schweizer Schuhbeschlag aus besonders geformten Spezialstahl, der – wie die Tschernkennägel – am Rand der Zwiegenähten befestigt wurde. War sehr teuer, aber für Gletschertouren ausgezeichnet.

Tschako Helmartige Kopfbedeckung der deutschen Polizei und Gendarmerie. Früher trugen Dragoner und Ulanen der k. u. k. Armee solche Helme. Der Tschako ist von der preußischen Pickelhaube zu unterscheiden, die es während des Zweiten Weltkriegs nicht mehr gab.

Tschernkennägel Schuhnägel, die über den Sohlenrand reichten und mit ihren flügelartigen Rändern so überlappend in die Schuhsohle eingeschlagen wurden, daß der gesamte Sohlenrand geschützt war. Die Nagelspitzen wurden umgebogen und hinter die Randplättchen geschlagen. Siehe Goiserer.

Tschernkn Genagelte Bergschuhe; Nägel für den Schuhrandbeschlag der Goiserer.

Tyrolia-Frontal Erste Automatikbindung bei Schiern mit seitlich beweglichen Backen und einem Strammer, der bei zu starker Spannung aufschnappte. Seit 1955.

Überfallhose Lange Schihose, die in die Bergschuhe gesteckt wurde und knickerbockerartig über diese fiel. Wurde durch die Keilhose verdrängt.

US- Zone Oberösterreich südlich der Donau und Salzburg gehörten vom Mai 1945 bis 1955 zur Amerikanischen Besatzungszone.

Verkehrsampeln Mit Beginn der Motorisierung erhielten vielbefahrene Kreuzungen in den Städten optische Verkehrsregelungen. Bis in die sechziger Jahre wurde etwa die Wiener Opernkreuzung durch einen Polizeirayonsinspektor mittels Handzeichen geregelt. Er wurde zu einer Berühmtheit!

Vidierung Vermerk von Gendarmerievorgesetzten über die Kenntnisnahme von amtlichen Schriftstücken.

Visitierungsprotokoll Dienstbuch, in welches die visitierenden Vorgesetzten das Ergebnis der Bereisung eintrugen.

weiße Maus Polizisten und Gendarmen auf Motorrädern, die zur Verkehrsüberwachung und Transportbegleitung eingesetzt wurden, bekamen diesen Spitznamen. Auch der Autor übte eine Zeitlang diese Tätigkeit aus.

Wickelgamaschen	Stoffbänder, die vom Schuhabschluß bis zu den Knien um den Unterschenkel gewickelt wurden und vor Schnee schützen sollten. Von den Gebirgstruppen im Ersten und bis zum Zweiten Weltkrieg zur Pump- oder Knickerbockerhose getragen.
Windjacke	Bekleidungsstück für Wanderer und Bergsteiger, Vorläufer des Anoraks, Uniformstück für den Alpindienst.
Zackeneisen	Schuhbeschlag zur Ergänzung des Tschernkenbeschlags bei Bergschuhen, insbesonders bei Goiserern.
Zensurstempel	Feldpostbriefe erhielten einen Zensurstempel. Auch nach 1945 wurden alle Briefe innerhalb Österreichs von den Besatzungsmächten geöffnet, zensuriert und mit einem Zensurstempel versehen.
Zentralfahndungsblatt	Periodische, für das gesamte Bundesgebiet gültige Zeitschrift mit den neuesten Fahndungen nach Personen und Sachen als Ergänzung des Fahndungsschlüssels.
Zonengrenze	Die Demarkationslinien, welche die einzelnen Besatzungszonen voneinander abgrenzten, nannte man Zonengrenzen. Für das Überschreiten dieser Grenzen, die von den Besatzungstruppen genau überwacht wurden, benötigte man eine Interalliierte Reiseerlaubnis.
zusammenscheißen	Jemanden anbrüllend niedermachen, demütigen; siehe „Arsch aufreißen".
Zwei Menschen in Aspik	Scherzhafte Bezeichnung für die Kabinenroller (BMW – Isetta, Henkel Kabinenroller).
Zweischiverschraubung	Metallkonstruktion, die bei Hochtourengruppen und vom BRD mitgeführt wurde. Damit konnte aus einem Paar Schi ein Behelfsschlitten zum Abtransport Verletzter gebaut werden. Der Autor selbst wurde so nach einem Unterschenkelbruch von der Höplihütte (Postalm) nach Zinkenbach transportiert.

Der Autor:
Franz Viktor Ernst Ginner, geb. 1930 in Wien, von 1951 bis 1988 im Dienst der österreichischen Bundesgendarmerie, ist Autor fachspezifischer Zeitschriften, Artikel und Bücher. Er verfaßte ferner verschiedenste Mundartdichtungen in Lyrik und Prosa sowie mehrere esoterische Abhandlungen. – Lebt in Mödling, NÖ.

Aus unserem Programm:

ISBN 3-85365-204-2

ISBN 3-85365-200-X

ISBN 3-85365-193-3

ISBN 3-85365-194-1

Bestellen Sie unverbindlich und kostenlos
unser Gesamtverzeichnis:
A-8011 Graz, Hofgasse 5, Postfach 438
Telefon (0 316) 82 16 36, Fax (0 316) 83 56 12
www.stocker-verlag.com, stocker-verlag@stocker-verlag.com

NAME: Justus Jonas
FUNKTION: Erster Detektiv
FRAGEZEICHENFARBE: weiß
BESONDERE MERKMALE: das Superhirn der drei ???; Meister der Analyse und Wortakrobatik; erstaunlich schneller Schwimmer; zu Hause auf dem Schrottplatz von Tante Mathilda und Onkel Titus; zupft beim Nachdenken an seiner Unterlippe
IST FAN VON: Tante Mathildas Kirschkuchen und Denksport aller Art

NAME: Peter Shaw
FUNKTION: Zweiter Detektiv
FRAGEZEICHENFARBE: blau
BESONDERE MERKMALE: für körperliche Herausforderungen immer zu haben, dafür kein Ass in der Schule; großer Tierfreund; Spezialist für Schlösser aller Art, die seinem Dietrichset einfach nicht standhalten können; neigt zu Vorsicht und Aberglauben
IST FAN VON: schnellen Autos (insbesondere seinem MG), der südkalifornischen Sonne, so ziemlich jeder Sportart

Die drei ???

Die drei ???

Kreaturen der Nacht

erzählt von Marco Sonnleitner

Kosmos

Umschlagillustration von Silvia Christoph, Berlin
Umschlaggestaltung von eStudio Calamar, Girona, auf der Grundlage der Gestaltung von Aiga Rasch (9. Juli 1941 – 24. Dezember 2009)

MIX
Papier aus verantwortungsvollen Quellen
FSC® C014496
FSC www.fsc.org

Gedruckt auf chlorfrei gebleichtem Papier

ISBN 978-3-440-16736-6
Redaktion: Anne Pagel
Lektorat: André Marx und Nina Schiefelbein
Produktion, Layout und Satz: DOPPELPUNKT, Stuttgart
Druck und Bindung: GGP Media GmbH, Pößneck
Printed in Germany / Imprimé en Allemagne

Die drei ???
Kreaturen der Nacht

Abracadabra!

Die drei Detektive ließen ihre Fahrräder ausrollen und hielten nach einem Platz Ausschau, wo sie sie abstellen konnten. Und wo sie sie nachher auch wiederfinden würden. Denn hier war alles voller Fahrräder: Rasen, Büsche, Wege, Beete – die ganze Wiese verschwand unter einem Meer aus Lenkern, Stangen und Sätteln. Halb Rocky Beach schien heute hierhergeradelt zu sein. Vor allem die jüngere Hälfte.

»Da drüben, der Pfosten mit dem orangefarbenen Abfalleimer.« Bob Andrews zeigte nach rechts. »Da können wir sie hinstellen.«

»Und nachher klebt Ketchup auf meinem Sattel. Das Ding quillt ja jetzt schon über.« Justus Jonas verzog das Gesicht. Doch einen besseren Abstellplatz für die Räder sah auch er nicht.

Peter Shaw seufzte vernehmlich. »Du hast was gut bei mir, Just. Ehrlich.« Er stieg ab und schob sein Rad an den Metallpfosten. »Das Wetter wäre zwar auch ideal zum Surfen, nicht zu heiß, guter Wind, super Wellen. Aber so eine Einkaufstour ist mal wirklich was anderes. Vor allem im Vergleich zu der Alternative, die wir hatten!«

»Bei der Wahl zwischen Trödelmarkt und Unkrautjäten fiel mir die Entscheidung allerdings auch nicht schwer«, erwiderte Justus.

»Ich hasse Brennnesseln!« Bob stellte sein Rad vor die beiden anderen und legte dann sein langes Kabelschloss um alle drei Fahrräder. »Okay, kann losgehen.«

»Warte noch.« Justus pflückte einen Flyer von seinem Gepäckträger, der aus dem Abfalleimer gerutscht war. Er wollte ihn zurück in den Behälter stopfen, aber sein Blick blieb an dem knallgelben Zettel hängen. Der Erste Detektiv zog die Stirn kraus. »Sind das die Bands?« Auf dem Flyer waren die zum Teil sehr fantasievollen Namen etlicher Musikgruppen aufgelistet. Dahinter fanden sich jeweils Datums- und Zeitangaben.

Bob nickte. »Das sind die Teilnehmer, ja. Und wann sie auftreten.«

»Nun ja, zumindest darf man einigen dieser Musiker bescheinigen, dass sie recht kreativ waren, was die Namensgebung ihres Ensembles angeht.«

Peter deutete auf eine der Bands. »*Die Geheim-Nissen* find ich super. Super eklig. Nissen sind doch Floheier, oder?«

»Nissen sind die chitinhaltigen Eihüllen der Läuse«, korrigierte Justus.

»Oder so.« Peter grinste. »Würde auch sehr gut zu uns passen, meint ihr nicht? Die drei Geheim-Nissen. Oberei: Justus Jonas, Zweite Laus: Peter Shaw, Recherche und Archiv: Laus Andrews. Wir lösen alle Geheim-Nisse.«

Justus verweigerte jeden Kommentar, Bob lachte. »Na ja, ich weiß nicht … Da bleibe ich dann doch lieber bei *Die drei ???*. Darf ich mal?« Bob nahm dem Ersten Detektiv den Flyer aus der Hand und drehte ihn um. »Die *Crackernuts* sind morgen dran. Abends um neun.«

»Kennst du die?«, fragte Peter.

»Nein. Aber Sax hat mich gebeten, mir die mal anzuhören. Sollen ganz vielversprechend sein.«

»Los, Kollegen.« Justus blickte unternehmungslustig auf das Getümmel von Menschen, das sich in einiger Entfernung an zahlreichen Verkaufsständen entlangschob. »Lasst uns einkaufen gehen!«

Das kleine Küstenstädtchen Rocky Beach, die Heimat der drei Detektive, richtete in diesen Tagen einen Wettbewerb für Hip-Hop-Nachwuchsbands aus der näheren Umgebung aus. Im östlichen Teil des Palisades Parks hatte man dazu ein großes Zelt aufgestellt, in dem sich die jungen Musiker vor Publikum und einer ausgewählten Jury beweisen konnten. Als erster Preis winkte ein Plattenvertrag bei einem großen Label aus Los Angeles.

Für Bob Andrews bedeutete das Arbeit. Er jobbte hin und wieder bei der Musikagentur von Sax Sandler und sollte sich bei der Veranstaltung die eine oder andere Band anhören. Vielleicht war ja, abgesehen von dem Sieger, eine der anderen Bands gut genug, um von seinem Chef unter Vertrag genommen zu werden. Gestern hatte sich Bob bereits *Earwax* angetan, drei blasse Jungs, die einfach nur laut und schlecht gewesen waren.

Doch heute waren die drei Jungen aus einem anderen Grund hier. Auf dem Platz vor dem Zelt fand während des Wettbewerbs ein großer Trödelmarkt statt, auf dem eigentlich Dinge angeboten werden sollten, die irgendwie mit Musik zu tun hatten. Aber viele Händler legten diese Vorgabe recht großzügig aus, sodass sich im Grunde genommen alles auf dem Markt fand, was sich an den Mann oder die Frau bringen ließ.

Onkel Titus und Tante Mathilda, bei denen Justus seit dem Tod seiner Eltern vor vielen Jahren lebte, war das nur recht. Sie betrieben in Rocky Beach ein Gebrauchtwarencenter und dafür waren sie immer auf der Suche nach guter Ware, und sei sie auch noch so ausgefallen. Doch Onkel Titus hatte eine schwere Grippe ins Bett verbannt, und Tante Mathilda musste dringend Bürokram erledigen und Kunden bedienen. Deswegen hatten die beiden an diesem Nachmittag Justus und seine Freunde auf Einkaufstour geschickt. Zudem war diese Art von Arbeit Teil einer Vereinbarung: Die Jungen durften auf dem Schrottplatz der Familie Jonas einen ausrangierten Wohnanhänger als Zentrale ihres Detektivunternehmens nutzen, wofür sie hin und wieder Tante Mathilda und Onkel Titus zur Hand gehen mussten. Den heutigen Auftrag sahen sie allerdings nicht wirklich als Arbeit an. Im Gegensatz zu so mancher Schufterei, die ihnen schon abverlangt worden war, stellte dieser Job das reinste Vergnügen dar.

»Wie hoch ist unser Budget noch mal?« Bob reckte den Hals. Gleich am Rand des Trödelmarktes entdeckte er einen Verkaufsstand, der alte Schallplatten anbot. Vielleicht war da was dabei.

»Zweihundert Dollar.« Justus griff nach hinten an seine Hosentasche, in der sich ein Portemonnaie mit dem Geld befand, das ihnen Onkel Titus mitgegeben hatte.

»Lass dir die bloß nicht stibitzen, Erster«, sagte Peter. »Vielleicht solltest du die Geldbörse besser woanders verstauen, meinst du nicht?«

»Oder einen Brustbeutel nehmen«, kicherte Bob.

Justus verdrehte die Augen. »Jetzt fangt ihr auch noch damit an! Tante Mathilda hat genau das Gleiche gesagt.«

»Auch das mit dem Brustbeutel?«

Justus nickte. »Sie war kurz davor, mir einen umzuhängen. Als wäre ich ein Kindergartenkind!«

»Würde dir bestimmt gut stehen.«

Justus warf Peter einen mürrischen Blick zu. »Sieh dich lieber nach was Brauchbarem um.« Der Erste Detektiv setzte sich in Bewegung.

»Und wir können alles kaufen? Keine Auflagen?«

»Alles, was sich bei uns auf dem Schrottplatz ein bisschen aufhübschen und dann ein wenig teurer weiterverkaufen lässt. Schnäppchen also.«

»Und wir bekommen zehn Prozent vom Erlös?«

»So ist es.«

Peter rieb sich die Hände. »Na dann! Wie wär's mit dem antiken Strampelanzug, den die Frau da vorne gerade hochhält?« Er deutete auf einen Stand, an dem eine rotwangige Frau einer Kundin gestenreich das Kleidungsstück anpries. »So alte Klamotten sind doch absolut *in* heutzutage. Vintage Style nennt man das, oder?«

»Babys in mottenzerfressenen Stoffwürsten?« Justus machte ein erstauntes Gesicht.

»Und der Stand mit den alten Tabakspfeifen da drüben?«, meinte Bob.

»Würden Onkel Titus gefallen, aber fürs Weiterverkaufen zu wenig Interessenten. Raucher sterben aus. Früher oder später. Aber dort drüben entdecke ich Ware, die –« Der Erste Detektiv hielt inne. Ein Mann rannte laut rufend durch die Menge und steuerte geradewegs auf sie zu.

»Eddie! Eeeeeddie! Eddie! Schätzchen! Komm zu Papa!« Der Mann, etwa Ende vierzig, auffallend klein gewachsen und

sehr schmächtig, bahnte sich einen Weg durch die Menge, starrte dabei aber unentwegt auf sein Handy. Mit seinem lichten Haarkranz erinnerte er Peter im ersten Moment an einen Mönch. Allerdings passte der zottelige Spitzbart, der von seinem Kinn abstand, nicht recht zu diesem Bild.
Jetzt lief der Mann direkt an den drei ??? vorbei, sodass Bob für einen kurzen Moment einen Blick auf das Display erhaschen konnte. Er sah eine Straßenkarte und darüber einen Namen: Eddie Murry oder Murly.
»Eeeeddie! Wo steckst du denn, mein Süßer? Guuuzziguzziguzzi!«
Die Jungen blickten dem Mann hinterher, bis sein Haarkranz zwischen den Besuchern verschwunden war.
»Lustiger Vogel«, fand Peter.
»Vielleicht hätten wir ihm unsere Hilfe anbieten sollen, er scheint jemanden zu suchen«, überlegte Bob.
»Wenn wir ihm noch einmal begegnen, können wir ihn ja fragen.« Justus lief weiter. Er hatte einen Stand mit altem Kinderspielzeug und Plüschtieren ausgemacht, der ihm interessant erschien. Zielstrebig dirigierte er seine Freunde dorthin und kämpfte sich bis zur Auslage durch.
»Das Zeug hier?«, meinte Peter abschätzig. »Puppen und Teddys?«
Justus nickte. »Wenn die Sachen wirklich alt und gut erhalten sind, kann man einiges dafür verlangen.« Prüfend glitt sein Blick über die angebotene Ware: Puppen in allen Variationen – groß, klein, alt, weniger alt, mit Haaren, ohne Haare, angezogen, nackt –, Puppenkleidung und -zubehör, Kuscheltiere, Fantasywesen aus Plüsch ... Ganz oben auf einer Stange

hing sogar ein abgegriffener Stoffvampir mit blutigen Zähnen und rosa Spitzenlätzchen um den Hals.

»Yo, Leute, was geht ab?«

Die drei ??? blickten auf. Hinter dem Stand war der Verkäufer auf sie aufmerksam geworden. Ein junger Mann, etwas älter als sie, an dem einfach alles zu groß war. Das weiße Kapuzenshirt reichte ihm bis zu den Knien, auf dem Kopf trug er eine riesige Schirmmütze, über die sich ein gewaltiger Kopfhörer spannte, dessen eine Muschel auf dem rechten Ohr saß, während die andere schief oben auf der hellblauen Mütze klebte. Die Augen verschwanden hinter einer überdimensionalen grünen Sonnenbrille, am rechten Daumen funkelte ein goldfarbener Monsterring. Und mindestens genauso auffällig an dem Jungen war, dass er unablässig seltsame Bewegungen ausführte. Im Takt eines quäkenden Geräusches, das aus den Kopfhörern drang, knickte er leicht in der Hüfte ein, hob abwechselnd die Knie an, ließ die linke Hand nach oben zucken und schob das Kinn nach vorne.

Wie ein Huhn, dachte Peter, wie ein Huhn mit schlimmen Magenschmerzen.

»Mega Ware hier, is' klar, oder?« Und knick und zuck.

Der Erste Detektiv lächelte dünn. »Sieht ansprechend aus, ja.«

»Yep!« Und Knie und Kinn.

Justus blickte noch einmal zu dem Vampir auf der Stange. Er überlegte, wie er das Gespräch mit dem Händler beginnen sollte. »Hat es denn eine besondere Bewandtnis damit, dass dieser Vampir dort –« Der Erste Detektiv erstarrte. Er hatte es deutlich gespürt. Eine Hand! Finger, die an seiner Hosentasche herumgenestelt hatten. An der Geldbörse! Jemand wollte ... Justus schoss herum und blickte in die hässliche Fratze einer Hexe!

»Abracadabra!« Die Hexe kicherte boshaft, ließ den Geldbeutel in ihrem Umhang verschwinden und flog auf ihrem Besen davon.

FMTM

Der Erste Detektiv brauchte eine Sekunde, um sich aus seiner Starre und Verwirrung zu lösen. Natürlich flog die Hexe nicht auf ihrem Besen davon. Sie hatte zwar einen Besen in der Hand, flüchtete aber auf einem Skateboard. Tatsache war jedoch, dass sie ihm das Portemonnaie geklaut hatte.

»Hinterher, Kollegen!«, rief Justus. »Die Hexe da hat unser Geld gestohlen!« Er zeigte auf die davoneilende Gestalt und rannte los.

Peter und Bob reagierten sofort und nahmen ebenfalls die Verfolgung auf. Dabei teilten sie sich routiniert auf: Bob orientierte sich nach rechts, Peter nach links.

Justus wählte den Weg durch die Mitte, direkt hinter der Hexe her, die jetzt von ihrem Skateboard gesprungen war und es sich unter den Arm klemmte. Natürlich war es auch keine wirkliche Hexe. Den Beinen und roten Turnschuhen nach zu urteilen, steckte unter dem Umhang und hinter der Maske ein jüngerer Mann.

Justus öffnete den Mund, um etwas zu rufen wie ›Haltet die Hexe! Haltet sie auf! Sie hat mein Geld gestohlen!‹, als er aus dem rechten Augenwinkel eine weitere Hexe bemerkte. Kleiner, ohne Besen, aber exakt dieselbe Fratze. Zwei nahezu identische Hexen? Was war das denn? Justus entschied, die Leute nicht mit seinen Anweisungen zu verwirren, und konzentrierte sich darauf, die erste Hexe nicht aus den Augen zu verlieren. Sie hatte ohnehin schon einen gehörigen Vorsprung.

Bei Peter war nach wenigen Metern Schluss. Er lief in eine

Traube von Menschen hinein, die sich keinen Zentimeter weiterbewegte. Vor ihm musste irgendetwas sein, was die allgemeine Aufmerksamkeit auf sich zog und alle stehen bleiben ließ. Oder es staute sich einfach, weil hier zu viele Leute auf einmal entlangwollten. Der Zweite Detektiv konnte nichts erkennen, aber hier war jedenfalls kein Durchkommen. Er kehrte um und sah zu, dass er Justus fand.

Bob hingegen hatte die Hexe genau im Blick. Spitzer Hut, grüne Haare, eine Maske mit Hakennase und ein langer schwarzer Umhang, unter dem Beine in zerrissenen Jeans und roten Turnschuhen hervorlugten. Und der dritte Detektiv sah noch etwas: eine Gasse zwischen den Menschen vor ihm, die ihn genau dorthin bringen würde, wo er der Hexe den Weg abschneiden konnte. Sie musste nämlich bald nach rechts abbiegen, wenn sie nicht über einen riesigen Tisch mit alten Tonbandgeräten, Plattenspielern und anderen antiquierten Elektroartikeln springen wollte. Und dann hätte er sie.

Gerade bemerkte die Hexe den Tisch. Kurz verlangsamte sie ihr Tempo, dann wandte sie sich wie erwartet nach rechts.

Noch zehn Schritte trennten den dritten Detektiv von der Diebin. Oder dem Dieb. Bob bereitete sich auf den Aufprall vor. Er würde die rechte Schulter nach vorne nehmen und etwas in die Knie gehen, wie beim Football. Den Gegner in seiner Körpermitte rammen und ihn so nicht nur von den Beinen holen, sondern ihm gleichzeitig die Luft nehmen. Die Hexe würde ihr blaues Wunder erleben.

Doch dann kam alles ganz anders. Wenige Schritte vor dem Zusammenprall war da plötzlich keine Gasse mehr. Sie schloss sich, weil zwei Personen, die sich eben noch über einen Tisch gebeugt hatten, unvermittelt nach hinten traten. Sie sahen Bob nicht und er sah sie viel zu spät, um noch auszuweichen oder bremsen zu können. Überrascht registrierte der dritte Detektiv, dass es sich um einen Wolf und einen Horrorclown handelte, dann rasselte er mit ihnen zusammen.

»Aua! Hey!«

»Spinnst du? Pass doch auf!«

Bob schaffte es irgendwie, zwischen den beiden hindurchzufliegen. Er streifte den Wolf nur und rempelte den Clown leicht an. Dann allerdings landete er äußerst unsanft auf dem asphaltierten Gehweg und schürfte sich dabei den rechten Ellenbogen auf.

Stechend gelbe Augen über einem blutbeschmierten Maul und ein grellbunt geschminktes Gesicht mit Zähnen wie Dolchen starrten auf ihn hinab.

»Hast du sie noch alle, oder was?«, fuhr ihn der Clown an.

»Geht's noch, Alter?«, fauchte der böse Wolf. »Wer hat dir denn am Lämpchen geschraubt?«

Bob rappelte sich mit schmerzverzerrtem Gesicht auf. »Tut mir leid, Leute, mein Fehler.« Er sah sich kurz um. Die Hexe war weg. Keine Spur von ihr. »Ich wollte … Ich dachte … Ach, vergesst es. Ist euch was passiert?«

»Mach dich bloß vom Acker!«

»Du hast doch wirklich einen an der Erbse!«

Der Horrorclown und der böse Wolf drehten sich um und gingen weg. Bob blieb benommen am Boden sitzen und rieb sich den schmerzenden Ellenbogen. Das nagelneue Sweatshirt war auch kaputt, seine Mutter würde alles andere als begeistert sein.

Wenige Augenblicke später kamen Justus und Peter bei ihrem Freund an. Der Weg der Hexe hatte sie direkt zu ihm geführt, aber auch sie hatten den Dieb aus den Augen verloren.
»Dritter? Was machst du denn da?« Justus kniete sich hin.
»Bob! Alles klar?« Peter blickte besorgt auf Bobs blutenden Ellenbogen.
»Nicht so schlimm.« Der dritte Detektiv stand auf. »Ich hatte die Hexe fast erwischt, aber dann kamen mir der große böse Wolf und ein Horrorclown in die Quere und ich hab eine Bruchlandung auf dem Asphalt hingelegt.«
Peter machte ein skeptisches Gesicht. »Und du bist sicher, dass es dir gut geht? Der große böse Wolf und ein Horrorclown? Hört sich nach einer mittelschweren Gehirnerschütterung an, wenn du mich fragst.«
Justus blickte seinen Freund aufmerksam an. »Äußerst interessant!« Er dachte kurz nach. »Eine Hexe, der große böse Wolf, ein Horrorclown. Ich kann mich dunkel entsinnen, von einer Band gehört zu haben, die sich unter anderem dadurch auszeichnet, dass ihre Mitglieder in Gestalt ebendieser Figuren in Erscheinung treten! Ich glaube, Gevatter Tod war auch noch vertreten als düsterer Sensenmann.«
»Das stimmt.« Bob nickte. »Du sprichst von *FMTM. Ferry Merry Tale Male.* Eine Hip-Hop-Band, die im Augenblick sehr angesagt ist und alles an Preisen abräumt, was es gibt.«
»Ja, klar!« Auch Peter kannte die Gruppe. »Vier Typen. Und keiner weiß, wer sie sind, weil sie immer in diesen Masken herumlaufen! Andauernd, auch bei Interviews, Autogrammstunden und so weiter. Die Hexe, der böse Wolf, der Horrorclown und der Tod.«

»Niemand weiß, wer sich hinter den Masken verbirgt? Die Mitglieder der Band bleiben wirklich die ganze Zeit inkognito?«, fragte Justus.

»So ist es«, bestätigte Bob.

»Na ja.« Peter zuckte die Schultern. »Ihr Manager weiß bestimmt, wer sie sind. Oder der Chef ihres Plattenlabels. Aber sonst niemand, soweit ich das mitbekommen habe. Das Ganze ist ein Marketing-Gag und soll die vier Jungs noch interessanter und bekannter machen.«

»Verstehe.« Justus nickte. »Allerdings fällt es mir sehr schwer, aus den gegebenen Sachverhalten den Rückschluss zu ziehen, dass ich eben von einem Mitglied dieser Band bestohlen worden bin und zwei andere Bob den Weg versperrt haben. Das ließe sich nur schwer nachvollziehen, wenn diese Band tatsächlich so erfolgreich ist, wie du sagst, Dritter.«

Bobs Blick wanderte hinüber zum Musikzelt. »Einerseits hast du recht. Andererseits hält sich *FMTM* zurzeit in Rocky Beach auf.«

»Hier? Jetzt?« Peter machte große Augen. »Bei uns? Wieso das denn?«

»Sie sitzen in der Jury des Hip-Hop-Wettbewerbs. Und es ist ihr Label, das den ersten Preis ausgeschrieben hat.«

Peter sah seinen Freund mit offenem Mund an. »Dann war es tatsächlich einer von *FMTM*, der uns beklaut hat? Das glaub ich nicht!«

»So wird es wohl auch nicht sein«, sagte Justus.

»Nicht?«

»Wieso?«

»Seht mal da drüben.« Justus deutete nach rechts zu einer

hölzernen Verkaufsbude, deren First ein großes Schild mit den Buchstaben *FMTM* zierte.

»Na super!« Peter ließ die Schultern hängen.

»Das könnte einiges erklären«, meinte Bob.

An den Wänden der Bude und einigen davor aufgestellten Metallständern hingen zahllose Masken. Doch insgesamt wurden nur vier verschiedene Modelle angeboten: das einer hässlichen Hexe mit grünen Haaren und schwarzem Hut, das eines Horrorclowns mit Zähnen wie Dolchen und das des großen bösen Wolfs mit gelben Augen und bluttriefenden Lefzen. Und schließlich noch eine weite Kapuze, unter der ein bleicher Totenkopf hervorstarrte.

200 Jahre Arbeit

»Ein Merchandising-Stand von *FMTM*. Die Masken kann sich also jeder besorgen. Schade.« Bob lächelte schief. »Hätte eine tolle Schlagzeile gegeben, wenn sich ein Mitglied von *FMTM* als Taschendieb entpuppt hätte. *Millionär beklaut Jugendliche!* Aber die haben es nun wirklich nicht nötig, Geldbeutel zu mopsen. Demnächst kommt ihr neues Album raus. *Kreaturen der Nacht*. Die Berichte über die Zahl der Vorbestellungen im Internet überschlagen sich schon seit Wochen.«
»Vielleicht ist einer von ihnen Kleptomime?«, überlegte Peter. »So nennt man doch diese zwanghaften Diebe, die gar nicht anders können als klauen, oder, Just?«
»Kleptomane.« Der Erste Detektiv zog die Nase kraus. »Eine gewagte Theorie. Möglich, aber sehr unwahrscheinlich.«
»Das finde ich eigentlich nicht.« Peter machte eine ausladende Armbewegung. »Sieh dich doch mal um. Wenn der Typ seine kleptomim…manischen Triebe irgendwo ausleben kann, dann hier. Da vorne steht ein Mini-Horrorclown mit seinen Eltern, hinter uns sind gerade zwei böse Wölfe vorbeigelaufen, die sich fröhlich unterhalten haben – wenn der Kerl nicht auffallen will, dann hat er hier die besten Voraussetzungen.«
Justus nickte langsam. »Ich habe bei meiner Verfolgung tatsächlich auch noch eine zweite Hexe bemerkt.«
Bob deutete unauffällig nach links. »Seht mal da.«
Eine riesenhafte, furchterregende Gestalt schob sich wie in Zeitlupe in langen, gemessenen Schritten an ihnen vorbei. Der Mann oder die Frau war annähernd zwei Meter groß und trug

eine schwarze Kutte, die bis zum Boden reichte. Der Kopf verschwand in einer tiefen Kapuze, unter der ein weißes Knochengesicht hervorschimmerte. In der Hand hielt die Erscheinung eine große Sense, deren Klinge jedoch ganz deutlich aus Plastik bestand.

»Der Sensenmann«, flüsterte Peter ehrfurchtsvoll.

Bob nickte. »Und der ist sicher nicht von *FMTM*. Keiner von denen ist so übermäßig groß. Genauso kann der Hexendieb jeder oder jede x-Beliebige gewesen sein.«

Justus zuckte die Achseln. »Wir werden die Kleptomanen-Theorie im Hinterkopf behalten. Wobei ich es ebenfalls wie gesagt für nicht sehr wahrscheinlich halte, dass jemand von *FMTM* unter dem Hexenkostüm steckte.« Der Erste Detektiv holte tief Luft und sah seine Freunde bedeutungsvoll an. »Jetzt müssen wir uns erst einmal einem anderen Problem widmen, fürchte ich.« Er verzog das Gesicht. »Dieser dreiste Diebstahl ist mehr als ärgerlich! 200 Dollar!«

»Ich sehe uns schon schuften bis ans Ende unserer Tage«, unkte Peter. »Und darüber hinaus.«

»Du denkst, dass wir das gestohlene Geld reinarbeiten müssen?«, sagte Bob. »Auf dem Schrottplatz?«

»So wie ich Tante Mathilda kenne, wird sie keine Gnade walten lassen«, meinte Peter. »200 Jahre Sklavendienste. In verrosteten Ketten. Bei Brot und Wasser.«

»Jetzt übertreib mal nicht«, sagte Justus. »Erstens liegt kein schuldhaftes Vergehen unsererseits vor und zweitens ist Tante Mathilda beizeiten auch sehr verständnisvoll und großherzig.«

Peter zog eine Augenbraue hoch. »Zum letzten Teil sage ich

jetzt mal nichts, aber zum Thema Schuld so viel: Vielleicht hätten wir auf das Geld einfach besser aufpassen sollen, wenn wir uns schon in so ein Gewühle stürzen? Wir wissen doch genau, dass sich an Orten wie diesen jede Menge Taschendiebe herumtreiben, die auf Opfer lauern. Also hätte unser Oberschatzmeister Justus der Erste die Goldtaler vielleicht doch lieber in einem Brustbeutelchen verstauen und diesen um sein zartes Hälslein hängen sollen. Dann müssten wir jetzt nicht alle unseren Hals dafür hinhalten.«

Justus lächelte gequält. »Äußerst poetisch.« Aber insgeheim musste er sich eingestehen, dass Peter recht hatte. Er war tatsächlich zu leichtsinnig gewesen.

Auf dem Weg nach Hause überlegten die drei Detektive, ob sie noch zur Polizei gehen und Anzeige erstatten sollten. Peter und Bob waren dafür, aber Justus wollte erst einmal abwarten, wie seine Tante und sein Onkel die Angelegenheit regeln wollten. Schließlich war es ihr Geld.

Ihre Beichte mussten die Jungen allerdings verschieben. Als die drei ??? auf dem Schrottplatz eintrafen, schloss Tante Mathilda gerade das Tor. Dabei plauderte sie angeregt mit zwei Damen ihres Alters. Alle drei Frauen waren schick gekleidet, hatten mehr oder weniger kunstvolle Frisuren und trugen eine Handtasche in der Armbeuge. Tante Mathilda hatte sogar etwas Rouge und Lippenstift aufgelegt.

»Gut, dass ihr kommt!«, begrüßte sie die Jungen. »Ich bin jetzt weg. Dein Essen steht im Ofen, Justus. Und sieh ab und zu nach deinem Onkel. Er schläft schon, aber vielleicht braucht er ja mal was. Bei mir kann es spät werden. Tschühüs!«

Auch die beiden anderen Damen winkten zum Abschied.

»Stimmt ja«, sagte der Erste Detektiv zu seinen Freunden. »Mädelsabend. Tante Mathilda hat heute Morgen davon gesprochen. Sie geht mit zwei ihrer Freundinnen ins Kino und dann essen. Irgendwas mit Zombiepiranhas.«

Bob sah seinen Freund verwirrt an.

»Der Film, nicht das Essen.«

»Okay. Ich habe mich schon gewundert.«

»Dann haben wir zumindest noch eine Nacht Galgenfrist«, meinte Peter.

»Ich kann das morgen auch alleine erklären«, sagte Justus. »Es war ja mein Fehler.«

Bob schüttelte sofort den Kopf. »Kommt gar nicht infrage. Das stehen wir zusammen durch.«

»Mitgehangen, mitgefangen!« Peter nickte nachdrücklich.

Justus lächelte dankbar. »Okay. Sehr gerne.«

Am nächsten Vormittag trafen sich die drei Jungen zunächst in ihrer Zentrale und machten sich dann gemeinsam auf den Weg zum Wohnhaus. Tante Mathilda war eben darin verschwunden. Vermutlich sah sie nach Onkel Titus oder brachte ihm irgendetwas ans Bett. Mit einem unguten Kribbeln im Magen betraten die Jungen das Gebäude. Im Flur konnten sie hören, dass sich Tante Mathilda tatsächlich bei ihrem Mann im Schlafzimmer befand.

»Bringen wir es hinter uns.« Justus atmete noch einmal tief durch und ging voran.

Tante Mathilda saß am Bett ihres Gatten. Die beiden betrachteten eine Bleistiftskizze, die drei ineinander verschränkte Buchstaben zeigte. Justus kannte die Skizze, sein Onkel und seine Tante brüteten schon seit Tagen darüber. Sie überlegten, ob der Schrottplatz ein eigenes Firmenschild mit Logo bekommen sollte. Ein großes J mit T-Balken, das sich in ein M fortsetzte. Das alles umrahmt von vier stilisierten Eisenstangen in Form eines Karos. Justus hielt nicht viel von der Idee und noch weniger von dem Logo.

Tante Mathilda wandte sich den Jungen zu und merkte sofort, dass etwas nicht stimmte. »Ist jemand gestorben? Ihr seht ja drein wie drei Tage Regenwetter!« Sie schaute die drei erwartungsvoll an.

»Herrje«, krächzte Onkel Titus heiser. »Hat man euch gerade mitgeteilt, dass die nächsten Ferien ausfallen?« Er lachte, musste aber sofort heftig husten.

»Nicht sprechen, Liebling! Das ist nicht gut für deine angegriffenen Stimmbänder.« Tante Mathilda deutete auf eine Tasse dampfenden Tee, der auf dem Nachttisch neben Onkel Titus' Bett stand. »Trink das. Ingwertee mit Honig. Danach wird es dir sicher besser gehen.« Dann widmete sie sich wieder den Jungen. »Also? Raus mit der Sprache! Was habt ihr angestellt?«

Justus lächelte verkniffen. »Wie kommst du darauf, dass wir etwas angestellt haben?«

»Ich bitte dich!« Tante Mathilda blinzelte. »Genau so hast du damals geguckt, als ich dich nachts vor dem offenen Kühlschrank auf dem Boden sitzend gefunden habe, wo du dir die kalten Spaghetti reingestopft hast.«

Peter musste glucksen, Bob grinste.

Justus blickte zur Seite und gab ein leises Knurren von sich. »Da war ich drei Jahre alt!«

»Fünf!«, korrigierte Tante Mathilda.
»Egal.« Der Erste Detektiv sah zu Boden. »Also, Folgendes ist passiert. Wir waren ja gestern auf dem Trödelmarkt, ihr wisst schon, der, der gerade im Palisades Park stattfindet vor dem großen Musikzelt.«
»Davon ging ich aus«, sagte Tante Mathilda ein wenig ungeduldig. »Da haben wir euch hingeschickt.«
»Nun ja. Also wir liefen da gerade an den Verkaufsständen entlang und suchten nach Ware, die sich womöglich lukrativ –«
»Justus! Wird das heute noch was? Drucks nicht so rum!« Tante Mathilda verschränkte die Arme vor der Brust.
Peter machte entschlossen einen Schritt nach vorne. »Wir wurden bestohlen! Ein Taschendieb hat Justus den Geldbeutel geklaut. Mit den 200 Dollar, die Sie uns mitgegeben haben.«
Tante Mathilda fiel der Unterkiefer herab, Onkel Titus setzte sich mühsam auf.
»Wir sind dem Kerl sofort hinterher«, übernahm Bob. »Ich hätte ihn fast gehabt, bin aber hingefallen.« Er zeigte auf seinen lädierten Ellenbogen. »Und dann ist der Dieb in der Menge untergetaucht. Es tut uns sehr leid.«
»Ja, wirklich sehr«, bekräftigte Peter und kniff die Lippen zusammen. Gleich kam das Donnerwetter.
»Das hätte niemals geschehen dürfen«, sagte Justus kleinlaut. »Und wir werden alles tun, um den Dieb zu finden. Wir haben auch eine Spur, der wir –«
»Ist dir was passiert?«, unterbrach Onkel Titus seinen Neffen und sah Bob an. »Hast du dir wehgetan?«
»Geht schon«, erwiderte der dritte Detektiv.
Tante Mathildas Gesicht färbte sich rot. Wütend blickte sie

von einem zum anderen. Justus zog den Kopf ein. »So ein Schuft!« Tante Mathilda schlug mit der Faust auf die Bettdecke und Onkel Titus zuckte zusammen. »Entschuldigung, Schatz. Ist doch wahr! Wer bestiehlt denn drei Jugendliche?« Sie stand vom Bettrand auf und stemmte die Hände in die Hüften. »Das ist unvorstellbar! Eine bodenlose Frechheit ist das!«

Peter nickte beflissen. »Ja, das finden wir auch. Echt gemein, so was!«

»Aber wir werden sofort geeignete Maßnahmen ergreifen, um den Taschendieb ausfindig zu machen«, versicherte Justus noch einmal.

»Ach, papperlapapp!« Tante Mathilda winkte unwirsch ab. »Der ist doch längst über alle Berge. Den findet keiner.«

Onkel Titus nickte. »Der ist weg.«

Tante Mathilda schnaubte noch einmal, griff nach Bobs Arm und besah sich dessen Wunde. »Du kommst jetzt mit! Das müssen wir ordentlich verarzten! Wie sieht das denn aus? Und dann rufe ich bei der Polizei an! Was ist die Welt doch schlecht! Sapperlot!« Mit Bob im Schlepptau stürmte sie aus dem Schlafzimmer.

Peter atmete auf und zwinkerte Justus erleichtert zu.

Onkel Titus schickte seiner Frau einen liebevollen Blick hinterher. »Ist sie nicht bezaubernd?«

Justus war noch etwas unsortiert. »Äh, ja, genau. Also ... dann würden wir jetzt noch einmal auf den Trödelmarkt gehen, oder? Vielleicht ertappen wir den Dieb ja auf frischer Tat.«

Onkel Titus legte sich wieder hin. »Lass gut sein, Justus. Das bringt nichts.« Er winkte Richtung Tür. »Genießt den Tag und vergesst die Sache. Wir erstatten Anzeige und übergeben das unserer Versicherung. Mal sehen, was die tun kann. Und ich werde jetzt ein kleines Nickerchen machen.« Er kam noch einmal hoch und nahm einen Schluck Tee, stellte die Tasse jedoch schnell wieder hin. »Igitt! Ist ja widerlich.« Dann zog er sich die Decke bis zum Kinn und ruckelte sich auf der Matratze zurecht.

Auf einmal stand Tante Mathilda wieder in der Tür, immer noch mit Bob an der Hand.

Onkel Titus schlug die Decke wieder zurück und setzte sich auf. »Schatz? Hast du was vergessen?«

»Trödelmarkt!« Sie griff sich an die Stirn. »Natürlich. Wie konnte ich das vergessen?«

Justus und Peter warfen sich fragende Blicke zu. Also doch zum Trödelmarkt?

»Ich hätte doch eine Bitte an euch.« Tante Mathilda nickte nachdrücklich. »Ich habe heute Morgen Lelia und Oisin getroffen. Die Murphys. Sie haben im Moment auch einen Stand auf dem Trödelmarkt, deswegen komme ich drauf. Oisin hat mir erzählt, dass letzte Nacht in ihr Geschäft in der Kennedy Street eingebrochen wurde. Schrecklich! In was für Zeiten leben wir nur!« Sie winkte unwirsch ab. »Die Kerle haben zwar wohl nichts gestohlen und es ging auch nichts kaputt, aber Lelia macht sich natürlich trotzdem Sorgen. Vor allem, weil sich die Polizei nicht sonderlich für den Vorfall zu interessieren scheint.«

Onkel Titus griff nach einer Dose Lutschpastillen und steckte sich ein hellgrünes Bonbon in den Mund. »Die haben sich gar nicht richtig umgesehen, nicht wahr?«

»Nein, die waren gleich wieder weg. Und da habe ich Lelia vorgeschlagen, dass ihr euch das ja mal ansehen könnt. So was habt ihr doch schon öfter gemacht, nicht wahr?«
Die drei Jungen nickten.
»Sehr gut. Lelia wollte das ja nicht. Sie ist eine ganz Bescheidene und will niemandem zur Last fallen. Ich musste sie richtiggehend dazu überreden, eure Hilfe in Anspruch zu nehmen. Aber es kann bestimmt nicht schaden, wenn ihr euch mal umseht. Vielleicht fällt euch ja was auf. Ich ruf sie gleich an und sag ihr, dass ihr kommt. Manchmal muss man die Leute einfach zu ihrem Glück zwingen.«

Am Ende des Regenbogens

Keine Stunde später rollte Bobs Käfer durch die Kennedy Street, eine Einkaufsstraße im Zentrum von Rocky Beach.
»Einhundertzwölf, einhundertvierzehn. Das da vorne muss es sein.« Peter deutete durch die Windschutzscheibe nach rechts auf ein äußerst buntes, zweistöckiges Haus. »116 Kennedy Street. Meine Güte, da hat sich der Maler aber ausgetobt. Grün, rot, blau, gelb. Sieht ja aus wie mein alter Wasserfarbenkasten.«
»Scheint ein Spielzeugladen zu sein«, sagte Justus, während Bob nach einer Parklücke Ausschau hielt.
Der Zweite Detektiv reckte den Hals, um die halbrunde Inschrift auf dem großen Schaufenster besser lesen zu können. »*Ende des Regenbogens*. Verstehe ich nicht.«
»Laut einer irischen Sage ist am Ende jedes Regenbogens ein Schatz, genauer gesagt ein Goldtopf vergraben«, erklärte Justus und deutete auf den Laden. »Die in allen Regenbogenfarben gestrichene Wand soll vermutlich darauf hindeuten, dass das Geschäft im Haus so ein Schatz, ein Goldtopf ist. Murphy ist einer der häufigsten irischen Nachnamen und Oisin ein alter irischer Vorname. Ich bin mir ziemlich sicher, dass dieser Murphy oder seine Vorfahren von dort stammen.«
»Ah ja«, erinnerte sich Peter. »Kenneth oder Patrick hat mir die Geschichte mal erzählt.« Die beiden irischen Brüder hatten früher auf dem jonasschen Schrottplatz gearbeitet.
Der dritte Detektiv parkte seinen Käfer ein Stück weiter die Straße hinab. Bevor die drei ??? den Laden betraten, bewun-

derten sie kurz die äußerst kreativ gestaltete Auslage hinter dem riesigen Fenster. Eine überdimensionierte Spielzeugeisenbahn fuhr im Kreis durch eine Landschaft, die sich von beschneiten Bergen rechts bis zu einem blauen Ozean aus Plastikfolie links erstreckte. An einer Stelle passierte der Zug einen kleinen Bahnhof, ratterte ein Stück weiter durch ein Dorf aus vier Puppenhäusern, überquerte eine mehrspurige Straße und verschwand kurz in einem Tunnel. Überall blinkten und leuchteten Signale und Lichter, Autos fuhren wie von Geisterhand hin und her, Figuren winkten, Schornsteine qualmten. Auf der Lok thronte ein Plüschbär mit Schaffnerkappe, in den Waggons saßen ein glatzköpfiges Baby, ein quietschgelber Löwe und ein schleimgrüner Gummikrake.
»So was habe ich mir als Kind immer gewünscht.« Peter verfolgte mit großen Augen die Fahrt des Zuges.
»Ich habe immer von einer Autorennbahn geträumt. Ihr wisst schon, die mit den Schienen und den Handsteuergeräten.« Bob drückte auf einen imaginären Temporegler. »Brumm, brumm.«
Auch Justus erinnerte sich mit einem verklärten Blick an seine Kindheit. »Mein Favorit war eine vollautomatische Köpfmaschine für gekochte Frühstückseier.«
Peter und Bob erwachten augenblicklich aus ihren Spielfantasien.
»Vielen Dank, Just!«, stöhnte der Zweite Detektiv. »Eine Köpfmaschine! Das erklärt einiges. Du solltest wirklich mal zu einem Spezialisten gehen.«
Bob schüttelte sich kurz. »Das Bild bekomme ich jetzt nicht mehr so schnell aus dem Kopf. Hingerichtete Eier.«

Der Erste Detektiv grinste. »Lasst uns reingehen.«
Als die drei ??? den Laden betraten, begrüßte sie statt eines Bimmelns oder Klimperns das fröhliche Tröten eines Elefanten. Niemand war zu sehen. Die Jungen blickten in einen Gang zwischen zwei Regalen, die vor Spielzeug und Plüschtieren schier überquollen.
»Ähm, guten Tag!«, rief Bob in den Raum hinein.
Nichts tat sich. Irgendwo summte ein Gerät.
»Hallo?«, versuchte es Peter. »Ist jemand da?« Justus reckte den Hals.
Plötzlich hörten sie ein Schreien. Leise zwar, aber wie unter großen Schmerzen. Ein klagendes, gequältes Jammern wie von einem sehr kleinen Kind. Bevor sie orten konnten, wo es herkam, trottete eine Katze hinter einem der Regale hervor. Sie war riesengroß und feuerrot getigert und trabte mit hocherhobenem Schwanz den Gang entlang auf die Jungen zu, setzte sich direkt vor sie hin und funkelte sie aus grünen, unergründlichen Augen an. Um ihren Hals schlang sich ein breites, schwarzes Lederband. Und dann schrie sie wieder. Wie ein kleines Kind.
»Herrje! Ob der was wehtut?«, überlegte Bob.
»Ich frage mich eher, ob die uns was tut«, flüsterte Peter. Ihm war etwas mulmig zumute. Die Katze war größer als mancher Hund und machte nicht unbedingt einen freundlichen Eindruck.
»Das ist nur eine Katze.« Justus beugte sich nach unten und streckte die Hand aus. »Miezmiezmiez.«
Das Tier fauchte drohend und bewegte sich keinen Millimeter von der Stelle.

Justus richtete sich abrupt auf und zog schnell die Hand zurück. »Schon gut, ich tu dir nichts. Braves Tier!«
»Von wegen nur eine Katze.« Bob schluckte. »Das ist ein Miniaturtiger. Im Stimmbruch.«
Ein Ruf schallte durch den Laden. »Eeeddie! Verschreckst du schon wieder unsere Kunden?«
Die drei Jungen sahen sich erstaunt an. Die Stimme kannten sie doch! Im nächsten Augenblick kam derselbe kleine, dünne Mann hinter einem der Regale um die Ecke, den sie gestern auf dem Trödelmarkt gesehen hatten. Lichter Haarkranz, zotteliger Spitzbart. So von Nahem und zwischen den Regalen wirkte er noch kleiner. Er ging Bob gerade mal bis zur Brust.
»Der Mönch«, entfuhr es Peter leise.
»Bitte entschuldigt! Entschuldigt!« Der Mann hielt direkt auf die Katze zu, fischte sie mit einer fließenden Bewegung vom Boden und setzte sie sich in die linke Armbeuge. »Eddie!« Er schaute der Katze in die Augen und machte ein finsteres Gesicht. »Du sollst das doch nicht tun! Böser Kater! Böser Kater!«
Die Katze schnurrte leise und rieb ihre Wange an der Nase des Mannes. Keine Spur mehr von Mini-Tiger. Auf einmal war sie ein sanftes Kuscheltier. Die Jungen konnten jetzt auch ein kleines, schwarzes Kästchen sehen, etwa halb so groß wie eine Streichholzschachtel, das am Halsband befestigt war. An seinem Rand waren ein rotes A und ein gelbes F zu erkennen.
»Eddie mag Fremde leider gar nicht! Ich hoffe, er hat euch nichts getan. Der kleine Gauner kann schon mal die Krallen ausfahren.« Er kraulte seine Katze unter dem Kinn. »Nicht wahr, Mäuschen? Kannst du schon mal.«

»Nichts passiert.« Peter warf einen skeptischen Blick auf die roten Riesenpfoten.
»Na dann!« Der Mann strahlte sie aus tiefblauen Augen an. »Willkommen! Willkommen am Ende des Regenbogens! Was kann ich für euch tun?«
»Guten Tag.« Justus wollte schon die Hand ausstrecken, ließ es aber dann doch. »Sind Sie Mr Oisin Murphy?«
»Wie er leibt und lebt! In der Tat. Der bin ich.«
»Meine Tante schickt uns, Mathilda Jonas. Sie berichtete uns, dass letzte Nacht –«
»Ah, ihr seid die drei Morsezeichen!«
»Fragezeichen«, korrigierte Bob.
»Mein ich doch, mein ich doch. Die jungen Detektive! Sehr schön, sehr schön. Kommt mit, kommt mit!« Mr Murphy drehte sich auf dem Absatz um und lief los. »Lelia wird entzückt sein, das wird sie.«
»Wieso wiederholt der alles?«, flüsterte Peter Bob zu, als sie hinter Mr Murphy herliefen.
Der dritte Detektiv zuckte die Schultern. »Keine Ahnung. Keine Ahnung.«
Um hinter den Verkaufstresen zu gelangen, mussten die drei über ein paar Kartons mit Superhelden aus Plastik steigen – einen Kasten Hulk, einen Kasten Spiderman, einen Kasten Batman –, dann ging es durch einen winzigen Flur, wo weiterer Krimskrams herumstand. Teddys, weiße Stoffkängurus, Pinocchios aus Holz, Plastikbagger. Dahinter lag ein Büro. Eine Küche. Ein Aufenthaltsraum. Ein Schlafzimmer. Der kleine, stickige Raum war alles auf einmal. Rechts blickten die Jungen auf eine alte Einbauküche, auf deren Herd irgendetwas in ei-

nem Topf blubberte. Hinten an der Wand stand ein Schlafsofa mit zerknautschtem Bettzeug, links ein Klapptisch mit zwei Stühlen und in der Mitte des Raumes ein weiterer Tisch. Darauf türmten sich hinter, neben und vor einem schicken Laptop Stapel von Papieren und Zetteln, hinter denen die drei Jungen schließlich Lelia Murphy entdeckten. Sie tippte gerade irgendetwas in die Tastatur.

»Schatz, die drei Lesezeichen sind da!« Murphy schlüpfte zwischen Küche und Arbeitstisch hindurch.

»Die drei Fragezeichen!«, verbesserte ihn seine Frau. »Wie schön!«

»Mein ich doch, mein ich doch.«

Lelia Murphy lächelte die Jungen an. Sie drehte sich auf ihrem Stuhl zur Seite, rutschte von einem Kissenberg hinab und stellte sich neben ihren Mann. Auch sie war ausgesprochen klein, noch kleiner als Mr Murphy. Dazu die gekräuselten rötlichen Haare, die großen Ohren und die Knubbelnase. Peter konnte gar nicht anders, als er die beiden so nebeneinanderstehen sah, er musste unweigerlich an Hobbits denken.

Mrs Murphy zwinkerte dem Zweiten Detektiv fröhlich zu. »Ich weiß genau, was du jetzt denkst!«

»Äh, bitte?« Peter lächelte ertappt. »Ich … Wie, was meinen Sie?«

»Du denkst, dass die beiden Winzlinge vor dir aussehen wie Hobbits.«

Der Zweite Detektiv spürte, dass er knallrot anlief.

»Mach dir nichts draus!« Mrs Murphy lachte herzlich und winkte ab. »Das denken alle, wenn sie uns zum ersten Mal sehen, nicht wahr, Liebling?« Sie stupste ihren Mann an.

»Denken alle, jaja, alle.«
»Es stimmt ja auch.« Mrs Murphy hielt den Jungen die Hand hin. »Schön, dass ihr gekommen seid. Wobei das aber wirklich nicht nötig gewesen wäre. Wir verschwenden doch nur eure Zeit. Also wenn ihr etwas Besseres zu tun habt, dann haben wir dafür vollstes Verständnis.«
»Schon in Ordnung, Mrs Murphy, wir helfen gerne«, erwiderte Justus. Tante Mathilda hatte recht gehabt. Der Frau war es offenbar wirklich unangenehm, ihre Hilfe in Anspruch zu nehmen.
»Na gut, dann kommt mit. Wir zeigen es euch.«
Im Laden trötete der Elefant.
»Du machst das schon, Schatz«, sagte Mr Murphy. »Ich geh mal wieder rüber.« Er hob die Hand. »Viel Erfolg, viel Erfolg!« Dann schlüpfte er mitsamt Kater Eddie aus dem Zimmer.
Mrs Murphy schob die drei ??? zwischen Klapptisch und Schlafsofa hindurch zu einer Tür, die in eine Art Garderobe führte. Auch hier standen überall Kartons und Verpackungen herum. Ein Stück weiter hinten fiel durch eine verglaste Eingangstür Licht in den engen Flur, kurz davor zweigte eine schmale Treppe in den ersten Stock ab.
»Da ist er rein!« Mrs Murphy öffnete die Glastür. »Seht ihr's?«
Justus besah sich das Schloss. »Deutliche Einbruchsspuren. Das Schloss scheint aufgehebelt worden zu sein.«
»Schließt auch kaum noch«, sagte Mrs Murphy.
»Aber uns wurde berichtet, dass nichts gestohlen wurde. Stimmt das?«, erkundigte sich Bob.

»Wir gehen davon aus, ja. Aber Gilly sieht gerade noch mal oben nach, da war der Kerl auch und hat rumgewühlt.« Mrs Murphy stellte sich vor die Treppe. »Gilly-Schätzchen?«, rief sie die Stufen hinauf. »Wie sieht's aus?«
»Mum!«, erklang es genervt von oben.
»'tschuldigung!« Mrs Murphy kicherte. »Und?«
»Da fehlt nichts. Alles, wie's sein soll.« Auch diese Stimme kam den drei ??? bekannt vor.
»Mrs Murphy«, wandte sich Justus an die Frau, »Sie meinten nun schon mehrmals, dass es ein Mann war, der bei Ihnen eingebrochen hat. Haben Sie denn jemanden gesehen?«
»Nein. Aber meistens sind es doch –«
»Es war der Tod!«, sagte plötzlich eine Stimme hinter ihnen.

Dem Tod auf der Spur

Die drei Jungen fuhren herum. Eine Frau stand im Türrahmen. Riesengroß, grell blondiert und wild mit den Händen fuchtelnd, als wollte sie Fliegen verscheuchen.
»Hab ich dir doch erzählt, Lelia-Schätzchen!« Sie trat in den Flur.
»Ja, stimmt.« Lelia Murphy lächelte unschlüssig. »Darf ich vorstellen: Mrs Wanda Waffle, meine Nachbarin von gegenüber, die drei Fragezeichen Justus, Peter und –«
»Rod! Natürlich! Ich kenne euch! Die berühmten drei Fragezeichen! Wir lösen jeden Fall!« Sie hustete und es hörte sich an, als rumpelte ein Güterzug vorbei. »Stört es euch, wenn ich rauche? Nein? Gut.« Sie wartete die Antwort gar nicht ab, hustete wieder und steckte sich dann eine Zigarette an. »Ihr habt da doch diese Karten, nicht wahr?«
»Oh. Das habe ich ganz vergessen. Unsere Visitenkarte.« Der Erste Detektiv holte sein silbernes Etui aus der Hosentasche und entnahm ihm eine Karte. »Verzeihen Sie, Mrs Murphy, dass wir daran nicht selbst gedacht haben. Natürlich bekommen Sie als unsere Klientin eine unserer Visitenkarten. Und um genau zu sein, heißt es darauf –«
»Genau die meinte ich!« Wanda nahm Justus die Karte aus der Hand und las laut vor, was darauf stand. »Die drei Detektive. Erster und Zweiter und so weiter.« Sie blickte auf. »Wir übernehmen jeden Fall. Wie ich sagte. Toll!« Sie gab die Karte Lelia Murphy.

Die drei Jungen warfen sich einen irritierten Blick zu, aber Wanda Waffle sprach sofort weiter.

»Und jetzt wollt ihr wissen, was ich gesehen habe? Jaja, deswegen seid ihr ja hier. Also, ich habe den Tod gesehen!« Eine Minipause, in der Wanda Waffle die Augen weit aufriss und erneut hustete. »Oh ja, den Tod! Schlich da rum in seiner Kutte wie ein räudiger Köter! Ich wusste gleich, der führt was im Schilde! Aber ruf ich noch mal die Polizei wegen so was? Nein, tu ich nicht! Die glauben mir ja kein Wort! Und er hat wirklich nichts gestohlen, Lelia-Schätzchen, sagst du? Nichts? Ts!«

Peter hatte genau aufgepasst. Die Frau hatte nicht geatmet. Kein einziges Mal hatte sie Luft geholt während der ganzen Wörterflut. Unglaublich.

»Mrs Waffle.« Justus sprang beherzt in die Sprechpause. »Diese Person. Können Sie sie womöglich noch etwas genauer beschreiben?«

»Wie denn? War ja Nacht! Dunkel. Kaum Mond. Da war dieser Wagen, gleich hinter Kylies Backstube. Die Tür öffnet sich und ein Schatten steigt aus, in Kutte. Ganz in Schwarz. Oder Dunkelgrau. Weiß nicht. Kapuze über dem Kopf. Als er sich kurz umdreht, kann ich ihm ins Gesicht sehen. Leere Augenhöhlen! Knochennase! Ein Totenschädel! Der Tod in seiner ganzen Pracht! Dann verschwindet er in der kleinen Gasse zwischen Lelias Laden und dem Haus vom alten Will und weg ist er.«

»War er groß?«, warf Peter schnell ein.

»Was?« Wanda Waffle hustete und zog an ihrer Zigarette.

»Der Tod? War er groß gewachsen?«

»Wieso willst du wissen, ob der Tod groß war? Ist doch völlig schnurz, ob der Tod groß ist. Der holt uns alle, dich auch, das hat mit seiner Größe gar nichts zu tun. Zack!, geht die Sense, und das war's dann! Aber das war ja sicher nur so ein Verrückter. Laufen ja genug davon herum. Und dann erfahre ich heute Morgen von dem Einbruch. Da war mir alles klar!« Wanda Waffle dachte den Bruchteil einer Sekunde nach. »Aber nein, groß war er nicht. Obwohl, Lelia-Schätzchen, der Kerl müsste doch auf eurer Überwachungskamera zu sehen sein? Habt ihr da schon nachgesehen? Da müsste er doch –« Wanda Waffle hielt unvermittelt inne. »Wie spät ist es eigentlich?« Sie sah auf ihre Armbanduhr. »Was? So spät schon! Oh Gott! Ich muss ja zum Friseur! Küsschen, Liebste! Tschüss, ihr drei!« Mit einem Husten wie Kanonendonner rauschte Wanda Waffle aus der Tür.

Die drei Detektive verharrten eine Weile schweigend. So viele Wörter in so kurzer Zeit mussten erst einmal verdaut werden. Sogar Justus, der selbst ein Freund wortreicher Äußerungen war, schwirrte der Kopf.

»Wanda leidet an Schlaflosigkeit und geht deshalb manchmal nachts um den Block«, sagte Mrs Murphy. »Deswegen hat sie diesen Mann gesehen.«
»Aha«, machte Peter. Dass Wanda Waffle an Schlaflosigkeit litt, wunderte ihn gar nicht. Die Frau war eine wandelnde Starkstromleitung. Und wenn sie das nicht wach hielt, dann ihr imposanter Raucherhusten.
»Sie haben eine Überwachungskamera im Laden?«, fragte Justus.
»Ja, aber darauf sind nur Schatten zu sehen. Die Polizei konnte nichts damit anfangen.«
»Ist die Kamera defekt?«
»Nein. Die ist aber eigentlich für Ladendiebe gedacht, die sich tagsüber zwischen den Regalen herumtreiben, während wir vielleicht hinten im Büro sind. Nachts nimmt sie zwar auf, wenn wir mal vergessen, sie abzuschalten, aber sie hat eben kein Dings ... Wie nennt man das?«
»Restlichtverstärker? Infrarot?«, riet Justus.
»Genau. Deshalb nur Schatten.«
»Verstehe. Könnten wir uns die Aufnahme trotzdem einmal ansehen?«
»Natürlich. Wenn ihr wollt.«
Auf dem sehr dunklen Video waren tatsächlich nur Schatten zu sehen. Allerdings zwei verschiedene! Zehn Minuten nach dem ersten Einbrecher war noch eine weitere Gestalt zu erkennen, die durch den Laden ging, was Mrs Murphy bis jetzt noch gar nicht bemerkt hatte.
»Da waren zwei Leute im Laden? Zwei verschiedene?« Mrs Murphy fiel aus allen Wolken.

»Daran besteht meines Erachtens kein Zweifel«, erwiderte Justus.
Peter ging näher an den Bildschirm heran. »Habt ihr das gesehen?« Er spulte die Aufnahme noch einmal zurück. »Da. Dieses Zucken. Zweimal. Was ist das?«
Tatsächlich erfasste den zweiten Schatten zweimal ein heftiges Zucken. Sein ganzer Körper krümmte sich dabei wie unter Schmerzen zusammen.
Oben im ersten Stock fiel eine Tür ins Schloss. Dann waren Schritte auf den Stufen zu hören und im nächsten Augenblick erschien ein junger Mann auf der Treppe.
»Mum, da fehlt nichts. Keine Ahnung, was der Kerl wollte.«
Es war der Junge vom Trödelmarkt. Das Huhn mit Bauchschmerzen! An dem alles zu groß war! Der überdimensionale Kopfhörer hing ihm jetzt um den Nacken.
»Da bist du ja!« Mrs Murphy deutete stolz zu ihm hinauf. »Mein Sohn Virgil!«
»Ich glaube, wir kennen uns schon«, sagte Peter und hob die Hand. »Hallo. Wie geht's?«
»Ihr kennt euch?«
»Wir waren gestern zufällig an Ihrem Stand auf dem Trödelmarkt.«
»Ah! Sieh einer an!«
Der Junge kam die Treppe herab. Er nickte den drei Detektiven kurz zu, nahm sie jedoch nicht wirklich zur Kenntnis. Stattdessen warf er seiner Mutter einen gereizten Blick zu. »Nenn mich nicht Virgil, Mum. Und schon gar nicht Gilly-Baby! Das Thema hatten wir doch schon oft genug!«
»Ich weiß, aber es ist doch schade! So ein schöner Name! Vir-

gil. Sogar ein Dichter hieß mal so, wusstet ihr das?« Mrs Murphy strahlte die drei ??? an.
»Publius Vergilius Maro«, sagte Justus wie nebenbei, »oder kurz Vergil. Einer der wichtigsten Dichter der klassisch-römischen Antike. Lebte um die Zeitenwende.«
»Siehst du!« Mrs Murphy drehte sich wieder zu ihrem Sohn um. »Und du sagst immer, den kennt keiner!«
Der Blick, den Virgil Justus zuwarf, war nicht unbedingt freundlich. »Gil, Mum! Okay?«
»Ist okay!« Mrs Murphy setzte eine verschwörerische Miene auf. »Ihr müsst nämlich wissen, dass er am liebsten Dr. Acula genannt wird! Versteht ihr? Dracula! Das ist sein Künstlername!«
Virgil, sichtlich genervt, schob sich an seiner Mutter vorbei. »Ich bin dann mal weg. Smiddie holt mich ab und wir fahren zu X-Jay. Heute muss ich ja zur Abwechslung mal nicht auf den Markt, oder?«
Mrs Murphy zwinkerte ihrem Sohn liebevoll zu. »Nein, mein Schatz, das weißt du doch! Heute ist dein großer Tag. Da musst du natürlich nicht arbeiten.« Sie stupste Bob an, der neben ihr stand. »Mein Liebling hat nämlich heute Geburtstag!«
»Oh! Na dann, alles Gute!«, sagte Bob.
»Happy Birthday!«
»Glückwunsch.«
Virgil zwang sich zu einem Lächeln. »Danke, Leute.«
»Die Sechzehn ist überhaupt unsere Familienglückszahl«, fuhr Mrs Murphy freudestrahlend fort. »Mein Engel hat an dem Tag Geburtstag, mein Mann und ich haben an einem 16.

geheiratet, wir kommen ursprünglich beide aus Tennessee, dem 16. Bundesstaat der USA, und unser Geschäft liegt in der Kennedy Street 116. Ach ja, und Eddie ist jetzt auch 16. Bei uns dreht sich alles um die Sechzehn!«

Virgils Miene verriet, dass er diesen Text schon unzählige Male gehört haben musste. »Ich mach dann mal die Fliege. Bis später, Mum!«

Virgil hielt den drei Detektiven den gespreizten Zeige- und Mittelfinger entgegen. »Peace, Leute!« Dann setzte er sich seinen Kopfhörer auf und lief nach draußen.

»Mein Junge!« Mrs Murphy schickte ihrem Sohn ein liebevolles Seufzen hinterher.

»Er ist Künstler?«, erkundigte sich Bob.

»Ja! Er macht Hip-Hop-Musik! Hat sogar eine eigene Band.«

»Tatsächlich? Wie heißt die denn?«, fragte Bob höflich nach.

»*Dr. Acula und die Raptoren!*« Ohne Vorwarnung rief sie plötzlich so laut Richtung Laden, dass die drei Jungen zusammenfuhren: »Liebling? Wie heißt noch mal dieses tolle Lied von Gilly-Baby?«

»*Huhu, in the night, shuhu, we bite!*«, kam es prompt aus dem Laden zurück.

»Genau. So heißt es.« Mrs Murphy leuchtete geradezu vor Mutterstolz. »Ich habe ja eigentlich einen etwas anderen Musikgeschmack, aber mein Virgil macht das wirklich toll. Er ist so begabt. Seine Freunde und er haben sogar schon ein – wie sagt man? – Demoband aufgenommen und es ein paar Leuten vorgespielt. Na ja ...« Sie zuckte die Schultern und sah kurz zu Boden.

Justus blickte sich um. »Mrs Murphy, haben Sie etwas dagegen, wenn wir uns selbst noch einmal etwas genauer hier umsehen?«

»Nein, nur zu. Zwei Einbrecher! Meine Güte!«

Die Jungen gingen alle Räume ab. Und tatsächlich förderte die folgende Untersuchung von Laden, Büro und Lager im ersten Stock noch zwei bemerkenswerte Fundstücke zutage. Im Büro entdeckte Peter ein zerknülltes Kaugummipapier: Bubble Shock Erdbeer-Senf – eine Sorte, die laut Mrs Murphy keinem ihrer Familienmitglieder zusagte. Was wohl angesichts der ausgefallenen Geschmackskombination auf die meisten Menschen zutraf. Und im Lager oben fand Bob zwischen unordentlich herumliegenden und zum Teil geöffneten Kisten und Kartons etwas mindestens genauso Interessantes. Es lag zwischen zwei Kartons mit hellllila Plüschhasen und bunten Holzentchen zum Hinterherziehen auf dem Boden. »Na, das gehört aber sicher nicht hierher.« Der dritte Detektiv bückte sich und hob den Gegenstand auf. Es handelte sich um ein schmales, pinkfarbenes Plastikband. »Ein Backstage-Armband für das Musikzelt im Palisades Park!«

Backstage

Auf dem Weg zu Bobs Käfer fuhr ein knallgelber Daihatsu an ihnen vorbei, aus dem laute Hip-Hop-Musik drang. Gil saß auf dem Beifahrersitz, hinter dem Steuer fläzte – einen Arm lässig aus dem Fenster – ein schlaksiger Junge mit fettigen, braunen Haaren und vielen Pickeln im Gesicht. Keiner der beiden würdigte sie eines Blickes.

Kurz darauf stiegen die Detektive ins Auto. Justus nahm auf dem Beifahrersitz Platz und war gerade im Begriff, die Tür zu schließen, da sprang im letzten Moment urplötzlich der Kater der Murphys ins Wageninnere und über Justus hinweg auf die Rückbank. Den drei Jungen blieb beinahe das Herz stehen vor Schreck. Peter quietschte sogar kurz auf und rückte so weit von Eddie weg, wie es ihm möglich war. Der Kater fauchte einmal kurz und fing dann an, sich die Pfoten zu säubern.

Zum Glück klopfte wenige Augenblicke später Mr Murphy ans hintere Fenster. »Tut mir leid, Jungs.« Er machte ein zerknirschtes Gesicht. »Eddie fährt für sein Leben gerne Auto. Ich habe gerade noch gesehen, wie er zu euch reingehopst ist. Kommst du wohl zu mir, du Schlingel!« Er griff über Justus hinweg nach dem Kater, der mit seinem Kinderschrei protestierte. »Nein! Jetzt! Wir fahren nachher ein bisschen durch die Gegend. Versprochen.« Er blinzelte den drei Jungen freundlich zu. »Das hat er schon ein paar Mal gemacht. Deshalb trägt er auch das Ding um seinen Hals.« Mr Murphy zeigte auf das schwarze Plastikkästchen.

»Ein GPS-Tracker, nicht wahr?«, meinte Justus, ließ aber da-

bei den Kater nicht aus den Augen. »So ein Ding kennen wir, das hat uns auch schon mal gute Dienste geleistet.«
»Ja, damit finden wir ihn überall wieder. Überall.« Mr Murphy packte seinen reisefreudigen Kater, zerrte ihn nach vorne, entschuldigte sich nochmals und ging mit Eddie auf dem Arm zurück in seinen Laden.
Bob blies die Backen auf. »In dieser Straße wohnen einige sehr besondere Leute.«
»Und Tiere«, fügte Justus hinzu.
»*Huhu, in the night, shuhu, we bite*«, sang Peter und zog eine schräge Grimasse. »Lasst uns verschwinden. Vielleicht wütet hier irgendein ansteckendes Virus.«
»Sehr gerne. Wo soll's hingehen?« Bob steckte den Zündschlüssel ins Schloss und blickte Justus fragend an. »Kriegsrat in der Zentrale? Musikzelt? Trödelmarkt?«
Der Erste Detektiv sah auf die Uhr. Kurz nach elf. »Ist denn im Musikzelt um diese Zeit schon etwas los?«
»Ja, mit Sicherheit. Noch keine Auftritte, aber Proben, Vorbereitungen, Soundchecks. Da sind schon jede Menge Leute unterwegs.«
»Dann fahren wir dorthin.«
Der dritte Detektiv ließ den Motor an und scherte aus der Parklücke aus.
»Und du bist dir ganz sicher, Bob?«, fragte Justus und sah seinen Freund von der Seite an. »Das ist ein Armband für den Backstage-Bereich des Hip-Hop-Contests?«
Bob nickte. »Ich habe von Sax selbst so eines bekommen. Was alles andere als einfach war. Es liegt da drin.« Er zeigte zum Handschuhfach.

Justus öffnete die Klappe und entdeckte unter einer zerknüllten Schokoriegelfolie das gleiche Armband, das sie vorhin in dem Warenlager gefunden hatten. »Und wer genau erhielt ein Armband dieser Art?«, fragte Justus und verglich Bobs Band mit dem aus der Kennedy Street. Sie waren identisch.
»Nur handverlesene Personen. Die Bandmitglieder natürlich, die Jury, die Roadies – also die Techniker –, ein paar wenige Journalisten und sicher auch einige Leute von der Catering-Firma. *FMTM* hatte da ganz strikte Vorgaben, ansonsten hätten sie bei der ganzen Sache nicht mitgemacht.«
»Das heißt, es ist äußerst unwahrscheinlich, dass das Armband Virgil gehört?«
Bob zuckte die Achseln. »Ich wüsste nicht, wieso er so ein Band hätte bekommen sollen. Er und seine Freunde machen bei dem Wettbewerb nicht mit, er ist, soweit ich weiß, kein Roadie und er schreibt für keine Zeitung. Also nein, es gehört sehr wahrscheinlich nicht ihm. Es sei denn, er hat es jemandem gestohlen.«
»Oder er hat es gefunden«, gab Peter zu bedenken. »Muss ja nicht immer gleich alles geklaut sein.«
»Oder das.« Bob bremste an einer roten Ampel.
Der Zweite Detektiv überlegte. »Zwei Einbrecher in einer Nacht! Glaubt ihr, dass die zufällig zur gleichen Zeit dort waren?«
»Kann ich mir nicht vorstellen«, meinte Bob. »Aber der einzig verwertbare Hinweis scheint mir bis jetzt das Armband zu sein.«
Justus fing an, an seiner Unterlippe zu zupfen. Eine Marotte von ihm, wenn er scharf nachdachte. »Das Armband, das mut-

maßlich einer der Eindringlinge dort oben verloren hat. Der damit zu einer kleinen Gruppe von Menschen zählt, die das Privileg haben, den Bereich hinter der Bühne betreten zu dürfen. Wie wird das eigentlich kontrolliert, Dritter?«

»Das übernehmen Angestellte einer Wachfirma. Je einer an den beiden Zugängen. Der, an dem ich vorgestern vorbeimusste, war ein ziemlicher Kleiderschrank. Mit äußerst grimmigem Blick.«

»Und auf anderem Weg kommt man da nicht rein?« In Peters Stimme lag Skepsis. »Ich meine, das ist ein Zelt, nicht Fort Knox. Kann man da nicht einfach unter der Plane durchkriechen?«

Bob fuhr wieder an. »Ich habe es nicht probiert. Aber sollte sich irgendjemand im Backstage-Bereich herumtreiben, der da nicht hingehört, gibt es mächtig Ärger mit *FMTM.*«

Peter blähte die Backen. »Die Jungs scheinen ein bisschen schwierig zu sein, oder? Denen ist der Rummel offenbar ziemlich zu Kopf gestiegen.«

Der dritte Detektiv bog rechts ab. In einiger Entfernung leuchtete ihnen das üppige Grün des Palisades Parks entgegen und dahinter schimmerte die weiße Kuppel des Musikzeltes durch die Blätter. »Ich habe noch keinen von ihnen kennengelernt, aber was man so hört, sind sie schon recht speziell. Andererseits macht es eben einen großen Teil ihrer Popularität aus, dass keiner weiß, wer sie in Wirklichkeit sind. Und dieses Geheimnis wollen sie um jeden Preis bewahren.«

»Der Tod …« Justus bearbeitete immer noch seine Unterlippe. »Im Grunde gibt es auch keinen echten Beweis dafür, dass *er* einer der Einbrecher war. Und wenn, kann er seine Verkleidung an diesem *FMTM*-Stand gekauft haben, das bringt uns nicht weiter. Allerdings gibt es nun jemanden, der nicht mehr in den Backstage-Bereich darf, wenn die Wachleute ihre Aufgabe ernst nehmen. Oder jemanden, der sich ein neues Band besorgen muss.«

Bob parkte seinen Käfer und die drei Jungen liefen zum Wettbewerbsgelände. Noch war nicht allzu viel los, auch nicht auf dem Flohmarkt.

»Wir teilen uns auf«, beschloss Justus. »Ihr seht euch mithilfe der beiden Armbänder backstage um. Verschafft euch einen Überblick, haltet die Augen auf, vielleicht bemerkt ihr etwas Interessantes. Ich werde derweil in den öffentlich zugänglichen Bereichen des Festivals und auf dem kleinen Parkplatz für Wohnanhänger ...«, der Erste Detektiv zeigte hinter das Zelt, »... die Lage sondieren.«

Der Wachmann, an dem Peter und Bob kurz darauf vorbeimussten, war zwar nicht der, den der dritte Detektiv schon kennengelernt hatte. Aber auch dieser war ein wahrer Hüne. Blonder Bürstenschnitt, Hände wie Klodeckel und ein Blick, der Peter das Herz in die Hose rutschen ließ. Doch nachdem sie ihm ihre Armbänder gezeigt hatten, ließ er sie anstandslos passieren.

Die Backstage-Zone ließ sich grob in drei Bereiche unterteilen: das Areal hinter der Bühne, wo die Anlagen für die Technik standen und diverse Instrumente verwahrt waren, der Aufenthalts- und Vorbereitungsraum für die teilnehmenden Bands sowie die Lounge für *FMTM*. Letztere war etwa doppelt so groß wie die Garderobe der Teilnehmer und bestand nicht wie diese aus aufgehängten Zeltbahnen, sondern war ein eigens gezimmerter Bretterverschlag mit einer massiven, absperrbaren Tür. Sozusagen ein Zimmer im Zelt. In den Gängen zwischen den drei Bereichen befanden sich noch zwei lange Tische für das Catering sowie allerlei Kisten mit Flyern, Technikzubehör, Getränken und Krempel.

Peter und Bob bemühten sich, einen möglichst unverfänglichen Eindruck zu machen. Sie unterhielten sich und scherzten dabei, sahen beiläufig hierhin und dorthin, taten so, als hätten sie etwas zu tun, und hofften, dass sie keiner der Bühnenarbeiter, Techniker oder Wachleute ansprach. Wenn doch, dann würden sie sagen, dass sie für die Catering-Firma hier waren und nach dem Rechten sahen. *Cali-Cater*, erinnerte sich Bob. So hieß die Firma.

Aber was sollten sie hier eigentlich finden? Sie hatten ja kaum Anhaltspunkte und würden wohl nicht das Glück haben, im Backstage-Bereich einem Sensenmann zu begegnen, der ein Holzentchen aus dem Ende des Regenbogens hinter sich herzog.

Das Abteil für die Bands war im Augenblick verwaist. Der erste Auftritt stand erst in drei Stunden an. Der Raum sah ziemlich wüst aus, weil sich offenbar niemand dafür zuständig fühlte, hier drin aufzuräumen. Aber brauchbare Hinweise? Fehlanzeige. Das Gleiche galt für den Bereich direkt hinter der Bühne und die Gänge dazwischen. Jede Menge Zeug, das herumstand, ein paar Roadies, die Kabel sortierten, eine junge Frau, die die Catering-Tische aufräumte. Aber nichts, was den beiden Detektiven interessant oder verdächtig vorkam.

... die die Catering-Tische aufräumte. Bob spürte plötzlich ein Kribbeln im Nacken. Die Frau trug ein T-Shirt, auf dem groß

Cali-Cater stand. Er und Peter trugen das nicht. Was, wenn alle von *Cali-Cater* hier drin so ein T-Shirt tragen mussten? Damit man nicht immer fragen musste, wer sie waren? Dann war ihre Ausrede –

»Hey, ihr zwei!« Eine strenge Stimme hinter ihnen. »Was habt ihr hier zu suchen? Wer seid ihr?«

Der Erste Detektiv entschied sich dafür, zunächst dem kleinen Trailerpark einen Besuch abzustatten. Wobei *Park* als Bezeichnung ziemlich übertrieben war. Hinter dem Zelt standen in einem von Eisengittern abgegrenzten Areal gerade einmal zwei Wohnwagen und ein abgekoppelter Lkw-Anhänger. Auf dem verschlossenen Anhänger prangte in großen Lettern *Soul of Sound*. Vermutlich gehörte er dem Unternehmen, das die Technik für die Veranstaltung bereitstellte. Die beiden Wohnwagen daneben waren vom Feinsten, wie Justus feststellte. Er blieb vor dem Gitter stehen und ließ seinen Blick über die beiden Ungetüme gleiten. Jeder Trailer maß an die zehn Meter, war nagelneu und schon von außen äußerst luxuriös. Getönte Scheiben, verchromte Radkappen, aufwendige Zierleisten. Kein Vergleich zu der verbeulten und in die Jahre gekommenen Rostkiste, die ihre Zentrale beherbergte.

Plötzlich tat sich etwas an einem der Fenster des rechten Wohnwagens. Zwei Hände klappten es weit nach oben und stellten es mit einem Haken fest, sodass es offen blieb. Justus konnte eine Person erkennen, die dahinter im Inneren des Wohnwagens zugange war. Allerdings sah er sie nur von der Hüfte bis zu den Schultern.

Der Erste Detektiv ging in die Knie, um so vielleicht auch einen Blick auf das Gesicht erhaschen zu können. Er war sich ziemlich sicher, dass die beiden Trailer *FMTM* gehörten. Wer sonst sollte sich solche Monster hinter das Zelt stellen? Tatsächlich sah Justus nun auch den Kopf, aber die Person trug eine Wolfsmaske!

Plötzlich hörte Justus einen Hund heulen. Oder einen Wolf. In der nächsten Sekunde holte die Person im Wohnwagen ein schwarzes Handy aus ihrer Jacke hervor, auf dem hinten ein silbernes Z prangte, sah auf das Display und wischte einmal drüber. Das Heulen verstummte und der Wolf steckte das Handy wieder in die linke Innentasche seiner Jacke. Dann hob er eine kleine Plastiktüte hoch, die er zur Verwunderung des Ersten Detektivs in einigem Abstand vor sich hinhielt. Als wäre er weitsichtig. Oder als wollte er etwas besonders Schönes aus gebührender Entfernung bewundern. Doch es handelte sich, das konnte Justus genau erkennen, lediglich um einen großen Gefrierbeutel mit rotem Zip-Verschluss. Und darin befand sich sehr ordentlich und ohne einen erkennbaren Knick in dem Beutel ausgebreitet ein rosa Lätzchen.

Ein rosa Lätzchen? Justus runzelte die Stirn. Das hatte er doch schon mal irgendwo gesehen!

Lawinenalarm!

Kurze Zeit später trafen sich die drei Jungen wie vereinbart vor dem Haupteingang des Musikzeltes.

Peter blies die Backen auf und wirkte sehr aufgeregt. »Das war knapp, kann ich dir sagen.« Er sah Justus mit großen Augen an. »Hätte uns Bob nicht schnell zu den *Geheim-Nissen* gemacht, säßen wir jetzt ziemlich in der Patsche!«

»Bitte?« Justus sah seinen Freund fragend an.

»So ein Typ von der Security wollte wissen, wer wir sind. Und zum Glück hat er Bob abgenommen, dass wir Mitglieder dieser Band sind.«

»Verstehe. Sehr geistesgegenwärtig, Dritter!«, sagte Justus und blickte Richtung Trailerpark. »Ich habe ziemlich eigenartige Entdeckungen zu vermelden. In einem der Wohnwagen, die vermutlich beide *FMTM* gehören, stand jemand am Fenster und betrachtete den Inhalt eines Gefrierbeutels.« Der Erste Detektiv zögerte kurz. »Es war ein Lätzchen. Ein rosa Lätzchen. Und ich bin mir ziemlich sicher, dass ich genau dieses Lätzchen gestern am Stand der Murphys gesehen habe.«

»Ein Lätzchen in einem Gefrierbeutel?« Peter schüttelte verwirrt den Kopf. »Was soll das denn?«

»Konntest du diesen Jemand erkennen?«, fragte Bob.

»Nein, die Person trug eine Wolfsmaske.«

»Und deshalb glaubst du, dass die Wohnwagen *FMTM* gehören?«

»Ja. Außerdem sind es wahre Luxusschlitten und ich habe auch einen der Wachleute gefragt. Die Wohnwagen sind so etwas wie die offizielle Festival-Residenz von *FMTM*. Dort hält sich die Band auf, wenn sie nicht in ihrer Lounge im Zelt ist.«

»Und du bist dir sicher, dass du genau dieses Lätzchen gestern am Stand der Murphys gesehen hast?«, hakte Peter nach.

Justus überlegte kurz. »Ja, es hing einer Vampirpuppe um den Hals. Kommt mit, das lässt sich leicht herausfinden.«

Der Erste Detektiv wandte sich dem Flohmarkt zu und lotste seine Freunde zum Verkaufsstand der Familie Murphy. Schon aus einiger Entfernung erkannte Justus, dass der Vampir mit dem Lätzchen nicht mehr auf der Stange hing. Mrs Murphy war allerdings gerade erst dabei, die Waren auszulegen.

»Da seid ihr ja schon wieder!«, begrüßte sie die Jungen. »Seid ihr für Mathilda und Titus unterwegs? Wie geht es denn dem Armen? Muss er immer noch das Bett hüten?«

Justus beantwortete kurz die Fragen und erkundigte sich dann nach dem Lätzchen.

»Ein rosa Lätzchen? An einem Vampir?« Sie schüttelte den Kopf. »Ich kann mich ehrlich gesagt nicht daran erinnern. Gestern, sagst du? Vielleicht hat Gil es verkauft. Warum interessierst du dich dafür?«

Justus nannte ihr den Grund.

»Nein!« Mrs Murphy blieb für einen Moment die Luft weg und sie sah die drei Jungen verdattert an. Dann schmunzelte sie. »Das ist ja ... In einem Gefrierbeutel? Sachen gibt's! Und du denkst, das Lätzchen könnte von uns gewesen sein? Aber wieso sollte jemand das in einen Gefrierbeutel stecken?« Sie lachte. »Was für eine Geschichte. Tut mir leid, ich weiß wirklich nichts darüber.«

Mrs Murphy rief noch ihren Mann und Gil an, aber auch die beiden konnten den drei ??? nicht weiterhelfen. Gil erinnerte sich zwar vage daran, Vampir samt Lätzchen verkauft zu haben, aber er war sich nicht mehr sicher, ob an eine alte Dame oder eine Mutter mit zwei kleinen Kindern.

»Wisst ihr«, sagte Mrs Murphy, »wir haben im Laufe der Jahre so viel Zeug in unseren Lagern gehortet, dass wir gar nicht so genau wissen, was da alles herumliegt. Und wenn dann ein Flohmarkt stattfindet, misten wir aus und nehmen oft einfach mit, was uns da oben in die Finger kommt.«

»Nachvollziehbar.« Justus musste daran denken, dass auch Tante Mathilda und Onkel Titus sicher nicht jeden einzelnen Artikel auf dem Schrottplatz im Kopf oder in den Büchern hatten.

Die drei Detektive verabschiedeten sich und kehrten dem Stand den Rücken.

»Vielleicht war es ja gar nicht dasselbe Lätzchen«, meinte Peter nach einigen Metern.

Justus schüttelte unwirsch den Kopf. »Ich irre mich nicht. Das war dasselbe Lätzchen.«

»Selbst wenn«, sagte der dritte Detektiv. »Wieso beschäftigt dich das so?«

»Weil ich in solchen Zusammenhängen nicht an Zufälle glaube«, erwiderte Justus. »Dieser merkwürdige Einbruch, der Sensenmann, das Armband, das Lätzchen, eine mögliche Verbindung zwischen *FMTM* und den Murphys, die Tatsache, dass überall Leute in Masken von *FMTM* herumlaufen – mir ist zwar noch völlig unklar, wie all diese Dinge zusammenhängen, aber ich spüre deutlich, dass es da eine Verbindung gibt.

Lasst uns in die Zentrale fahren.« Justus setzte sich entschlossen in Bewegung.
»Spüren!« Peter grinste. »Von jemandem, der sich eine automatische Eierköpfmaschine wünscht, hätte ich präzisere Aussagen erwartet.«

Als sie zwanzig Minuten später auf dem Schrottplatz eintrafen, verabschiedete Tante Mathilda gerade einen Kunden, der einen antiken Wasserhahn gekauft hatte und sich sichtlich darüber freute. Sie winkte den Jungen kurz zu und verschwand in ihrem Büro.
»Deine Tante wirkt gestresst«, sagte Peter.
Justus nickte. »Onkel Titus geht es immer noch nicht besser. Sie hat sehr viel zu tun. Ich habe ihr versprochen, dass ich ihr heute Nachmittag helfe. Warenbestand, Rechnungen, Steuer und so etwas. Papierkram.«
»Du Armer!«, bedauerte ihn Bob.
Justus seufzte. »Gehen wir rein.«
Der ausgediente Wohnanhänger, in dem sich das Hauptquartier der drei ??? befand, verbarg sich unter einem großen Haufen Altmetall und war nur über zwei Geheimgänge zu betreten. Wie meistens wählten die Jungen den Zugang über das Kalte Tor. Durch einen riesigen Kühlschrank, dessen Rückwand sich zur Seite schieben ließ, gelangte man in einen kurzen Wellblechtunnel, der an der Tür des Wohnwagens endete.
»Lagebesprechung, Kollegen.« Der Erste Detektiv setzte sich in seinen Chefstuhl am Schreibtisch, Peter nahm auf einem der abgewetzten Sessel Platz und Bob lehnte sich mit verschränkten Armen an den Kühlschrank.

»Ich fasse zusammen«, begann Justus. »Bei einer Familie, die ein kleines Spielzeuggeschäft betreibt, wird eingebrochen, aber nichts gestohlen, wobei wir auf dem Überwachungsvideo in einem Zeitraum von etwa zehn Minuten zwei verschiedene Gestalten ausmachen konnten, die den Laden durch die Hintertür betreten haben müssen.«

»Dass nichts gestohlen wurde, ist nicht gesagt«, korrigierte Peter. »Bei dem Chaos dort! Die Murphys vermissen nur nichts.«

Justus nickte. »Kurz zuvor kauft jemand ebendieser Familie an ihrem Stand auf dem Trödelmarkt ein äußerst unscheinbares Kinder- oder Puppenlätzchen ab und verwahrt es dann sorgfältigst und faltenfrei in einem Gefrierbeutel. Ein Lätzchen, wohlgemerkt!«

»Dasselbe Lätzchen?«, hakte Peter noch einmal nach.

»Davon bin ich überzeugt«, versicherte Justus.

»Und der Käufer war jemand von *FMTM*«, sagte Bob.

»Sehr wahrscheinlich. Wenn die Gestalt im Wohnwagen ein Mitglied der Band war, wofür einiges spricht. Denn wer sonst käme da hinein?« Justus überlegte kurz. »Dazu die Sache mit den Masken. Überall laufen Menschen in den Masken herum, die diese Band als Markenzeichen trägt. Auch einer der Einbrecher hat sich vermutlich dieser Verkleidung bedient. Und dieser oder der andere Einbrecher gehört aller Wahrscheinlichkeit nach zu den wenigen Auserwählten, die Zugang zum Backstage-Bereich des Hip-Hop-Contests haben.«

»Übrigens habe ich gestern noch kurz recherchiert«, sagte Bob. »Man weiß es natürlich nicht mit Sicherheit, aber viele gehen davon aus, dass die Mitglieder von *FMTM* abseits der

Bühne ihre Masken tauschen. Auf der Bühne ist wegen der Instrumente klar, wer wer ist, aber ansonsten eben nicht. Der Sensenmann von heute ist also vielleicht der Horrorclown von morgen.«

Justus nickte. »Was die Angelegenheit nicht unkomplizierter macht. Und beachtenswert finde ich auch Folgendes: Überquellende Lager hin oder her – wenn wir das Verhalten des Käufers bedenken, muss das Lätzchen aus irgendeinem Grund von Bedeutung oder etwas Besonderes sein. Aber die Murphys, immerhin Spielwarenhändler und eingefleischte Flohmarktprofis, wissen nichts darüber. Gar nichts.«

»Vielleicht weil das Lätzchen wirklich nur ein Allerweltslätzchen ist, aber der Wolfstyp eben irgendeinen komischen Spleen für rosa Spitzentüchlein hat?«, riet Peter. »Man hört ja von den seltsamsten Hobbys. Bügeln beim Skifahren, Sammeln von fremden Barthaaren, Kakerlakenrennen.«

»Ist gut, ist gut!« Justus schüttelte sich. »Ich bin dennoch der Meinung, dass dieses Lätzchen unsere besondere Aufmerksamkeit verdient.«

»Und jetzt? Wie geht es jetzt weiter?« Bob sah seinen Freund erwartungsvoll an.

Justus schloss kurz die Augen. Er versetzte sich in Gedanken an den Stand der Murphys zurück und ließ den Anblick des Lätzchens vor seinem inneren Auge wiedererstehen. Dank seines nahezu fotografischen Gedächtnisses konnte sich der Erste Detektiv manchmal an Dinge erinnern, die anderen längst wieder entfallen oder gar nicht erst aufgefallen waren. Nach einer Weile öffnete er plötzlich die Augen, beugte sich nach vorne und fuhr den Computer hoch.

»Ist dir noch was eingefallen?«, fragte Peter.
»Ja, am Saum des Lätzchens war ein kleiner gelber Wimpel angenäht.«
»Aha«, machte Bob. »Und jetzt willst du im Internet nach dem Lätzchen suchen?
»Auch das.« Justus öffnete das E-Mail-Programm. »Aber womöglich kann uns auch unsere gute alte E-Mail-Lawine hier wieder einmal wertvolle Dienste leisten!«

TB 34F-42

Es kamen etliche Rückmeldungen auf Justus' Anfrage. Aber der entscheidende Hinweis traf um 20.32 Uhr ein: eine E-Mail eines Klassenkameraden von Peter, der die Information wiederum von seinem Onkel erhalten hatte, der eine Mail von seinem Arbeitskollegen bekam, der einen Schwager hatte, der mit einem Sammler in Orlando/Florida in Verbindung stand. So nämlich funktionierte die E-Mail-Lawine: Die drei Jungen baten einige ihrer Freunde und Bekannten um Informationen in einer bestimmten Angelegenheit. Falls diese nichts darüber wüssten, sollten sie die E-Mail an ihre Freunde weiterleiten, mit der Bitte, genauso zu verfahren. Irgendwann, so der Plan, würde sich vielleicht jemand finden, der eine Antwort hatte, die den drei ??? weiterhelfen würde.

Justus, der um halb neun Uhr abends alleine in der Zentrale saß, wo er noch recherchierte, griff sofort zum Telefon.

»Ja, hier Bob Andrews?« Der dritte Detektiv klang, als wäre er in Eile.

»Dritter, ich bin's! Wir haben eine Antwort!«

»Auf die E-Mail-Lawine? Du klingst ja total aufgeregt.«

»Dazu gibt es, falls sich die Informationen bestätigen, auch allen Grund. Kannst du in die Zentrale kommen? Peter rufe ich ebenfalls gleich an.«

»Keine Chance. Ich bin schon auf dem Sprung, weil ich für Sax zu einem Konzert ins Festzelt muss.«

»Ach ja. Okay. Dann am Telefon. Ein Sammler aus Florida hat sich gemeldet.«

»Ein Sammler von was?«
»Von alten Plüschtieren.«
»Alte Plüschtiere.« Bob dachte einen Moment nach. »Sagtest du nicht letztens auf dem Trödelmarkt, bevor dich die Hexe beklaut hat, dass die einiges wert sein können?«
»Wenn sie gut erhalten sind, ja. Und jetzt kommt's! Auf meine genaue Beschreibung des Lätzchens hin hat sich jener Sammler aus Orlando gemeldet und ein Foto des Lätzchens mitgeschickt. Es ist genau das gleiche!«
»Genau das gleiche? Das ist ja 'n Ding!« Bob schien etwas verwirrt. »Also sammelt der Mann auch Lätzchen?«
»Nein. Das Lätzchen gehört zusammen mit einer Rassel zu einem Teddybären. Und die sammelt der Mann.«
»Ein Teddybär mit Lätzchen und Rassel. Hört sich merkwürdig an. Wer kauft denn so etwas?«
»Nun, im Jahr 1934 waren die Geschmäcker, was Kinderspielzeug betrifft, offenbar etwas anders gelagert.«
Bob lachte erstaunt auf. »Der Bär ist aus dem Jahr 1934?«
»Richtig. Die offizielle Bezeichnung der Herstellerfirma *Mr Snuggle* lautet TB 34F-42. Teddybär, gefertigt im Februar 1934, Größe 42 Zentimeter.«
»*Mr Snuggle*. Noch nie gehört«, meinte Bob.
»Die Firma gibt es schon lange nicht mehr, habe ich bereits recherchiert. Aber …« Justus legte eine Kunstpause ein. »Jetzt rate mal, wie viel TB 34F-42 wert ist! Gut erhalten und vollständig wohlgemerkt, also mit Rassel und Lätzchen.«
»Puh.« Bob überlegte. »Dreitausend Dollar?«
»Nicht mal annähernd richtig«, erwiderte Justus. »Sammler zahlen dafür bis zu zweihunderttausend Dollar!«

»Was?«, entfuhr es Bob. »Zweihunderttausend? Für einen Plüschbären? Unglaublich!«
»Aber wahr. Ich habe im Internet eine einschlägige Seite gefunden, die die Aussage des Sammlers bestätigt. Bei einer Auktion vor zwei Jahren in New York wurde einer dieser Bären für sage und schreibe zweihundertzweitausend Dollar versteigert.«
»Irre! Echt irre!«
»In der Tat. Und die Sache ist jetzt die: Der Bär, von dem es weltweit nur noch sechs Exemplare geben soll, ist ohne Lätzchen und Rassel nur um die hunderttausend wert. Das Lätzchen und die Rassel, von denen es noch ein paar mehr geben soll, jedes für sich jedoch nicht einmal tausend Dollar. Alles zusammen aber, gut erhalten, zweihunderttausend!«
Bob schwieg für ein paar Augenblicke. Man konnte förmlich durchs Telefon hören, wie es in seinem Kopf ratterte. »Und von all dem wollen Spielwarenhändler wie die Murphys nichts gewusst haben? Hört sich für mich wenig überzeugend an.«
»Der Gedanke kam mir auch schon. Es würde allerdings erklären, warum der Käufer mit dem Lätzchen derart behutsam umgegangen ist.«
»Indem er das Ding so sorgfältig eingetütet hat.«
»Exakt.«
»Und wenn er die Rassel und den Bären schon woanders entdeckt hat oder kaufen konnte, ist er jetzt im Besitz eines echten Schatzes. In Plüsch.«
»Ich denke nicht, dass er den Bären schon hat.«
»Hat er nicht? Wieso glaubst du das?«
»Es steht zu vermuten, dass der Einbruch bei den Murphys

genau aus dem Grund geschah: um dieses Bären habhaft zu werden.«
»Klar!«, erkannte Bob. »Weil der Kerl denkt, dass dort, wo das Lätzchen herkommt, der Bär vielleicht nicht weit ist!«
»Richtig. Und wenn dieser Jemand zu viel Aufhebens um den Bären gemacht und zum Beispiel danach gefragt hätte, hätten die Murphys vielleicht doch Lunte gerochen und herausgefunden, was sie da verkaufen. Und dann wäre es richtig teuer geworden.«
»Hunderttausend Dollar teuer.«
Justus überlegte einen Augenblick. »Das bedeutet, dass es jetzt zwei Möglichkeiten gibt: Entweder der Einbrecher hat gefunden, wonach er gesucht hat, und die Murphys vermissen nur deshalb nichts, weil sie gar keine Ahnung hatten, dass sie im Besitz des Bären waren ...«
»... oder«, vervollständigte Bob den Gedanken, »der Typ hat ihn nicht gefunden, was heißt, dass er weiter danach suchen wird. Zumal der erste Einbrecher ja vielleicht auch bei seiner Suche von dem anderen Einbrecher gestört wurde und unverrichteter Dinge das Feld räumen musste.«
»Es lagen aber zehn Minuten zwischen dem ersten und dem zweiten Einbrecher.«
»Vielleicht musste er erst den richtigen Zeitpunkt abwarten und kam nicht gleich raus?«
Justus nickte langsam. »Könnte sein. Der zweite Einbrecher hätte dann allerdings alle Zeit der Welt gehabt.« Er überlegte kurz und fuhr dann fort: »Mrs Murphy sprach heute auch von La*gern*, die sie haben, also in der Mehrzahl. Das heißt, der oder die Einbrecher – falls es beiden um den Bären ging – könnten

noch einmal in der Kennedy Street zuschlagen oder in einem der anderen Lager, falls sie die kennen.«

»Das dürfte nicht so schwer in Erfahrung zu bringen sein, fragen wir einfach die Murphys. Und wir müssen sie unbedingt warnen!«

Justus zögerte einen Moment. »Du hast recht. Ich werde sie über unsere Ermittlungsergebnisse in Kenntnis setzen und ich rufe auch Peter an und erzähle ihm alles. Morgen treffen wir uns nach dem Frühstück vor dem Roten Tor und nehmen einmal die Mitglieder einer gewissen Band etwas genauer unter die Lupe.«

»*FMTM*?«

»*FMTM*.«

»Weil einer von ihnen der Käufer und daher wahrscheinlich auch einer der Einbrecher ist?«

»Und wir womöglich den Teddybären mit all seinem Zubehör bei ihm finden oder seine weiteren Schritte beobachten können, wenn er noch nicht erfolgreich war.«

»Und wie willst du das anstellen? Ich meine, du weißt doch, wie die ticken. An die kommt keiner ran. Außerdem hast du die Person im Trailer ja gar nicht genau sehen können. Vielleicht war es auch ihr Manager. Oder ein Freund. Eine Freundin?«

Justus grummelte etwas vor sich hin. »Ja, ich weiß, ich weiß. Ich werde mal drüber schlafen.«

Rot-gelber Schock

Das Rote Tor war ein geheimer Durchgang in der Bretterwand, die den Schrottplatz umgab. An dieser Stelle war außen das große Feuer in San Francisco aus dem Jahr 1906 aufgemalt. Ein Hund betrachtete die Flammen und in einem seiner Augen verbarg sich ein Mechanismus, mit dem sich ein paar der Holzlatten zur Seite schieben ließen.
Als Justus am nächsten Morgen durch die Lücke auf den Bürgersteig trat, warteten dort schon Peter und Bob vor dem Käfer des dritten Detektivs.
Peter war immer noch völlig aus dem Häuschen. »Zweihunderttausend Kröten!«, sagte er statt einer Begrüßung. »Und du nimmst uns bestimmt nicht auf den Arm?«
»Guten Morgen. Und nein, tue ich nicht.«
Der Zweite Detektiv schüttelte den Kopf. »Ich muss echt mal mein Zimmer durchsuchen. Vielleicht verstauben da in irgendeiner Ecke tausende von Dollar und ich weiß es nicht.«
Bob sah seinen Freund amüsiert von der Seite an. »Du hast noch Teddys in deinem Zimmer?«
Peter zuckte zusammen. »Äh, was? Nein, natürlich nicht. Ich meine, doch ... Also in meinem Zimmer ... von früher. Du hast doch sicher auch ... Ach, du weißt, wie ich das meine!«
Der dritte Detektiv grinste und wandte sich an Justus. »Und? Was haben die Murphys gesagt?«
Justus legte die Stirn in Falten. »Nun, das war sehr interessant.«
»Inwiefern?«

»Angesichts der Tatsache, dass sie einen Teddy samt Zubehör für zweihunderttausend Dollar übersehen haben könnten, hielt sich ihre Betroffenheit doch sehr in Grenzen. Mrs Murphy meinte, das wäre zwar sehr schade, aber so etwas käme schon mal vor, man könne ja nicht alles im Blick haben.«

»So cool muss man erst mal sein«, staunte Bob.

»Haben sie den Teddy denn noch?«, fragte Peter.

»Laut Mrs Murphy nicht. Ich habe ihn ihr genau beschrieben, aber das sagte ihr nichts. Sie vermutet, dass sie den Bären schon vor einiger Zeit verkauft haben.«

»Und wenn nicht? Was meinte sie zu der Möglichkeit, dass ein zweites Mal bei ihnen eingebrochen werden könnte?«, wollte Bob wissen.

Justus hob wie zur Entschuldigung die Hände. »Sie lachte nur. Bei ihnen gäbe es nichts zu holen.«

»Die wollen nichts unternehmen?«

»Doch. Ab sofort mit einem Baseballschläger neben dem Bett schlafen.«

»Immerhin«, sagte Peter.

Justus schüttelte den Kopf. »Das war ein Witz. Mrs Murphy nahm die Sache nicht wirklich ernst.« Der Blick des Ersten Detektivs verdunkelte sich.

Bob schnaubte durch die Nase. »Sachen gibt's! Dabei haben sie schon einen Einbruch zu verbuchen. Aber gut.« Er zuckte die Achseln. »Letztlich ist es ihre Angelegenheit. Hast du sie auch gefragt, wo sie ihre anderen Lager haben?«

»Ja. Ein weiteres Lager haben sie«, erwiderte Justus. »In ihrem Wohnhaus in der Hampton Road unter dem Dach.«

»Aber sagt mal …« Peter hob die Schultern. »Sollen wir dann

überhaupt weitermachen? Ich meine, wenn die Murphys die ganze Sache nicht wirklich interessiert, müssen wir uns doch auch nicht mehr ins Zeug legen.«

Justus widersprach umgehend. »Es ist unser Fall! Und schon alleine unsere Detektivehre erfordert es, dass wir jetzt nicht die Flinte ins Korn werfen! Kommt gar nicht infrage!«

»Sehe ich genauso«, gab Bob zu verstehen. »Machen wir weiter. Ich will jetzt auch wissen, was hinter diesen merkwürdigen Gestalten und Ereignissen steckt.« Er sah den Ersten Detektiv erwartungsvoll an. »Dann erzähl uns mal, was deine nächtlichen Überlegungen gebracht haben. Wie kommen wir an *FMTM* ran?«

Justus machte kein allzu zufriedenes Gesicht. »Wenn wir sie für ein angebliches Schulreferat interviewen wollen, dürfte die das kaum interessieren, so berühmt, wie sie sind. Singen kann auch keiner von uns, geschweige denn rappen, niemand aus der Band ist in dich oder Peter verliebt und unsere Dienste benötigen sie ebenfalls nicht. Deshalb folgender Plan: Wir sind Jungreporter eines Fanmagazins und wollen die vier zu ihren Hobbys, Freizeitaktivitäten und so weiter befragen. In dem Zusammenhang stelle ich eine Fangfrage, die mit dem Regenbogen zu tun hat.«

»Um so zu erfahren, ob *FMTM* irgendwas mit den Murphys zu tun hat, ob sie sie kennen?«, fragte Bob.

»So ist es gedacht.«

»Auf eine Verbindung bin ich gestern schon gestoßen.«

Justus sah seinen Freund neugierig an. »Nämlich?«

»Ich habe mich gestern Abend bei dem Auftritt der *Crackernuts*, zu dem ich für Sax gegangen bin, mit einem Kollegen von einer anderen Agentur unterhalten, Jake. Ich glaube, ihr kennt ihn nicht. Und da kamen wir irgendwie auf *Dr. Acula und die Raptoren.*«

»Die Band von Gil und seinen Freunden.« Peter grinste. »*Huhu, in the night.*«

»Genau die. Und das Demoband, das Mrs Murphy erwähnte, haben sie offenbar *FMTM* vorgelegt, die es wohl gnadenlos niedergemacht haben. Muss laut Jake richtig schlimm gewesen sein.«

»Mrs Murphy schien ja auch sehr verdrießlich gestimmt, als sie davon sprach«, sagte Justus nachdenklich. »Eine interessante Information. Dann lasst uns mal zum Musikzelt fahren. Vielleicht decken die Mitarbeiter von *Hip-Hop 2.0* noch weitere Zusammenhänge auf!«

»*Hip-Hop 2.0*? Sind wir das?« Peter machte eine skeptische Miene. »Na ja, vielleicht verliebt sich ja zur Abwechslung auch mal jemand in dich, dann können wir uns die Reportermasche sparen. Hexen sollen ja durchaus eine Vorliebe für ausgefallene Dinge haben. Drachenblut. Spinnenbeine. Krötensaft. Superhirne.«

»Steig schon ein!« Justus öffnete die Beifahrertür und Peter kletterte glucksend auf den Rücksitz.

Weil es noch früh war, fand Bob einen Parkplatz gleich am Rand des Palisades Parks. Von dort waren es keine zwei Minuten zum Veranstaltungsgelände. Auf dem Trödelmarkt war bereits einiges los. Auch Virgil hatte wieder Position hinter dem Stand der Murphys bezogen und die drei ??? nickten ihm im Vorbeigehen zu. Er hob nur den Daumen und zuckte und knickte unter seinem Monsterkopfhörer weiter. Für einen Mo-

ment musste Peter an den zweiten Einbrecher denken. Daran, dass dieser auch so zusammengezuckt war.
Sie kamen zum Musikzelt, wo ebenfalls schon etliche Leute unterwegs waren. Drei Männer einer Putzkolonne sammelten Pappbecher und anderen Abfall ein, auf der Bühne wuchteten Roadies Lautsprecherboxen aufeinander und richteten Scheinwerfer aus, vorwiegend jugendliches Publikum stromerte durch das Zelt und versprühte gute Laune.
Peter fielen die grünen Sweat-Shirts mit weißem Aufdruck auf, die einige der jungen Leute trugen. »Sind das Fans irgendeiner Band?«, fragte er Bob und deutete auf zwei Mädchen.
»Ja. Von *The Green Grinners*. Einer der absoluten Publikumslieblinge des Wettbewerbs.«
»Spielen die gleich?«
»Ich denke, die proben erst mal nur oder machen einen Soundcheck. Auftritt ist heute Abend.«
Die drei ??? gingen am Rande der Bühne entlang. Zwei Männer standen vor einem Boxenturm und unterhielten sich: ein kleiner dicklicher mit Cowboyhut, der unentwegt auf sein Gegenüber einredete, einen sichtlich gelangweilten Sonnenbrillenträger mit Vollbart und weit aufgeknöpftem Jeanshemd, in dessen Ausschnitt ein goldener Anhänger baumelte. Mit verschränkten Armen lehnte er lässig an der Bühne und hörte dem anderen kaum zu.
Peter kam noch einmal auf die Sache mit dem Demoband zurück. »Dann sind Gil und seine Freunde also nicht die neuen Sterne am Hip-Hop-Himmel. Soso.« Er konnte sich eine gewisse Genugtuung nicht verkneifen. So richtig sympathisch war ihm Gil nicht. »Dabei hat er doch –« Der Zweite Detek-

tiv blieb abrupt stehen. Ein Stück hinter dem Sonnenbrillentyp stand ein junger Mann. Seitenscheitel, struppiger Schnauzbart, mittelgroß, mittelalt, unauffällig. Nicht so unauffällig war jedoch die Aufmerksamkeit, mit der er dem Gespräch zwischen den beiden anderen Männern folgte. Sein Hals und seine Ohren wurden immer länger. Und noch bemerkenswerter fand Peter etwas anderes. »Freunde!«, hauchte er und nickte kaum merklich zu dem Schnauzbart rüber. »Der Kerl da mit dem Suppensieb im Gesicht. Seht ihr, was der gerade aus der Hosentasche gezogen hat?«

Der dritte Detektiv blickte zu dem Mann und lief langsam an ihm vorbei. Dieser hielt einen rot-gelben, beschrifteten Streifen in der Hand, aus dem er einen Kaugummi wickelte und in den Mund steckte. Die Verpackung ließ er achtlos zu Boden fallen. Irgendwo heulte ein Hund. Oder ein Wolf.

Bob holte hörbar Luft. »Ist das ...?«

»Das gleiche Papier, oder?«, sagte Peter. »Bubble Shock Erdbeer-Senf!«

F4F

»*Bubble* konnte ich lesen. Aber das wäre ja ... Just?« Bob drehte sich um. Justus war weg. Nein, er war nur ein Stück zurückgeblieben und schloss jetzt schnell zu ihnen auf. Auch ihm war die Aufregung deutlich anzusehen.
»Hast du das gesehen?«, flüsterte Bob. »Das Kaugummipapier?«
»Was?« Justus sah Bob verwirrt an. »Wovon sprichst du?«
»Da drüben. Am Boden. Vor dem Mann mit dem Schnauzbart. Aber sieh unauffällig hin!«
Der Erste Detektiv sah beiläufig an die angegebene Stelle. »Ist es das, was ich denke, dass es ist?«
»Sieht wie Bubble Shock Erdbeer-Senf aus«, sagte Peter. »Ich hol mir das Papier, sobald er weggeht.«
»Mach das. Wir müssen wissen, ob es wirklich die gleiche Verpackung ist. Aber jetzt kommt erst mal mit.« Justus bedeutete seinen Freunden, ihm zu folgen, und dirigierte sie ein paar Meter weiter hinter einen Boxenturm. Dort hielt er inne und blickte noch einmal hinter den Lautsprechern hervor zur Bühne. »Einer von den zwei Männern an der Bühne, der schlanke mit Sonnenbrille und Bart, der gerade telefoniert, seht ihr den?«
Peter schaute hin und nickte. »Was ist mit dem?«
»Das ist die Person aus dem Wohnwagen! Der mit dem Gefrierbeutel! Dasselbe Handy, derselbe Klingelton!«
»Bist du sicher?«, fragte Peter. »Ich dachte, der hätte eine Wolfsmaske getragen. Gleiche Klingeltöne haben doch viele.«

Justus sah ihn missbilligend an. »Aber kein Handy mit silbernem Z hintendrauf.«

»Oh mein Gott!« Bob zuckte förmlich zusammen. »F4F! Das ist F4F! Ich fasse es nicht! F4F! F4F ist eines der Mitglieder von *FMTM*!«

»F4F?«, echote Justus.

»Seht ihr die linke Hand? Der kleine Finger fehlt! Frankie Four Fingers, alias Frank Zamora. Ein begnadeter Schlagzeuger. Spielte früher bei den *Rocky Peaches* und dann bei *Ironhead*, bevor er sich sang- und klanglos aus der Musikszene verabschiedete. Angeblich aus privaten Gründen. Ja, natürlich! Das ist er! Ich erkenne ihn wieder. Der Bart ist neu, aber das ist F4F! Seht ihr die Kette um seinen Hals? Ein goldenes Z. Das ist Frankie Zamora!«

»Der war bei *Ironhead*?« Peter machte große Augen. »Wow!«

»Ja, wow! Der Mann ist ein Zauberer an den Drums. Trotz seiner vier Finger. Und jetzt ist er bei *FMTM*!« Bob schaute seine Freunde an. Er war wie elektrisiert. »Leute, wir haben vielleicht soeben eines der bestgehüteten Geheimnisse der aktuellen Musikszene gelüftet!«

Justus wirkte irritiert. »Aber das mit den vier Fingern hätten andere doch schon viel früher entdeckt.«

»Der Drummer von *FMTM* spielt immer in schwarzen Handschuhen.«

»Da bist du dir sicher?«

»Ja. Und vermutlich stopft er sich den kleinen Finger irgendwie aus. Das lässt sich bestimmt in Online-Videos überprüfen.«

»Verstehe. Damit hätten wir einen ersten konkreten Hinweis,

dem wir jetzt …« Justus hob die Hand. »Seht mal! Der Kaugummi-Mann mit dem Schnauzbart hat eben jemandem zugewinkt. Und jetzt entfernt er sich.«
Die drei Detektive beobachteten, wie sich der Mann zum Ausgang bewegte und dabei immer wieder mit einer Hand wedelte.
»Da drüben ist dieser Smiddie!«, rief Bob erstaunt. »Der Kumpel von Gil.« Er hatte die Richtung weiterverfolgt, in die der Mann lief. »Und er hat auch kurz gewinkt.«
»Die treffen sich!«, erkannte Peter. »Was haben die denn miteinander zu tun?«
Tatsächlich begrüßten sich der Kaugummi-Mann und Gils Freund kurz darauf und wechselten ein paar Worte miteinander. Dann strebten sie zusammen dem Ausgang zu und verließen das Zelt.
Justus kniff die Lippen zusammen. »Dieser Fall wird immer merkwürdiger.«
»Wir sollten uns vielleicht an sie dranhängen«, meinte Bob. »Vielleicht schnappen wir irgendetwas auf.«
Justus nickte. »Mach du das, Dritter. Wir konzentrieren uns auf Zamora.«
»Okay.« Bob setzte sich in Bewegung.
»Ich schnapp mir zuerst das Papier.« Peter lief um die Boxen herum. Kurz darauf war er wieder bei Justus und hielt ihm die Verpackung hin. »Bubble Shock Erdbeer-Senf. Tatsächlich.«
Der Erste Detektiv runzelte die Stirn. »Das kann doch alles kein Zufall sein!«
»Glaube ich auch nicht.«
Zamora beendete sein Telefonat und unterhielt sich weiterhin

mit dem Cowboyhut, da kam Bob auch schon wieder zurück. Er hatte Smiddie und den Fremden draußen nirgendwo mehr entdecken können.

»Verschwunden. Spurlos.« Bob breitete entschuldigend die Arme aus. »Und bei euch?«

»Die reden noch.« Justus nickte zu Zamora hin.

Bob kniff die Augen zusammen. »Ich glaube, ich weiß, wer der andere ist. Sax hat auch schon mit ihm gesprochen. Er ist von *Jung und laut*, einem Verein, der Jugendliche mithilfe von Musik von der Straße holen will. Sie organisieren das Festival mit und bekommen dafür einen Teil der Eintrittsgelder.«

Justus straffte sich. »Das Gespräch scheint sich dem Ende zu nähern. Zamora verabschiedet sich. Los, Kollegen. Wir folgen ihm.«

Der Mann verließ das Zelt und steuerte auf denselben Parkplatz zu, auf dem Bob geparkt hatte. Er stieg in einen unscheinbaren, älteren Volvo, der nur einen Steinwurf von Bobs Käfer entfernt stand, und fuhr los. Die Jungen stiegen ebenfalls ein und der dritte Detektiv nahm die Verfolgung auf.

»Protztrailer, aber kein Protzauto«, stellte Peter fest. »Klar. Wenn er ohne Maske unterwegs ist, möchte er so wenig wie möglich auffallen.«

»Verringere den Abstand etwas, Dritter«, sagte Justus. »Nicht, dass er uns entkommt.«

»Keine Sorge.« Bob schaltete einen Gang runter und gab Gas. Die Fahrt führte zunächst zur Küstenstraße. Dort bog Zamora nach Süden Richtung Santa Monica ab. Die drei Jungen ließen anfangs noch ein Cabrio und einen Kleinwagen zwischen sich und dem Volvo, aber als kurz darauf beide Fahrzeuge vom

Highway abfuhren, hatten sie durch die Heckscheibe freie Sicht auf den Musiker. Zamora trommelte mit seinen Fingern auf das Lenkrad und wippte mit dem Kopf rhythmisch hin und her.

Die Straße beschrieb eine weite Kurve nach rechts. Links breitete sich eine Ebene mit staubigen Büschen aus, hinter der das bewaldete Küstengebirge ins Landesinnere anstieg, nach rechts fielen die Klippen steil zum Pazifik hin ab. Die Sonne stand hoch am wolkenlosen Himmel, das Meer glitzerte, die Luft flirrte in der Hitze.

Vielleicht dachte Bob auch deswegen zunächst an eine optische Täuschung. Aber schon in der nächsten Sekunde war ihm klar, dass das kein Trugbild war. Auch Justus und Peter hatten es gesehen.

»Was ist –?« Der Erste Detektiv beugte sich ruckartig nach vorne, Peter verschluckte sich vor Überraschung. Dafür schnellte seine Hand nach oben und zeigte auf den Volvo.

Unfassbares spielte sich dort vorne ab. Urplötzlich hatte sich auf dem Rücksitz des Volvo eine Gestalt aufgerichtet. Eine Gestalt mit einem spitzen Hut. Im nächsten Moment bremste das Auto mit quietschenden Reifen, die eine hässliche schwarze Spur auf den Asphalt brannten. Der Wagen geriet ins Schlingern, kam von der Straße ab und rumpelte auf einen schmalen, sandigen Parkstreifen neben dem Highway. Dort drehte sich der Volvo um 180 Grad, bevor er in einer Staubwolke zum Stehen kam.

Bob, der seinen Käfer ebenfalls auf den Sandstreifen lenkte und dort abbremste, sah nun direkt durch die Frontscheibe des Volvo. Für einen kurzen Moment saßen sich Zamora und die drei Jungen Auge in Auge gegenüber. Dann sackte der Musiker nach vorne und prallte mit dem Kopf auf das Lenkrad. Die Hupe ging los und gellte durchdringend über die Straße. Keine Sekunde später wurde die hintere Tür aufgestoßen. Eine Hexe schoss aus dem Fahrzeug, sah sich hektisch um und rannte dann auf den Highway. Autos hupten und bremsten, eines konnte der Schreckgestalt gerade noch ausweichen. Als diese die andere Straßenseite erreicht hatte, setzte sie über die Leitplanke hinweg und schlug sich in die Büsche. Justus konnte nur noch erkennen, dass sie rote Turnschuhe trug.

Drei Engel für Frankie

»Wir müssen zu ihm!«, stieß Justus hervor und öffnete die Autotür. Vor lauter Verwirrung vergaß er den Sicherheitsgurt und blieb hängen.
Peter starrte wie entgeistert der Hexe hinterher, die eben in den Waldrand eintauchte, Bob löste die Hände vom Lenkrad und stieg aus.
Während auf dem Highway der Verkehr wieder anrollte, liefen die drei Jungen zu dem Volvo. Zamora lag immer noch mit dem Kopf auf dem Lenkrad, immer noch dröhnte die Hupe. Der Motor war aus. Abgewürgt.
Bob war als Erster an der Fahrertür, Justus öffnete die Beifahrertür.
»Mr Zamora?« Der dritte Detektiv berührte den Mann vorsichtig an der Schulter. Ein dunkelrotes Rinnsal zog sich über seine Stirn, Blut tropfte auf die Mittelkonsole. Aber der Mann atmete. »Hören Sie mich?«
Zamora stöhnte leise, bewegte sich unmerklich. Wie in Zeitlupe hob er den linken Arm und legte die Hand auf das Lenkrad. Die Jungen konnten jetzt ganz deutlich sehen, dass ihm an der Hand der kleine Finger bis zum Grundgelenk fehlte. Eine saubere, verheilte, weißliche Narbe.
»Soll ich den Notarzt rufen?«, fragte Peter, der Bob über die Schulter lugte.
»Ja, auf jeden Fall«, erwiderte Justus.
»N-nein«, ächzte Zamora. »Keinen ... Arzt.« Er atmete flach und keuchend. »Geht schon wieder, geht ... schon.« Dann

richtete er sich langsam – endlich verstummte die Hupe – und unter Schmerzen auf. Noch bevor er die Augen öffnete, griff er sich an den Hinterkopf. »Zum Geier, was war denn das?« Langsam drehte er sich nach links und nach rechts. »Und wer seid ihr? Bin ich im Himmel? Sehen da so die Engel aus? Na super!«

»Wir haben alles mit angesehen, Mr Zamora«, sagte Peter. »Wir haben –«

Zamora drehte den Kopf und schaute Peter an. »Du … Woher weißt du …?« Er sah zu Bob, dann zu Justus, dessen Blick ungewollt auf die Narbe fiel.

»Verstehe.« Zamora nickte schwer. »Hi, Leute.« Ein schmerzverzerrtes Grinsen. »Seid ihr nicht noch etwas zu jung, um meine Fans zu sein?«

»Mr Zamora, Sie müssen zum Arzt!«, drängte Justus. »Das sieht nicht gut aus.«

»Quatsch. Alles okay. Gibt nur 'ne kleine Beule.« Zamora lehnte sich zurück und stöhnte. »Also. Woher kennt ihr mich?«

»Sie waren früher Schlagzeuger bei den *Rocky Peaches* und dann bei *Ironhead*«, sagte Bob. »Und *Ironhead* ist immer noch eine meiner Lieblingsbands.«

Der Erste Detektiv überlegte einen Augenblick, ob sie Zamora mit ihrer Entdeckung konfrontieren sollten, dass er Mitglied von *FMTM* war. Vielleicht ließe sich auf diese Weise Vertrauen aufbauen, wenn sie dann versprachen, ihr Geheimnis unbedingt für sich zu bewahren. Aber Justus verwarf den Plan. Er barg zu viele unbekannte Faktoren.

Zamora rieb sich über die Beule am Hinterkopf. »Mann! Und

ihr habt das eben mitbekommen? Das war ja vielleicht eine schräge Nummer.«
»Wir haben alles beobachtet, ja«, erwiderte Bob.
»Hockt da auf einmal diese Hexe auf dem Rücksitz. Ich dachte erst, ich halluziniere.«
»Was wollte die Hexe denn von Ihnen?«, fragte Peter.
Zamora zuckte die Schultern. »Keine Ahnung! Ich habe den Rückspiegel nach unten gebogen, weil ich dachte, ich hätte was in den Zähnen, da entdecke ich diesen Typen. Ich bin zu Tode erschrocken und wäre fast die Klippen runtergefahren. Und als der Wagen stand, hat mir der Kerl eins übergebraten. Wenn es ein Kerl war.«
Justus erinnerte sich an die Turnschuhe. Männergröße. Aber darüber mussten sie nachher sprechen. »Geht es Ihnen denn so weit wirklich wieder gut? Können Sie fahren oder sollen wir Sie irgendwo hinbringen?«
»Nein. Danke euch, das wird schon wieder.« Zamora griff zum Zündschlüssel.
»Sie sollten Anzeige erstatten«, meinte Bob.
Zamora sah ihn belustigt an. »Und was sage ich den Cops? Dass ich eine Hexe auf dem Rücksitz hatte? Die denken doch, dass ich nicht alle Latten am Zaun habe. Nein. Der Typ wollte einfach sehen, ob in meinem Auto was zu holen ist, und hat mich zu spät bemerkt. Er versteckte sich hinter den Vordersitzen, ich habe ihn erwischt, er floh. Ende der Geschichte.«
Justus nickte. So oder so ähnlich konnte es gewesen sein. »Vermissen Sie denn etwas? Wurde etwas gestohlen?«
Für den Bruchteil einer Sekunde flackerte Panik in Zamoras Augen auf. So als wäre ihm erst jetzt etwas klar geworden. Er

hatte sich zwar sofort wieder im Griff, dennoch konnte Justus genau sehen, dass seine Hand leicht zitterte, als er das Handschuhfach öffnete.

»Ich glaube nicht. Bei mir gibt es auch nichts zu holen. Die goldenen Zeiten sind leider vorbei. Ha.«

Auch Zamoras Stimme klang etwas unsicher. Aber viel bedeutungsvoller war, was die drei ??? in dem kurzen Augenblick entdeckten, in dem das Handschuhfach offen war das rosa Lätzchen in dem Gefrierbeutel. Und eine in durchsichtige Polsterfolie eingeschlagene, grün-blaue Rassel.

»Okay, Jungs.« Zamora lächelte, wirkte auf einmal wieder viel entspannter. »Ich mach mich dann auf die Socken. War nett, euch kennengelernt zu haben. Und wenn ihr das nächste Mal *Ironhead* hört, denkt an den alten Frankie! Bis irgendwann!«

Die drei Jungen verabschiedeten sich und schlossen die Türen. Zamora ließ den Motor an, beschrieb auf dem staubigen Parkstreifen einen weiten Halbkreis und scherte in den Verkehr auf dem Highway ein.

Justus setzte sich umgehend in Bewegung. »Los, Kollegen! Hinterher!«

»Was hast du vor?« Peter runzelte die Stirn.

»Zamora fährt das Lätzchen und die Rassel bestimmt nicht spazieren«, erwiderte Justus. »Er bringt sie an einen sicheren Ort.«

»Wo sich der Bär bereits befindet – oder eben nicht«, erkannte Bob. »Was uns dann verrät, ob Zamora einen weiteren Einbruch plant oder ob er das Set komplett hat.«

Peter kletterte auf den Rücksitz. »Na, dann wollen wir mal hoffen, dass dieser sichere Ort nicht deswegen *sicher* heißt, weil da niemand hinkommen soll und wir mal wieder irgendetwas tun müssen, was entweder gefährlich, nicht ganz legal oder beides ist.«

Justus grinste. »Da weiß man doch gleich, dass man einen Detektiv vor sich hat.«

Die Fahrt führte zunächst weiter Richtung Süden. Der dritte Detektiv hielt den Abstand zu Zamora diesmal besonders groß. Er durfte auf keinen Fall merken, dass sie ihm weiterhin folgten.

»Denkt ihr auch, dass die Hexe einfach nur ein Autoknacker war, der den Volvo ausräumen wollte und dann nicht mehr rechtzeitig rauskam?«, fragte Peter.

»Habt ihr die roten Turnschuhe bemerkt?«, stellte Justus eine Gegenfrage.

Bob drehte kurz den Kopf. »Worauf willst du hinaus?«

»Ich glaube, dass es dieselbe Hexe war, die mich vorgestern auf dem Trödelmarkt bestohlen hat.«

Peter machte große Augen. »Meinst du wirklich? Das wär ja 'n Ding!«

»Es könnte sich um einen Kleinkriminellen handeln, der den Trödelmarkt und seine Umgebung zum Schlachtfeld für seine Beutezüge auserkoren hat.«

»Und der natürlich keine Ahnung hatte, dass zumindest ein paar tausend Dollar in Form eines Lätzchens und einer Rassel im Handschuhfach liegen«, sagte Bob.

»Zamora hat die Sachen sicher erst reingelegt, als er eingestiegen ist«, widersprach Justus. »Die würde er bestimmt nicht unbeaufsichtigt in dem alten Wagen lassen.«

»Aber der ist doch total erschrocken, als du ihn gefragt hast, ob etwas geklaut wurde«, wandte Peter ein. Auch er hatte die Panik in Zamoras Augen bemerkt.

»Das zeigt nur, welche immense Bedeutung die Gegenstände für ihn haben. Wahrscheinlich hat er sich kurz ausgemalt, dass die Hexe irgendwie ans Handschuhfach gekommen ist, während er auf den Verkehr geachtet hat oder bewusstlos auf dem Steuer lag.«

Bob sah den Ersten Detektiv von der Seite an. »Wäre aber schon ein großer Zufall, oder? Dieselbe Hexe beklaut uns und Zamora?«

Justus nickte verhalten. »Ja, durchaus.«

Die Fahrt führte die drei Detektive nach Beverly Hills, wo Zamora in einer ruhigen Querstraße parkte. Die Jungen hielten ebenfalls an, stiegen aus, folgten ihm unauffällig und konnten durch die Blätter einer Hecke hindurch erahnen, wie er sich eine Maske überzog und in Handschuhe schlüpfte. Kurz darauf trat er als großer böser Wolf auf den Gehweg. In der einen Hand hielt er eine weiße Plastiktüte, in der sich vermutlich Lätzchen und Rassel befanden, in der anderen eine kleine Trommel.

Ein paar Straßen weiter hielt der Musiker im South Almont Drive auf eine zweistöckige Villa in spanischem Stil zu, vor der einige Fans und Fotografen herumstanden. Aus ihrem Versteck hinter einem Kleinlaster auf der anderen Straßenseite konnten die drei ??? neben der blendend weißen Haustür der Villa ein goldenes Schild erkennen: *hh@Labels.*

»Das Label, das den ersten Preis beim Hip-Hop-Contest ausgelobt hat«, informierte Bob seine Freunde.

Doch Zamora wollte nicht ins Haus. Er gab ein paar Autogramme, ignorierte die beiden Pressefotografen und ging dann rechts an der Villa vorbei durch eine Art Laubengang in einen gepflasterten Innenhof. Dabei grüßte er kurz den Mann im dunklen Anzug, der dort den Durchgang bewachte.

»Security«, erkannte Bob. »Hier ist Schluss für uns.«

In diesem Moment kam ein Stück weiter links vor dem Eingang zum Haupthaus Unruhe auf. Ein Fan hatte sich einem der Fenster im Erdgeschoss genähert und hielt nun seine Handykamera an die Scheibe. Sofort waren zwei, drei andere Fans bei ihm.

Der Security-Mann reagierte augenblicklich. »Hey! Weg da! Macht, dass ihr verschwindet!« Er verließ seinen Posten und schritt energisch auf die Missetäter zu.

»Los, Kollegen! Das ist unsere Chance!« Justus huschte aus ihrem Versteck und Peter und Bob folgten. Sie rannten geduckt über den South Almont Drive, gelangten ungesehen in den Laubengang und verbargen sich hinter zwei riesigen Blumentöpfen mit Oleanderbüschen.

Zamora durchschritt gerade den Innenhof und hielt auf eine Betontreppe zu. Diese führte ins Untergeschoss der Villa und endete vor einer massiven Stahltür, auf der groß das Wort *Studio* stand. Auf den Stufen holte der Musiker sein Handy aus der Innentasche seiner Jacke hervor und wischte über das Display. Dann tippte er darauf und hielt es anschließend vor einen kleinen Bildschirm, der neben der Tür in die Betonwand eingelassen war.

»Code-Verschlüsselung«, flüsterte Justus. »Das in der Wand ist ein Lesegerät.«

»Der Code ist auf dem Handy?«, fragte Bob.

»Ein QR-Code oder Ähnliches, vermute ich.« Justus nickte zur Tür. »Warum haben die ein derart gesichertes Studio?«

Zamora steckte das Handy wieder in die Innentasche, zog die schwere Tür auf und trat ein. Neonlicht flackerte auf, während sich die Tür in Zeitlupentempo hinter dem Musiker schloss.

»Das war's dann wohl«, meinte Bob verdrießlich.

»Oder auch nicht.« Noch ehe Justus oder Bob etwas sagen konnten, huschte Peter hinter dem Blumenkübel hervor, lief geduckt über den Innenhof und sprang die Treppe hinab.

In der Gruft

Aber bevor Peter den Türgriff zu fassen bekam, fiel die schwere Tür ins Schloss. Er war zu langsam gewesen. Der Zweite Detektiv drehte sich um und sah zu seinen Freunden. Enttäuscht zuckte er mit den Schultern. Dann schaute er sich kurz um und ging wieder die Treppe hinauf.

Plötzlich hörte er ein Geräusch hinter sich. Die Tür! Aus den Augenwinkeln sah er, wie sie sich langsam wieder öffnete. Peter sprang die Stufen hinauf, hechtete über die seitliche Betonbrüstung und verbarg sich dahinter.

Kurz darauf hörte er Schritte. Dann kam Zamora, immer noch als Wolf, die Treppe herauf, bog halbrechts ab, lief quer über den Innenhof und steuerte auf einen Nebeneingang des Hauses zu. Die Tüte hatte er noch bei sich, die Trommel nicht.

Am Haus angekommen, öffnete er die Tür und ging hinein.

Diesmal ließ sich Peter nicht abhängen. Noch bevor auch diese Tür ins Schloss fallen konnte, war er am Eingang und stellte seinen Fuß in den Spalt. Er blickte kurz zu Justus und Bob. Beide deuteten unschlüssig auf ihn. Er sollte entscheiden, was er tun wollte.

Peter nickte, schlich sich ins Haus und gelangte in eine kleine Garderobe. Einige Jacken hingen an einer Hakenleiste, am Boden standen ein paar Schuhe und ein Regenschirm, auf einem Regalbrett lag die Wolfsmaske. Dahinter führte eine Treppe ins Untergeschoss.

Der Zweite Detektiv lauschte. Er konnte Zamora hören. Der Musiker pfiff leise vor sich hin. Das war ein gutes Zeichen.

Dann hatte er nichts mitbekommen. Ansonsten nur ein leises Summen wie von einem großen Elektrogerät.
Peter stahl sich die Treppe hinab. Unten begann ein schmaler Gang. Blauer Teppichboden, Neonbeleuchtung, gerahmte Schallplatten in Gold und Platin an den Wänden – die Auszeichnungen von *FMTM* für soundso oft verkaufte Tonträger. Am Ende des Ganges befand sich eine Glastür.
Der Zweite Detektiv schloss die Augen und atmete tief durch. Sein Herz klopfte ihm bis zum Hals. Was hatte er sich nur dabei gedacht? War er es nicht selbst gewesen, der sich noch vor einer Stunde darüber beschwert hatte, dass sie sich wieder in irgendein gefährliches und mehr oder weniger illegales Abenteuer stürzten? Er tippte sich an die Stirn und stöhnte leise. »Idiot!« Geduckt bewegte er sich vorwärts.
Zamora pfiff immer noch, allerdings sehr viel leiser. An der Glastür angekommen, drückte sich Peter an die Wand und spähte vorsichtig um die Ecke. Er sah in eine Art Aufenthaltsraum. Bequeme Sessel, eine abgewetzte Ledercouch, auf der ein paar Kleidungsstücke herumlagen, drei Tischchen mit jeder Menge Zeitschriften, rechts an der Wand eine Kommode, auf der diverse Getränke und eine Pumpkanne für Kaffee oder Tee standen. Zamora war nicht zu sehen.
Peter drückte die Klinke ganz langsam hinunter. Sie knarzte leise. Dann schob er die Tür einen Spalt auf, huschte in den Raum, schob die Tür wieder zu und kauerte sich schnell hinter einen der Sessel. Ein wirkliches Versteck sah anders aus. Wenn jemand reinkäme, würde er Peter kaum übersehen können.
Der Zweite Detektiv sondierte das Zimmer. Links ging es in eine Toilette. Rechts befand sich eine weitere Glastür, hinter

der ein Billardtisch, ein Teil eines Flipperautomaten und hinten an der Wand eine Dartscheibe zu sehen waren. Offenbar eine Art »Spielzimmer« für die Band. Eine dritte Tür lag Peter genau gegenüber. Sie stand einen Spalt weit offen und dahinter war Zamora. Er hatte jetzt angefangen zu summen. Einen alten Hit von *Ironhead*, *Love U 4 Nothing*.
Draußen im Gang erlosch das Licht. Ein Sensor mit Timerfunktion, ging es Peter durch den Kopf. Er wollte schon hinter dem Sessel hervorkommen, als sein Blick auf die Couch fiel. Beziehungsweise auf eines der Kleidungsstücke, das dort unachtsam über die Lehne geworfen lag. Es war dunkelgrau, fast schwarz, aus grobem Stoff und sehr lang. Und an einer Stelle befanden sich kleine helllila Fussel. Peter runzelte die Stirn. Helllila? Helllila waren doch diese Plüschhasen gewesen, neben denen das Armband ... Hmm ... Er robbte lautlos hinüber und besah sich das Gewand genauer. »Sieh mal einer an!«, zischte er. Wie er vermutet hatte, war es ein Umhang des Sensenmannes. In der Kapuze lag sogar die Totenkopfmaske. Aber noch viel spannender waren eben diese helllila Fussel am rechten Ärmel. Plüschfussel.
Zamora hörte auf zu summen. Dafür konnte Peter aus dem Raum jetzt ein Quietschen hören. Wie von einer Schranktür, die geöffnet wurde. Er schlich hinüber zu der Tür und sah durch den Spalt.
Der Musiker stand vor einem mannshohen Spiegel, der wie eine Tür aufgemacht werden konnte. Dahinter erkannte der Zweite Detektiv einen Wandsafe, den Zamora gerade im Begriff war zu öffnen. Während der Musiker an dem Rädchen die richtige Zahlenkombination einstellte, ließ Peter den Blick

durch den Teil des Raumes gleiten, den er einsehen konnte. Hinter bodentiefen Glasvitrinen saßen zahlreiche Teddybären auf weißen Regalen und glotzten mit ihren toten Augen in den Raum: große, kleine, alte, neue, braune, graue und knallbunte Teddybären mit und ohne Zubehör. Peter fand den Anblick etwas gruselig. Wie eine Gruft für Teddys.

Dann zog Zamora die Tür des Wandsafes auf. Er griff in seine Tüte, holte das Lätzchen und die Rassel heraus und legte beides behutsam in den Tresor. Peter konnte alles gut beobachten, sein Blickwinkel war günstig. Aber was er nicht in dem Tresor sah, war ein Teddy. Dabei wäre dessen Innenraum groß genug gewesen für einen 42 Zentimeter großen Bären.

»*You're my treasure, dubidu, you're my pleasure, uh, uh!*« Zamora sang jetzt. Ausgelassen und laut. Noch einmal strich er zärtlich über Lätzchen und Rassel und winkte dann sogar in den Tresor. »Und bald schon seid ihr alle wieder vereint! Das verspreche ich euch! Vielleicht schon heute Nacht!«

Vielleicht schon heute Nacht. Peter war völlig klar, was das zu bedeuten hatte. Zamora hatte vor –

»Hallo! Jemand zu Hause? Frankie?«

Der Zweite Detektiv fuhr herum. Jemand kam die Treppe herunter in den Keller! Im Flur flackerte Licht auf und fiel durch die Glastür in den Aufenthaltsraum.

»Hey, Leute! Da draußen lungert schon wieder dieser Reporter herum. Weasly oder Easly. Der Kerl mit dem Gestrüpp unter der Nase. Habt ihr ihn gesehen? Der geht mir so was von auf den Zeiger!«

Eine zweite Stimme! Peter hörte auf zu atmen. Ein Schauer jagte seinen Rücken hinab. So ein Mist!

»Mike? Taylor?« Zamora schloss den Safe.

»Yep. Ist Masaru schon da?«

Zamora drückte den Spiegel zu und drehte sich um. »Nein, ich dachte, der kommt zusammen mit euch?«

»Er musste noch was erledigen.«

Der Zweite Detektiv sah sich um wie ein gehetztes Tier. Die drei Männer würden hier im Aufenthaltsraum aufeinandertreffen. Es gab keinerlei Möglichkeit zur Flucht. Er saß in der Falle.

Kriegsrat mit dem Sensenmann

Wenige Minuten nachdem Peter im Nebeneingang des Hauses verschwunden war, beobachteten Justus und Bob mit bangen Blicken, wie eine Hexe und ein Horrorclown durch dieselbe Tür traten.

»Was machen wir denn jetzt?«, fragte Bob alarmiert.

»Wir wissen nicht, wie es in dem Haus aussieht«, erwiderte Justus. »Vielleicht ist es für Peter kein Problem, ein gutes Versteck zu finden und zu warten, bis die Luft rein ist. Er ist ein ausgezeichneter Detektiv!« Justus sah seinen Freund an und lächelte zuversichtlich. Aber auch in seinen Augen erkannte Bob deutlich die Sorge um Peter.

»Können wir sie irgendwie rauslocken?«, überlegte der dritte Detektiv. »Vielleicht ein Feueralarm, eine Erdbebenwarnung, eine Fan-Revolte?«

»Peter schafft das schon.« Justus klopfte Bob auf die Schulter. Kurz darauf tat sich etwas an der Tür. Sie öffnete sich und der Sensenmann trat ins Freie. Aber irgendetwas schien mit ihm nicht zu stimmen. Er ging tief gebeugt und hustete unentwegt. Hinter ihm war kurz ein Gesicht im Türspalt zu erahnen. Der Sensenmann winkte nach hinten, so als würde er schon zurechtkommen, und schleppte sich dann weiter. Die Hand vor dem Mund und heftig hustend, taumelte er über den Innenhof.

»Was ist da los?«, flüsterte Bob.

Justus schüttelte den Kopf. »Ich weiß es nicht.«

Der Sensenmann sah kurz auf, blickte sich nach hinten um und kam dann geradewegs auf die beiden Detektive zu!

»Er hat uns gesehen!«, entfuhr es Bob. »Los, lass uns abhauen!«
»Du hast recht.« Justus drehte sich um.
»Hey! Jetzt wartet doch mal!«
Justus und Bob blieben wie angewurzelt stehen. Der Sensenmann hustete ein letztes Mal.
»Peter? Bist du das?« Der Erste Detektiv starrte entgeistert in die bleiche Knochenmaske.
»Zweiter?«
»Ja doch!«, kam es dumpf unter dem Totengesicht hervor. »Aber lasst uns schnell von hier verschwinden! Sonst riechen die den Braten doch noch.«
Peter richtete sich jetzt hoch auf und zog seine verdatterten Freunde hinter sich her. Im Vorbeigehen klopfte er dem Wachmann auf die Schulter und deutete auf Justus und Bob, so als gehörten die zu ihm. Der Mann nickte irritiert, ließ die drei Jungen aber anstandslos passieren. Vor der Villa sah der Zweite Detektiv sich kurz um und entdeckte den Mann, von dem Zamoras Bandkollege gerade gesprochen hatte, sofort. Der Mann mit dem Schnäuzer. Er machte Justus und Bob auf ihn aufmerksam, winkte einigen Fans zu und posierte sogar mit erhobenem Daumen für ein Foto. Dann lief er weiter.
Seine Freunde schlossen zu ihm auf.
»Der Kaugummi-Typ? Woher wusstest du, dass der hier ist?« Bob sah nach hinten. »Und wie bist du da rausgekommen?«
»Jetzt spann uns nicht länger auf die Folter, Zweiter!«, forderte auch Justus. »Was war da drin los? Wieso steckst du in dieser Kluft? Und was hat es mit dem Schnauzbart-Kerl auf sich?«

Der dritte Detektiv blickte unter die Kapuze. »Kannst du nicht endlich diese bescheuerte Maske abnehmen?«

»Gleich. Wenn keiner mehr hersieht.« Peter atmete einmal tief durch. »War wirklich knapp. Auf einmal kamen diese beiden Typen rein und Zamora war auf der anderen Seite. Ich habe mich hinter einer Couch versteckt, auf der ich vorher schon die Kutte gesehen hatte, und da hatte ich plötzlich einen Geistesblitz. Einer von *FMTM* fehlte nämlich noch. Masaku oder Misori oder so.«

»Masaru?«, fragte Bob erstaunt. »Masaru Akimoto?«

»Kann sein.« Peter zuckte die Schultern.

Als sie außer Sichtweite waren, nahm der Zweite Detektiv die Maske ab und zog die Kutte aus. Verschwitzt, aber glücklich lächelte er seine Freunde an. »Hallo zusammen! Also: Ich schnappe mir die Kutte und die Maske, und bevor die drei Typen im Zimmer sind, stehe ich da und huste mir die Seele aus dem Leib.«

»Damit du nicht sprechen musst«, erkannte Justus. »Eine vorzügliche Idee!«

»Nicht wahr? Ha! Die haben mich zwar dauernd was gefragt und wollten helfen und haben sich gewundert, dass ich, also Masaru, schon da war und noch dazu in Verkleidung, aber ich habe nur gehustet und nach draußen gedeutet und bin zum Ausgang getorkelt.«

»Die haben gedacht, dass du frische Luft brauchst«, meinte Bob.

»Oder so. Jedenfalls waren sie sehr besorgt und meine Finte hat super funktioniert.«

»Bis der echte Masaru auftaucht«, sagte Justus.

»Ja, dann merken sie, was los war.« Peter grinste. »Und vorher hat einer der beiden anderen, Mike oder Taylor, so hießen die, also einer von denen meinte, dass schon wieder der Reporter mit dem Gestrüpp unter der Nase vor dem Haus herumlungert. Weasy oder so ähnlich hat er ihn genannt, ich habe es nicht genau verstanden. Und da dachte ich: *Gestrüpp*? *Schnauzbart*? Hm, mal sehen. Und tatsächlich stand unser Kaugummi-Typ vor dem Haus.«

»Interessant«, murmelte Justus nachdenklich. »Ein Reporter also. Dem müssen wir unbedingt nachgehen.«

Die drei Jungen kamen am Auto an und stiegen ein.

»Zur Zentrale«, beschied der Erste Detektiv. »Wir müssen einiges klären.«

»Warte«, sagte Peter zu Bob, der schon das Auto starten wollte. »Weißt du, ob *FMTM* heute Abend im Zelt sind?«

»Ja. *The Green Grinners* spielen.«

»Wann?«

»Um acht, glaube ich. Wieso?«

Peter lehnte sich zurück. »Dann haben wir noch etwas Zeit. Fahr los.«

Schon auf der Fahrt nach Rocky Beach informierte der Zweite Detektiv seine Freunde über das, was er in dem Studio erfahren hatte. Justus und Bob zogen daraus die gleichen Schlussfolgerungen wie er.

»Zamora holt sich den Bären also vielleicht schon heute Nacht«, sagte Bob.

»Und wir dürfen davon ausgehen, dass er tatsächlich für den Einbruch in der Kennedy Street verantwortlich ist. Wegen der helllila Plüschfussel an der Kutte ...«, Justus zeigte auf Peter,

»… die von den Plüschhasen stammen dürften, die auf dem Dachboden neben dem Armband lagen.«

»Es sei denn«, ergänzte Peter, »der Einbrecher war doch eines der anderen Mitglieder von *FMTM*, was aber sehr unwahrscheinlich ist angesichts der Tatsache, dass Zamora im Besitz von Lätzchen und Rassel ist.«

»Das war Zamora.« Bob nickte überzeugt. »Bleibt die Frage, wo er glaubt den Teddy zu finden. Noch mal in der Kennedy Street? Oder bei den Murphys zu Hause?«

»Wenn Zamora von diesem zweiten Lager überhaupt weiß«, sagte Peter.

Bob rollte auf den Schrottplatz. Die drei Jungen verließen den Käfer und begaben sich in ihre Zentrale. Dort setzte sich der Erste Detektiv gleich an den Computer und suchte nach der Adresse der Murphys.

»Hampton Road 34.« Justus notierte sich die Adresse auf einen Block. »Das ist hinter dem Memorial Hospital. Ein Viertel mit vielen einzeln stehenden Häusern und großen Gärten, wenn ich mich recht erinnere.«

»Und Virgil wohnt auch da? Bei seinen Eltern?«, fragte Bob.

Justus machte eine vage Geste. »Zumindest finde ich keinen Virgil Murphy, der woanders wohnen würde.«

Der dritte Detektiv lehnte sich gegen eines der Aktenregale im Wohnanhänger. »Was ich mich schon die ganze Zeit frage: Warum kauft sich Zamora diesen TB 34 eigentlich nicht einfach?« Er zuckte die Schultern. »Er scheint ein ziemlich besessener Sammler zu sein, und Geld genug hat er auch. Die ganzen anderen Bären in der Gruft, wie Peter das genannt hat, hat er doch bestimmt nicht alle geklaut.«

Justus legte den Kugelschreiber auf den Schreibtisch. »Da gibt es einige mögliche Erklärungen. Er möchte die Murphys nicht auf ihren Schatz aufmerksam machen und den Preis in die Höhe treiben, es reizt ihn der Nervenkitzel, er will nicht, dass ihm ein anderer Sammler zuvorkommt, und so weiter.« Justus sah wieder in den Computer und öffnete eine Suchmaschine.
Bob schürzte die Lippen. »Hm, möglich. Und was denkt ihr über diesen Reporter? Wie passt der ins Bild? Hat der überhaupt mit unserem Fall zu tun? Und Gils Kumpel Smiddie? Der hat ja mit dem Schnauzbart geredet.«
»Austin Easly.« Der Erste Detektiv deutete auf den Bildschirm. »Reporter bei der Rocky Beach Today.«
»Das ist er«, sagte Peter mit Blick auf das Mitarbeiterfoto. »Eindeutig.«
Justus lehnte sich zurück. »Ich werde versuchen, noch mehr über diesen Easly in Erfahrung zu bringen. Aber ich denke, es ist klar, wie unser nächster Schritt auszusehen hat.«
»Beschattung?«, riet Peter.
»Beschattung. Wir folgen Zamora auf Schritt und Tritt. Und wir müssen die Murphys warnen.«
»Na dann!« Peter klatschte in die Hände. »Auf in den Kampf!«

Geisterstunde

Die drei Detektive gingen zwar davon aus, dass Frankie Zamora erst nach dem Auftritt von *The Green Grinners* auf Diebeszug gehen würde, aber mit letzter Sicherheit konnten sie das natürlich nicht sagen. Daher beschlossen sie, dass Peter zurück nach Beverly Hills fahren sollte, um den Drummer im Auge zu behalten. Bob hatte noch einen Termin bei Sax Sandler und Justus musste Tante Mathilda zur Hand gehen. Sollte sich bei Zamora entgegen ihrer Vermutung früher als erwartet etwas Auffälliges tun, würde Peter seine Freunde sofort anrufen.

»Ich lege mich aber besser beim Volvo auf die Lauer.« Der Zweite Detektiv zupfte sein T-Shirt zurecht und ging zur Tür der Zentrale. »Ich weiß ja nicht, als was verkleidet Zamora aus dem Studio kommt.«

»Gute Idee.« Justus machte sich auch zum Aufbruch bereit. »Und diesmal keine Alleingänge, hörst du?«

Peter grinste verkniffen. »Keine Sorge. Einer am Tag ist genug.«

Sie verließen den Wohnanhänger und verabschiedeten sich vor dem Roten Tor. Dahinter hatte Bob seinen Käfer geparkt. Justus wartete, bis seine Freunde durch die Lücke im Zaun geklettert waren, schob die Holzlatten wieder an ihren Platz und kehrte um. Tante Mathilda wartete sicher schon sehnsüchtig im Büro auf ihn. Die Buchhaltung des laufenden Monats stand an. Zu seiner Überraschung begegnete der Erste Detektiv jedoch auf seinem Weg zum Büro Onkel Titus. Mit einem dicken Schal um den Hals machte er sich an der Tür seines

Schuppens, in dem er besonderen Trödel verwahrte, zu schaffen.

»Nanu? Ich dachte, du liegst im Bett und kurierst deine Erkältung aus?«

Onkel Titus blickte auf und schniefte. »Ja, ich lege mich auch gleich wieder hin. Aber ich wollte die Gelegenheit nutzen.« Er nickte zum Büro.

Justus machte ein fragendes Gesicht. »Welche Gelegenheit?«

Onkel Titus deutete auf den Schuppen. »Dass deine Tante mit den Abrechnungsordnern beschäftigt ist. Ich habe ihr Geburtstagsgeschenk hier drin. Diese Küchenmaschine, die sie sich schon so lange wünscht. Du weißt schon. Die, die alles kann. Mixen, kochen, rühren, hacken. Wahrscheinlich kann das Ding sogar Fahrräder reparieren.« Onkel Titus kicherte, musste jedoch sofort husten.

»Und du versteckst die Maschine in deinem Schuppen? Da muss Tante Mathilda doch auch hin und wieder rein.«

»Das darf sie nicht. Nicht bis übermorgen.« Onkel Titus zog die Brauen hoch. »Habe ich ihr gesagt! Aber für alle Fälle ändere ich gerade noch mal die Zahlenkombination des Schlosses. Du weißt ja, wie neugierig sie manchmal ist.«

Justus lächelte andeutungsweise. »Darf ich es mal versuchen?« Er zeigte auf das alte Bügelschloss.

Onkel Titus ließ die Brauen wieder sinken. »Du glaubst, du kannst es knacken?«

»Nicht knacken. Ich werde die richtigen Zahlen einstellen.«

»Bitte? Woher solltest du die neuen Zahlen kennen?«

Der Erste Detektiv machte einen Schritt zur Tür. »Drei Versuche, okay?«

»Ähm«, machte Onkel Titus, »aber da gibt es doch unzählige Möglichkeiten!«
»Bei vier Rädchen sind es 9999, um genau zu sein. Ohne die Voreinstellung.«
»Na, dann versuch mal dein Glück.«
Justus brauchte nur zwei Versuche für die vier Zahlen. Es waren nicht die Zahlen von Tante Mathildas Geburtstag, sondern die des Hochzeitstages seiner Tante und seines Onkels. Tag und Monat. Er nahm das Schloss ab und drückte es seinem verdatterten Onkel in die Hand. »Die meisten Menschen sind nicht sonderlich einfallsreich, wenn es um Verschlüsselungen geht. Nimm lieber eine völlig beliebige Kombination.«
»Aber wie soll ich mir die denn merken?« Onkel Titus blickte hilflos auf das Schloss in seiner Hand.
Justus lächelte und ging über den Schrottplatz zum Büro.

Kurz vor sieben Uhr meldete sich Peter. Der Erste Detektiv saß gerade in der Küche, aß ein Doppelbrot und unterhielt sich mit Tante Mathilda über das geplante Logo für den Schrottplatz. Mittlerweile waren auch seiner Tante Zweifel gekommen. Sie überlegte, ob ihre und Titus' Initialen nicht doch etwas aufdringlich waren.
»Hi, Erster. Zamora steigt gerade in seinen Volvo. Ihr solltet euch startklar machen.«
Justus überlegte kurz. »In einer Stunde beginnt das Konzert im Zelt. Ich denke nicht, dass er vorher noch ...« Er lächelte Tante Mathilda zu. Fast hätte er *auf Beutezug geht* gesagt. »... woanders hinfährt. Wir treffen uns in dreißig Minuten vor dem Haupteingang.«

»Okidoki.«
Der Erste Detektiv informierte Bob, trank seine Milch aus und stand auf.
»Ihr wollt noch einmal los?«, fragte Tante Mathilda.
»Zum Palisades Park, ja.«
»Zu einem Konzert? Wer spielt denn? Ich habe gehört, dass dieser fabelhafte Pianist in der Stadt sein soll. Nurgajew oder so. Geht ihr zu dem?«
»Nein, zu *The Green Grinners*.«
Tante Mathilda nickte irritiert. »Na dann, viel Spaß.«
Kurz darauf hielt Bob mit seinem Käfer vor der Einfahrt zum Schrottplatz und zusammen fuhren er und Justus zum Veranstaltungsgelände. Während der Fahrt versuchte der Erste Detektiv zum wiederholten Male, die Murphys zu kontaktieren. Aber erneut ging niemand ran und es meldete sich nur der Anrufbeantworter.
»Du hast sie bis jetzt nicht erreicht?«, wunderte sich Bob.
Justus schüttelte den Kopf.
Diesmal war es viel schwieriger, einen Parkplatz zu finden, und auf dem Weg zum Zelt wurde der Besucherstrom immer dichter. Fans in grünen T-Shirts, Hexen, Horrorclowns, Wölfe und Sensenmänner, aber auch ganz normal gekleidete Menschen schoben sich in kleinen Schritten zum Veranstaltungsort. Manche sangen, ein paar grölten, alle waren ausgelassen und in freudiger Erwartung. Bobs Aussage, dass *The Green Grinners* zu den Publikumslieblingen des Wettbewerbs zählten, erwies sich als durchaus richtig.
Zum Glück war Peter groß gewachsen. Außerdem hüpfte er auf der Suche nach seinen Freunden am Haupteingang dau-

ernd auf und ab, sodass ihn Justus und Bob schon frühzeitig entdeckten.
»Hallo, Zweiter!«
»Hi. Was für ein Andrang, oder? Man könnte meinen, dass Lady Gaga nach Rocky Beach gekommen ist.«
Justus bedeutete seinen Freunden, etwas zur Seite zu gehen, wo sie sich ungestörter unterhalten konnten. »Irgendetwas Wichtiges zu Zamora?«
»Nein, er fuhr direkt hierher.«
»In welcher Gestalt tritt er auf?«
»Als Hexe.«
»Okay.« Der Erste Detektiv sah sich um. »Ich würde sagen, wir halten uns während des Konzerts im Umfeld des Ausgangs auf. Konntest du in der Nähe seines Volvo parken?«
Peter nickte. »Ja. Er steht außerhalb des Geländes. Wir müssen ein Stück laufen, aber dafür bleiben wir auch nicht im Verkehr stecken, wenn nachher alle nach Hause fahren.«
»Dann hoffen wir mal, das Zamora nachher wieder mit seinem Volvo unterwegs ist.«
»Hast du noch etwas über diesen Easly herausgefunden?«, fragte Bob.
»Nicht viel, ich musste ja Tante Mathilda helfen«, erwiderte Justus. »Ich konnte aber ein paar seiner letzten Artikel überfliegen. Er beschäftigt sich sehr intensiv mit *FMTM*. Vor allem mit der Frage, wer unter den Masken steckt.«

Das Konzert hielt, was es versprochen hatte. *The Green Grinners* brannten ein wahres Feuerwerk auf der Bühne ab. Die drei Jungen und das Mädchen sprangen herum wie die Irrwische

und bald ging das Publikum begeistert mit. Das ganze Zelt klatschte, tanzte und jubelte, und Zoe, die Frontfrau, ließ die Leute auch immer wieder mitsingen. Sie gab etwas vor, die anderen sangen nach. *Hey ho – hey ho! Tip my toe – tip my toe!* Sogar Justus fing irgendwann an, im Takt mitzuwippen. Verhalten und nur mit dem rechten Knie, aber immerhin.
Auch die Jury war sichtlich angetan von dem Auftritt. Hinter einem langen Tisch auf der rechten Seite der Bühne saßen insgesamt sieben Personen. Natürlich die vier Mitglieder von *FMTM* in ihren üblichen Verkleidungen, dazu der kleine Dicke mit dem karierten Kopftuch von *Jung und laut*, mit dem Zamora an der Bühne gesprochen hatte. Die anderen beiden konnte Bob zuordnen: eine junge Dame von der Stadt und ein etwas älterer Herr von der Presse. Nur dieser zeigte sich gänzlich unbeeindruckt von der Darbietung der Band. Die anderen Jurymitglieder klatschten nach jedem Song, nickten beifällig, und der kleine Dicke und die Frau standen am Ende sogar auf und tanzten mit.
Nach drei Zugaben und einem nicht enden wollenden Schlussapplaus war das Konzert gegen zehn zu Ende. Die Mitglieder von *FMTM* zogen sich sehr schnell in den Backstage-Bereich zurück, und die drei ??? sahen zu, dass sie zügig aus dem Zelt kamen. Unter einem sternenklaren Himmel liefen die Jungen zu Peters MG und nahmen Zamoras Volvo ins Visier. Der Wagen stand keine fünfzig Meter entfernt unter einem Kastanienbaum.
Doch es dauerte, bis Zamora auftauchte. Immer wieder rief Justus in der Zwischenzeit auch bei den Murphys an. Aber es blieb dabei: Niemand ging ran.

Endlich, kurz vor Mitternacht – die meisten Besucher waren längst gegangen und auf dem Parkplatz standen nur noch wenige Autos – hielt ein Schatten auf den Volvo zu. Im dämmerigen Licht einer Straßenlaterne identifizierten ihn die Jungen schließlich als Zamora.

»Es geht los«, raunte der Erste Detektiv.

Peter sah auf die Uhr. »Bald Geisterstunde. War ja klar.«

»Vielleicht fährt er auch nach Hause«, meinte Bob.

»Das werden wir sehen.«

Es war relativ schnell klar, dass Zamora nicht zur Villa wollte. Zumindest fuhr der Musiker nicht Richtung Küstenstraße und damit vermutlich nicht nach Beverly Hills. Stattdessen folgten ihm die drei Detektive durch das nächtliche Rocky Beach, vorbei an ihrer Highschool, am Schwimmbad und durchs Stadtzentrum.

»Zum Ende des Regenbogens will er also auch nicht«, stellte Bob fest.

Kurz darauf passierten sie das Einkaufszentrum, dessen dunkler Betonklotz wie ein schlafender Urzeitkoloss jenseits des spärlich beleuchteten Parkplatzes lag. Dahinter waren bereits die Fenster des Rocky Beach Memorial Hospitals zu sehen. In vielen von ihnen brannte auch nachts das Licht.

»Denkt ihr, was ich denke?«, meinte Justus und setzte sich etwas anders hin. In Peters MG war noch weniger Platz als in Bobs Käfer.

»Hampton Road?«, sagte Bob.

»Hampton Road.«

»Und woher weiß er, dass er dort fündig werden kann?«, wunderte sich Peter.

»Es ist einfach der zweitwahrscheinlichste Ort neben dem Laden«, sagte Justus. »Und den hat er schon durchsucht.«
Peter nickte. »Er meinte ja auch, dass er den Teddy *vielleicht* heute Nacht holt. Ganz sicher war er sich nicht.«
»Da! Er hält an!«, unterbrach Bob seine Freunde.
Zamora stellte seinen Wagen an einer stockfinsteren Stelle am Straßenrand ab. Keine Straßen- oder Gartenbeleuchtung reichte hierher und ein großer Baum verhinderte, dass das Mondlicht zu dem Volvo durchdringen konnte. Der Musiker stieg aus, drückte betont leise die Tür zu und lief den Bürgersteig entlang.
Peter parkte ein gutes Stück dahinter.
»Die nächste Querstraße ist die Hampton Road.« Justus wartete noch einen Moment und hangelte sich dann aus dem Auto.
»Dann mal los, Kollegen.« Peter sperrte den MG ab. »Wir haben nicht oft die Gelegenheit, einen Dieb auf frischer Tat zu ertappen.«

Duell der Schatten

Frankie Zamora wusste, wohin er wollte. Zielstrebig bewegte er sich auf die nächste Kreuzung zu. Er achtete darauf, möglichst immer im Schatten zu bleiben, benahm sich jedoch ansonsten unauffällig. Wie jemand, der spät in der Nacht nach Hause ging.

Die drei Detektive mussten umsichtig vorgehen. Sie konnten nicht einfach hinter dem Mann herlaufen. Vielleicht hätte er sie auf die Entfernung und aufgrund der Dunkelheit zwar nicht gleich erkannt, aber drei Gestalten, die einem nach Mitternacht in einer stillen Straße folgten?

Die Jungen eilten daher von Auto zu Auto, verbargen sich dahinter und hofften darauf, dass keiner der Anwohner zufällig mitbekam, was sie hier trieben. Ansonsten würde sicher bald ein Streifenwagen auftauchen.

An der Kreuzung bog Zamora, ohne zu zögern, nach rechts ab. Die Hampton Road setzte sich auch nach links fort, aber Zamora musste sich nicht orientieren. Er kannte sein Ziel. Noch etwa zweihundert Meter lief er die Straße entlang, in der das Zuhause der Murphys lag, dann blieb er stehen und sah sich aufmerksam um. Die drei ??? konnten sich gerade noch hinter einem Kleintransporter verstecken.

»Was macht er?«, wisperte Peter.

Justus lugte vorsichtig um die Ecke. »Er zieht sich eine Maske über. Die Wolfsmaske.«

»Dann geht's jetzt los«, sagte Bob. »Er hat tatsächlich vor, bei den Murphys einzubrechen.«

Zamora überquerte die Straße und hielt auf ein Gartentor zu, an das sich rechts und links eine hohe Hecke anschloss. Die drei ??? verließen ihr Versteck, blieben aber auf ihrer Seite der Straße. Als sie sich gegenüber dem Gartentor hinter einen alten Dodge kauerten, konnte Peter durch die Scheiben des Autos die Tafel an dem kleinen Mäuerchen neben dem Gartentor erkennen.
»Nummer 34. Das Haus der Murphys.«
»Kannst du Zamora sehen?«, fragte Justus.
»Geht durch den Vorgarten.«
»Dann hinterher.«
Die Jungen huschten über die Straße und drückten sich nacheinander durch das Gartentor. Vor ihnen lag ein ausgedehntes Grundstück, vor dem sich die schwarzen Silhouetten zahlreicher kleinerer Bäume abhoben. Wie gigantische Knochenhände wuchsen ihre Äste in die Nacht. Im Hintergrund waren die Umrisse eines dreistöckigen Hauses zu erkennen, das in völliger Dunkelheit lag. Kein Fenster war erleuchtet, keine Außenlampe brannte. Auch im Garten gab es keinerlei Licht. Zamoras Schatten glitt rechts am Haus vorbei, bewegte sich auf einen niedrigen Anbau zu und verschwand dahinter.
»Weiter.« Justus winkte. »Aber achtet darauf, wo ihr hintretet!«
Der Anbau war ein hölzerner Verschlag. Die Jungen hielten kurz inne und lauschten. Doch außer Tiergeräuschen war nichts zu hören. Ein Rascheln im Gebüsch, das Fauchen einer Katze, ein Hund, der irgendwo bellte. Keine Schritte, keine Tür, die sich öffnete, kein Glas, das zu Bruch ging.
»Und jetzt?«, fragte Peter. Wenn sie hinter dem Anbau her-

vorkamen, konnte es sein, dass sie Zamora direkt in die Arme liefen.
»Einer sollte nachsehen«, meinte Justus. »Zu dritt sind wir zu auffällig. Schnick, Schnack, Schnuck?« Der Erste Detektiv hob die Faust.
Bob verlor. Seine Schere fiel in Justus' Brunnen und wurde von Peters Stein stumpf.
»Na schön.« Der dritte Detektiv straffte sich und schob sich vorsichtig um die Holzwand.
»Rotbauchfliegenschnäpper!«, wisperte Peter noch. Der Ruf dieses Vogels war ihr Geheimzeichen, wenn Gefahr drohte.
»Jaja. Haltet einfach die Augen auf.« Bob machte sich auf den Weg.
Justus und Peter hockten sich ins Gras und lehnten sich an den Schuppen. Die ersten Schritte ihres Freundes hörten sie noch, dann war es still. Und es blieb still. Eine Minute, zwei Minuten, fünf Minuten.
Peter wurde unruhig. »Wo bleibt er denn?«
»Das frage ich mich auch.« Justus kam auf die Beine. »Wir sollten nachschauen.«
»*Ich* gehe. Du rufst die Kavallerie, falls auch ich nicht wieder auftauche.« Peter kroch nach vorne und spähte um die Ecke. »Ich sehe ihn nicht. Warte hier!« Der Zweite Detektiv erhob sich und glitt in die Nacht.
Der Schuppen war nicht besonders groß, dahinter schloss sich der rückwärtige Teil des Hauses an. Das Erste, was Peter sah, war ein offenes Fenster im Erdgeschoss, aus dem Gardinen geisterhaft hervorwehten. Und genau darunter lag bewegungslos der dritte Detektiv.

»Bob!« Peter stürzte zu seinem Freund. »Bob!« Er fasste ihn an der Schulter und rüttelte ihn sanft.

Der dritte Detektiv ächzte. »Aua.«

»Alles okay?« Peter konnte das Gesicht seines Freundes kaum erkennen. Aber er sah, dass sich Bob an den Hinterkopf griff. »Was ist passiert?«

»Keine Ahnung.« Bob setzte sich auf. »Als ich um die Ecke kam, sah ich das offene Fenster. Ich bin hingegangen und habe ins Haus hineingeblickt, da gingen die Lichter aus. Also meine Lichter, meine ich.«

»Du hast niemanden gesehen?«

»Nein. Ist ja stockdunkel hier.«

»Aber der Typ, der dir eins übergebraten hat, war im Haus?«

»Ja. Er muss gleich hinter dem Fenster gestanden haben.«

»Dann hat uns Zamora vielleicht bemerkt und dir aufgelauert.«

»Kann sein.« Bob erhob sich. »Mann, das gibt mal wieder 'ne ordentliche Beule.«

Peter half seinem Freund auf die Beine. »Geht's oder sollen wir nach Hause fahren?«

»Ja und nein. Zamora ist vermutlich immer noch da drin und da hat er nichts verloren. Er kann uns nicht –«

Der Pfiff eines Vogels ertönte. Mitten in der Nacht. Die beiden Detektive fuhren herum.

»Rotbauchfliegenschnäpper!«, stieß Peter hervor.

»Justus!«, zischte Bob.

Irgendetwas stimmte nicht. War Justus in Gefahr? Oder sie selbst? Peter und Bob liefen sofort los und eilten um den Holzverschlag. Dort fanden sie Justus, wo sie ihn zurückgelassen hatten. Augenscheinlich wohlauf, da er wild mit den Armen wedelte.

»Just, was –«

»Schtt!«

Peter und Bob verstanden. Mit dem Herumgefuchtel hatte ihnen Justus in der Dunkelheit zu verstehen geben wollen, dass sie leise sein sollten. Jetzt zog er sie zu Boden und deutete Richtung Eingangspforte.

Eine Gestalt bewegte sich dort zwischen den Bäumen. Und obwohl sie kaum zu erkennen war, war klar, dass es sich nicht um Frankie Zamora handelte. Es sei denn, der Musiker hatte seine Verkleidung gewechselt. Denn die Gestalt dort vorne trug ganz deutlich einen spitzen, hohen Hut auf dem Kopf.

»Hexe!«, zischelte Justus. »Sie kam aus dem Haus!«

»Hä?«, machte Peter, was so viel heißen sollte wie: Wer ist das? Warum kommt da eine Hexe aus dem Haus? Ist das vielleicht doch Zamora? Warum versteckt die sich zwischen den Bäumen? Was hat sie vor?

Justus zuckte die Schultern und tippte Bob an. »Und?« Was so viel heißen sollte wie: Was war los? Warum hat das so lange gedauert? Geht es dir gut? Du wirkst benommen. Ist was passiert?

Der dritte Detektiv winkte ab, hielt eine Hand ans Ohr und ließ die andere Hand um den Kopf kreiseln. Was so viel heißen sollte wie: Alles in Ordnung so weit. Sollten wir jetzt nicht besser die Polizei rufen?

Justus überlegte noch, wie er antworten sollte, als die drei Jungen ein Geräusch hörten. Hinter dem Schuppen, dort wo Peter Bob gefunden hatte, war jemand schwer aufgetreten und hatte leise geflucht. Und dann vernahmen die Jungen Schritte. Gedämpft, aber in der Stille doch sehr deutlich zu hören. Und die Schritte kamen auf sie zu. Jemand umrundete den Schuppen.

Die drei ??? drückten sich gegen die Holzwand, machten sich so klein wie möglich und hielten die Luft an. Im nächsten Augenblick kam ein Schatten hinter dem Schuppen hervor. Ein Schatten mit spitzen Ohren. Wolfsohren. Zamora. Und er blieb stehen. Als hätte er irgendetwas wahrgenommen, sah er sich um und witterte in die Nacht.

Peters Herz schlug ihm bis zum Hals. *Ich bin nicht hier! Du siehst mich nicht!*

Plötzlich heulte ein Hund. Oder ein Wolf.

»Shit!«, zischte Zamora und griff in seine Jacke. Für zwei Sekunden erleuchtete das Display sein Wolfsgesicht. Dann wischte er über den Bildschirm, das Heulen verstummte, das Display erlosch. Zamora steckte das Handy wieder in seine innere Jackentasche und blickte sich um. Er sah sogar in die Ecke, in der die drei Jungen kauerten. Doch dann setzte sich der Mann in Bewegung und schritt in Richtung Straße.

Die Detektive atmeten auf. Justus löste sich als Erster aus dem Knäuel, das sie gebildet hatten. Zamora lief geradewegs auf das Gartentor zu. Die Augen des Ersten Detektivs wanderten dorthin, wo er die Hexe zuletzt gesehen hatte. Und tatsächlich! Kaum hatte Zamora die Stelle passiert, löste sich die Hexe aus dem Schatten des Baumes und folgte ihm.

»Was geht da vor sich?«, flüsterte Bob. Zamora und die Hexe waren jetzt weit genug entfernt, um ihn nicht mehr hören zu können.

»Das werden wir sehen. Kommt mit!« Justus ging auf alle viere und schlich an der Hauswand entlang.
»Wer ist das?« Peter krabbelte neben Justus. Sie hatten gerade die ersten Bäume erreicht. »Einer seiner Bandkollegen?«
»Ich weiß es nicht.« Justus zeigte nach vorne. »Weiter.«
Zamora trat jetzt durchs Gartentor und verharrte dort einen Moment. Im Schein der fahlen Straßenbeleuchtung konnten die Jungen seine Maske gut erkennen. Und sie bemerkten noch etwas. Der Musiker trug etwas bei sich. Auf dem Arm. Einen größeren Gegenstand, den er fest umklammerte.
»Der Bär! Er hat den Teddy!«, flüsterte Bob aufgeregt.
»Du hast recht!«, sagte Justus. »Los, Kollegen! Jetzt schnappen wir –«
In diesem Augenblick schnellte die Hexe hinter einem der Bäume hervor und stürzte sich auf Zamora.
Ein Laut des Erschreckens entfuhr dem Musiker. »Hey! Was zum Teufel!«, rief Zamora.
»Gib das her!«, keifte die Hexe.
Die beiden Gestalten rangen miteinander. Die Hexe griff nach dem Teddy, Zamora drehte sich weg, die Hexe packte ihn von hinten, dann sprang sie zur Seite. Mit dem Bären!
»Der gehört mir!«, schrie Zamora, dem die Maske vom Kopf gefallen war, und hechtete nach vorne.
Die drei Jungen rannten los.
»Was ist hier los?«, rief Justus laut. »Mr Zamora!«
Die beiden Gestalten fuhren herum. Für eine Sekunde blickten sie völlig überrascht auf die drei Detektive, die aus dem Dunkel des Gartens auf sie zukamen.
Doch die Hexe zögerte nur einen Augenblick, dann hatte sie

sich wieder unter Kontrolle und ergriff die Flucht. Sie rannte hinaus auf die Straße auf einen weißen Lieferwagen zu. Zamora wirbelte herum und setzte ihr nach. Die Jungen sprinteten durch das Gartentor und hasteten hinterher.

»Rote Turnschuhe!«, rief Bob im Laufen. »Sie hat rote Turnschuhe an!«

Die Hexe erreichte den Lieferwagen, riss die Fahrertür auf und sprang hinein. Für einen Moment sah es so aus, als könnte Zamora den Wagen noch stoppen. Doch plötzlich stolperte er, ein kurzes, böses Fauchen war zu hören und der Musiker geriet ins Straucheln. Das gab der Hexe den nötigen Vorsprung. Sie knallte die Tür zu, ließ den Motor aufheulen und schoss davon.

Geisterfahrt

Der Wagen raste in die Richtung, aus der die drei Detektive und Zamora vorhin gekommen waren. Zamora war wie versteinert und starrte dem Kleintransporter mit weit aufgerissenen Augen hinterher. In seinem Gesicht spiegelte sich das blanke Entsetzen. »Nein!«, hauchte er kaum hörbar. Dann rannte er los.

»Mr Zamora!« Justus stellte sich dem Mann in den Weg.

Doch Zamora schien ihn gar nicht wirklich wahrzunehmen. Er lief einfach um ihn herum.

»Mr Zamora! So warten Sie doch!«

»Justus! Sieh dir das an!« Peter zeigte nach vorne. Der weiße Lieferwagen war an der Kreuzung stehen geblieben.

»Was macht der da?«

Zamora erhöhte sein Tempo. Auch die Jungen fingen an zu laufen.

»Warum fährt der nicht weiter?«, wunderte sich Bob.

Als Zamora den Lieferwagen fast erreicht hatte, gab die Hexe wieder Gas. Sie bog nach links ab, dorthin, wo die drei ??? und auch Zamora geparkt hatten. Aber als die Jungen an der Kreuzung ankamen und die Straße hinabblickten, hatte der Wagen schon wieder angehalten. Der Motor lief, der Auspuff qualmte, die Bremslichter glühten in der Dunkelheit, doch die Hexe fuhr nicht weiter. Fast schien es, als wartete sie auf Zamora. Denn als der wieder nur ein paar Schritte hinter dem Fahrzeug war, fuhr der Wagen erneut an. Wollte die Hexe Zamora verhöhnen? Sollte er so lange hinter dem Wagen herhetzen, bis er

mit hechelnder Zunge auf dem Asphalt lag? Die drei ??? sahen sich erstaunt an.
Aber Zamora rannte nicht mehr weiter. Er befand sich nun ganz in der Nähe des großen Baumes, unter dem er seinen Volvo abgestellt hatte. Der Musiker holte die Schlüssel aus seiner Tasche, sprang in sein Auto und wendete mit quietschenden Reifen. Als seine Scheinwerfer auf das Heck des Lieferwagens trafen, drückte auch die Hexe, die abermals gewartet hatte, wieder das Gaspedal durch.
»Los, zum Auto! Schnell!« Peter eilte zu seinem MG.
Als der Zweite Detektiv einige Augenblicke später aus seiner Parklücke preschte, verschwanden die Rücklichter des Volvo gerade um die nächste Kurve.
»Der Volvo hat viereckige Rücklichter!«, sagte Justus. »Haltet danach Ausschau!«
»Jaja, keine Sorge. Die krieg ich!« Peter beschleunigte seinen Sportwagen, bog einmal links ab und hatte Zamoras Auto auch gleich wieder im Blick. Der wiederum fuhr so dicht hinter dem Lieferwagen her, dass er ihm fast an der Stoßstange klebte.
»Was spielt diese Hexe für ein seltsames Spiel?« Bob schüttelte den Kopf. »Die könnte doch längst über alle Berge sein! Und habt ihr auch die roten Turnschuhe gesehen?«
»Ich glaube, die weiß gar nicht, über welche Berge sie will.« Peter nickte durch die Windschutzscheibe. »Sieht das für euch nach einem Plan aus?«
Der Lieferwagen bog erneut links ab. Noch ein weiteres Mal, und er wäre einmal im Kreis gefahren. Dazu fuhr er bei Weitem nicht so schnell, wie es um diese Uhrzeit möglich gewesen

wäre. Kaum ein Fahrzeug war mehr unterwegs. Und Fußgänger hatten sie bisher gar keine gesehen. Dennoch zuckelte der Lieferwagen fast gemütlich durch das Viertel. Allerdings hielt er nicht die Spur, sondern eierte die ganze Zeit in Schlangenlinien über die gesamte Breite der Fahrbahn.

»Ist der betrunken, oder was?« Peter schaltete einen Gang runter.

»Der will verhindern, dass ihn Zamora überholt.«

»Aber warum drückt er dann nicht auf die Tube? Der könnte doch viel schneller fahren!«

»Ja, könnte er.« Der Erste Detektiv blickte nachdenklich auf die vier roten Lichter, die vor ihm auf der Straße durch die Nacht schaukelten. »Irgendetwas geht hier vor sich. Die Hexe verfolgt ein bestimmtes Ziel. Nur welches?«

Die Lieferwagen fuhr jetzt am Einkaufszentrum vorbei und hielt sich dann Richtung Norden.

Bob kniff die Lippen zusammen. »Ich verstehe einfach nicht, was der Kerl vorhat. Wenn es ein Kerl ist.«

»Ist es«, war sich Peter sicher. »So, wie der Zamora den Teddy aus dem Arm gerissen hat?«

An der Kreuzung von Chapala Street und Olive Street war die Ampel auch nachts in Betrieb. Sie stand auf Rot, als der Lieferwagen dort ankam.

»Und jetzt?« Peter blickte gespannt nach vorne.

Die Hexe hielt tatsächlich an, weil von rechts ein riesiger Truck herandonnerte. Kaum stand der Lieferwagen jedoch, sprang Zamora sofort aus seinem Auto und rannte nach vorne. Noch im Laufen hämmerte er gegen den Transporter und wollte gerade den Türgriff fassen, als die Hexe anfuhr.

»Oh Gott!« Bob hielt die Luft an.
Die Hupe des Trucks dröhnte wie ein Schiffshorn durch die Nacht. Der gigantische Lkw zuckte eine Winzigkeit nach rechts und die Hexe riss den Lieferwagen nach links herum. Reifen quietschten, die Hupe quäkte ein weiteres Mal, dann schrammte der Truck nur wenige Zentimeter an dem Kleintransporter vorbei.
»Mann, war das knapp!«, entfuhr es Peter.
»Da! Zamora!«, rief Justus.
Der Musiker nutzte seine Chance und hastete auf die Fahrertür zu. Undeutlich konnten die Jungen durch das Fenster den Umriss einer Gestalt erkennen, die hektisch am Lenkrad des Lieferwagens kurbelte. Und auch diesmal kam Zamora zu spät. Die Hexe setzte mit heulendem Motor zurück, bremste hart, legte krachend den Vorwärtsgang ein und holperte über den Randstein hinweg in die Olive Street. Zamora rannte zu seinem Auto, stieg ein, fuhr los und schon hielt die Hexe nach wenigen Metern wieder an. Fuhr wieder los.
»Verrückt!« Peter schüttelte fassungslos den Kopf.
»Da! Jetzt biegt er schon wieder ab!«, rief Bob. »Gleich sind wir zurück bei den Murphys.«
Tatsächlich fuhren sie jetzt die Hampton Road entlang, und dann, nicht weit von dem Haus der Murphys entfernt, blieb der Lieferwagen erneut mitten auf der Straße stehen. Zamora stoppte dicht dahinter, blieb jedoch in seinem Wagen. Aber diesmal fuhr die Hexe nicht wieder an. Stattdessen hallte ein seltsames Geräusch durch die Straße.
Justus kurbelte sein Fenster herunter. Die Jungen konnten deutlich hören, wie der Motor des Lieferwagens orgelte.

»Der ist ihm abgesoffen!«, stellte Peter fest. »Oder irgendetwas anderes stimmt mit der Karre nicht. Die springt nicht mehr an!«
Das hatte jetzt auch Zamora mitbekommen. Die Tür des Volvo ging nun doch auf, der Musiker sprang auf die Straße und eilte zum x-ten Mal auf den Lieferwagen zu.
Mit dem tatsächlich irgendetwas nicht in Ordnung zu sein schien. Das war keine neuerliche Finte, keine weitere Verhöhnung. Denn kaum dass Zamora seinen Wagen verlassen hatte, öffnete sich auch die Tür des Transporters. Im nächsten Augenblick schlüpfte die Hexe ins Freie und rannte mit wehendem Umhang davon.
»Hinterher!« Peter war im Nu aus dem Auto und nahm die Verfolgung auf. Justus und Bob folgten dichtauf.
Dieses Mal war Zamora schnell genug und holte die Hexe ein Stück hinter der Kühlerhaube ein.
»Jetzt hab ich dich!« Der Musiker griff nach dem Hexenumhang. »Bleib stehen, du Ratte!«
Die Hexe wandte sich um und schlug nach Zamora. Aber nur mit einer Hand. Mit dem anderen Arm umklammerte sie den Teddy.
»Her damit! Der gehört mir!«
Zamora riss an dem Teddy herum. Erneut rangen die beiden Männer miteinander. Zamora fluchte und ächzte, die Hexe gab keinen Laut von sich. Als Peter nur noch wenige Schritte von den beiden Kontrahenten entfernt war, konnte Zamora schließlich der Hexe den Teddybär entreißen, die dabei das Gleichgewicht verlor und hinfiel.
»Ha!«, jubelte Zamora. »Und jetzt verschwinde oder ich

mach Hackfleisch aus dir!« Er presste den Bären an sich und begann, nach der Hexe zu treten.

»Mr Zamora!«, rief Justus.

Die Hexe hob die Arme schützend vor ihren Kopf, rappelte sich hoch und machte sich aus dem Staub. Sie überquerte die Hampton Road und rannte auf die geparkten Autos zu.

»Bob! Zum Gehsteig!«, rief der Zweite Detektiv. »Schneid ihr den Weg ab!«

»Okay!«

Und dann schrie ein Kind. Ein sehr kleines Kind.

Justus blieb stehen. Ein Kind?

Eines der Autos am Straßenrand wurde gestartet, ein silberner Chrysler. Und die Hexe lief genau darauf zu.

Noch einmal schrie das Kind. Justus blickte sich verblüfft um. Die Tür des Chryslers hinter dem Fahrer öffnete sich. Im selben Augenblick flitzte ein katzengroßer Schatten von der Straße in das Auto und eine Sekunde später sprang auch die Hexe auf den Rücksitz. Noch mit offener Tür fuhr der Chrysler los. Aber niemand saß am Steuer.

Der Biss des Vampirs

Frankie Zamora kümmerte das alles gar nicht mehr. Als der Chrysler die Hampton Road hinabraste, schüttelte er ihm noch einmal triumphierend die Faust hinterher. Dann wandte er sich um und entfernte sich.

»Mr Zamora! Wenn ich bitten darf!« Diesmal ließ sich Justus nicht mehr abschütteln. Er baute sich vor dem Mann auf und sah ihm in die Augen.

»Was? Was willst du? Lass mich in Ruhe!« Zamora wich Justus' Blick aus und ging weiter.

Der Erste Detektiv stellte sich ihm erneut in den Weg. »Das kann ich leider nicht tun. Wir haben alles beobachtet, Mr Zamora, und ich würde Sie bitten, hier zu warten, bis die Polizei eintrifft.«

»Die Polizei?« Zamora versuchte ein spöttisches Lächeln, doch heraus kam nur ein unsicheres Zucken um die Mundwinkel. »Was hast du für ein Problem, Junge?«

Peter und Bob kamen hinzu, beide außer Atem.

»Just, du wirst nicht glauben, was ich gerade gesehen habe.« Peter stützte sich auf seinen Oberschenkeln ab und atmete tief durch.

»Hast du's auch gesehen?« Bob sah den Zweiten Detektiv fragend an. »Den Fahrer?«

»Was war mit dem Fahrer?« Justus ließ Zamora nicht aus den Augen.

»Da war keiner!«, erwiderte Peter. »Niemand saß hinter dem Steuer.«

»Genau!«, pflichtete Bob seinem Freund bei.
»Was?« Justus blickte jetzt doch zur Seite.
»Ja!« Peter hob ratlos die Hände. »Der Chrysler fuhr von alleine. Die Hexe saß auf dem Rücksitz und der Fahrersitz war leer.«
»Und das war kein selbstfahrendes Auto«, ergänzte Bob, »dazu war die Kiste viel zu alt.«
»Genau. Und irgendjemand muss auch die hintere Tür aufgemacht haben. Aber gesehen habe ich niemanden.«
»Seltsam«, sagte Justus. »Äußerst seltsam.«
Zamora schaltete sich ein. »Sagt mal, seid ihr nicht die Jungs von heute Nachmittag? Die vom Highway? Das seid ihr doch, oder?«
»Da haben Sie recht, ja.« Justus wandte sich wieder dem Musiker zu. »Und wir waren heute Nachmittag nicht etwa zufällig in Ihrer Nähe. Genauso wenig wie jetzt. Wir haben Sie beobachtet.«
Zamora wirkte nun leicht amüsiert. »Beobachtet? Ihr mich? Und wieso, wenn ich fragen darf?«
»Weil wir wussten, dass Sie hinter dem Bären da her sind.« Peter zeigte auf den Teddy in Zamoras Arm. »Den Sie vorhin aus dem Haus der Murphys gestohlen haben. TB 34 … äh … X-42.«
»F, nicht X«, korrigierte Justus. »TB 34F-42.«
»Oder so.«
»Bitte?« Zamora lachte schallend. »Euch bekommt wohl das lange Aufbleiben nicht. Seht lieber mal zu, dass ihr in die Kiste kommt! Kinder in eurem Alter sollten längst am Daumen nuckeln.« Er schob sich zwischen Justus und Bob durch.

Der dritte Detektiv wollte etwas sagen, doch dann klappte sein Mund wieder zu. Er blinzelte verwundert. Als sich Zamora an ihm vorbeigedrückt hatte, war Bobs Blick für einen Moment auf den Teddy gefallen, genauer gesagt auf das Etikett, das an dessen puscheligem Hinterteil festgenäht war. Dabei hatte er nur eine Zahl gesehen, aber genau die war der Grund für seine Verblüffung. »35«, sagte Bob erstaunt. »Da steht 35.«
Zamora lief weiter, doch der dritte Detektiv hielt ihn am Arm fest.
»Lass mich sofort los!«, herrschte der Musiker ihn an.
»35«, wiederholte Bob und deutete auf den Teddybären. »Auf dem Etikett da steht 35.«
»Wovon sprichst du?« Zamora zog seinen Arm weg.
»Der Teddy in Ihrem Arm. Auf dem Etikett steht …«, Bob ging näher ran, »… TB 35S-44.«
Zamora starrte den dritten Detektiv an. Dann hob er den Bären hoch, drehte das Etikett zu sich und erbleichte. »Nein! Nein! Nein!« Sein Gesicht zuckte vor Fassungslosigkeit und Verzweiflung. »Nein!«
»Darf ich mal?« Justus nahm dem Mann den Bären ab und Zamora ließ es ohne Gegenwehr geschehen. Er war wie gelähmt.
»Du hast recht, Dritter. Das ist nicht der richtige Teddy.«
Ein Hund heulte. Oder ein Wolf. Wie in Trance fasste sich Zamora in die Innentasche seiner Jacke, fingerte darin herum.
»Ähm, Mr Zamora?« Peter zeigte auf die rechte Außentasche der Jacke. »Ich glaube, Ihr Handy ist da drin.«
»Was?« Der Mann sprach wie im Schlaf. »Kann nicht sein. Tue ich immer hier innen rein. Oh, du hast recht!« Er holte

das Telefon heraus und schaute auf das Display, als sähe er so etwas zum ersten Mal.
Justus blickte Zamora nachdenklich an.
Der Musiker wischte über das Display und drückte auf ein App-Symbol. Bob konnte erkennen, dass er eine Kurznachricht bekommen hatte. Im nächsten Moment gab das Handy ein hässliches Lachen von sich und die blutverschmierte Fratze eines Vampirs erschien auf dem Bildschirm. Zamora reagierte kaum, stierte nur ausdruckslos vor sich hin und schaltete das Handy wieder aus.
Doch Bob hatte noch lesen können, was unter dem Vampirbild gestanden hatte. *In the night we bite.* Er richtete sich auf. »Da stand: *In the night we bite!*« Er blickte seine Freunde irritiert an.
Auch Peter war völlig verblüfft. »Hieß so nicht der Song von Gil und seiner Band? *Huhu* und so weiter?«
Justus wirkte auf einmal hoch konzentriert. Immer wieder sah er dabei auf Zamoras rechte äußere Jackentasche. »Mr Zamora, tragen Sie Ihr Handy immer in der linken Innentasche Ihrer Jacke?«
»Was? Ja. Bitte? Wovon zum Henker sprichst du? Wen interessiert das jetzt?«
»Haben Sie während der letzten fünfzehn Minuten telefoniert? Während Sie den Lieferwagen verfolgten?«
»Hä? Nein. Lass mich einfach in Ruhe, Junge.«
»Woran denkst du, Just?«, fragte Bob.
»Das Handy. Ich habe den Verdacht, dass sich die Hexe Mr Zamoras Handy ausgeliehen hat. Im Garten vorhin hat er es in die linke Innentasche seiner Jacke gesteckt, das konnte ich

auch im Dunkeln sehen. Und jetzt war es in der rechten Außentasche.«

»Aber …« Zamora tastete seine Jacke ab. »Das hätte ich doch gemerkt.«

»Sie ahnen gar nicht, wozu ein talentierter Taschendieb in der Lage ist«, erwiderte Justus. »Zumal Sie in den letzten fünfzehn Minuten nur auf den Bären und seine Verfolgung konzentriert waren, wenn Sie ehrlich sind.«

Zamora sah den Ersten Detektiv verwirrt an.

»Aber wozu, Just?«, fragte Peter. »Was wollte der Kerl mit dem Handy?«

Der Erste Detektiv schüttelte den Kopf. »Ich weiß es nicht. Aber dieses Gerangel um die Teddys – offenbar diente es auch dazu, das Handy zu entwenden. Und beim zweiten Gerangel wurde es wieder zurückgegeben. Aber eben in die falsche Jackentasche gesteckt.«

»Na ja.« Peter deutete vage in die Richtung, in die der Chrysler verschwunden war. »Der Kerl ist weg. Samt Geisterfahrer, TB 34 und welchem Handy auch immer. Und wir gucken in die Röhre.«

Justus schüttelte langsam den Kopf. »Vielleicht auch nicht. Der Kinderschrei. Denkt an den Kinderschrei.«

»Der Kinderschrei?«, echote Bob.

»Der Kinderschrei«, bestätigte Justus.

»Der Kinderschrei!« Jetzt fiel auch bei Peter der Groschen.

»Der Kinderschrei?«, fragte Zamora.

Die Liebe ist der Schlüssel

»Eddie?« Bob machte große Augen. »War das Eddie? War er der Schatten, der ins Auto gesprungen ist?«

Justus nickte. »So viele Katzen, die das tun und so schreien, dürfte es in dieser Straße nicht geben.« Der Erste Detektiv wandte sich dem Musiker zu. »Mr Zamora? Dürfte ich mir vielleicht einmal kurz Ihr Telefon leihen?« Justus nahm dem Mann das Handy vorsichtig aus der Hand und drückte ihm stattdessen den Teddy in den Arm.

»Was ... was machst du da?«

Der Erste Detektiv schaltete das Handy ein. Ein Quadrat aus neun Punkten erschien auf dem Display. »Ein Z entsperrt Ihr Handy, nicht wahr?« Justus wischte mit dem Zeigefinger über den Bildschirm, indem er sieben der Punkte zu einem Z verband.

»Woher weißt du das?«

»Wir haben Sie beobachtet. Im Musikzelt. Vor Ihrem Studio. Und jetzt eben.« Der Startbildschirm des Handys öffnete sich. Der Erste Detektiv stellte zufrieden fest, dass die Verbindung gut war, und rief den Internetbrowser auf. »Aber ich hätte auch so auf das Z getippt. Die Kette um Ihren Hals, Ihr ausgeprägtes Ego, die Eigenheit der meisten Menschen, immer das naheliegendste Passwort zu wählen – in dieser Anwendung eben ein Z. Andere hätten das genauso leicht herausfinden können.«

»Ich ... hä?« Zamora war wie vor den Kopf gestoßen. »Das ist nicht komisch! Gib her!« Er griff nach seinem Handy.

Justus zog die Hand weg und sah den Mann an. »Wollen Sie nun wissen, wo TB 34F-42 geblieben ist, oder nicht?«

Zamora ließ die Hand sinken, erneut völlig verwirrt. »Du weißt, wo mein Teddy ist?«

»Nicht Ihrer. Aber ja, ich glaube, ich weiß, wo wir ihn finden können.«

»Und wo?«

»Geduld.« Auf dem Display erschien, wonach Justus gesucht hatte, und er lud sich die App herunter. Bob und Peter sahen ihm dabei über die Schulter.

»*Animal Finder*?«, fragte Peter.

Justus lächelte. »Erinnert ihr euch an unsere erste Begegnung mit Eddie, Kollegen?«

Bob legte die Stirn in Falten. »Im Laden? Als er ... Das schwarze Kästchen um seinen Hals! Der GPS-Tracker! Natürlich, Erster! Genial!«

Der Erste Detektiv öffnete die App. »Die Murphys«, fuhr er an Zamora gewandt fort, »haben eine Katze. Genauer gesagt einen Kater namens Eddie. Und der fährt nicht nur ausgesprochen gerne Auto, sondern schreit auch wie ein kleines Kind. Es ist wirklich verblüffend. Wir waren auch äußerst überrascht, als wir den Schrei zum ersten Mal gehört haben.«

»Ja? Und?« Zamora verzog das Gesicht.

»Weil dieser Kater so gerne ausbüxt, trägt er einen GPS-Sender, der es den Murphys ermöglicht, Eddie überall wiederzufinden.«

»Na klar, A und F«, sagte Peter. Er erinnerte sich jetzt auch an das Kästchen mit dem roten A und dem gelben F.

»Richtig.« Justus deutete auf das Handy in seiner Hand.

»*Animal Finder*. Von dieser Firma stammt der GPS-Sender, wie eine kurze Internet-Recherche ergeben hat.«

Zamoras Gesicht war ein einziges großes Fragezeichen. »Und was hat das alles mit TB 34F-42 zu tun?«

»Na ja. Katze und Teddy sitzen im selben Auto – wenn wir die Katze finden, finden wir vielleicht auch den Teddy. Und zwar über diese App hier.« Der Erste Detektiv drehte das Display so, dass der Mann es sehen konnte. »Über diese Anwendungssoftware der Firma *Animal Finder* lassen sich die Tiere orten, die den entsprechenden Sender tragen. Und wenn wir gleich das Signal empfangen, das Eddies Kästchen von sich gibt, ist es ein Leichtes, die Hexe samt Komplizen zu verfolgen und aufzuspüren.«

»Ich korrigiere! Du sprichst von dem Geist am Steuer«, warf Peter ein.

»Dem Fluchtwagenfahrer. Ich bin mir ziemlich sicher, Zweiter, dass das Fahrzeug nicht von einer irgendwie ätherisch gearteten Materialisation übernatürlicher Daseinsformen gesteuert wurde, sondern von einem Menschen aus Fleisch und Blut.«

»Der unsichtbar war. Sicher.« Peter kniff die Lippen zusammen.

»Unsichtbar! Schwachsinn!«, entfuhr es Zamora. »Wer saß in dem Auto? Sagt schon!«

»Geduld. Das wird sich in Kürze herausstellen.« Justus konzentrierte sich auf das Handy.

Bob deutete auf das Display. »Um die App benutzen zu können, brauchst du aber einen Benutzernamen und ein Passwort für den Login. Sechs Zeichen.«

»Ja, das ist jetzt tatsächlich nicht so einfach. Aber wenn man wieder vom Naheliegendsten –«

»Eddie Murphy!«, unterbrach Bob seinen Freund. »Das war's, was ich auf dem Display lesen konnte, als Mr Murphy vorgestern auf dem Trödelmarkt an uns vorbeilief! Eddie Murphy! Nicht Murry oder Murly! Eddie Murphy!«

»Ausgezeichnet, Dritter, ausgezeichnet! Das muss der Benutzername sein. Und das Passwort ... Hm.« Er tippte ein paar Buchstaben ein. »Nein, das ist es nicht.« Er versuchte eine weitere Kombination. »Auch nicht.«

»ABCDEF?«, riet Peter. »123456?«

Justus schüttelte den Kopf und dachte einen Moment nach. Plötzlich huschte ein Lächeln über sein Gesicht. »Ich könnte mir vorstellen, dass in diesem wie in vielen anderen Fällen die Liebe der Schlüssel zum Glück ist.«

Ablenkungsmanöver

Der Erste Detektiv aktivierte die Handy-Tastatur und gab dann nacheinander die Buchstaben L, O, V, E und die Ziffern 1 und 6 ein. Sofort änderte sich der Bildschirm. Eine Straßenkarte erschien, auf der ein kleiner grüner Punkt blinkte, über dem *Eddie* stand.

»Ich fasse es nicht!« Zamora, der zusammen mit Peter und Bob dem Ersten Detektiv bei der Eingabe des Passwortes zugesehen hatte, griff sich entgeistert an die Stirn. »Du kanntest das Passwort, gib's zu! Das konntest du unmöglich erraten. Keine Chance!«

»Ich habe es auch nicht erraten, sondern logische Schlüsse gezogen.«

»Was soll daran logisch sein?«

»L, O, V, E«, murmelte Bob und dachte einen Augenblick nach. »Lelia, Oisin, Virgil und Eddie.«

»Genau. Und wieder einmal bestätigt sich die Theorie, dass Menschen nicht sonderlich einfallsreich sind, wenn es um die Verschlüsselung ihrer Zugangsdaten geht. Die Anfangsbuchstaben der Vornamen der Murphys. Und die 16 als wichtiges Familiendatum. LOVE16.«

Peter schürzte anerkennend die Lippen. »Nicht übel. Ich war bei 16LOVE. Hattest mal wieder recht, Erster.«

»16LOVE. Natürlich.« Justus lächelte gnädig. »Und jetzt los! Wir haben es eilig. Der Sender hat sicher nur eine begrenzte Reichweite.«

»Ja, genau!«, drängte Zamora. »Nichts wie hinterher!« Er

deutete auf den grünen Punkt. »Sie verlassen eben Rocky Beach. Los, gib mir das Handy, Dicker! Die Typen kauf ich mir! Die werden mich kennenlernen!«

»Sie werden nichts dergleichen unternehmen, Mr Zamora!« Justus blieb stehen und blickte dem Mann direkt in die Augen. Seine Stimme nahm einen bedrohlichen Unterton an. »Wenn Sie möchten, dürfen Sie sich uns anschließen beziehungsweise meinem Kollegen hinterherfahren. Ich würde das sogar begrüßen, weil es die Sache vereinfachen wird. Und dann werden wir«, der Erste Detektiv zeigte auf sich, Peter und Bob, »entscheiden, wie sich in dieser Angelegenheit am besten verfahren lässt.«

Zamora trat einen Schritt näher, funkelte Justus erbost an. »Wenn du mir mein Handy nicht auf der Stelle gibst, werdet ihr mich kennenlernen! Ihr habt doch –«

»Wir haben«, schnitt Justus dem Mann grob das Wort ab, »vor allem genügend Beweise gegen Sie in der Hand, um Sie zu einer äußerst interessanten Person für Polizei, Justiz und Medien zu machen. Und ob das geschieht, hängt alleine von uns ab. Also mäßigen Sie sich! Dünner!«

Ohne ein weiteres Wort drehte sich der Erste Detektiv um und marschierte los, Peter und Bob folgten ihm. Zamora grummelte noch etwas Unverständliches, machte aber keine Anstalten mehr, sich mit Justus anzulegen.

»Dem hast du es aber gegeben!«, freute sich Peter.

»*Mäßigen Sie sich! Dünner!* Super! Der war so klein mit Hut!« Bob lachte. »Beziehungsweise mit Wolfsohren.« Er wurde wieder ernst. »Aber die Polizei rufen wir jetzt trotzdem, oder?«

»Das eilt nicht«, beschied Justus. »Die Beweise laufen uns nicht davon. Aber wir müssen jetzt los.«
Die Fahrt führte die drei ??? aus dem Stadtgebiet von Rocky Beach zur Küstenstraße. Die Hexe und ihr unsichtbarer Chauffeur hatten zwar einen gehörigen Vorsprung, aber dank der App hatten die Detektive keine Mühe, den Wagen zu orten. Allerdings gab Peter ordentlich Gas, damit sie das Signal nicht verloren.
Diesmal schien die Hexe genau zu wissen, wohin sie wollte. Kein Zickzackkurs, keine Kehrtwenden, kein Dahinschleichen. Und sie wartete auch nicht. Zielstrebig ließ sie sich auf dem Highway nach Osten fahren und die drei ??? folgten ihr. Frankie Zamora immer dicht hinter sich.
»Wo wir wohl landen?«, fragte sich Bob.
Die Fahrt führte sie schließlich nach Beverly Hills. Zum South Almont Drive. Als sie langsam durch die nächtliche Straße an der Villa vorbeirollten, stand der Chrysler am Straßenrand direkt vor der Haustür. Aber wie auf der App zu sehen gewesen war, hatten die Hexe und ihre Komplizen das Auto noch nicht allzu lange verlassen.
»Was wollen die hier?« Peter schüttelte den Kopf. »Ist die Hexe ein Mitglied von *FMTM*?«
Justus blickte auf das Display. »Im Haus scheinen sie nicht zu sein. Sie haben Eddie mit in den Innenhof genommen. Oder er ist mitgegangen.«
»Dürfte dann eher niemand von *FMTM* sein«, meinte Bob. »Es sei denn, Eddie kennt ihn gut. So zutraulich ist der Kater ja nicht.«
Peter riss die Augen auf. »Smiddie und der andere! Wie hieß

er nochmal? X-Ray oder so! Erinnert euch an die Nachricht, die Zamora vorhin bekam! Der Vampir und der Titel des Liedes! Könnte es sein, dass die dahinterstecken? Eddie kennt die beiden vielleicht so gut, dass er mit ihnen mitgeht! Und die Hexe kam ja auch aus dem Haus der Murphys!«

»Und was wollen die hier?«, fragte Bob.

Peter blies die Backen auf. »Du fragst Sachen!«

Der Zweite Detektiv parkte seinen MG vor dem Chrysler. Zamora stellte sich in die Einfahrt des Hauses und war bei den drei Detektiven, noch bevor Bob vom Rücksitz geklettert war.

»Was wollen die hier?«, fragte der Musiker aufgebracht und sah auf das Display. »Sind die im Studio? Gib mir jetzt endlich mein Handy, ich muss da sofort rein!«

»Wieso?«, fragte Justus. »Was in diesem Studio ist so wichtig oder interessant für diese Leute?«

»Das weiß ich nicht! Gib schon her!« Zamora nahm Justus das Handy ab und stürmte zum Eingang des Studios. Die drei ??? folgten ihm.

An der Kellertür, durch deren Oberlicht ein heller Schein nach draußen fiel, blieb Zamora verwundert stehen. »Wie zum Teufel sind die da reingekommen? Das ist unmöglich!«

Die drei Detektive sahen sich an.

»Der Code!«, stieß Justus hervor. »Deshalb wollten die das Handy!«

Zamora drehte sich um. »Was? Der Code? Woher wisst ihr von dem Code?«

»Wie schon gesagt, wir haben Sie beobachtet«, erwiderte Justus ungeduldig. »Diese Leute wollten eindeutig an den Code für das Studio kommen! Das erklärt auch diese merkwürdige

Irrfahrt durch Rocky Beach. Sie brauchten einfach nur Zeit, um den Code auf ihr eigenes Handy zu übertragen! Und dann haben sie Ihnen Ihr Handy wieder zurückgegeben.«

»Damit Sie nichts merken«, ergänzte Bob. »Und während der Verfolgungsjagd haben Sie die ganze Zeit an TB34 gedacht und eben nicht an Ihr Handy!«

»Dann waren die Bären nur dazu da, Zamora abzulenken!«, verstand Peter. »Das Ganze war ein einziges großes Ablenkungsmanöver! Ist ja 'n Ding! Aber was wollen die im Studio?«

»Das werden wir gleich herausfinden!« Zamora öffnete die App, hielt den Code vor das Lesegerät und die Studiotür sprang mit einem leisen Klicken auf.

Ein hell erleuchteter Gang lag vor ihnen. Eine Tür links, eine ganz vorne, eine rechts. Und die stand einen Spalt weit offen. Zamora hielt sofort darauf zu.

Aber kurz bevor er die Tür erreicht hatte, tauchte ein rotes Fellknäuel im Türspalt auf. Eddie sah die Eindringlinge böse an. Und dann schrie er.

Kreaturen der Nacht

Zamora kümmerte sich nicht weiter um die Katze und drückte die Tür auf. Drei Gestalten rissen die Köpfe herum. Die Hexe, ein Horrorclown und ein sehr kleiner großer böser Wolf. Vor ihnen fuhr eben ein Monitor hoch.

»Was zum –«, entfuhr es der Hexe, an der Justus sofort die roten Turnschuhe bemerkte. Aber der böse Wolf schnitt ihr mit einer energischen Geste das Wort ab.

»Wer zum Teufel sind Sie? Was tun Sie hier?« Zamora wollte nach vorne stürzen, blieb aber sofort wieder stehen. Denn der böse Wolf zog eine Waffe hervor und zielte auf ihn. Auf dem Monitor erschien der Startbildschirm.

»Lassen Sie uns alle ganz ruhig bleiben!« Justus starrte in die Mündung der Pistole. »Kein Grund zur Aufregung!«

»Wie …« Der Wolf korrigierte seine Stimme von hoch auf tief. Seine Überraschung war ihm trotzdem deutlich anzumerken. »Wie kommt *ihr* hierher?« Neben ihm machte sich der Horrorclown an der Tastatur zu schaffen.

Justus zeigte auf den Kater. »Über *Animal Finder*. Wir haben Eddie schreien hören und ihn ins Auto springen sehen.«

»Verstehe. Sehr clever. Aber das bringt euch gar nichts.« Der Wolf sah auf den Bildschirm. »Wie weit bist du?«

»Kann gleich losgehen«, antwortete der Horrorclown.

Zamora starrte auf den Monitor und riss die Augen auf. »Das sind die Wave-Dateien von *Kreaturen der Nacht*. Was haben Sie vor?«

»Die was?«, fragte Peter.

»Sozusagen die Dateien, die man auf die CDs pressen wird«, sagte Bob. »Die Quelldateien.«
Justus sah zu dem kleinen großen bösen Wolf, zum Horrorclown, zur Hexe mit den roten Turnschuhen. Zwei der Stimmen hatte er erkannt. Und dann wurde ihm alles klar. »Sie wollen *Kreaturen der Nacht* online stellen! Vor der Veröffentlichung! Was für *FMTM* enorme finanzielle Einbußen bedeuten würde! Damit wollen Sie sich an *FMTM* für die Demütigung rächen, die diese Ihnen bei der Vorstellung Ihres Demobandes zugefügt haben! Mrs Murphy, Gil und Smiddie? Oder X-Jay?«
Alle drei Gestalten starrten ihn an.
»Ihr wollt was?« Zamora schoss nach vorne und Peter hatte alle Mühe, ihn festzuhalten. »Seid ihr irre?«
Der Zweite Detektiv stutzte. Aus der Mündung der Waffe war ein Tropfen Wasser auf den Boden gefallen. Ein Tropfen Wasser? Entschlossen trat er vor.
»Peter! Nicht!«, rief Bob.
»Keine Sorge!« Der Zweite Detektiv ergriff die Waffe und drehte sie dem Wolf aus den Händen. »Netter Versuch!« Er krümmte den Finger um den Abzug und drückte ab. Ein feiner Wasserstrahl schoss aus der Mündung und traf den Wolf genau über dem Herzen.
»Was ist – ha!«, jubelte Zamora. »Eine Wasserpistole? Haha! Ich zeig euch an! Alle! Ihr werdet alle eingebuchtet!«
»Und wir zeigen Sie an!«, kläffte der Wolf zurück, jetzt wieder mit hoher, unverstellter Stimme. »Wir haben Ihren Einbruch von heute Nacht auf Video! Los, Gilly-Baby, mach schon!«

»Mum!«, stöhnte der Horrorclown.
»Stell das Zeug ins Netz!«
»Unterstehen Sie sich!«, brüllte Zamora, den Peter und Bob jetzt nur noch mit vereinten Kräften halten konnten.
Justus ging einen Schritt vor. »Bitte, meine Herrschaften, bitte! Beruhigen Sie sich!«
»Beruhigen?«, quiekte der Wolf. »*Erbärmliche Stümper* hat er Gilly-Baby und seine Freunde genannt!«
»Mum!«
»Und ihr tolles Lied einen *kolossalen Entenfurz*! Das soll er uns büßen! Das macht keiner mit meinem Baby!«
»Wovon reden Sie?« Zamora blinzelte verwirrt.
»Sie wurden in eine Falle gelockt«, sagte Justus. »Penibel ausgekundschaftet und in eine clevere Falle gelockt. Vom Lätzchen bis zum arrangierten Gerangel heute Nacht – alles eine große Falle.«
»Eine Falle?«
»Ja! Und Sie sind mitten reingetappt!«, freute sich die Hexe.
»Die Quittung dafür, dass Sie *Dr. Acula und die Raptoren* offenbar sehr rüde abserviert haben«, sagte Bob.
»Ich habe was?« Zamora stand völlig neben sich.
»Wie habt ihr das herausgefunden?« Der kleine große böse Wolf zog sich die Maske vom Kopf, unter der Mrs Lelia Murphy zum Vorschein kam. »Gil, Smiddie. Nehmt auch die Dinger ab.«
Die beiden Jungen taten wie ihnen geheißen und funkelten die drei Detektive feindselig an.
»Bis eben war uns nur klar, dass sich die Hexe«, Justus nickte zu Smiddie, »Mr Zamoras Handy ausgeliehen hat und dass es

Eddie war, der in den Chrysler gesprungen ist. Aber nun, wo wir Sie hier sehen, macht natürlich auch diese Kurznachricht Sinn.«

»*We bite in the night* und der Vampir.« Auch Bob verstand jetzt die Zusammenhänge. »Sie *wollten* sogar, dass Mr Zamora weiß, wer die CD hochgeladen hat. Weil Sie davon ausgingen, dass er Ihnen nichts nachweisen kann. Er sollte wissen, womit er sich die ganze Sache eingehandelt hat.«

Zamora starrte wortlos von einem zum anderen.

Peter nickte. So ganz allmählich wurde auch ihm klar, wie alles zusammenpasste. »Diese Abfuhr, okay. Aber …«, er sah Mrs Murphy an, »… woher wussten Sie von Mr Zamoras Leidenschaft für Teddybären?«

»Dass er Teddys sammelt, wusste ich schon lange. Wir sind uns auf einigen Auktionen begegnet«, sagte Mrs Murphy. »Und Gil und Smiddie kannten ihn als berühmten Schlagzeugspieler.« Sie warf Zamora einen feindseligen Blick zu. »Dass er Mitglied von *FMTM* ist, hat aber erst Smiddie zufällig herausgefunden. Ein paar Tage nach der Sache mit dem Demoband lief er genau in dem Moment an Zamoras Auto vorbei, als dieser einstieg. Und auf dem Beifahrersitz lag eine Wolfsmaske von *FMTM*.«

Justus nickte. »Die Fans von *FMTM* sind eher jünger. Ein erwachsener Mann, der in dieser Maske herumläuft, passt da nur schwer ins Bild.«

»Und auf einmal machten diese bescheuerten Handschuhe Sinn, die der Drummer von *FMTM* immer trägt«, ätzte Gil. »Der kleine Finger! Das durfte natürlich keiner sehen. Wir haben ihm nachspioniert und wussten bald, wer er ist.«

»Und dann haben Sie den Plan geschmiedet, bei dem Sie darauf spekulierten, dass Mr Zamora wegen seiner Besessenheit von TB34 zwei Einbrüche begehen würde«, sagte Peter. »Das Lätzchen war der Köder, den er an Ihrem Stand auf dem Trödelmarkt schlucken sollte, mit der Rassel legten Sie nach, die durfte er im Regenbogen klauen, und ab da war er natürlich ganz heiß auf das Sahnehäubchen, TB34.«
»Bei dem Gerangel um den Bären stahlen Sie dann Mr Zamoras Handy, um während der Fahrt durch Rocky Beach an den Zutrittscode für das Studio zu kommen«, fuhr Justus fort. »Beim zweiten Gerangel steckten Sie das Handy zurück und holten sich TB34 wieder, der ja eine Menge wert ist. Allerdings landete das Handy in der falschen Tasche.«
»Da hat wohl einer nicht aufgepasst.« Peter schenkte Smiddie ein bedauerndes Lächeln.
»Du kannst mich mal!«
Justus schüttelte verständnislos den Kopf. »Und das alles, um sich für diese Demütigung zu rächen.«
Mrs Murphy klatschte höhnisch. »Deine Tante hat nicht zu viel versprochen. Ihr seid wirklich clever.«
»Warum haben Sie uns eigentlich engagiert?«, wunderte sich Bob. »Damit wurde doch alles nur noch komplizierter.«
»Weil mein Mann sich verplappert hat. Und dann hat uns diese sture Mathilda Jonas euch förmlich aufgezwungen. Hätte ich Nein gesagt, hätten wir uns wahrscheinlich nur verdächtig gemacht. Außerdem hätte ich niemals gedacht, dass ihr drei uns auf die Schliche kommt.«
»Engagiert?« Zamora sah die drei Jungen erstaunt an und Peter reichte ihm wortlos eine ihrer Visitenkarten.

»Detektive?« Zamora ließ die Karte sinken.
Peter wollte noch etwas wissen. »Wer hat eigentlich den Chrysler gefahren? Da saß niemand hinterm Steuer!«
Mrs Murphy grinste. »Hat auch Vorteile, ein Hobbit zu sein. Und die Straße genau zu kennen, in der man wohnt. Für die ersten hundert Meter und eine Menge Verwirrung reicht das allemal.« Sie hob Eddie auf den Schoß, der sich schnurrend an sie schmiegte. »Da hast du uns ja was Schönes eingebrockt, mein Liebling. Was machen wir denn jetzt?«
»Natürlich die Polizei rufen!«, wetterte Zamora.
»Die sich mit Sicherheit für die Video-Aufzeichnungen in unseren Lagerräumen interessieren wird!«, konterte Gil.
»Ich habe aber immer Masken getragen!«
»Und den Rest können die Jungen bezeugen, nicht wahr?« Lelia sah die drei ??? an. »Also, Mr Zamora! Sie nehmen meinen Jungen und seine Freunde unter Vertrag und wir vergessen, was wir über Sie wissen.«
»Das können Sie sich abschminken!«, fauchte Zamora.
»Dann drück auf die Taste, Gil! Keiner sagt zu dem Song meines Sohnes *kolossaler Entenfurz*!«
»Nein!«
Plötzlich ertönte vom Gang her ein lautes Niesen. Zweimal. Peter wirbelte herum und eilte nach draußen. Wenige Augenblicke später war er zurück. Am Arm gepackt hielt er den schnauzbärtigen Reporter, dem Tränen aus den Augen liefen und der unentwegt weiterniesen musste. Dabei zog sich jedes Mal sein ganzer Körper wie unter Zuckungen zusammen.

Katzenjammer

»Die Katze!«, ächzte der Mann. »Nehmen Sie die verdammte Katze weg!« Wieder krümmte sich der Mann unter einem Niesanfall zusammen.

»Ah, guten Abend, Mr Easly. Oder besser guten Morgen«, begrüßte Justus den Reporter.

»Wer seid *ihr* denn? Was – hatschi! – ist hier los?« Easly heulte und rotzte wirklich erbarmungswürdig.

»Easly?« Zamora schaute den Mann wütend an. »Wie kommen Sie hier rein? Was wollen Sie hier?«

»Er ist uns offenbar gefolgt und hat sich noch ins Studio drücken können«, meinte Bob.

»Klugscheißer. Hatschi!«

»Augenscheinlich leiden Sie an einer ausgeprägten Katzenallergie«, meinte Justus nachdenklich.

Easly nieste und wieder zuckte sein ganzer Körper zusammen. »Na, wenn schon.«

»Das Zucken!«, rief Bob aufgeregt. »Seht euch an, wie er sich krümmt! Wie der zweite Einbrecher auf dem Video! Das Kaugummipapier! Bubble Shock Erdbeer-Senf!«

»Sie waren das!«, rief Peter und sah dann Smiddie an. »Und die beiden kennen sich! Wir haben beobachtet, wie sie miteinander gesprochen haben!«

»Video?« Easly sah schniefend auf. »Welches Video?«

»Im Laden der Murphys«, erwiderte Peter. »Alles auf Video!« Das stimmte zwar so nicht, aber das wusste Easly ja nicht.

»Verdammter Mist!«
»Smiddie?« Mrs Murphy sah den Jungen irritiert an. »Du kennst den Kerl?«
»Ich ... ich ... ich ...«, stammelte der Junge und wurde knallrot.
»Smiddie hat nichts Falsches getan, lasst ihn da raus.« Easly wischte sich mit dem Ärmel über Nase und Augen. »Er hat mir dabei geholfen, *FMTM* zu enttarnen. Aber mit der Nacht in dem Laden hat er nichts zu tun.«
»Und was wollten *Sie* da?«, fragte Bob.
»Na, endlich herausfinden, wer unter den Masken von *FMTM* steckt! Zamora hatte ich dank Smiddie schon. Ich bin ihm in dieser Nacht gefolgt, weil ich dachte, dass er sich vielleicht mit seinen Kumpels aus der Band trifft. Stattdessen brach er in diesen Laden ein.«
»Du hast ihm verraten, wer Zamora ist?« Mrs Murphy sah Smiddie streng an. »Smiddie? Wieso?«
»Smiddie, Smiddie, Smiddie!«, polterte Zamora und deutete auf Gil. »Nimm jetzt endlich die Finger von der Tastatur!«
»Niemals!« Mrs Murphy wandte sich ihrem Sohn zu. »Gil! Jetzt!«
»Warte!«, rief Justus und schaute auf die Enter-Taste, die sich unter Gils Finger gefährlich neigte. »Ich hätte da vielleicht noch einen anderen Vorschlag. Ein Vorschlag, der Ihnen allen nicht sonderlich behagen wird, Ihnen aber allemal lieber sein dürfte, als dass wir jetzt die Polizei hinzuziehen. Und außerdem gibt es auch jemanden, der von diesem Vorschlag ungemein profitieren wird.«
Zamora wollte erst etwas erwidern, schwieg aber dann und fing an nachzudenken. Auch Mrs Murphy sagte nichts, blickte

zu Boden, sah anschließend lange ihren Sohn an und dann Justus.
»Und der wäre?«, meinte Lelia Murphy schließlich.
»Lass hören«, knurrte Zamora.

Wenige Tage später saßen die drei Detektive entspannt in der Freiluftwerkstatt des Schrottplatzes und ließen sich die Sonne ins Gesicht scheinen. Peter lümmelte in einem abgewetzten Sessel, Justus wippte mit geschlossenen Augen in einem knarzenden Schaukelstuhl hin und her und Bob lehnte an einem Regal und blätterte durch die Rocky Beach Today.
»Süßes Nichtstun«, flötete der Erste Detektiv. »Herrlich! So lasse ich mir das gefallen.«
Peter rekelte sich im Sessel. »Ich glaube, ich werde mal Sesseltester, wenn ich groß bin. Oder noch besser: Betttester!«
Bob lächelte, blickte aber weiterhin in die Zeitung. »Jetzt hab ich doch glatt *Bettnässer* verstanden.« Er sah kurz zu Justus. »Wissen wir eigentlich inzwischen, was Hexe Smiddie in Zamoras Volvo wollte?«
»Hm?« Justus öffnete kurz die Augen. »Ah so. Ja. Er suchte dort nach Hinweisen auf die anderen Mitglieder von *FMTM* und hoffte, dass Zamora über die Freisprechanlage telefonieren würde und er Nummern und Namen am Touchscreen sehen könnte.«
»Weil er die Namen dann wie den von Zamora an Easly verticken wollte?«
»Wenn sich einer der Namen tatsächlich als Mitglied von *FMTM* entpuppt hätte, hätte Smiddie ordentlich kassiert.«
Bob überlegte. »Zamora ist klar, Masaru Akimoto ist auch ein

heißer Kandidat. Aber dazu, wer hinter den beiden anderen Namen steckt, die Peter aufgeschnappt hat, Mike und Taylor, fällt mir leider absolut nichts ein.«

»Und die Teddys?«, fragte Peter. »Weiß man auch, woher die Murphys die hatten?«

»Ja. TB 34 war so etwas wie die Altersvorsorge von Lelia und Oisin, den besaßen sie schon lange. Und TB 35 haben sie eigens für den Coup gekauft. Davon gibt es noch eine ganze Menge.«

Der Zweite Detektiv blickte versonnen ins Nirgendwo. »Eigentlich sollte man nichts wegwerfen. Irgendwann wird doch fast alles irgendwie wertvoll, oder?«

Justus sah seinen Freund skeptisch von der Seite an. »Ob jemand in 50 Jahren auch nur einen Cent für deine alten Turnschuhe bezahlen würde, wage ich dann doch sehr stark zu bezweifeln.«

Peter schnüffelte demonstrativ in Richtung Füße. »Gut abgehangen und lange gereift. Wie alter Käse. Dafür geben Leute auch Geld aus.«

»Ah hier! Hier steht es!« Bob tippte auf einen Zweispalter auf Seite 7. »Unbekannter spendet 20.000 Dollar an *Jung und laut*, das waren die Murphys, und blabla ... *FMTM* blabla ... so begeistert davon ... ziehen nach ... 10 Prozent des Erlöses von *Kreaturen der Nacht* ebenfalls an *Jung und laut.*« Der dritte Detektiv legte die Zeitung weg und grinste. »Und *Dr. Acula und die Raptoren* sind demnächst die Vorgruppe von *FMTM.* Friede, Freude, Eierkuchen, würde ich sagen.«

Peter schüttelte den Kopf. »Aber bis die auf unseren Vorschlag eingegangen sind! Das war ein hartes Stück Arbeit!«

»Das sich gelohnt hat.« Der Erste Detektiv wedelte mit seinem Geldbeutel. »Und das gute Stück hat Smiddie auch wieder rausgerückt. Samt der 200 Dollar.«
»Wollen wir mal hoffen, dass Smiddie seine Lektion gelernt hat und seine Taschendiebkarriere beendet«, sagte Bob.
»Hallo, ihr drei!« Auf einmal stand Onkel Titus vor ihnen. Mit dickem Schal, roter Nase und ziemlich aufgeregt. »Gut, dass ich dich treffe, Justus.«
»Onkel Titus?« Justus richtete sich auf. »Was gibt es denn?«
»Dieses Zahlenschloss am Schuppen, du weißt schon.«
»Bei dem du die Kombination geändert hast? Euer Hochzeitstag? Wegen des Geschenks für Tante Mathilda?«
»Ja.« Onkel Titus machte ein verkniffenes Gesicht. »Nein. Ja. Ich habe auf deinen Rat hin eine völlig unbekannte Kombination genommen. Damit deine Tante ihr Geburtstagsgeschenk auf keinen Fall vorher sieht.«
»Ja? Und?«
Onkel Titus machte einen wirklich verzweifelten Eindruck. »Jetzt weiß ich die Kombination nicht mehr! Ich habe sie vergessen! Und morgen *ist* doch Mathildas Geburtstag!«
Peter und Bob grinsten, Justus gestattete sich ein Lächeln. Dann stand er auf. »Komm mit. Ich sehe mal, was ich tun kann.«